21 世纪全国高职高专土建立体化系列规划教材

道路工程测量

主　编　田树涛　刘宗波
副主编　王　倩　颜为莉
参　编　刘　攀　万应玲

内 容 简 介

本书是按照高等职业技术院校的教学要求,以培养学生技术应用能力为主线,侧重基本理论和基本方法的阐述,加强学生动手能力的培养,以"必需、够用"为度,贴近生产实际,通过与生产科研单位的专家合作而编写的一本内容全面、技术先进、符合高等职业技术教育改革方向的专业基础课教材。全书共分为 11 个项目,介绍了道路工程测量技术的基本知识、水准测量、角度测量、距离测量与直线定向、全站仪、小地区控制测量、GPS 测量技术、道路工程地形图测绘、道路中线测量、道路纵横断面测量、其他工程中的施工测量。

本书可作为高职高专院校测绘工程、水利水电工程、道路与桥梁工程、水文水资源、工业与民用建筑等专业的数字测图学习教材,也可作为上述专业的函授大专生及自学者的学习教材,同时亦可供从事测绘工作的技术人员学习参考。

图书在版编目(CIP)数据

道路工程测量/田树涛,刘宗波主编. —北京:北京大学出版社,2013.2
(21 世纪全国高职高专土建立体化系列规划教材)
ISBN 978-7-301-21967-6

Ⅰ.①道… Ⅱ.①田… ②刘… Ⅲ.①道路测量—高等职业教育—教材 Ⅳ.①U412.24

中国版本图书馆 CIP 数据核字(2013)第 011752 号

书　　　名:	道路工程测量
著作责任者:	田树涛　刘宗波　主编
策划编辑:	赖　青　李　辉
责任编辑:	李　辉
标准书号:	ISBN 978-7-301-21967-6/TU・0305
出版发行:	北京大学出版社
地　　　址:	北京市海淀区成府路 205 号　100871
网　　　址:	http://www.pup.cn　新浪官方微博:@北京大学出版社
电子信箱:	pup_6@163.com
电　　　话:	邮购部 62752015　发行部 62750672　编辑部 62750667　出版部 62754962
印　刷　者:	北京宏伟双华印刷有限公司
经　销　者:	新华书店
	787 毫米×1092 毫米　16 开本　23.5 印张　542 千字
	2013 年 2 月第 1 版　2020 年 7 月第 3 次印刷
定　　　价:	45.00 元

未经许可,不得以任何方式复制或抄袭本书之部分或全部内容。
版权所有,侵权必究
举报电话:010-62752024　电子信箱:fd@pup.pku.edu.cn

北大版·高职高专土建系列规划教材
专家编审指导委员会

主　　任：　于世玮（山西建筑职业技术学院）

副　主　任：　范文昭（山西建筑职业技术学院）

委　　员：　（按姓名拼音排序）

　　　　　　丁　胜（湖南城建职业技术学院）

　　　　　　郝　俊（内蒙古建筑职业技术学院）

　　　　　　胡六星（湖南城建职业技术学院）

　　　　　　李永光（内蒙古建筑职业技术学院）

　　　　　　马景善（浙江同济科技职业学院）

　　　　　　王秀花（内蒙古建筑职业技术学院）

　　　　　　王云江（浙江建设职业技术学院）

　　　　　　危道军（湖北城建职业技术学院）

　　　　　　吴承霞（河南建筑职业技术学院）

　　　　　　吴明军（四川建筑职业技术学院）

　　　　　　夏万爽（邢台职业技术学院）

　　　　　　徐锡权（日照职业技术学院）

　　　　　　杨甲奇（四川交通职业技术学院）

　　　　　　战启芳（石家庄铁路职业技术学院）

　　　　　　郑　伟（湖南城建职业技术学院）

　　　　　　朱吉顶（河南工业职业技术学院）

特邀顾问：　何　辉（浙江建设职业技术学院）

　　　　　　姚谨英（四川绵阳水电学校）

北大版·高职高专土建系列规划教材
专家编审指导委员会专业分委会

建筑工程技术专业分委会

主　任：吴承霞　　吴明军
副主任：郝　俊　　徐锡权　　马景善　　战启芳　　郑　伟
委　员：(按姓名拼音排序)
　　　　白丽红　　陈东佐　　邓庆阳　　范优铭　　李　伟
　　　　刘晓平　　鲁有柱　　孟胜国　　石立安　　王美芬
　　　　王渊辉　　肖明和　　叶海青　　叶　腾　　叶　雯
　　　　于全发　　曾庆军　　张　敏　　张　勇　　赵华玮
　　　　郑仁贵　　钟汉华　　朱永祥

工程管理专业分委会

主　任：危道军
副主任：胡六星　　李永光　　杨甲奇
委　员：(按姓名拼音排序)
　　　　冯　钢　　冯松山　　姜新春　　赖先志　　李柏林
　　　　李洪军　　刘志麟　　林滨滨　　时　思　　斯　庆
　　　　宋　健　　孙　刚　　唐茂华　　韦盛泉　　吴孟红
　　　　辛艳红　　鄢维峰　　杨庆丰　　余景良　　赵建军
　　　　钟振宇　　周业梅

建筑设计专业分委会

主　任：丁　胜
副主任：夏万爽　　朱吉顶
委　员：(按姓名拼音排序)
　　　　戴碧锋　　宋劲军　　脱忠伟　　王　蕾
　　　　肖伦斌　　余　辉　　张　峰　　赵志文

市政工程专业分委会

主　任：王秀花
副主任：王云江
委　员：(按姓名拼音排序)
　　　　俞金贵　　胡红英　　来丽芳　　刘　江　　刘水林
　　　　刘　雨　　刘宗波　　杨仲元　　张晓战

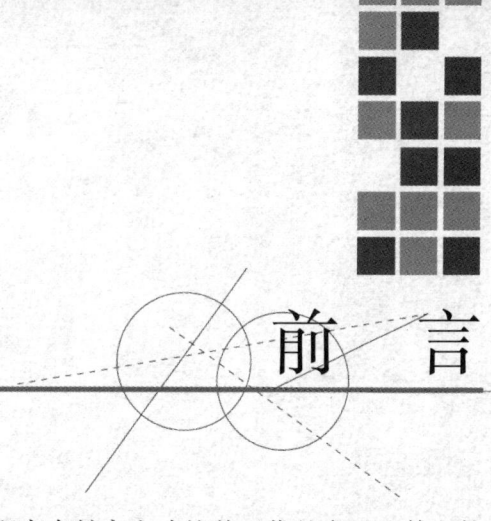

前言

本书根据教育部颁发的《教育部关于加强高职高专教育人才培养工作的意见》等文件的精神，围绕高职高专院校的人才培养目标编写。本书按照道路工程测量技术职业的职业能力需要，着重培养学生的实践动手能力，知识理论体系以"必需、够用"为原则，在编写上突出了实践性教学的重要性。

本书思路明确、条理清晰、内容全面，以项目为教学单元，配以教学实训，密切结合工程实际，以现行的最新规范为依据。每个项目均配有学习目标和小结，结合知识点考察，便于学生巩固理论知识，培养生产实际应用的综合能力。此外，本书与测量技术的实际发展相贴合，引入了全站仪、GPS等新技术和新方法，具有较强的实用性和针对性，主要有如下特点。

（1）理论知识体系条理清晰，内容精练，充分考虑高职高专院校的人才培养目标与学生实际基础，贴合文件精神，编写过程中遵守"必需、够用"的原则。

（2）本书既注重理论体系的讲解，同时又反映实践性教学的特色，每个项目配合知识点的考察均安排了技能训练，突出高职高专院校技能性和实践性的特点，以指导学生学习并巩固所学的知识。

（3）注重学生对知识点的消化吸收，每个项目均有项目导入与知识目标，帮助学生明确教学内容的重点和难点。

（4）本书根据最新的测量规范进行编写，对传统的测绘内容进行了删减、补充、改进和提高；增添了GPS定位技术等测绘新技术，并突出其实用性。

本书由甘肃建筑职业技术学院田树涛、刘宗波任主编，并负责统稿和定稿，甘肃建筑职业技术学院王倩、颜为莉任副主编。编写分工如下：项目1、项目3、项目6由田树涛、颜为莉编写，项目2、项目9由田树涛、刘攀编写，项目4、项目5、项目7、项目11由田树涛、王倩编写，项目8及技能训练手册由田树涛、刘宗波编写，项目10由田树涛、万应玲编写。在本书的编写过程中，得到了编写者所在单位的大力支持，在此一并致谢。

本书编写过程中参阅了大量的文献资料，引用了同类书刊中的部分内容，同时得到了相关仪器厂商的大力支持，在此表示衷心的感谢。

尽管我们在探索教材特色的建设方面做出了许多努力，但由于编者水平有限，书中仍可能存在一些不足，恳请各教学单位和读者在使用本书时多提宝贵意见，以便修订时改进。

编 者
2012年10月

目 录

项目 1 道路工程测量基本知识 …………… 1
  1.1 道路工程测量的任务和作用 …………… 2
  1.2 道路工程测量的基本知识 …………… 8
  1.3 测量工作基本原则和内容 …………… 12
  1.4 测量误差的基础知识 …………… 14
  项目小结 …………… 17
  知识点考查 …………… 18

项目 2 水准测量 …………… 19
  2.1 水准测量原理 …………… 20
  2.2 水准仪的认识和使用 …………… 21
  2.3 水准测量的实施 …………… 35
  2.4 水准仪的检验与校正 …………… 41
  项目小结 …………… 44
  知识点考查 …………… 45

项目 3 角度测量 …………… 47
  3.1 角度测量原理 …………… 48
  3.2 经纬仪的认识和使用 …………… 49
  3.3 水平角的观测 …………… 56
  3.4 竖直角的观测 …………… 59
  3.5 经纬仪的检验和校正 …………… 62
  3.6 角度测量误差及注意事项 …………… 67
  项目小结 …………… 68
  知识点考查 …………… 69

项目 4 距离测量与直线定向 …………… 71
  4.1 钢尺量距 …………… 72
  4.2 视距测量 …………… 80
  4.3 电磁波测距仪简介 …………… 83
  4.4 直线定向 …………… 86
  4.5 方位角测量 …………… 91
  项目小结 …………… 92
  知识点考查 …………… 93

项目 5 全站仪 …………… 94
  5.1 全站仪基本构造 …………… 95
  5.2 尼康全站仪 DTM-352C(L)简介 …………… 97
  5.3 全站仪的使用 …………… 107
  项目小结 …………… 108
  知识点考查 …………… 108

项目 6 小地区控制测量 …………… 110
  6.1 控制测量概述 …………… 111
  6.2 平面控制网的定位、定向与坐标
      正反算 …………… 114
  6.3 导线测量 …………… 116
  6.4 高程控制测量 …………… 123
  项目小结 …………… 127
  知识点考查 …………… 127

项目 7 GPS 测量技术 …………… 129
  7.1 概述 …………… 130
  7.2 GPS 测量的设计与实施 …………… 134
  7.3 GPS 测量内业数据解算 …………… 137
  项目小结 …………… 142
  知识点考查 …………… 142

项目 8 道路工程地形图测绘 …………… 143
  8.1 地形图基本知识 …………… 144
  8.2 道路工程地形图识读 …………… 157
  8.3 经纬仪视距法地形图测绘 …………… 160
  8.4 道路工程地形图应用 …………… 168
  8.5 全站仪数字测图 …………… 178
  项目小结 …………… 184
  知识点考查 …………… 184

项目 9 道路中线测量 …………… 187
  9.1 施工测量的基本工作 …………… 188
  9.2 道路施工前的准备工作 …………… 195
  9.3 道路中桩测量 …………… 197

9.4　曲线元素和坐标的计算 …………… 200
9.5　曲线测设 ……………………………… 209
项目小结 …………………………………… 218
知识点考查 ………………………………… 219

项目 10　道路纵横断面测量 ……………… 221

10.1　道路纵断面测量 …………………… 222
10.2　道路横断面测量 …………………… 229
项目小结 …………………………………… 234
知识点考查 ………………………………… 234

项目 11　其他工程中的施工测量 ………… 236

11.1　建筑工程施工测量 ………………… 237
11.2　桥梁工程施工测量 ………………… 251
11.3　隧道工程施工测量 ………………… 260
11.4　水利工程施工测量 ………………… 266
项目小结 …………………………………… 270
知识点考查 ………………………………… 270

参考文献 …………………………………………… 271

项目 1
道路工程测量基本知识

知识目标

知识要点	知识目标
道路工程测量的任务和作用	了解测量学的发展现状；掌握地形、地物、地貌及测定、测设的概念；明确在工程各个阶段测量的任务
道路工程测量的基本知识	理解确定地面点位的方法；掌握铅垂线、水准面、大地水准面、绝对高程、相对高程等概念；能够建立测量平面直角坐标系
遵循的原则和程序	掌握测量的 3 项基本工作和应遵循的原则
测量误差	了解误差产生的原因；理解测量误差的分类以及评定观测值精度的标准和方法

▶▶项目导读

工程测量贯穿于整个施工过程中。从道路导线、水准联测、中边线放样、桥隧等构筑物的轴线定位,到基础工程施工,桥梁下部构造到桥梁上部构建的安装和桥梁桥面的施工以及施工场地的平整等,都要进行施工测量。只有这样,才能使工程结构或建筑物各部分的尺寸、位置和高程符合设计要求。

从事道路与桥隧工程勘测与施工的测量技术人员,必须掌握必要的基本知识、技能和方法。本项目主要介绍现代测量学的基本发展现状和任务,地面点位的确定方法和测量原理,测量学在国民建设和工程中的作用,测量误差的来源和分类,测量精度高低的评定。深刻领会本项目的内容是学习道路工程测量课程的前提和基础。

1.1 道路工程测量的任务和作用

测量学也称测绘学,是研究地球的形状、大小以及确定地面点之间相对空间位置的科学。它的内容包括测定和测设两个部分。

测定又称测图,是指使用测量仪器和工具,通过测量和计算,得到一系列的测量数据,并按照一定的测量程序和方法将地面上地物和地貌的位置缩绘成地形图,以供工程建设的规划、设计、管理和科学研究使用。

测设也称放样,是指使用测量仪器和工具,按照设计要求,采用一定的方法将设计图纸上设计好的建筑物、构筑物的位置标定到实地,作为工程施工的依据。

1.1.1 工程测量的任务

测量学科按照研究范围和对象的不同,产生了许多分支科学。一般分为普通测量学、大地测量学、摄影测量学、工程测量学和制图学。工程测量学是其中的一门分支学科,是研究工程建设和自然资源开发各个阶段中所进行的控制测量、地形测绘、施工放样、变形监测及建立相应信息系统的理论和技术的学科。工程测量直接为各项工程建设服务。任何土建工程,包括工业与民用建筑、城镇建设道路、桥梁、给排水管线等,从勘测、规划、设计到施工阶段,甚至在使用管理阶段,都需要进行测量工作。

按照工程建设的具体对象来分,有建筑工程测量、城镇规划测量、道路桥梁测量、给排水工程测量、暖通工程测量等。

道路工程测量属于工程测量学的范畴,是工程测量学在道路桥梁工程建设领域中的具体表现。它主要包括道路勘察设计、施工建设和变形观测等阶段所进行的各种测量工作。在铁路、公路建设中的测量任务如下。

(1) 为了确定一条最经济最合理的路线,应预先测绘路线附近的地形图,在地形图上进行路线设计,然后将设计路线的位置标定在地面上以指导施工。

(2) 当路线跨越河流时,应建造桥梁,在建桥之前,要测绘河流两岸的地形图,测定河流的水位、流速、流量和河床地形图以及桥梁轴线长度等,为桥梁设计提供必要的资料，最后将设计桥台、桥墩的位置标定到实地。

（3）当路线穿越山岭需要开挖隧道时，开挖之前应在地形图上确定隧道洞门的威力，再根据测量数据计算隧道的长度和方向。

（4）隧道施工通常是从隧道两端相向开挖，这就需要根据测量成果确定开挖方向，保证其正确贯通。

> **经验提示**
>
> 道路工程测量是道路桥梁施工中一项非常重要的工作，在道路工程建设的各个阶段都需要进行测量工作，贯穿于道路工程的始终。

道路工程测量在道路工程建设的各个阶段的工作任务如下。

（1）测绘大比例地形图。在工程勘测阶段，测绘地形图为规划设计提供各种比例尺地形图和测绘资料；在工程设计阶段，应用地形图进行总体规划和设计。

（2）施工放样。在工程施工阶段，要将图纸上设计好的建筑物、构筑物的平面位置和高程按设计要求测设于实地，以此作为施工的依据；在施工过程中还要进行土方开挖、基础和主体工程的施工测量；同时，在施工中还要经常对施工和安装工作进行检验、校核，以保证所建工程符合设计要求；施工竣工后，还要进行竣工测量，施测竣工图，以供日后改建和维修之用。

（3）变形观测。对建筑和构筑物进行变形观测，以保证工程的安全使用。

1.1.2 测量学的发展与现状

1. 我国测量学的发展

测绘科学的起源可追溯到原始社会，是人类最早创造的科学体系之一。测绘科学的发展时刻与人类的文明史同步，随着人类文明一直发展到了今天，对人类社会的发展做出了不可磨灭的贡献，成为人类各种活动不可或缺的重要依据和技术手段。

我国 2000 多年前的夏商时代，为了治水开始了水利工程测量工作。司马迁在《史记》中对夏禹治水有这样的描述："陆行乘车，水行乘船，泥行乘撬，山行乘樏，左准绳，右规矩，载四时，以开九州，通九道，陂九泽，度九山。"所记录的是当时的工程勘测情景，准绳和规矩就是当时所用的测量工具，准是古代用的水准器，绳是丈量距离的工具，规是画圆的器具，矩则是一种可定平、测长度、高度、深度和画圆画矩形的通用测量仪器。早期的水利工程多为河道的疏导，以利防洪和灌溉，其主要的测量工作是确定水位和堤坝的高度。秦代李冰父子领导修建的都江堰水利枢纽工程，曾用一个石头人来标定水位，当水位超过石头人的肩时，下游将受到洪水的威胁；当水位低于石头人的脚背时，下游将出现干旱。这种标定水位的办法与现代水位测量的原理完全一样。北宋时沈括为了治理汴渠，测得"京师之地比泗州凡高十九丈四尺八寸六分"，是水准测量的结果。

1973 年从长沙马王堆汉墓出土的地图包括地形图、驻军图和城邑图 3 种，如图 1.1 所示。不仅所表示的内容相当丰富，绘制技术也非常熟练，在颜色使用、符号设计、内容分类和简化等方面都达到了很高水平,是目前世界上发现的最早的地图,这与当时测绘术的发达分不开。

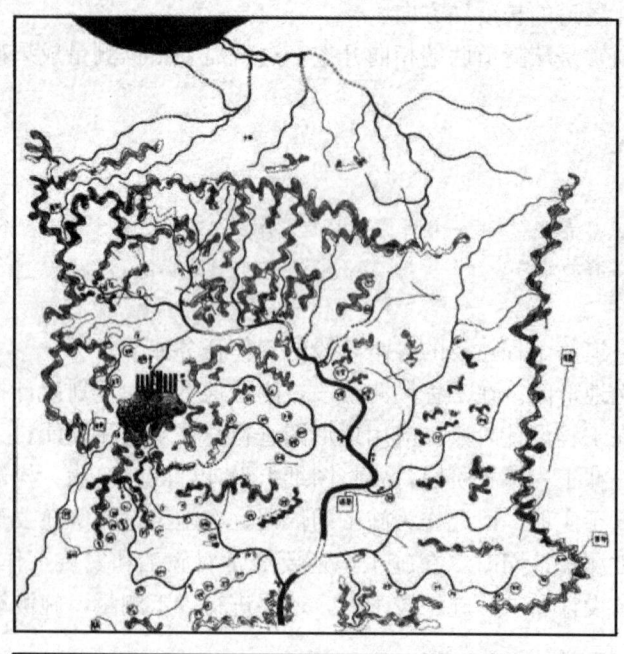

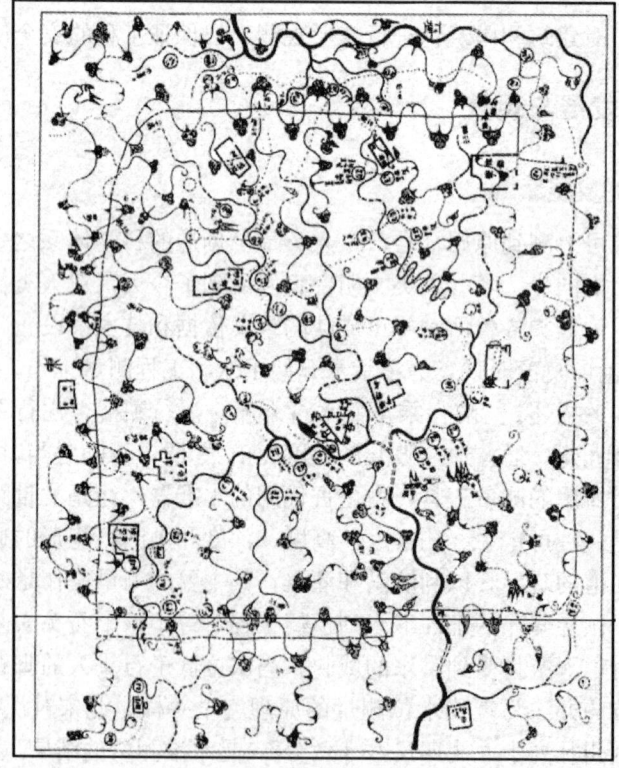

图 1.1 地形图和驻军图

2. 测量学的发展现状

17世纪望远镜的发明和应用对测量技术的发展起到了很大的促进作用，奠定近代测绘的物质基础，引领了测绘科学的第一次革命。1730年英国的西森制成第一架经纬仪，三角测量方法的创立，大地测量的广泛开展，对进一步研究地球的形状和大小，以及测绘地形图都起了重要的作用；同时在测量理论方面也有不少创新，如高斯的最小乘法理论和横圆柱投影理论就是其中的重要例证，一直使用至今。

拓展知识

最小二乘法（又称最小平方法）是一种数学优化技术。它通过最小化误差的平方和寻找数据的最佳函数匹配。利用最小二乘法可以简便地求得未知的数据，并使得这些求得的数据与实际数据之间误差的平方和为最小。

到了20世纪中叶，新的科学技术得到了快速发展，1945年第一台电子计算机诞生在美国，引发了测绘科学的又一次革命，电子计算机不仅将测绘从繁重的计算中解脱出来，大大提高了计算速度，而且为现代测绘技术、测绘仪器、测绘方法的改变奠定了重要的技术基础。测绘技术朝着电子化和自动化发展，如通用仪器中常规的光学经纬仪、光学水准仪和电磁波测距仪逐渐被电磁波测距仪、电子经纬仪、电子水准仪、全站仪、测量机器人、3S技术所代替。电脑型全站仪配合丰富的软件，向全能型和智能化方向发展。由于航空技术的发展，还出现了自动连续航空摄影机，可以将航空摄像片在立体测图仪上加工成地形图，促进了航空摄影测量的发展。

拓展知识

带电动马达驱动和程序控制的全站仪结合激光、通信及CCD技术，可实现测量的全自动化，被称作测量机器人。测量机器人可自动寻找并精确找准目标，在1s内完成一目标点的观测，像机器人一样对成百上千个目标作持续和重复观测，可广泛用于变形监测和施工测量中。GPS接收机已逐渐成为一种通用的定位仪器在工程测量中得到广泛应用。将GPS接收机与电子全站仪或测量机器人连接在一起，称为超全站仪或超测量机器人。它将GPS的实时动态定位技术与全站仪灵活的三维极坐标测量技术完美结合，可实现无控制网的各种工程测量。

3. 3S技术发展概况

1）GPS全球定位系统

GPS全球定位系统（Global Positioning System）是美国国防部为满足其军事部门海、陆、空高精度导航、定位和定时的要求而建立的一种卫星定位和导航系统。它由24颗工作卫星组成，其中包括3颗可随时启动的备用卫星，如图1.2所示。工作卫星均匀分布在6个相对于赤道面倾角为55°的近似圆形轨道面内，每个轨道面上有4颗卫星，轨道之间的夹角为60°，轨道平均高度为20200km，卫星运行周期为11小时58分。同时在地平线以上的卫星数目随时间和地点而异，最少为4颗，最多时达11颗。保证在地球任一点任一时刻均可收到4颗以上卫星的信息，实现实时定位。

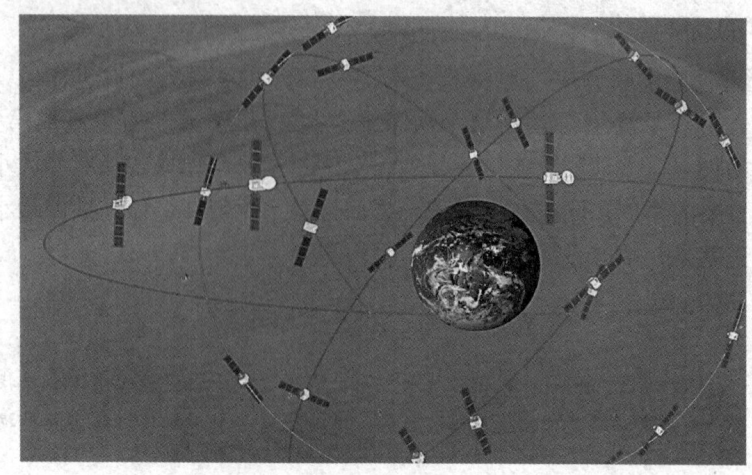

图 1.2 全球卫星导航系统工作示意图

我国 GPS 技术研究和应用可分为两个阶段，第一阶段是 20 世纪 80 年代，以测绘领域的应用为主，引进 GPS 技术和接收机，开发 GPS 测量数据处理软件，以静态定位为主，现在全国施测几千个各种精度的 GPS 点，其中包括：国家 A、B 级网点。第二阶段是进入 20 世纪 90 年代，随着差分 GPS 技术的发展，GPS 定位从静态扩展到动态，从事后处理扩展到实时或准实时定位和导航。

2）RS 遥感技术

遥感技术（Remote Sensing）是指从远距离高空，在外层空间的各种平台上利用可见光、红外、微波等电磁波探测仪器，通过摄影和扫描、信息感应、传输和处理，研究地面物体的形状、大小、位置及其环境相互关系与变化的现代科学技术。

现代遥感技术具有以下特点。

(1) 传感器的不断更新。目前除了框幅式可见光黑白摄影、多谱摄影、彩色摄影、新红外摄影、紫外摄影仪器外，还有全景摄影机、红外扫描仪、红外辐射计、多谱段扫描仪、成像光谱仪、合成孔径雷达和激光测高仪等。这些传感器用不同的方式，对电磁波不同的谱段所获得的对地观测数据，以硬拷贝的返回方式和软拷贝的传输方式提供原始的遥感数据。

(2) 影像分辨率形成多级序列，可提供从粗到精的对地观测数据，全面体现在空间分辨率。美国空间成像地球观测卫星公司其卫星影像分辨率可达到 1m。多级分辨率的实现，人们可以在粗分辨率的影像上快速发现可能发生变化的地区，进而在精分辨率的影像上详细分析研究这些变化情况。

(3) 多时相特征，可以反复获得同一地区的影像数据。这种多时相性为人们提供了长期、系统、全面和动态研究地球表面变化规律的可能性、客观性和科学性。

我国遥感技术发展已从单纯的应用国外卫星资料到发射自主设计的遥感卫星，如气象研究的风云系列卫星。遥感图像处理技术也取得了很大发展，如机载 224 波段成像光谱仪、全数字摄影测量系统等。

3) GIS 地理信息系统

地理信息系统(Geographic Information System)是采集、存储、描述、检索、分析和应用与空间位置有关的相应属性信息的计算机系统,它是集计算机、地理、测绘、环境科学、空间技术、信息科学、管理科学、网络技术、现代通信技术、多媒体技术为一体的多学科综合而成的新兴学科。

GIS 有两个显著特征:一是它不仅可以像传统的数据库管理系统那样管理数字和属性信息,而且可以管理空间图形信息;二是它可以利用各种空间分析的方法,对多种不同的信息进行综合分析、寻求空间实体间的相互关系,分析处理在一定区域内分布的现象和过程。

目前,GIS 正向多功能、高精度、现势性强的方向发展,如 TGIS(Temporal GIS),研究区域随时间的演变,来推测和预报"未来",并作出科学的分析;3D GIS(三维 GIS),研究图像可视性,利用空间位置来探索空间影响;多媒体技术导入 GIS 中,使 GIS 的功能更强大,具有声音、动画等效果,可以模拟人类、动物的特征,更具有智能化;网络 GIS(Web GIS)也是当前研究领域中另一个热门话题,使 GIS 的媒介对象更丰富,从而与社会、人类生活密不可分。

我国的 GIS 的发展和应用较为迅速和广泛。在软件上已经成功开发出 MapGIS、Geostar、Citystar 等。综合和专题 GIS 开发数不胜数。

随着我国小康社会建设的日新月异和"3S"技术(地理信息系统技术 GIS、全球卫星定位技术 GPS、遥感技术 RS)以及多学科技术的不断渗透与融合,传统的工程测量从以土木工程建设和工业设备安装等施工服务的较为单一测绘技术,发展到当前面向经济建设和城市现代化建设的测绘学科。现代工程测量辐射范围广阔、涉及领域大,对国家或区域大型工程建设项目,以及城市规划、建设和管理,都提供着全过程、全方位的测绘服务保障。当今测绘科学技术快速发展,已经实现了从模拟测绘时代向数字化测绘时代的跨越,正积极朝向信息化测绘时代迈进,现代工程测量学科也在不断实施技术进步,在更广、更深的层面上为社会经济发展与建设提供及时、适用、可靠的测绘服务保障。

1.1.3 道路工程测量工作的目的和要求

1. 本课程学习要求

道路工程测量是道路桥梁专业的一门实践性较强的技术基础课程,并为学习道路桥梁工程有关科学技术知识打下必要的基础。因此,要求学生通过教学达到"一知四会"的基本要求。

(1) 知原理:对测量的基本理论、基本原理要切实知晓并清楚。
(2) 会用仪器:正确、熟练使用水准仪、经纬仪、钢尺和全站仪等。
(3) 会测量方法:掌握测量操作技能和方法。
(4) 会识图用图:能识读地形图和掌握地形图的应用。
(5) 会施工测量:能掌握施工测量的基本技术和基本方法,即放样。

2. 道路工程测量工作的要求

测量工作在整个建筑工程建设中起着不可缺少的重要作用，测量速度和质量直接影响工程建设的速度和质量。它是一项非常细致的工作，稍有不慎就会影响工程进度甚至返工浪费。因此，要求工程测量人员必须做到以下几点。

（1）树立为工程建设服务的思想，具有对工作负责的精神，坚持严肃认真的科学态度。做到测、算工作步步有校核，确保测量成果的精度。

（2）养成不畏劳苦和细致的工作作风，不论是外业观测，还是内业计算，一定要按现行规范规定作业，坚持精度标准，严守岗位责任制，以确保测量成果的质量。

（3）培养团队精神，测量工作是一项实践性很强的工作，任何个人很难单独完成。因此，在测量工作中必须发扬团队精神，各成员之间互学互助，默契配合。

（4）要爱护测量工具，正确使用仪器，并要定期维护和校验仪器。

（5）要认真做好测量记录工作，做到内容真实、原始，书写清楚、整洁。

（6）要做好测量标志的设置和保护工作。

1.2 道路工程测量的基本知识

测量工作不论是测定还是测设，都需要通过确定地面点的空间位置来实现。空间是三维的，所以确定地面点的实质就是确定其在某个空间坐标系中的三维坐标。地面点是相对地球定位的，如果选择一个能代表地球形状和大小且相对固定的理想曲面作为测量的基准面，就可以用地面点在基准面上的投影位置和高度来确定地面点的空间位置。为此测量上将空间三维坐标系分解成确定地面点的球面位置坐标(二维)和高程系(一维)。

1.2.1 测量的基准面和基准线

由于地球的自转，地球上任何一点都受到离心力和万有引力作用，这两个力的合力称为重力。重力的方向线称为铅垂线，铅垂线是测量工作的基准线。

测量工作实际上是在地球的自然表面进行的，而地球表面是极不规则的，有高山、丘陵、平原、湖泊和海洋等。人们通过长期的测绘工作和科学调查，了解到地球是一个南北极稍扁、赤道稍长、半径略为6371km的椭球体，表面约71%的面积被海洋覆盖，陆地面积约占29%。假想静止不动的水面延伸穿越陆地，包围整个地球，形成一个封闭曲面，这个封闭曲面称为水准面。水准面是受重力影响形成的，其特点是与重力方向垂直，且有无数多个。在这无数多个水准面中与平均海水面吻合的水准面称为大地水准面。大地水准面是唯一的，它是测量工作的基准面。

1.2.2 地面点的测量坐标系统

1. 大地坐标系

在大地坐标系中，用大地经度 L 和大地纬度 B 表示地面点在旋转椭圆球面上的位置，称为大地地理坐标,简称大地坐标。如图 1.3 所示,地面上任意点 P 的大地经度 L 是该点的子午面与首子午面所夹的两面角;P 点大地纬度 B 是过该点的法线(与旋转椭球面垂直的线)与赤道面的夹角。大地经纬度是根据大地测量所测得的数据推算而得出的。我国现采用陕西省径阳县境内的国家大地原点为起算点,由此建立新的统一坐标系,称为"1980 年国家大地坐标系"。

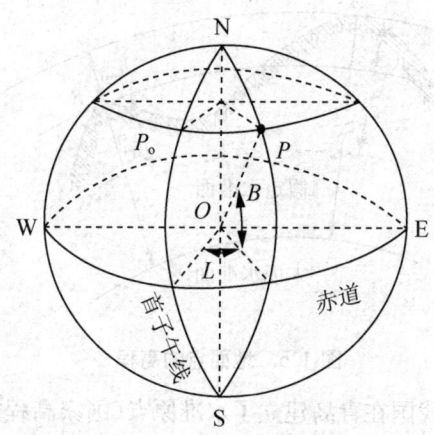

图 1.3 大地坐标系

2. 平面直角坐标系

在普通测量工作中,当测量区域较小(一般半径不大于 10km 的面积内),可将这个区域的地球表面当做水平面,直接将地面点沿铅垂线投影到水平面上,用平面直角坐标来表示地面点的平面位置。

测量平面直角坐标规定纵坐标为 x 轴,向北为正,向南为负;横坐标为 y 轴,向东为正,向西为负;地面上某点 p 的位置可用 x_p 和 y_p 来表示。平面直角坐标系的原点 O,一般选在测区的西南角,使测区内所有点的坐标均为正值。象限从北东开始按顺时针方向依次为Ⅰ、Ⅱ、Ⅲ、Ⅳ排列。与数学坐标的区别在于坐标轴互换,象限顺序相反,如图 1.4 所示。其目的是便于确定测量上直线的方向,并且数学中的公式可直接应用到测量计算中而不需作任何变更。

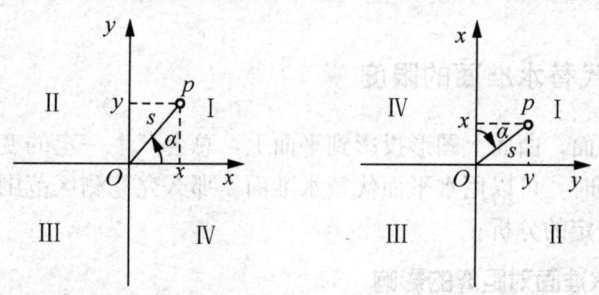

(a) 数学平面直角坐标系　　(b) 测量平面直角坐标系

图 1.4 平面直角坐标系

1.2.3 地面点高程

地面点到大地水准面的铅垂距离,称为该点的绝对高程,简称高程,也称海拔或标高。如图 1.5 所示,H_A、H_B 即为地面点 A、B 的绝对高程。

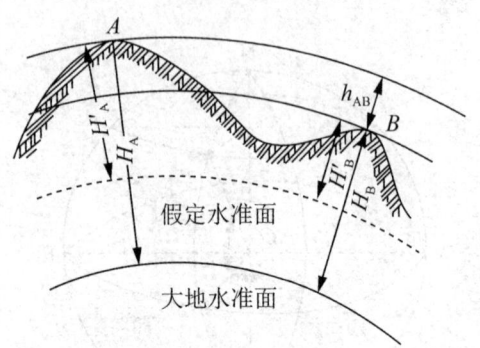

图 1.5 地面点的高程

为了便于观测和使用,我国在青岛建立了水准原点(国家高程控制网的起算点),其高程为 72.260m,全国各地的高程都以它为基准进行测算,称为"1985 年国家高程基准"。

当在局部地区引用绝对高程有困难时,可采用假定高程系统,即假定任意水准面为起算高程的基准面。地面点到假定水准面的铅垂距离,称为地面点的相对高程。如图 1.5 所示,H_A'、H_B' 即为地面点 A、B 的相对高程。

在建筑施工测量中,常选定底层室内地坪面为该工程地面点高程起算的基准面,记为(±0.000)。建筑物某部位的标高,是指某部位的相对高程,即某部位距底层室内地坪面(±0.000)的垂直距离。而在道路工程中,需要和国家高程系联系,多用绝对高程。

两个地面点之间的高程差称为高差,用 h 表示。

$$h_{AB}=H_B-H_A=H_B'-H_A' \tag{1-1}$$

经验提示

由此看出,高差的大小与高程的起算面无关,无论用绝对高程还是相对高程,结果是一致的。

1.2.4 用水平面代替水准面的限度

水准面是一个曲面,曲面上图形投影到平面上,总会产生一定的变形,当变形不超过测量误差的容许范围时,可以用水平面代替水准面。那么究竟测区范围多大时,才能容许这种代替,下面做一定的分析。

1. 水平面代替水准面对距离的影响

如图 1.6 所示,A、B、C 是地面点,它们在大地水准面上的投影点是 a、b、c,用过 a 点的切平面代替大地水准面后,地面点在水平面上的投影点是 a、b' 和 c'。设 A、B 两点在水准面上的距离为 D,在水平面上的距离为 D',球面半径为 R,则 $\Delta D(\Delta D=D'-D)$ 是

用水平面代替水准面后对距离的影响值。它们与地球半径 R 的关系为

$$\Delta D = \frac{D^3}{3R^2}$$

或

$$\frac{\Delta D}{D} = \frac{D^2}{3R^2} \tag{1-2}$$

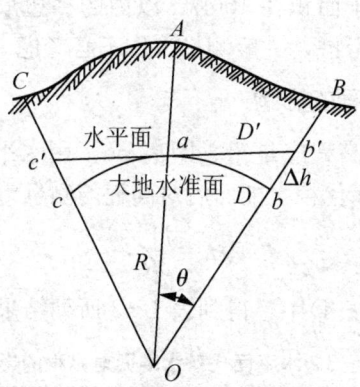

图 1.6 水平面代替水准面的影响

根据地球半径 $R=6371\text{km}$ 及不同的距离 D 值，代入式(1-2)，得到表 1-1 所列的结果。

表 1-1 水平面代替水准面对距离的影响

D/km	ΔD/cm	$\Delta D/D$
5	0.1	1/487 万
10	0.8	1/122 万
20	6.6	1/30.4 万
50	102	1/4.9 万

由表 1-1 可见，当 $D=10\text{ km}$，所产生的相对误差为 1∶1220000。这样小的误差，对精密量距来说是容许的。因此，可以得出结论：在半径为 10 km 的圆面积内进行距离测量，可以用水平面代替水准面，不考虑地球曲率对距离的影响。

2. 水平面代替水准面对水平角的影响

同一个空间多边形在球面上投影的各内角之和，较其在平面上投影的各内角之和大一个球面角超 ε 的数值，它的大小与图形面积呈正比。其公式为

$$\varepsilon = \rho \frac{P}{R^2} \tag{1-3}$$

式中 ε——球面角超值，($''$)；

ρ——以秒计的弧度，$\rho=206265''$；

P——球面多边形面积，km^2；

R——地球半径，km。

以不同的面积 P 代入式(1-3)中,球面角超值见表1-2所示。

表1-2　水平面代替水准面的水平角误差

P/km^2	10	50	100	400	2500
$\varepsilon/('')$	0.05	0.25	0.51	2.03	12.71

式(1-3)的计算表明,对于面积在 $100km^2$ 以内的多边形,地球曲率对水平角的影响只有在最精密的测量中才需要考虑,一般测量工作不必考虑。

3. 水平面代替水准面对高程的影响

在图1.6中,地面点 B 的高程应是铅垂距离 Bb,用水平面代替水准面后,B 点的高程为 $b'B$,两者之差即为水平面代替水准面后对高程的测量影响值。其值为

$$\Delta h = \frac{D^2}{2R} \tag{1-4}$$

用不同的距离 D 代入式(1-4)中,得到表1-3所列结果。

表1-3　水平面代替水准面对高程的影响

D/km	0.2	0.5	1	2	3	4	5
$\Delta h/cm$	0.31	2	8	31	37	125	196

从表1-2可以看出,用水平面代替水准面,在距离1km内就有8cm的高程误差。由此可见,地球曲率对高程的影响很大。在高程测量中,即使距离很短,也要考虑地球曲率对高程的影响。实际测量中,应该通过改正计算或采用正确的观测方法来消除地球曲率对高程测量的影响。

1.3　测量工作基本原则和内容

1.3.1　测量工作的基本原则

测量工作的主要目的是确定地面点的坐标和高程。地球表面是复杂多样的,这些复杂多样的形态可分为地物和地貌两类。地物是指地面上天然和人工形成的物体,它包括湖泊、河流、海洋、房屋、道路、桥梁等。地貌是指地表高低起伏的形态,它包括山地、丘陵和平原等。地物和地貌总称为地形。在实际测量过程中,无论是测绘地形图还是施工放样,都不可避免地会产生误差,会导致前一点的误差传递到下一点,这样累积起来,可能会使误差达到不可容许的程度。为了限制误差的累积传递,保证测区内一系列点位之间具有必要的精度,测量工作都必须遵循"从整体到局部、先控制后碎部、由高级到低级"的原则进行。

如图1.7所示,要在 A 点测绘出测区内所有的地物和地貌是不可能的,在 A 点只能观测它附近的地物和地貌,对位于远处的地物和山背后的地貌是观测不到的,因此,就需

要在若干点上分区观测，最后才拼成一幅完整的地形图。在实际测量中首先在整个测区内，选择若干个起着整体控制作用的点A, B, C, …作为控制点，用较精密的仪器和方法，精确地测定各控制点的平面位置和高程位置的工作称为控制测量。这些控制点测量精度高，且均匀分布在整个测区。因此，控制测量是高精度的测量，也是全局性的测量。以控制点为依据，用低一级精度测定其周围局部范围内的地物和地貌特征点，称为碎部测量。这样不但可以减少误差的积累和传递，而且还可以在几个控制点上同时进行测量工作，既加快了测量的进度、缩短了工期，又节约了开支。

图 1.7　测量工作的程序

整个测量工作有外业和内业之分，使用测量仪器和工具称为外业。将外业成果进行整理、计算、绘制成图的工作，称为内业。

为了防止出现错误,无论在外业或内业工作中,都必须严格执行另一个基本原则——"边工作边校核",即"逐步检查"原则。应用校核的数据说明测量成果的合格和可靠。测量工作实质上是通过实践操作仪器获得观测数据,确定点位关系的,因此是实践操作与数字密切相关的一门技术。无论是实践操作有误,还是观测数据有误,或者是计算有误,都是点位的确定上产生的错误所致。因而在实践操作与计算中都必须步步校核,校核已进行的工作有无错误。一旦发现错误或达不到精度要求的成果,必须找出原因或返工重测,以保证各个环节的可靠性。

1.3.2 测量工作的基本内容

如前所述,地面点的空间位置是以地面点在投影平面上的坐标 x、y 和高程 H 决定的。在实际的测量中,x、y 和 H 的值不能直接测定,而是通过测定水平角 β_a、β_b、…,水平距离 D_1、D_2、…,以及各点间的高差 h,再根据已知点 A 的坐标、高程和 AB 边的方位角计算出 B、C、D、E 各点的坐标和高程(图 1.8)。

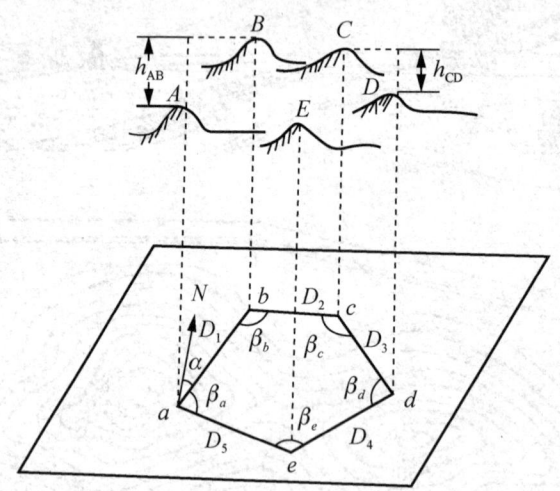

图 1.8 测量的基本内容

由此可见,水平距离、水平角和高程是确定地面点位的 3 个基本要素。水平距离测量、水平角测量和高差测量是测量的 3 项基本工作。

1.4 测量误差的基础知识

测量工作的实践表明,对某一客观存在的量,如地面两点之间的距离或高差,尽管采用了合理的观测方法和合格的仪器,且观测人员的观测态度是认真负责的,但多次重复测量的结果总是有差异的,这种在反复观测过程中反映出来的差异就是测量误差,而且测量误差是不能避免的。

1.4.1 测量误差的来源

产生测量误差来源于以下 3 个方面。

1. 观测误差

由于观测者视觉鉴别能力有一定的局限，所以在仪器安装和使用过程中都会产生误差，如整平误差、照准误差、读数误差等。同时，观测者的工作态度和技术水平等都对观测值的结果有直接影响。

2. 仪器误差

测量仪器、工具只具有一定限度的精密度，如在用只刻有厘米的普通水准尺进行水准测量时，就难以保证读的毫米值完全准确。同时，由于仪器制造和校正不可能完全完善，就会使观测结果产生误差。

3. 外界环境的影响

在观测过程中由于外界条件，如温度、湿度、风力、大气折光等，都会随时发生变化，必然给观测值带来误差。

上述 3 个方面通常称为观测条件。观测条件相同的各次观测，称为等精度观测，否则称为非等精度观测。观测成果的精度与观测条件有着密切的关系，观测条件好时，观测成果精度就高；观测条件差时，观测成果精度就低。

一般认为，在测量中人们总希望使每次观测所出现的测量误差越小越好，甚至趋近于零。但要真正做到这一点，就要使用极其精密的仪器，采用十分严密的观测方法，付出很高的代价。然而，在实际生产中，根据不同的测量目的，是允许在测量结果中含有一定程度的测量误差的。因此，测量的目标并不是简单地使测量误差越小越好，而是要设法将误差限制在与测量目的相适应的范围内。

1.4.2 测量误差的分类

1. 系统误差

定义：在一定的观测条件下进行一系列观测时，符号和大小保持不变或按一定规律变化的误差，称为系统误差。

举例：用名义长度为 30.000m 而实际正确长度为 30.005m 的钢卷尺量距，每量一尺段就有＋0.005m 的误差，其量具误差的影响符号不变，且与所量距离的长度成正比。

特点：一是系统误差在观测成果中具有累积性；二是系统误差对观测值的影响具有规律性，这种规律性是可以通过一定的办法找到的。换句话说，系统误差可以通过一定的测量措施消除或减弱。

> **经验提示**
>
> 在测量工作中，应尽量设法消除和减小系统误差。在观测方法和观测程序上采用必要的措施，可以限制或削弱系统误差的影响。例如，水准测量时，采用前、后视距相等的对称观测；经纬仪测角时，采用盘左、盘右两个观测值取平均值的方法等。

2. 偶然误差

定义：在一定的观测条件下进行一系列观测，如果观测误差的大小和符号均呈现偶然性，即从表面现象看，误差的大小和符号没有规律性，这样的误差称为偶然误差。

举例：在用厘米分划皮尺量距估读毫米位时，有时估读稍大，有时稍小。

特点：一是偶然误差具有抵偿性，对测量结果影响不大；二是偶然误差是不可避免的，并且是消除不了的，但应加以限制。一般采用多次观测取其平均值，可以抵消一些偶然误差。

3. 多余观测

定义：在测量工作中一般要进行多于必要的观测，称为多余观测。其目的是为了检验观测成果的正确性，防止错误的发生和提高观测成果的质量。

举例：在一段距离上采用往返丈量，如果往测属于必要观测，则返测就属于多余观测；对一个水平角度观测了 6 个测回，如果第 1 测回属于必要观测，则其余 5 个测回就属于多余观测。有了多余观测，就可以很容易发现观测中的错误，以便将其剔除或重测。

测量平差：由于观测值中的偶然误差不可避免，有了多余观测，观测值之间必然产生差值（不符值、闭合差）。根据差值的大小可以评定测量的精度（精确程度），差值如果大到一定的程度，则认为观测值中有错误（不属于偶然误差），称为误差超限。差值如果不超限，则按偶然误差的规律加以调整，称为闭合差的调整，以求得最可靠的数值。这项工作在测量上称为测量平差。

1.4.3 评定精度的标准

为了衡量观测结果的精度优劣，必须建立衡量精度的统一标准。有了标准才能进行比较。在测量工作中通常用中误差、容许误差和相对误差作为衡量精度的标准。

1. 中误差

设在相同的观测条件下，对某量（其真值为 X）进行 n 次重复观测，其观测值为 l_1，l_2，$\cdots$，l_n，由式（1-5）可得相应的真误差（观测值与真值的差值）为 Δ_1，Δ_2，$\cdots$，Δ_n。为了防止正负误差互相抵消和避免明显地反映个别较大误差的影响，取各真误差平方和的平均值的平方根，作为该组各观测值的中误差（或称为均方误差），以 m 表示。

$$m = \pm\sqrt{\frac{[\Delta\Delta]}{n}} \tag{1-5}$$

式中　$[\Delta\Delta]$——真误差的平方和，$[\Delta\Delta]=\Delta_1^2+\Delta_2^2+\cdots+\Delta_n^2$。

2. 容许误差

在一定观测条件下，偶然误差的绝对值不应超过允许的限值，称为容许误差，也称极限误差。在现行规范中，为了严格要求，确保测量成果质量，常以两倍或三倍中误差作为偶然误差的容许误差或限差。

在实际测量工作中，通常以三倍中误差作为偶然误差的容许误差，即

$$\Delta_容 = 3m \tag{1-6}$$

3. 相对误差

中误差是绝对误差。在衡量观测值精度的时候，单纯用绝对误差有时还不能完全表达精度的优劣。

例如，分别测量了长度为 100m 和 200m 的两段距离，中误差皆为 ±0.02m。显然不能认为两段距离测量精度相同。此时，为了客观地反映实际精度，必须引入相对误差的概念。

相对误差 K 是中误差 m 的绝对值与相应观测值 D 的比值。它是一个不名数，常用分子为 1 的分式表示。

$$K = \frac{m}{D} = \frac{1}{\frac{D}{|m|}} \tag{1-7}$$

当 m 为中误差时，K 称为相对中误差。在上述例中用相对误差来衡量，就可容易地看出后者比前者精度高。

在距离测量中还常用往返观测值的相对较差来进行检核。相对较差定义为

$$\frac{|D_{往} - D_{返}|}{D_{平均}} = \frac{\Delta D}{D_{平均}} = \frac{1}{\frac{D_{平均}}{|\Delta D|}} \tag{1-8}$$

> **经验提示**
>
> 相对较差是相对真误差，只能反映往返测量的符合程度。相对较差愈小，观测结果愈可靠。
> 特别注意，用经纬仪测角时，不能用相对误差来衡量测角精度，因为测角误差与角度大小无关。

项目小结

本项目介绍了测量学的基本知识，学习本单元应掌握以下知识点。

(1) 建筑工程测量的 3 项任务，包括地形图测绘、施工放样和变形监测。地形图的测绘和施工放样在测量程序上是两个相反的过程。地形图测绘是使用测量仪器将地面上的地物和地貌缩绘在图纸上，而施工放样是将图纸上设计好的建筑物的位置在地面上标定出来。

(2) 在学习地球的形状和大小的基础之上，掌握测量工作的基准线是铅垂线，测量工作的基准面是大地水准面。

(3) 地面点位的确定。地面点的空间位置用坐标和高程表示。地面点的坐标有 3 种表示方法，即地理坐标、独立平面直角坐标和高斯平面直角坐标。地理坐标表示点在椭球面的位置，用经度和纬度表示；独立平面直角坐标在小区域进行测量时把球面的投影面看成平面，独立平面直角坐标与解析几何中介绍的平面直角坐标基本相同，只是测量中纵轴为 x 轴，横轴为 y 轴，象限按顺时针编号。

地面点的高程是确定地面点位置的基本要素之一，高程又有绝对高程和相对高程之分。我国目前采用"1985 国家高程基准"。

(4) 用水平面代替水准面的限度。为了使计算和绘图简化，在半径为 10km 的范围内，地球曲率对水平距离的影响可以忽略不计；但在进行高程测量时，必须考虑地球曲率对高程的影响。

(5) 测量的基本工作及测量工作的基本原则。地面点的坐标和高程不是直接测定的,通常通过水平距离测量、水平角测量和高程测量(或高差测量)来确定。因此,水平距离测量、水平角测量和高程测量(或高差测量)是测量的3项基本工作,同时,测量工作必须遵循"由整体到局部,先控制后碎部,由高级到低级,前一步工作未检验不进行下一步测量工作"的原则。

(6) 确定一条直线与标准方向之间所夹的水平角的工作称为直线定向,在测量工作中一般用方位角和象限角来表示直线的方向。在学习中要理解坐标方位角与象限角的关系,掌握正、反坐标方位角的换算。

(7) 明确系统误差、偶然误差的概念和区别;理解中误差、容许误差和相对误差的定义及应用。

(8) 了解建筑工程中常用的测量仪器设备。

知识点考查

1. 工程测量的任务是什么?
2. 测定和测设有什么区别?
3. 什么是水准面?什么是大地水准面?它在测量工作中的作用是什么?
4. 什么是绝对高程?什么是相对高程?什么是高差?
5. 已知 $H_A=27.837m$,$H_B=30.014m$,求 h_{BA}。
6. 已知 $H_A=38.207m$,$h_{AB}=-0.836m$,求 H_B。
7. 测量学中的平面直角坐标系和数学上的平面直角坐标系有何不同?
8. 用水平面代替水准面对于水平距离、水平角和高差有何影响?
9. 确定地面点的3个基本要素是什么?测量的基本工作有哪些?
10. 测量工作的基本原则是什么?
11. 测量误差的来源有哪几个方面?
12. 什么是系统误差?什么是偶然误差?
13. 什么是中误差、相对中误差和容许误差?
14. 对某线段丈量了6次,其结果为 248.225、248.232、248.229、248.230、248.219 和 248.216,试求其算术平均值、观测值中误差、算术平均值中误差及相对误差。

项目 2 水准测量

知识目标

知识要点	知识目标
水准测量原理	掌握水准测量基本原理
水准仪构造及使用	了解 DS_3 水准仪构造，熟练 DS_3 水准仪使用方法
水准测量实施	掌握水准测量外业实施和内业数据处理
水准仪检验与校正	了解水准仪应满足的条件，掌握检校的方法

实训目标

实训项目	实训目标
水准仪认识与使用	熟悉 DS_3 水准仪各部件名称，能够独立安置仪器和读数
闭合水准测量	能够完成闭合水准外业施测中观测、记录及内业数据计算等工作
附合水准测量	能够完成附合水准外业施测中观测、记录及内业数据计算等工作
水准仪的检校	能够完成微倾式水准仪的检验及校正工作

▶▶项目导读

在日常生活和工作中，人们经常需要解决这样的问题：某处（点）比某处（点）高多少或低多少？某处（点）有多高？根据设计高程在施工中做出各种高程标志以指导施工等。这些问题都需要使用一定的仪器和工具，采用一定的方法和程序，按照一定的要求来解决，这就是高程测量的基本技能。

高程是确定地面点位的3个量之一。高程测量是测量的3项基本工作之一，高程测量广泛应用于地面点的高程测量、施工场地高程控制点的引测和施工过程中已知高程点的测设等工作。

地面点的高程是地面点的定位元素之一，测定地面点高程的工作称为高程测量，是测量的基本工作之一。按使用的测量仪器来分类，获得高程的方法有水准测量和三角高程测量，另外还有液体静力水准测量、气压高程测量及GPS高程测量等。

在道路工程测量中，进行高程控制测量、中桩高程测量及高程放样时，常采用水准测量。水准测量是高程测量中精度最高、应用最广泛的一种，水准测量需要采用仪器和工具进行，本章将介绍水准测量的基本知识。

2.1 水准测量原理

水准测量是获得点高程的常用测量手段，也是高程测量精度最高的一种方法。

水准测量，也称几何水准测量，是用水准仪建立一条水平视线，确定后计算出两点之间的高差，然后通过已知点高程计算待定点的高程。

如图2.1所示，若已知 A 点的高程为 H_A，欲测定待定点 B 点的高程 H_B。

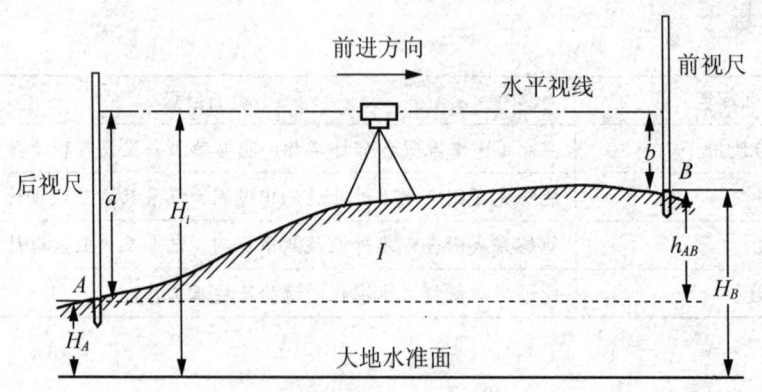

图2.1 水准测量原理

在 A、B 两点竖立水准尺，在 A、B 中间位置安置一台水准仪，通过水准仪提供的水平视线，在 A 点水准尺上读数，在 B 点水准尺上读数。则

$$h_{AB}=a-b \tag{2-1}$$

若 $a>b$，h_{AB} 为正值，表示 B 高于 A；反之，则 B 低于 A。

进而可得
$$H_B = H_A - h_{AB} = H_A + a - b \quad (2-2)$$

利用式(2-2)求算待定点高程的方法称为高差法。

图2.1中，行进方向为A至B方向，此时A点称为后视点，A尺上读数a称为后视读数；B点称为前视点，B上读数b称为前视读数。

另外，改变计算顺序可得到视线高法。

H_i称为视线高程，简称视线高，则有
$$H_i = H_A + a$$
$$H_B = H_i - b = H_A + a - b \quad (2-3)$$

利用式(2-3)求算待定点高程的方法称为视线高法。当需要观测多个前视点时，这种方法较方便。

在实际作业中，应尽量将仪器架设在A、B两点中间位置，同时保持水准尺竖直。

> **经验提示**
>
> 水准测量是有方向性的，在书写高差时，必须注意h的下标：h_{AB}表示B点相对于A点的高差；h_{BA}则表示A点相对于B点的高差。两者绝对值相等，符号相反。
>
> 在同一个测站上，利用同一个视线高，可以较方便地计算出若干个不同位置的前视点的高程。这种方法常在工程测量中应用。

综上所述，高差法与视线高法都是利用水准仪提供的水平视线测定地面点高程的，因此前提要求视线水平。在进行水准观测时要做好两项工作：确保视线水平和选取水准尺读数。此外，水准仪安置的高度对观测结果没有影响。

2.2 水准仪的认识和使用

2.2.1 水准测量仪器和工具

水准测量要使用的仪器是水准仪，要使用的工具是水准尺和尺垫。

水准仪是为水准测量提供水平视线的仪器。

(1) 我国水准仪系列标准按其精度等级分为DS_{05}、DS_1、DS_3等型号。DS分别为"大地"和"水准仪"的汉字拼音第一个字母，其下标05、1、3等数字表示该型号仪器的精度。通常在书写时省略字母"D"。

S_3型水准仪称为普通水准仪，用于国家三、四等水准测量及一般工程水准测量；S_{05}型和S_1型水准仪称为精密水准仪，用于国家一、二等水准测量及其他精密水准测量。工程建设中使用最多的是DS_3水准仪。

(2) 水准仪按照构造分为微倾式水准仪、自动安平水准仪和电子水准仪。

1. DS_3型微倾式水准仪的构造

图2.2为DS_3型微倾式水准仪。它主要由望远镜、水准器、基座等组成。

水准仪不能直接测量待定点的高程 H，但能够测量两点间的高差 h；根据视距测量原理，它还可以测量两点间的水平距离 D。

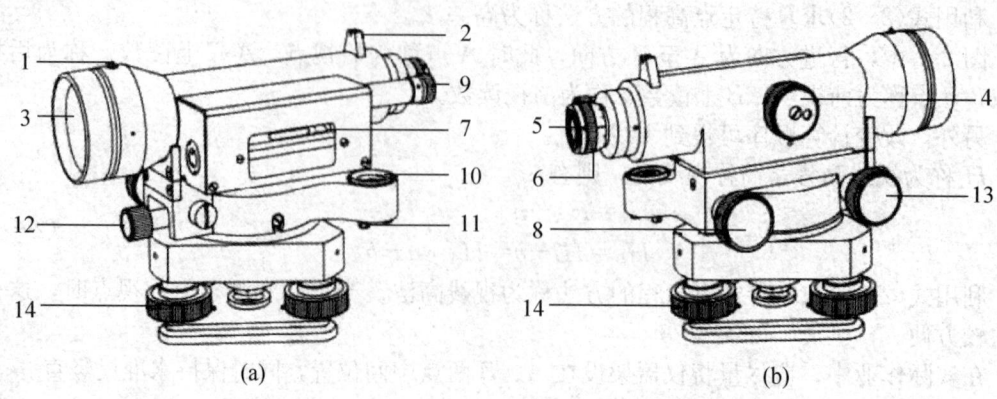

图 2.2　DS₃型微倾式水准仪
1—准星；2—照门；3—物镜；4—物镜调焦螺旋；5—目镜；
6—目镜调焦螺旋；7—水准管；8—微倾螺旋；9—水准管观察窗；10—圆水准器；
11—圆水准器校正螺钉；12—水平制动螺旋；13—水平微动螺旋；14—脚螺旋

1）望远镜

望远镜具有成像和扩大视角的功能，其作用是看清不同距离的目标和提供照准目标的视线。

望远镜是测量仪器观测远目标的主要部件，用来精确瞄准远处目标(标尺)和提供水平视线进行读数的设备。它主要由物镜、调焦透镜、十字丝分划板、目镜等组成，如图 2.3 所示。

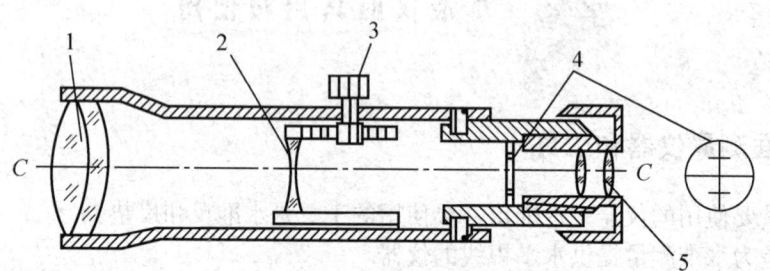

图 2.3　望远镜结构
1—物镜；2—物镜调焦透镜；3—物镜调焦螺旋；4—十字丝分划板；5—目镜

十字丝分划板为一平板玻璃，上面刻有相互垂直的细线，称为十字丝。中间一条横线称为中丝，上、下对称且平行于中丝的短线称为上丝和下丝，上、下丝统称视距丝，用来测量距离。竖向的线称为竖丝。十字丝分划位于目镜与调焦透镜之间，如图 2.3 所示。它是照准目标和读数的标志。

物镜光心与十字丝交点的连线称望远镜视准轴，用 $C-C$ 表示，为望远镜照准线。仪器安置好后，通过视准轴延长线提供观测水平视线。

望远镜的成像原理如图 2.4 所示。远处目标 AB 反射的光线,通过物镜和调焦透镜折射形成后,在十字丝分划板上形成倒立实像 ab,目镜又将 ab 和十字丝一起放大形成虚像 a_1b_1,即为在望远镜中观察到的目标 AB 倒立的影像。

部分水准仪在调焦透镜后装有一个正像棱镜,通过棱镜反射,看到的目标影像为正像,这种望远镜称为正像望远镜。

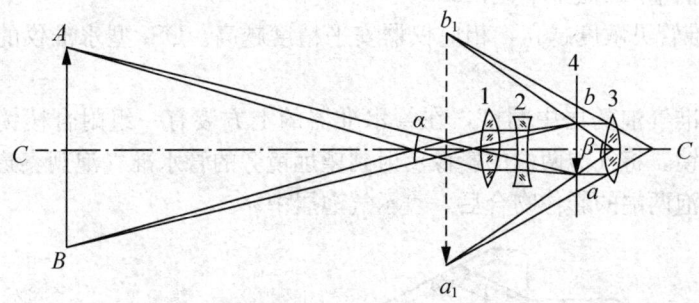

图 2.4 望远镜原理图

1—物镜;2—调焦透镜;3—目镜;4—十字丝分划板

由图 2.4 知,观测者通过望远镜观察虚像 a_1b_1 的视角为 β,直接观察目标 AB 的视角为 α,显然 β 大于 α。β 与 α 之间的比值成为望远镜的放大倍率,用 V 表示。DS_3 型水准仪一般放大率为 20~32 倍。

$$V = \frac{\beta}{\alpha}$$

2) 水准器

水准器用于置平仪器。水准器分为管水准器(也称水准管)和圆水准器。水准管用于精平仪器使视准轴水平,圆水准器用于粗平仪器使竖轴铅垂。

(1) 水准管:管水准器由玻璃圆管制成,其内壁磨成一定半径 R 的圆弧,如图 2.5 所示。将管内注满酒精或乙醚,加热封闭冷却后,管内形成的空隙部分充满了液体的蒸汽,称为水准气泡。因为蒸汽的比重小于液体,所以,水准气泡总是位于内圆弧的最高点。管水准器内圆弧中点 O 称为管水准器的零点,过零点作内圆弧的切线 $L-L$ 称为管水准器轴。当水准管气泡居中时,水准管轴 $L-L$ 处于水平状态。

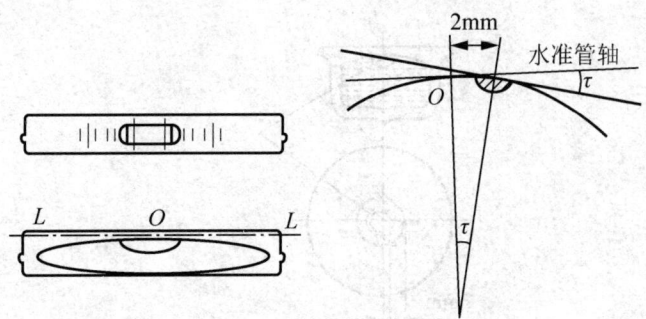

图 2.5 管水准器的构造与分划值

在水准管的外表面，对称于零点的左右两侧，刻划有2mm间隔的分划线。2mm弧长所对的圆心角为管水准器的分划值，用τ表示

$$\tau=\frac{2}{R}\rho'' \tag{2-4}$$

式中 $\rho''=206265''$；

R——水准管内壁的曲率半径，mm。

τ越小，水准管灵敏度越高，相应仪器安平精度越高。DS_3型水准仪的水准管分划值为$20''/2mm$。

为了提高水准气泡的居中精度，在管水准器的上方装有一组附合棱镜，如图2.6所示。通过这组棱镜，将气泡两端的影像反射到望远镜旁的管水准气泡观察窗内，旋转微倾螺旋，当窗内气泡两端的影像吻合后，表示气泡居中。

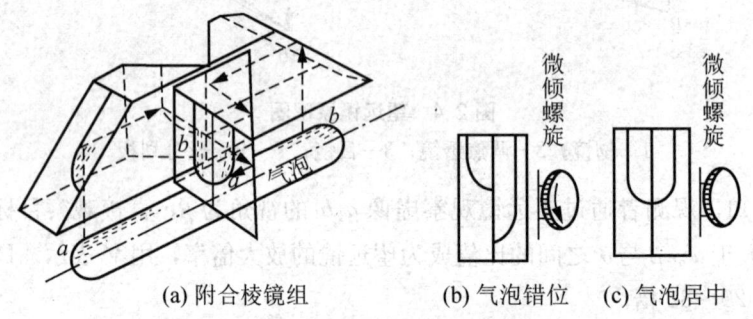

(a) 附合棱镜组　　(b) 气泡错位　(c) 气泡居中

图2.6　管水准器符合棱镜

制造水准仪时，使管水准器轴平行于望远镜的视准轴，即$LL/\!/CC$。旋转微倾螺旋使管水准气泡居中时，管水准器轴处于水平位置，从而使望远镜的视准轴也处于水平位置。

(2) 圆水准器：圆水准器由玻璃圆柱管制成，其顶面内壁是磨成一定半径的球面，中央刻有小圆圈，其圆心是圆水准器的零点，过零点的球面法线为圆水准器轴，用$L'-L'$表示，如图2.7所示。当圆水准气泡居中时，圆水准器轴处于竖直位置；当气泡不居中、气泡偏移零点2mm时，轴线所倾斜的角度值，称为圆水准器的分划值。一般τ为$8'$，圆水准器的τ，大于管水准器的τ，所以圆水准器通常用于粗略整平仪器。

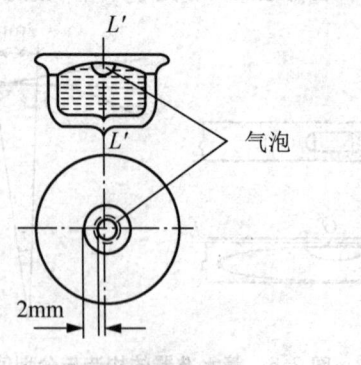

图2.7　圆水准器

制造水准仪时，使圆水准器轴平行于仪器竖轴。当圆水准气泡居中时，圆水准器轴处于竖直位置，从而使仪器竖轴也处于竖直位置。

3）基座

基座由轴座、脚螺旋、底板和三角压板组成。基座的作用是支撑仪器的上部，整个仪器用中心连接螺固定在三脚架上，如图2.2所示。

4）其余部件

照门和准星用来大致瞄准目标，方便从望远镜中精确找准目标。

水平制动螺旋拧紧后，望远镜将固定。此时，转动微动螺旋，仪器在水平方向作微小转动，以利于照准目标。

> **经验提示**
>
> 水准仪除了上述3个主要部分外，还装有一套制动和微动螺旋。瞄准目标时，只要拧紧制动螺旋，望远镜就不能转动。此时，放转微动螺旋可使望远镜在水平方向作微小的转动，以利于精确瞄难目标。当松开制动螺旋时，微动螺旋也就失去了作用。

2. 水准尺和尺垫

1）水准尺

水准尺又称水准标尺，是水准测量的重要工具，其质量的好坏直接影响水准测量的精度。水准尺的型式很多，一般有单面尺、双面尺、木质标尺、铝合金标尺、塔尺、精密水准尺（铟钢尺）、条形码水准尺等。常用的有双面尺和塔尺。

双面水准尺多用于三、四等水准测量，尺长为3m，以两把尺为一对使用。尺的两面均有刻划，一面为黑、白相间的黑面尺，称为基本分划面；另一面为红、白相间的红面尺，称为辅助分划面，两面的最小分划均为1cm，只在分米处有注记。两把尺的黑面均由零开始分划和注记。而红面，一根从4.687m开始分划和注记，另一根从4.787m开始分划和注记，两把尺红面注记的零点差为0.1m。在视线高度不变的情况下，同一根水准尺的红面和黑面读数之差应等于常数4.687m或4.787m，这个常数称为尺常数，用K来表示，以此可以检核读数是否正确。如图2.8(a)所示。

塔尺一般由三节或五节套接而成，是一种逐节缩小的组合尺，其长度为5m，由两节或三节连接在一起。尺的底部为零点，尺面上黑白格相间，分划为5mm或10mm，在米和分米处有数字注记，超过1m在注记上加红点表示米数，如4上加1个红点表示1.4m，加2个红点表示2.4m，依次类推。它携带方便，但尺段接头易损坏，对接易出差错，常用于精度要求不高的水准测量。如图2.8(b)所示。

2）尺垫

尺垫一般由三角形的铸铁制成，下面有3个尖脚，便于使用时将尺垫踩入土中，使之稳固。上面有一个突起的半球体，水准尺竖立于球顶最高点。尺垫通常用于高程传递转点上，防止水准尺下沉。每对水准标尺都配有一对尺垫，如图2.8(c)所示。

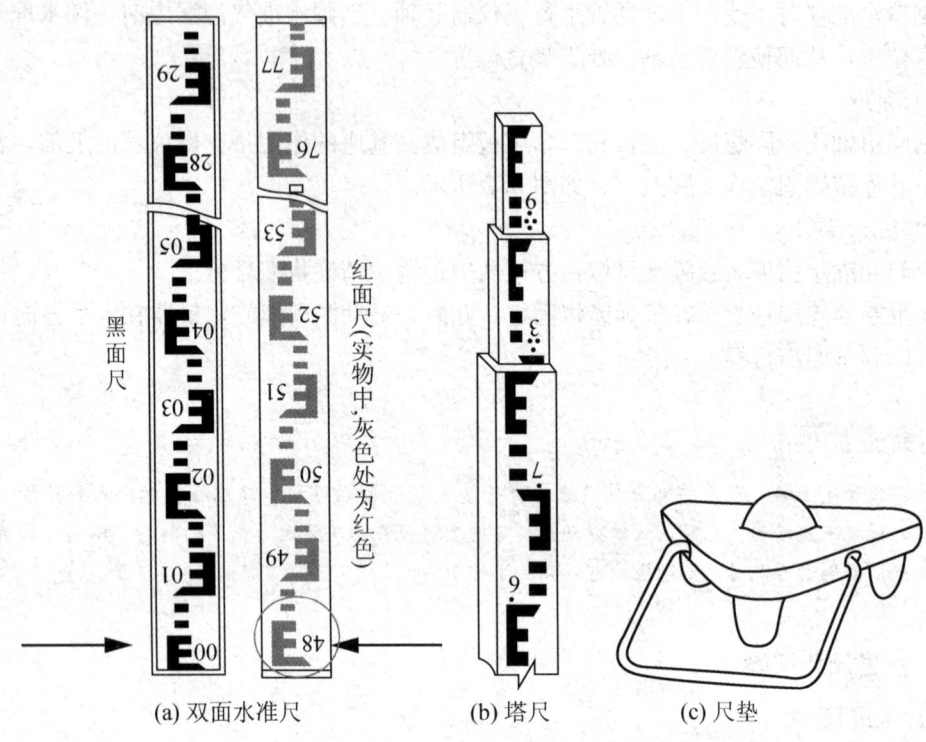

图 2.8 水准尺和尺垫

2.2.2 水准仪的使用

用水准仪进行水准测量的操作步骤为：安置仪器→粗平→瞄准→精平→读数，介绍如下。

1. 安置仪器

安置水准仪前，首先要按观测者的身高调节好三脚架的高度，为便于整平仪器，还要求使三脚架的架头面大致水平，并将三脚架的3个脚尖踩入土中，使脚架稳定。然后从仪器箱内取出水准仪，放在三脚架的架头面，并立即用中心螺旋旋入仪器基座的螺孔内，以防止仪器从三脚架头上摔下来。

2. 粗平

粗平即粗略整平仪器。旋转脚螺旋使圆水准气泡居中，仪器的竖轴大致铅垂，从而使望远镜的视准轴大致水平。

旋转脚螺旋方向与圆水准气泡移动方向的规律是：用左手旋转脚螺旋，则左手大拇指移动方向即为水准气泡移动方向；用右手旋转脚螺旋，则右手食指移动方向即为水准气泡移动方向，如图 2.9 所示。

操作方法：用两手分别以相对方向转动两个脚螺旋，如图 2.9(a)所示，使气泡移动至 1、2 两个脚螺旋连线过零点的垂线上；然后再转动第 3 个脚螺旋使气泡居中，见图 2.9(b)；按上述步骤反复操作，直至仪器转至任意方向气泡均居中为止。

水准测量 项目2

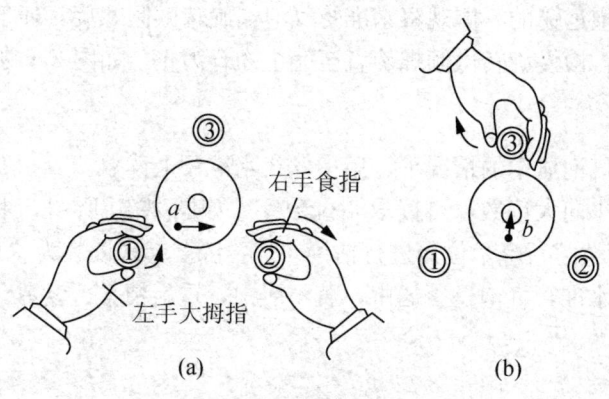

(a)　　　　　　　　　(b)

图2.9　圆水准器整平

> **经验提示**
>
> 实际操作时可以不转动第3个脚螺旋,而以相同方向同样速度转动原来的两个脚螺旋使气泡居中;在土质坚实时也可移动脚架使圆水准器气泡居中。

3. 瞄准

首先进行目镜对光。将望远镜对准明亮的背景,旋转目镜调焦螺旋,使十字丝清晰。再松开制动螺旋,转动望远镜,用望远镜上的准星和照门瞄准水准尺,拧紧制动螺旋。从望远镜中观察目标,旋转物镜调焦螺旋,使目标清晰,再旋转微动螺旋,使竖丝对准水准尺,如图2.10所示。

瞄准目标后注意消除视差。当眼睛在目镜处上下微微移动时,十字丝的横丝在水准尺上有相对移动,这种现象称为视差。产生视差的原因是水准尺成像没有在十字丝分划板上。消除视差的方法是:调节目镜调焦螺旋使十字丝清晰,再调节物镜调焦螺旋,反复调节直到消除视差。

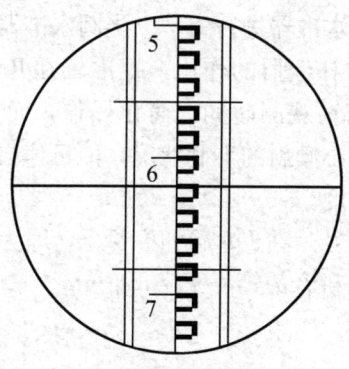

图2.10　望远镜内成像

4. 精平

精平即精确整平仪器,目的是使视线精确水平。

27

操作时可先从望远镜的一侧观察水准管气泡，旋转微倾螺旋，使气泡大致居中，再从气泡观察窗中查看，慢慢旋转微倾螺旋直至完全吻合为止，如图2.6所示。

5. 读数

在标尺竖直、气泡居中的情况下，用中丝在水准尺上读数。

在水准尺上从小向大读数，可读取4位数字，如图2.10所示，米和分米可直接读出"1.6m"，厘米位为"2"，毫米位需进行估读"1"，综合起来读数为"1.621m"。

读数后应检查水准管气泡是否居中，若不居中，重新精平、读数。

> **经验提示**
>
> 使用水准仪应注意的事项如下。
> (1) 搬运仪器前，应检查仪器箱是否扣好或锁好，提手或背带是否牢固。
> (2) 安置仪器时，注意拧紧脚架的架腿螺旋和架头连接螺旋。
> (3) 操作仪器时用力要均匀轻巧；制动螺旋不要拧得过紧，微动螺旋不能拧到极限。当目标偏在一边用微动螺旋不能调至正中时，应将微动螺旋反松几圈（目标偏离更远），再松开制动螺旋重新照准。
> (4) 在同一测站，对准另一目标时，水准管气泡都有偏离；每对准一个目标，都必须转动微倾螺旋使水准管气泡居中才能读数。
> (5) 迁移测站时，如果距离较近，可将仪器侧立，左臂夹住脚架，右手托住仪器基座进行搬迁；如果距离较远，应将仪器装箱搬运。
> (6) 仪器应存放在阴凉干燥、通风和安全的地方，注意防潮、防霉，防止碰撞或摔跌损坏。

【提示】技能训练1——水准仪的认识与使用。

2.2.3 自动安平水准仪

目前，自动安平水准仪已经广泛应用于测绘和工程建设中，它的构造特点是没有水准管和微倾螺旋，而只有一个圆水准器进行粗平。当圆水准器气泡居中后，尽管仪器视线仍有微小的倾斜，但借助仪器内补偿器的作用，视准轴在几秒钟之内自动成水平状态。因此，自动安平水准仪不仅能缩短观测时间，简化操作，而且对于施工现场地面的微小震动、风吹等使仪器出现视线微小倾斜的不利状况，能迅速自动地安平仪器，有效地减弱外界的影响，有利于提高观测精度。

国产自动安平水准仪的型号是在DS后加字母Z，即为DSZ_{05}、DSZ_1、DSZ_3、DSZ_{10}，其中Z代表"自动安平"汉语拼音的第一个字母。

1. **自动安平原理**

自动安平水准仪的视线安平原理如图2.11所示。当视准轴水平时，设在水准尺上的正确读数为a，因为没有管水准器和微倾螺旋，依据圆水准器将仪器粗平后，视准轴相对于水平面将有微小的倾斜角α'。如果没有补偿器，此时在水准尺上的读数设为a'；当在物镜和目镜之间设置有补偿器后，进入到十字丝分划板的光线将全部偏转β角，使来自正确

读数 a 的光线经过补偿器后正好通过十字丝分划板的横丝，从而读出视线水平时的正确读数。补偿器必须满足

$$f\alpha = s\beta$$

式中　f——物镜等效焦距；

　　　s——补偿器到十字丝交点的距离。

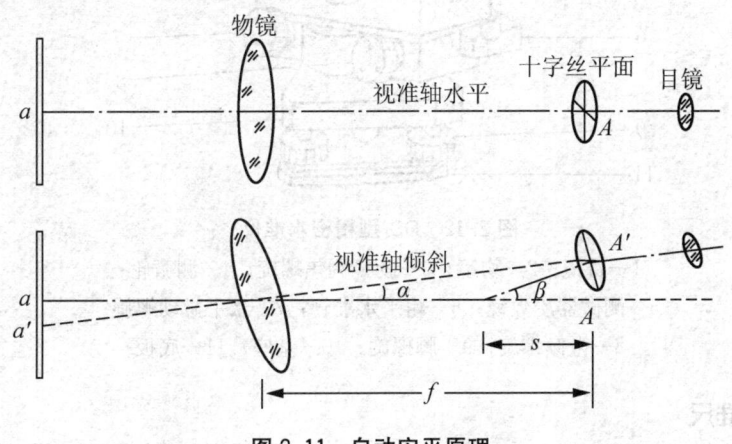

图 2.11　自动安平原理

2. 使用

操作过程包括：安置仪器、粗平、瞄准、读数（不需要"精平"）。

有的自动安平水准仪配有一个键或自动安平钮，每次读数前应按一下键或按一下按钮才能读数，否则补偿器不会起作用。使用时应仔细阅读仪器说明书。

2.2.4　精密水准仪

1. 概述

精密水准仪主要用于国家一、二等水准测量及精密工程测量，如建筑物变形观测、大型桥梁工程以及精密安装工程等测量工作。

精密水准仪类型很多，我国目前常用的 S_{05}（如威特 N_3、蔡司 Ni_{004}）和 S_1 型（如蔡司 Ni_{007}、国产 DS_1）水准仪均属于精密水准仪。图 2.12 为国产 DS_1 型精密水准仪。其构造与 DS_3 水准仪基本相同，但结构更精密，性能稳定，温度变化影响小。

2. 精密水准仪特点

（1）水准管有较高的灵敏度，便于更精确地整平仪器，使视准轴更精确的水平。精密水准仪一般采用分划值为 $5''/2\sim10''/2mm$ 的水准管。

（2）配有光学测微器装置，用来更准确地在水准尺上读数，可以估读至 0.01mm。

（3）望远镜具有较好的光学性能。物镜孔径大，望远镜有较高的放大倍率，十字丝中丝刻成楔形丝，有利于准确地照准水准尺上的分划线。

（4）仪器的结构稳定，受外界的影响小。

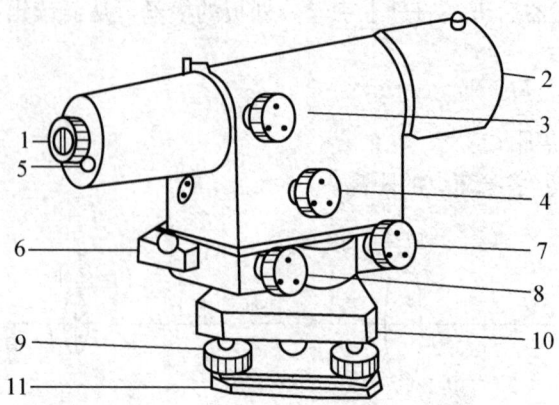

图 2.12 DS$_1$型精密水准仪

1—目镜；2—物镜；3—物镜调焦螺旋；4—测微轮；
5—测微器凑数镜；6—粗平水准管；7—水平微动螺旋；
8—微倾螺旋；9—脚螺旋；10—基座；11—底板

3. 精密水准尺

精密水准标尺的分划是印刷在因瓦合金钢带上的，由于这种合金的温度膨胀系数很小，因此水准尺的长度准确而稳定。为了不使因瓦钢带受木质尺身伸缩的影响，以一定的拉力将其引张在木质尺身的凹槽内。水准尺的分划为线条式，如图 2.13 所示。水准尺的分划值一般为 10mm(也有分划值为 5mm 的)。左边为基本分划，右边为辅助分划，分米或厘米注记刻在木尺上。两种分划相差常数 301.550cm，称为基辅差，又称尺常，供读数检核用。有的尺无辅助分划，基本分划按左右分奇偶排列，便于读数。图 2.13 为两种精密水准尺，图 2.13(a)分划值为 10mm，图 2.13(b)分划值为 5mm，可与相应测微周值的仪器配套使用。

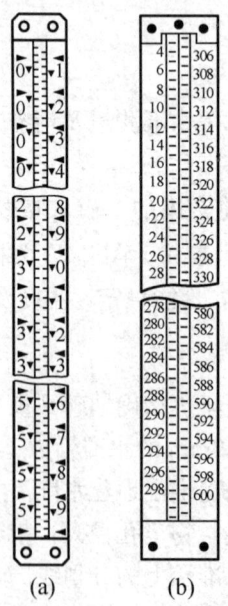

图 2.13 精密水准尺图

4. 精密水准仪读数

精密水准仪的操作方法与一般水准仪基本相同，不同之处在于每次读数都要用光学测微器测出不足一个分格的数值。

图 2.14 是 N_3 水准仪目镜及测微器显微镜视场。作业时，先转动微倾螺旋使符合水准气泡居中，再转动测微螺旋用楔形丝精确地夹准水准尺上某一整分划，如图 2.14 所示，图中基本分划读数 148cm，测微器上的读数为 650(0.650cm)，故基本分划全部读数为 148.650cm。同样可读出辅助分划读数，辅助分划读数与基本分划读数之间差一个常数（301.550cm），可作读数检查之用。

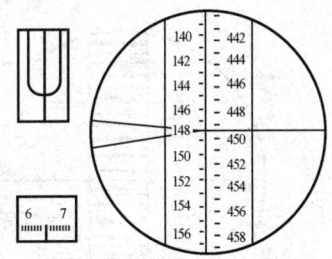

图 2.14　N_3 水准仪目镜及测微器显微镜视场

2.2.5　数字水准仪

数字水准仪又称电子水准仪。数字水准仪的光学系统采用了自动安平水准仪的基本形式，是一种集电子、光学、图像处理、计算机技术于一体的自动化智能水准仪。如图 2.15 所示，它由基座、水准器、望远镜、操作面板和数据处理系统组成。数字水准仪具有内藏应用软件和良好的操作界面，可以完成读数、数据储存和处理、数据采集自动化等工作，具有速度快、精度高、作业劳动强度小、实现内外业一体化等优点。由电子手簿或仪器自动记录的数据可以传输到计算机内进行后续处理，还可以通过远程通信系统将测量数据直接传输给其他用户。若使用普通水准尺，也可当普通水准仪使用。

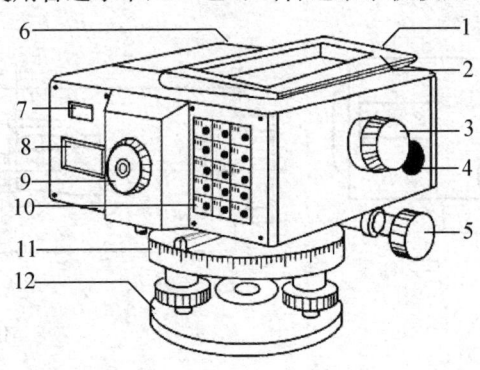

图 2.15　数字水准仪

1—物镜；2—提环；3—物镜调焦螺旋；4—测量按钮；
5—微动螺旋；6—RS 接口；7—圆水准器观察窗；8—显示器；
9—目镜；10—操作面板；11—带度盘的轴座；12—连接板

1. 条码水准尺

条码水准尺是与数字水准仪配套使用的专业水准尺,如图2.16(a)所示,它由玻璃纤维塑料制成,或用铟钢制成尺面镶嵌在尺基上形成,全长为2~4.05m。尺面上刻相互嵌套、宽度不同、黑白相间的码条(称为条码),该条码相当于普通水准尺上的分划和注记。精密水准尺上附有安平水准器和扶手,在尺的顶端留有撑杆固定螺孔,以便用撑杆固定条码尺使之长时间保持准确而竖直的状态,减轻作业人员的劳动强度。条码尺在望远镜视场中的情形如图2.16(b)所示。

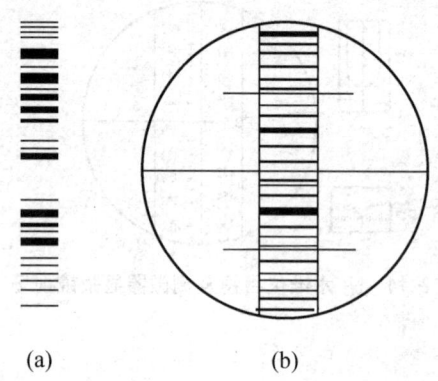

图2.16 条码水准尺与望远镜视场示意图

2. 数字水准仪测量原理

如图2.17(a)所示,在仪器的中央处理器(数据处理系统)中建立了一个对单平面上所形成的图像信息自动编码程序,通过望远镜中的光电二极管阵列(相机)摄取水准尺(条码尺)上的图像信息,传输给数据处理系统,自动地进行编码、释译、对比、数字化等一系列数据处理,而后转换成水准尺读数和视距或其他所需要的数据,并自动记录储存在记录器中或显示在显示器上。

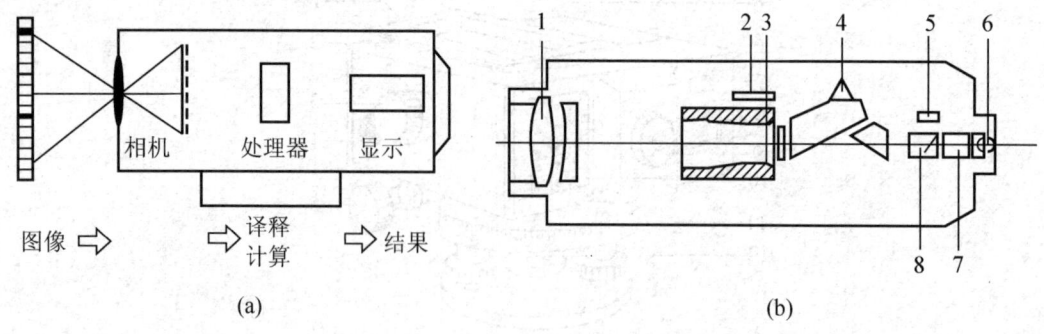

图2.17 数字水准仪测量与读数原理
1—物镜;2—调焦发送器;3—调焦透镜;4—补偿器;
5—CCD探测器;6—目镜;7—分划板;8—分光镜

3. 数字水准仪的读数方法

目前的数字水准仪采用的读数方法有几何法、相关法和相位法。

1) 几何法读数

标尺采用双相位码，标尺上每2cm为一个测量间距，其中的码条构成码词，每个测量间距的边界由过渡码条构成，其下边界到标尺底部的高度，可由该测量间距中的码条判读出来。水准测量时，一般只利用标尺上中丝的上下边各15cm尺截距，即15个测量间距来计算视距和视线高。如Zeiss Dini系列电子水准仪。

2) 相关法读数

标尺上与常规标尺相对应的伪随机码事先储存在仪器中作为参考信号（条码本源信息），测量时望远镜摄取标尺某段伪随机码（条码影像），转换成测量信号后与仪器内的参考信号进行比较，形成相关过程。按相关方法由电子耦合与本源信息相比较，若两信号相同，即得到最佳相关位置时，经数据处理后读数就可确定。比较十字丝中丝位置周围的测量信号，得到视线高；比较上、下丝的测量信号及条码影像的比例，得到视距。如Leica NA系列电子水准仪。

3) 相位法读数

尺面上刻有3种独立相互嵌套在一起的码条，3种独立条码形成一组参考码R和两组信息码A、B。R码为3道2mm宽的黑色码条，以中间码条的中线为准，全尺等距分布（一般间隔3cm）。A、B码分别位于R码上、下方10mm处，宽度在0～10mm之间按正弦规律变化，A码的周期为600mm，B码的周期为570mm，这样在标尺长度方向形成明暗强度按正弦规律周期变化的亮度波。将R、A、B码与仪器内部条码本源信息进行相关比较确定读数。如Topcon DL系列电子水准仪。

进行测量时，光电二极管阵列摄取的数码水准尺条码信息（图像），通过分光器将其分为两组，一组转射到CCD探测器上，并传输给微处理器，进行数据处理，得到视距和视线高；另一组成像于十字丝分划板上，便于目镜观测（图2.17(b)）。

利用电子水准仪不仅可以进行普通水准仪所能进行的测量，还可以进行高程连续计算、多次测量平均值测量、水平角测量、距离测量、坐标增量测量、断面计算、水准路线和水准网测量闭合差调整（平差）与测量数据自动记录、传输等。尤其是自动连续测量的功能对大型建筑物的变形（瞬时变化值）观测，相当便利而准确，具有其独特之处，是普通水准仪无法比拟的。下面为瑞士Leica NA3000型电子水准仪的主要技术参数（电子读数）（表2-1）。

表2-1 Leica NA3000型电子水准仪的主要技术参数

应用领域	快速测量高程、高差和放样、一、二等水准测量、精密水准测量
每公里往返测量中误差	±0.3mm
测距精度	±5mm
测程	0.6m以上
测距精度	1cm/20m

续表

安平补偿精度	0.2″
高差最小显示值	0.01mm
望远镜放大倍率	24
补偿范围	10′
外业作业温度	−20℃～+50℃

4. 数字水准仪的技术操作

数字水准仪的操作步骤同自动安平水准仪一样，分为粗平、照准、读数 3 步。现以 DNA 03 型为例介绍其操作方法。

1) 粗平

转动脚螺旋使圆水准器的气泡居中即可。气泡居中情况可在圆水准器观察窗中看到。而后打开仪器电源开关（开机），仪器进行自检。当仪器自检合格后显示器显示程序清单，此时即可进行测量工作。

2) 照准

先转动目镜调焦螺旋，看清十字丝；照准标尺，转动物镜调焦螺旋，消除视差，看清目标。按相应键选择测量模式和测量程序，如仅测量不记录、测量并记录测量数据等；如按【PROG】键，调出程序清单；按【DSP↑】键或【DSP↓】键选择相应的测量程序，并按【RUN】键予以确认。当仅测量水准尺的读数和距离时的程序为"P MEAS ONLY"；开始进行水准测量时的程序为"P START LEVELING"，水准线路连续高程测量和输入起始点高程的程序为"P CONT LEVELING"，视准轴误差检查的程序为"P CHECK & ADJUST"，删除记录器中数据记录的程序为"P ERASE DATA"。而后用十字丝竖丝照准条码尺中央，并制动望远镜。

3) 读数

轻按一下测量按钮（红色），显示器将显示水准尺读数；按测距键即可得到仪器至水准尺的距离，若按相应键即可得到所需要的相应数据。若在"测量并记录"模式，仪器将自动记录测量数据。

当高程测量时，后视观测完毕后，仪器自动显示提示符"FORE≡"，提醒观测员观测前视；前视观测完毕后，仪器又自动显示提示符"BACK≡"，提醒进行下一测站后视的观测；如此连续进行直至观测至终点。仪器显示的待定点的高程是以前一站转点的高程推算的。一站观测完毕，按【IN/SO】键结束测量工作，关机、搬站。

数字水准仪使用注意事项：数字水准仪是自动化程度较高的电子测量仪器，属高精度精密仪器，使用时除普通水准仪应注意的事项外，还应注意以下几点。

（1）数字水准仪和条码尺在使用前，必须认真阅读说明书。

（2）避免强阳光下进行测量，以防损伤眼睛和光线折射导致条码尺图像不清晰产生错误；必要时，可为仪器和条码尺撑伞遮阳。

（3）仪器照准时，尽量照准条码尺中部，避免照准条码尺的底部和顶部，以防仪器识别读数产生误差。

（4）一般来讲，物体在条码尺上的阴影不影响读数，但是当阴影形成与水准尺条码图形相似的图像化投影时，仪器将接收到错误编码信息，此时不能进行测量。

（5）条码尺使用时要防摔、防撞，保管时要保持清洁、干燥，以防变形，影响测量成果精度。有的条码尺可导电，应严防与带电电线（缆）接触，以免危及人身安全。

2.3 水准测量的实施

2.3.1 水准点

用水准测量方法测定高程建立的高程控制点称为水准点，如图2.18所示，用 BM 表示。需要长期保存的水准点一般用混凝土或石头制成标石，中间嵌半球形金属标志，埋设在冰冻线以下 0.5m 左右的坚硬土基中，并设防护井保护，称永久性水准点，如图 2.18(a)所示。亦可埋设在岩石或永久建筑物上，如图 2.18(b)所示。使用时间较短的，称临时水准点。一般用混凝土标石埋在地面，如图 2.18(c)所示，或用大木桩顶面加一帽钉打入地下，并用混凝土固定，如图 2.18(d)所示，亦可在岩石或建筑物上用红漆标记。

为了满足各类测量工作的需要，水准点按精度分为不同等级。国家水准点分一、二、三、四等4个等级，埋设永久性标志，其高程为绝对高程。为满足工程建设测量工作的需要，建立低于国家等级的等外水准点，埋设永久或临时标志，其高程应从国家水准点引测，引测有困难时，可采用相对高程。

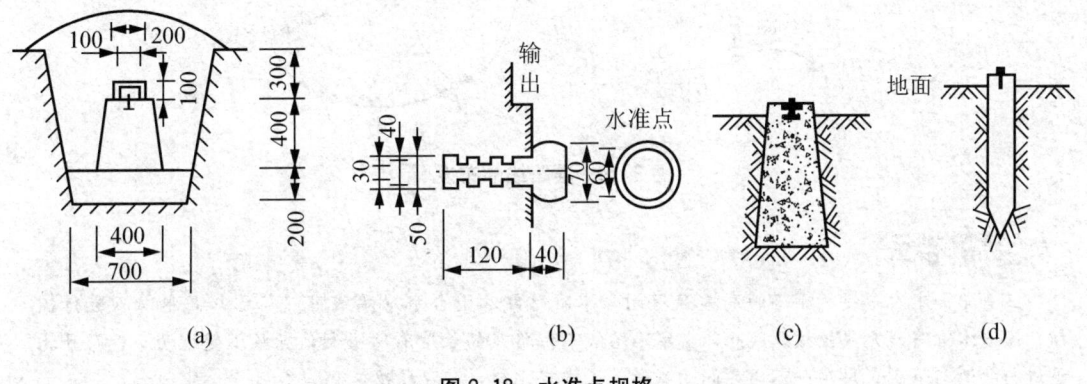

图 2.18 水准点规格

2.3.2 水准路线

水准测量进行的路径称为水准路线。根据测区情况和需要，工程建设中水准路线可布设成以下形式。

1. 闭合水准路线

如图 2.19(a)所示，从一个已知高程点 BM_A 出发，沿线测定待定高程点 1、2、3、…的高程后，最后闭合在 BM_A 上。这种水准测量路线称闭合水准(路线)，多用于面积较小的块状测区。

2. 附合水准路线

如图 2.19(b)所示，从一个已知高程点 BM_A 出发，沿线测定待定高程点 1、2、3、…的高程后，最后附合在另一个已知高程点 BM_B 上。这种水准测量路线称附合水准(路线)，多用于带状测区。

3. 支水准路线

如图 2.19(c)所示，从一个已知高程点 BM_A 出发，沿线测定待定高程点 1、2、3、…的高程后，既不闭合又不附合在已知高程点上。这种水准测量路线称支水准(路线)或支线水准，多用于测图水准点加密。

4. 水准网

如图 2.19(d)所示，由多条单一水准路线相互连接构成的网状图形称水准网。其中 BM_A、BM_B 为高级点，C、D、E、F 等为结点，多用于面积较大测区。

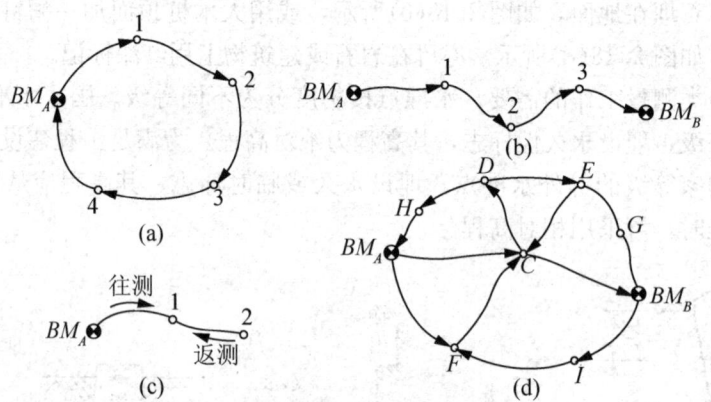

图 2.19　准路线的布设

> **经验提示**
>
> 三种单一水准路线所测得的高差只有闭合水准路线和附合水准路线可以与已知高水准点进行校核；而支水准路线无法校核。因此，支水准路线不但路线的长度有所限制，点数不超过两个，而且还需进行往测与返测，用两个不同方向的测量结果进行比较，以资校核。

2.3.3 水准测量外业的实施

1. 一般要求

作业前应选择适当的仪器、标尺，并对其进行检验和校正。三、四等水准和图根控制

用 DS_3 型仪器和双面尺等外水准配单面尺。一般性测量采用单程观测作为首级控制。支水准路线测量必须往返观测。等级水准测量的仪尺距、路线长度等必须符合规范要求。测量应尽可能采用中间法,即仪器安置在距离前、后视尺大致相等的位置。

2. 施测程序

如图 2.20 所示,设 A 点的高程 $H_A=27.385\text{m}$,现测定 B 点的高程 H_B 的程序如下。

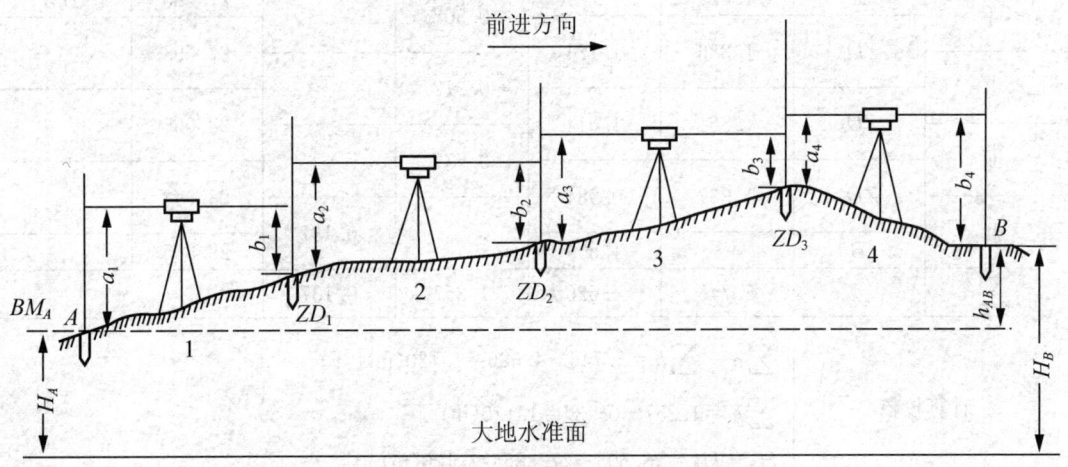

图 2.20 水准测量外业实施

(1) 安置仪器于 1 站并粗平,后视尺立于 BM_A,在路线前进方向选择一点与 A 距离大致相等的适当位置作 ZD_1,作为临时的高程传递点,称为转点。放上并踩实,将前视尺立于其上。

(2) 照准 A 点尺,精平仪器后,读取后视读数 a_1(如 1.432m);照准 ZD_1 点尺,精平仪器后,读取前视读数 b_1(如 1.124m),记入手簿中(表 2-2)。则

$$h_1 = a_1 - b_1 (0.308\text{m})$$

(3) 将仪器搬至 2 站,粗平,ZD_1 点尺面向仪器,A 点尺立于 ZD_2。

(4) 照准 ZD_1 点尺,精平仪器后读数为 a_2(如 1.386m);照准 ZD_2 点尺,精平仪器后读数为 b_2(如 1.014m),记入手簿中。则

$$h_2 = a_2 - b_2 (0.372\text{m})$$

(5) 按上述(3)、(4)步连续设站施测,直至测至终点 B 为止。各站的高差为

$$h_i = a_i - b_i (i=1, 2, 3, \cdots)$$

根据上式即可求得各点的高程。将各测站高差取其和

$$h_{AB} = \sum h_i = \sum a_i - \sum b_i$$

B 点高程为

$$H_B = H_A + h_{AB} = H_A + \sum h$$

施测全过程的高差、高程计算和检核,均在水准测量记录手簿(表 2-2)中进行。

表 2-2 水准测量记录手簿

日期：_____　仪器：_____　观测者：_____
天气：_____　自___测至___　记录者：_____

测站	测点	后视读数/mm	前视读数/mm	高差/mm +	高差/mm −	高程/m	备注
Ⅰ	A	1.432		0.308		27.385	BM
Ⅱ	ZD_1	1.386	1.124	0.372		27.693	
Ⅲ	ZD_2	1.561	1.014	0.577		28.065	
Ⅳ	ZD_3	1.367	0.984			28.642	
	B		1.504		0.137	28.505	
$\sum$		5.746	4.626	1.257	0.137		
计算校核	$\sum a - \sum b = 5.746 - 4.626 = 1.120(\text{m})$ $\sum h = 1.257 - 0.137 = 1.120(\text{m})$ $H_B - H_A = 28.505 - 27.385 = 1.120(\text{m})$						

经验提示

　　长距离的水准测量，实际上就是水准测量基本操作方法、记录与计算的重复连续性工作，关键还是熟练掌握水准仪的操作方法以及高差、高程的计算。

　　因为测量的目的是求 B 点的高程，所以各转点的高程不需计算。

　　在每一测段结束后或手簿上每一页之末，必须进行计算校核。检查后视读数之和减去前视读数之和 $(\sum a - \sum b)$ 是否等于各站高差之和 $(\sum h)$，并等于终点高程减起点高程，如不相等，则计算中必有错误，应进行检查。但应注意，这种校核只能检查计算工作有无错误，而不能检查出测量过程中所产生的错误，如读错、记错等。

2.3.4　水准测量检核

1. 测站检核

　　每站水准测量时，观测的数据错误将导致高差和高程计算错误。为保证观测数据的正确性，通常采用变动仪器高法或双面尺法进行测站检核。不合格时不得搬站，待重测合格后迁站。

　　1) 变动仪器高法

　　变动仪器高法又称变更仪器高法。在一个测站上，观测一次高差 $h' = a' - b'$ 后，将仪器升高或降低 10cm 左右，再观测一次高差 $h'' = a'' - b''$。当两次高差之差(称为较差)满足

$$\Delta h = h' - h'' \leqslant \Delta h_{容} \qquad (2-5)$$

取平均值作为本站高差；否则应重测，直到满足式(2-5)为止。式中 $\Delta h_{容}$ 称为容许值，可在相应的规范中查取。

2) 双面尺法

在一个测站上，仪器高度不变，分别观测水准尺黑面和红面的读数，获得两个高差 $h_{黑} = a_{黑} - b_{黑}$ 和 $h_{红} = a_{红} - b_{红}$，若满足

$$\Delta h = h_{黑} - h_{红} \pm 100\text{mm} \leqslant \Delta h_{容} \qquad (2-6)$$

取平均值作为结果；否则应重测。

2. 计算检核

手簿中计算的高差和高程应满足 $\sum h_i = \sum a_i - \sum b_i = H_B - H_A$，若结果不满足要求，则说明高差计算和高程推算有错，应查明原因予以纠正。计算检核在手簿辅助计算栏中进行(表2-2)。

3. 路线检核

通过上述检核，仅限于读数误差和计算错误，不能排除其他诸多误差对观测成果的影响，例如转点位置移动、标尺或仪器下沉等，造成误差积累，使得实测高差 $\sum h_{测}$ 与理论高差 $\sum h_{理}$ 不相符，存在一个差值，称为高差闭合差，用 f_h 表示，即

$$f_h = \sum h_{测} - \sum h_{理} \qquad (2-7)$$

因此，必须对高差闭合差进行检核。如果 $f_h \leqslant f_{h容}$，表示测量成果符合精度要求，可以应用。否则必须重测。其中 $f_{h容}$ 称为高差闭合差容许值，等外水准测量的高差闭合差容许值为

$$山地：f_{h容} = \pm 40\sqrt{L}\,(\text{mm})$$

$$平地：f_{h容} = \pm 12\sqrt{n}\,(\text{mm})$$

2.3.5 水准测量成果处理

1. 高差闭合差 f_h 的计算与检核

1) 闭合水准路线

由于路线的起点与终点为同一点，其高差 $\sum h_{测}$ 的理论值应为0，即

$$\sum h_{理闭} = 0$$

$$f_h = \sum h_{测}$$

然后进行外业计算的成果检核，验算 f_h 是否符合规范要求。验算通过后，方能进入下一步高差改正数的计算。否则，必须进行补测，直至达到要求为止。

2) 附合水准路线

由于路线的起、终点 A、B 为已知点，两点间高差观测值 $\sum h_{测}$ 的理论值应为

$$\sum h_{理附} = H_B - H_A$$

$$f_h = \sum h_{测} - (H_B - H_A)$$

同理，对外业的成果进行检核，通过后方能进入下一步计算。

3）支线水准路线

由于路线进行往返观测，往返测高差之和的理论值应为

$$\sum h_{理支} = 0$$

$$f_h = \sum h_{往} + \sum h_{返}$$

同理，对外业的成果检核进行检核。

2. 高差改正数 v_i 的计算与高差闭合差调整

1）高差改正数 v_i 计算

对于闭合水准和附合水准，在满足 $f_h \leqslant f_{h容}$ 条件下，可对观测值 $\sum h_{测i}$ 施加改正数 v_i，使之符合理论值。改正的原则是：与 f_h 反符号，按测程 L 或测站 n 成正比分配。设路线有 i 个测段，第 i 测段的水准路线长度为 L_i（以 km 计）或测站数为 n_i，总里程或总测站数为 $\sum L$ 或 $\sum n$，则测段高差改正数为

$$v_i = \frac{-f_h}{\sum L} \cdot L_i$$

或

$$v_i = \frac{-f_h}{\sum n} \cdot n_i \tag{2-8}$$

改正数凑整至 mm，并按式(2-9)进行验算

$$\sum v_i = -f_h \tag{2-9}$$

> **经验提示**
>
> 若改正数的总和不等于闭合差的反数，则表明计算有错，应重算。如因凑整引起的微小不符值，则可将它加分配在任一测段上。

2）调整后高差计算

高差改正数计算经检核无误后，将测段实测高差 $\sum h_{测i}$ 加以调整，加入改正数 v_i 得到调整后的高差 $\sum h_i'$，即

$$\sum h' = \sum h_{测i} + v_i$$

调整后线路的总高差应等于它相应的理论值，以资检核。

对于支线水准，在 $f_h \leqslant f_{h容}$ 条件下，取其往返高差绝对值的平均值作为观测成果，高差的符号以往测为准。

3. 高程计算

设 i 测段起点的高程为 H_{i-1}，则终点高程 H_i 应为

$$H_i = H_{i-1} + \sum h'$$

从而可求得各测段终点的高程，并推算至已知点进行检核。

4. 算例

某平地附合水准路线，BM_A、BM_B 为已知高程水准点，各测段的实测高差及测段路线长度如图 2.21 所示。该水准路线成果处理计算列入表 2-3 中。

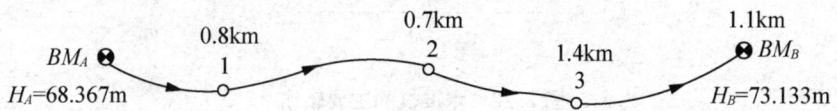

图 2.21　附合水准路线计算图

$h_{A1}=+2.710\text{m}\quad h_{12}=-1.546\text{m}\quad h_{23}=+1.677\text{m}\quad h_{3B}=+1.876\text{m}$

表 2-3　附合水准路线测量成果计算表

点号	路线长度/km	实测高差/m	改正数/m	改正后高差/m	高程/mm	备注
BM_A					68.367	
	0.8	+2.710	+0.010	+2.720		
1					71.087	
	0.7	−1.546	+0.008	−1.538		
2					69.549	BM_A、BM_B 为高程已知点
	1.4	+1.677	+0.017	+1.694		
3					71.243	
	1.1	+1.876	+0.014	+1.890		
BM_B					73.133	
$\sum$	4.0	+4.717	+0.049	+4.766		
辅助计算	$f_h = -49\text{mm}\quad \sum L = 4.0\text{km}\quad f_{h容} = \pm 40\sqrt{L} = \pm 80\text{mm}$ $f_h < f_{h容}\quad$ 符合精度要求 $f_h / \sum L = 12.2\text{mm}$					

【提示】技能训练 2——普通水准测量。

2.4　水准仪的检验与校正

2.4.1　水准仪应满足的几何条件

根据水准测量的原理，水准仪必须能提供一条水平的视线，才能正确地测出两点间的高差。为此，水准仪在结构上应满足如图 2.22 所示的条件。

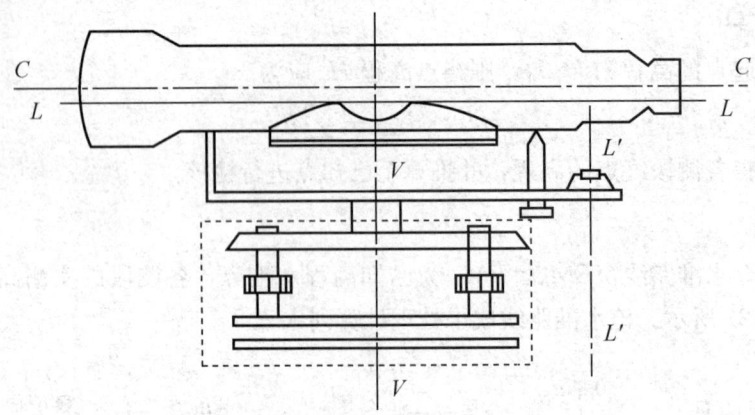

图 2.22 水准仪的主要轴线

(1) 圆水准器轴 $L'L'$ 应平行于仪器的竖轴 VV。
(2) 十字丝的中丝应垂直于仪器的竖轴 VV。
(3) 水准管轴 LL 应平行于视准轴 CC。

水准仪应满足上述各项条件,在水准测量之前,应对水准仪进行认真的检验与校正。

2.4.2 水准仪的检验与校正

1. 圆水准器轴 $L'L'$ 平行于仪器的竖轴 VV 的检验与校正

1) 检验方法

旋转脚螺旋使圆水准器气泡居中,然后将仪器绕竖轴旋转 180°,如果气泡仍居中,则表示满足;如果气泡偏出分划圈外,则需要校正。

2) 校正方法

校正时,先调整脚螺旋,使气泡向零点方向移动偏离值的一半,此时竖轴处于铅垂位置。然后,稍旋松圆水准器底部的固定螺钉,用校正针拨动 3 个校正螺钉,使气泡居中,这时圆水准器轴平行于仪器竖轴且处于铅垂位置。

圆水准器校正螺钉的结构如图 2.23 所示。此项校正,需反复进行,直至仪器旋转到任何位置时,圆水准器气泡皆居中为止。最后旋紧固定螺钉。

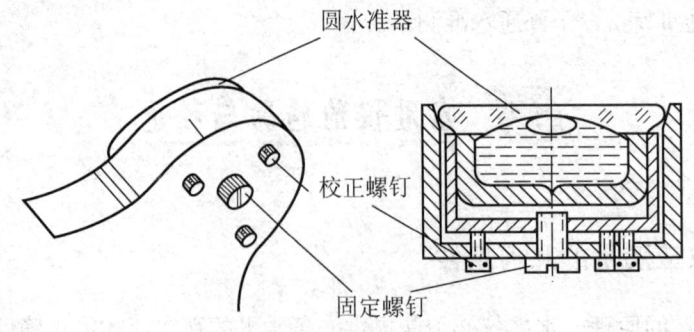

图 2.23 圆水准器校正螺钉

> **经验提示**
>
> 校正工作一般难以一次完成，需反复校核数次，直到仪器旋转到任何位置时气泡都居中为止。最后，应注意拧紧固定螺栓。

2. 十字丝中丝垂直于仪器竖轴的检验与校正

1) 检验方法

安置水准仪，使圆水准器的气泡严格居中后，先用十字丝交点瞄准某一明显的点状目标 M，如图 2.24(a) 所示，然后旋紧制动螺旋，转动微动螺旋，如果目标点 M 不离开中丝，如图 2.24(b) 所示，则表示中丝垂直于仪器的竖轴；如果目标点 M 离开中丝，如图 2.24(c) 所示，则需要校正。

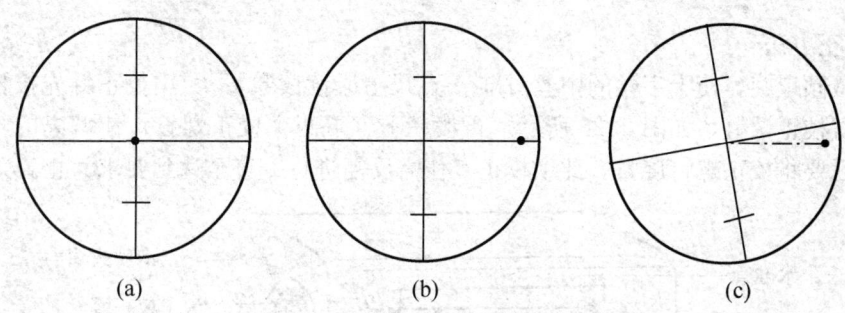

图 2.24　十字丝中丝垂直于仪器的竖轴的检验

2) 校正方法

松开十字丝分划板座的固定螺钉转动十字丝分划板座，使中丝一端对准目标点 M，再将固定螺钉拧紧。此项校正也需反复进行。

3. 水准管轴平行于视准轴的检验与校正

1) 检验方法

如图 2.25 所示，在较平坦的地面上选择相距约 80m 的 A、B 两点，打下木桩或放置尺垫。用皮尺丈量，定出 AB 的中间点 C。

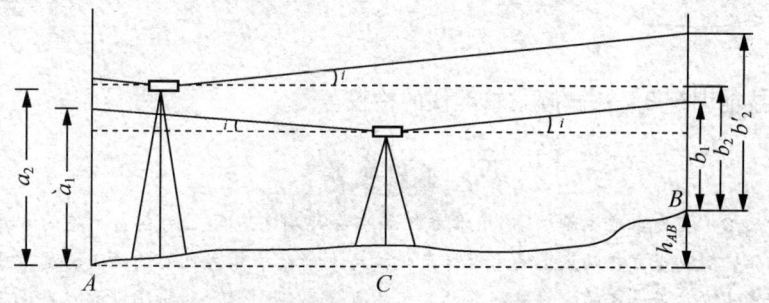

图 2.25　水准管轴平行于视准轴的检验

(1) 在 C 点处安置水准仪，用变动仪器高法，连续两次测出 A、B 两点的高差，若两次测定的高差之差不超过 3mm，则取两次高差的平均值 h_{AB} 作为最后结果。由于距离相等，视准轴与水准管轴不平行所产生的前、后视读数误差 x_1 相等，故高差 h_{AB} 不受视准轴误差的影响。

(2) 在离 A 点约 3m 的地方安置仪器(图 2.25)，读数为 a_2、b_2，两点间的高差为
$$h_2 = a_2 - b_2$$

若 $h_1 = h_2$，则水准管轴与视准轴平行，否则需要校正(当 h_1 与 h_2 之差小于或等于 5mm 时，一般不校正)。

> **经验提示**
>
> 将仪器安置在两点中间，即使水准仪的视准轴不平行于水准管轴，倾斜了 i 角，分别引起读数误差 Δa 和 Δb，但是因为 $BC = AC$，则 $\Delta a = \Delta b = \Delta$，误差刚好抵消。说明不论视准轴与水准管轴平行与否，只要水准仪安置在距水准尺等距离处，测出的均是正确高差。

2) 校正方法

转动微倾螺旋，使十字丝的中丝对准 A 点尺上应读数 a_2'，用校正针先拨松水准管一端左、右校正螺钉，如图 2.26 所示，再拨动上、下两个校正螺钉，使偏离的气泡重新居中，最后要将校正螺钉旋紧。此项校正工作需反复进行，直至达到要求为止。

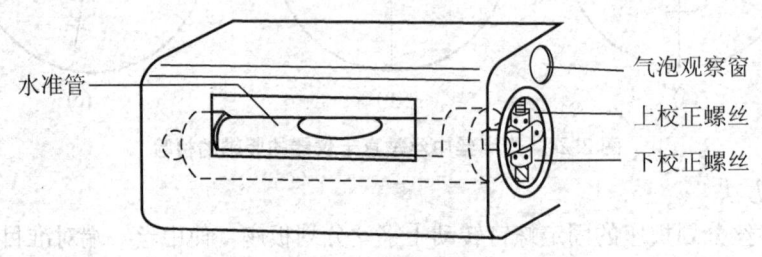

图 2.26 水准管的校正

> **经验提示**
>
> 仪器检验与校正的顺序原则是前一项检验不受后一项检验的影响，或者说后一项检验不破坏前一项检验条件的满足。因此，3 个检验项目应按规定的顺序进行检验校正，不得颠倒顺序。拨动校正螺丝时，不能用力过猛，应先松后紧，校正完后，校正螺丝应处于稍紧状态。每项检验与校正应反复进行，直至符合要求为止。

【提示】技能训练 3——微倾式水准仪的检校。

项目小结

水准测量又名"几何水准测量"，是用水准仪和水准尺测定地面上两点间高差的方法。在地面两点间安置水准仪，观测竖立在两点上的水准标尺，按尺上读数推算两点间的高差。通常由水准原点或任一已知高程点出发，沿选定的水准路线逐站测定各点的高程。由于不同高程的水准面不平行，沿不同路线测得的两点间高差将有差异，所以在整理国家水准测量成果时，须按所采用的正常高系统加以必要的改正，以求得正确的高程。

水准测量是利用一条水平视线,并借助水准尺来测定地面两点间的高差,这样就可由已知点的高程推算出未知点的高程。使用水准仪的基本操作是:在适当位置安置水准仪,整平视线后读取水准尺上的读数。微倾式水准仪的操作应按下列步骤和方法进行:安置水准仪、仪器的粗略整平、照准目标、视线的精确整平、读数。

按照精度要求的不同,我国水准测量分为一、二、三、四等,还有不属于规定等级的水准测量,称为普通水准测量,又叫做等外水准测量。普通水准测量的精度比国家等级的精度要低,水准路线的布设及水准点的密度有着较大的灵活性,但等级水准测量的原理是相同的。

单一水准路线的布设形式有附合水准路线、闭合水准路线、支水准路线。

使用水准仪的基本操作是:在适当位置安置水准仪,整平视线后读取水准尺上的读数。微倾式水准仪的操作应按下列步骤和方法进行:①安置水准仪;②仪器的粗略整平;③照准目标;④视线的精确整平;⑤读数。

水准路线的布设形式主要有单一水准路路线和水准网,当几条附合水准路线或闭合水准路线连接在一起时,就形成了水准网。

知识点考查

1. 绘图说明水准测量的基本原理。
2. 望远镜、物镜、目镜对光螺旋、水平制动螺旋、水平微动螺旋、微倾螺旋的作用是什么?
3. 什么是水准点?它们在测量中的作用是什么?
4. 叙述水准仪在一个测站的操作方法。
5. 什么是视差?视差产生的原因是什么?如何消除视差?
6. 什么是转点?转点在水准测量中的作用是什么?
7. 水准测量中为什么要求前后视距离等长?
8. 已知 BM_1 的高程是 71.683m,待测点是 BM_2。在两点之间进行往返测,往测高差为 +1.970m,返测数据如图 2.27 所示,单程水准路线长 0.6km,试计算 BM_2 的高程,并检验成果是否合格。

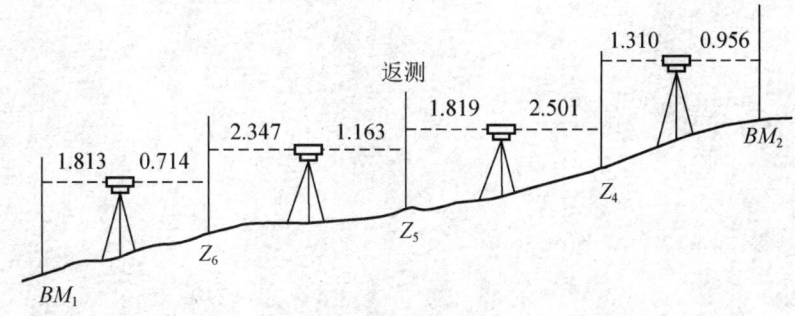

图 2.27 习题图

9. 表 2-4 是一个闭合水准路线测量成果列表,试计算各水准点的高程。

表2-4 闭合水准测量成果

水准点	距离/km	高差/m	已知高程/m
BM_A			89.763
BM_1	1.5	+9.826	
BM_2	1	−3.411	
BM_3	1	+2.550	
BM_A	1.5	−8.908	

10. 表2-5是一个附合水准路线测量成果列表，试计算各水准点的高程。

表2-5 附合水准测量成果

水准点	距离/km	高差/m	已知高程/m
BM_A			182.762
BM_1	1.5	3.740	
BM_2	1.3	−3.184	
BM_3	1.0	3.782	
BM_B	1.2	−2.773	184.349

11. 检验水准仪的视准轴与水准管轴是否平行时，中间水准测量得A尺读数1.415m，B尺读数为1.573m，当仪器安置在A尺附近时，得A尺读数为1.676m，B尺读数为1.854m，问两次高差之差是否满足要求？校正水准管时，B尺的正确读数为多少？（AB点相距100m）。

12. 水准仪的主要轴线有哪些？应满足的几何关系是什么？

项目 3

角度测量

知识目标

知识要点	知识目标
角度测量原理	水平角和竖直角的概念和取值范围
光学经纬仪的构造	掌握经纬仪各部件名称、使用
经纬仪的操作和使用	掌握经纬仪对中、整平、瞄准、读数
水平角观测	测回法、方向观测法观测水平角
竖直角观测	竖直度盘构造、竖直角测量原理、竖盘读数指标差的计算
经纬仪的检验和校正	经纬仪的轴线；轴线间应满足的几何条件；经纬仪各项检验的步骤和校正方法

实训目标

实训项目	实训目标
经纬仪的认识与使用	熟悉经纬仪各构件的名称和作用，练习经纬仪对中、整平、瞄准、读数
测回法观测水平角	会用测回法观测水平角
方向观测法观测水平角	会用方向观测法观测水平角
经纬仪的检校	能够完成一般光学经纬仪的检验及校正工作

▶▶项目导读

测量工作的主要目的是为了确定地面点的位置。为了确定地面点的平面位置,通常需要观测水平角;为了确定地面点的高程位置,除了采用水准测量的方法外,还可以通过观测竖直角按三角高程测量的方法得到。本项目的主要内容就是如何测量地面上某点与两目标构成的水平角以及如何确定一条直线和水平线或天顶方向夹角的大小。这些问题的解决都需要一定的仪器和工具,采用一定的方法和程序,按照一定的要求来解决。这就是水平角测量与竖直角测量的基本技能。

3.1 角度测量原理

角度测量是测量的 3 项基本工作之一,包括水平角测量和竖直角测量,角度测量的主要仪器是经纬仪。

3.1.1 水平角测量原理

地面上两条相交直线垂直投影到同一水平面上所成的夹角称为水平角,用 β 表示。

如图 3.1 所示,A、O、B 为地面上的任意 3 点,将 3 点垂直投影到同一水平面上得 A_1、O_1 和 B_1 3 点,则直线 O_1A_1 和 O_1B_1 的夹角即称水平角 β。为了获得水平角 β 的大小,假想在 O 点设置一个水平的刻度圆盘,且圆盘中心正好在 OO' 竖线上,并设置成水平状态,OA_1 在度盘上读数为 a,OB_1 在度盘上读数为 b,则 b 减去 a 就是水平角 β,即

$$\beta = b - a \tag{3-1}$$

由此可见,地面上任意两直线间的水平夹角,就是通过两直线所作铅垂面间的二面角。其角值范围为 $0° \sim 360°$。

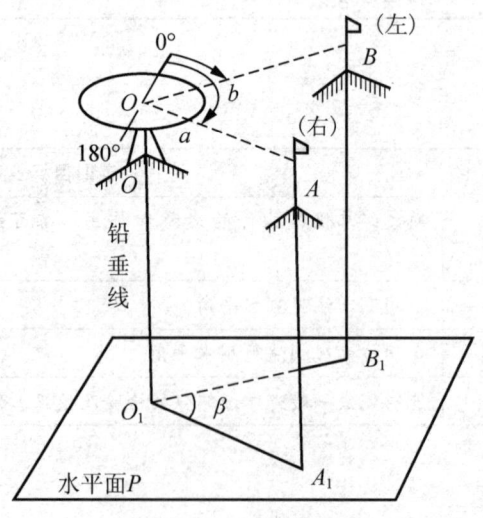

图 3.1 水平角测量原理

3.1.2 竖直角测量原理

竖直角是同一竖直面内目标方向与水平线之间的夹角,又称倾角。

如图3.2所示,视线上仰时称为仰角,仰角为正;视线下俯时称为俯角,俯角为负。因此竖直角的范围为0°~±90°,一般用α表示。

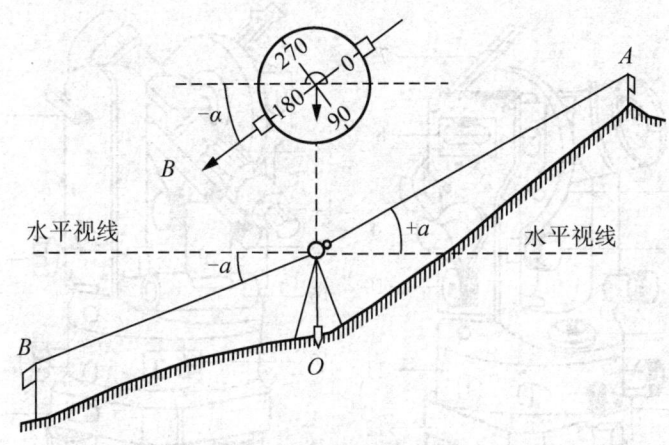

图3.2 竖直角测量原理

而在同一竖直面内目标方向与天顶方向之间的夹角,则称为天顶距,通常用Z来表示。在测量工作中,竖直角和天顶距往往只需测出一个即可。它们之间的关系为

$$Z=90°-\beta$$

> **经验提示**
>
> 根据竖直角的概念,测定竖直角与测量水平角一样,其角值也是度盘(竖盘)上两个方向读数之差。其中一个方向为水平方向,在竖盘上的读数为固定值,正常状态下为90°的整数倍。因此,测量竖直角时只需要读出目标方向的读数,就可以计算出竖直角。

3.2 经纬仪的认识和使用

经纬仪的主要功能是测量水平角和竖直角,另外通过水准尺辅助还可以测量视距和高差。

经纬仪根据度盘刻度和读书方法不同,分为游标经纬仪、光学经纬仪和电子经纬仪。游标经纬仪已经淘汰,光学经纬仪因其精度高、体积小、重量轻、密封性能良好等优点,而被广泛使用,目前随着计算机技术的飞速发展,电子经纬仪也得到了广泛应用。

我国的光学经纬仪按照精度分类,其系列标准为DJ_{07}、DJ_1、DJ_2、DJ_6、DJ_{15}共5个等级。其中字母"D"和"J"分别为"大地测量"和"经纬仪"的汉语拼音字母第一个字母,"07"、"1"、"2"、"6"、"15"为该仪器一测回水平方向中误差的秒数。

由于经纬仪的精度等级、用途及生产厂家的不同,其具体部件和结构不尽相同,但基本原理和构造是一样的。下面主要介绍光学DJ_6、DJ_2和电子经纬仪原理。

3.2.1 DJ₆光学经纬仪构造和读数方法

1. DJ₆光学经纬仪构造

经纬仪主要由照准部、水平度盘和基座 3 部分组成，如图 3.3 所示。

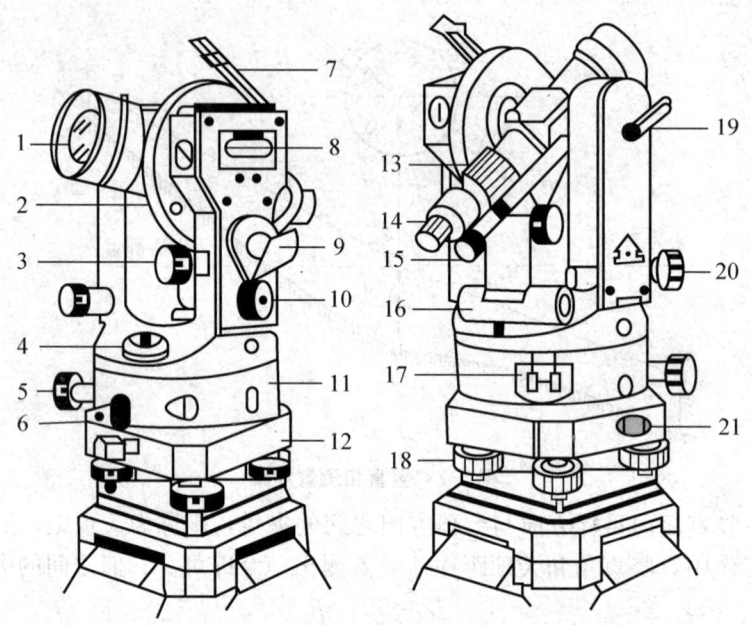

图 3.3　DJ₆光学经纬仪构造

1—物镜；2—竖直度盘；3—竖盘指标水准管微动螺旋；4—圆水准器；
5—照准部微动螺旋；6—照准部制动螺旋；7—水准管反光镜；8—水盘指标水准管；
9—度盘照明反光镜；10—测微论；11—水平度盘；12—基座；13—望远镜调焦筒；
14—目镜；15—读数显微镜目镜；16—照准部水准管；17—复测扳手；18—脚螺旋；
19—望远镜制动螺旋；20—望远镜微动螺旋；21—轴座固定螺旋

1) 照准部

照准部是水平度盘之上，能绕其旋转轴旋转的全部构件的总称，主要由望远镜、竖直度盘、水准器、光学对中器以及读数设备等组成。

(1) 望远镜：用于瞄准目标，其构造与水准仪相似。它与横轴（又称水平轴）固连在一起安置在支架上，支架上装有制动和微动螺旋，以控制望远镜在竖直方向的转动。此外为了控制照准部水平方向转动，还装有水平制动和微动螺旋。

(2) 竖直度盘（简称竖盘）：固定在横轴的一端，用于测量竖直角。竖盘随望远镜一起转动，而竖盘读数指标不动，但可通过竖盘指标水准管微动螺旋作微小移动。调整此微动螺旋使竖盘指标水准管气泡居中（有许多经纬仪已用自动归零装置代替竖盘指标水准管），指标位于正确位置。

(3) 水准器：圆水准器用作粗略整平，照准部水准管是用来整平仪器的。

(4) 光学对中器：一组直角光路，用于仪器对中，使地面点与仪器中心重合。对中器的目镜既能推拉也能旋转，推拉能使测站点标记清晰，旋转使分划圈清晰。

(5) 读数设备：读数设备包括一个读数显微镜、测微器以及光路中一系列的棱镜、透镜等，用来读取水平读盘和竖直度盘读数。

2）水平度盘

水平度盘是由光学玻璃制成的精密刻度盘，分划从 0°～360°，按顺时针注记，每格 1°，用以测量水平角。

水平度盘上装有度盘变换手轮，转动手轮，能使水平度盘的零位置转到所需要的任意位置。在使用时将手轮推压进去再转动手轮，度盘才能随之转动。还有少数仪器采用复测装置。当复测扳手扳下时，照准部与度盘结合在一起，照准部转动，度盘随之转动，度盘读数不变；当复测扳手扳上时，两者相互脱离，照准部转动时就不再带动度盘，度盘读数就会改变。

> **经验提示**
>
> 在水平角测角过程中，为了角度计算方便，在观测之前，通常将起始方向（称为零方向）的水平读盘读数配置在 0°左右，为了改变水平度盘位置，仪器设有水平度盘转动装置。

3）基座

基座呈三角形，用来支承整个仪器，并借助中心连接螺旋使经纬仪与脚架相连接。基座由一固定螺旋将基座和照准部连接在一起。使用时应检查固定螺旋是否旋紧。基座上还装有 3 个脚螺旋，一个圆水准器，用来粗平仪器。

2. DJ_6 光学经纬仪读数方法

现有的 DJ_6 光学经纬仪多数采用分微尺测微器读数方法。它结构简单，读数方便。如图 3.4 所示，读数显微镜内所看到的度盘和分微尺的影像，上面注有"H"（或水平、—）的为水平度盘读数窗，注有"V"（或竖直、⊥）的为竖直度盘读数窗。分微尺的长度等于度盘分划线间隔 1°的长度，分微尺分为 60 个小格，每小格为 1′。分微尺每 10 小格注有数字，表示 0′、10′、20′、…、60′，直接读到 1′，估读至 0.1′（把每格估分 10 份），再乘以 60，换算成秒数。

> **经验提示**
>
> DJ_6 级光学经纬仪读数时，秒值为估读位，将 1′目估分为 10 份，每份为 6″，故读得的角度秒值一定是 6 的倍数。

读数时，只要看度盘哪一条分划线与分微尺相交，度数就是这条分划线的注记数，分数则为这条分划线所指分微尺上的读数，再加上估读的秒数即为度盘读数。例如，在水平度盘的读数窗中，分微尺的 0 分划线已超过 73°，所以其数值，要由分微尺的 0 分划线至度盘上 73°分划线之间有多少小格来确定，图 4.3 中为 4.5 格，故为 04′30″。水平度盘的读数应是 73°04′30″。同理,在竖直度盘的读数窗中,分微尺的 0 分划线超过了 87°,读数应为 87°04′36″。

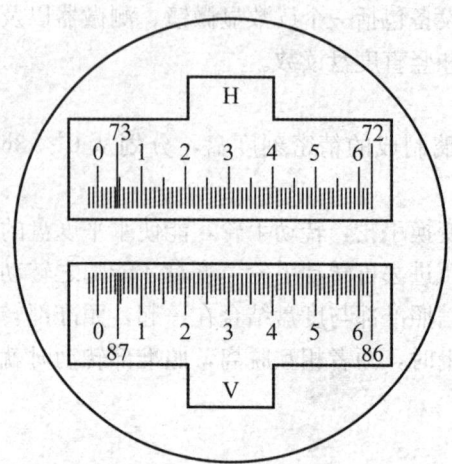

图 3.4 分微尺测微器读数窗

3.2.2 DJ$_2$ 光学经纬仪

DJ$_2$ 级光学经纬仪与 DJ$_6$ 级相比,其精度较高,常用于精密工程测量。如图 3.5 所示,在结构上,比 DJ$_6$ 级光学经纬增加了测微轮、换像手轮和竖直读盘反光镜。在 DJ$_2$ 级光学经纬仪的读书窗内,只能看到一个度盘影像,测角时需利用度盘换像手轮切换到所需要的度盘影像。

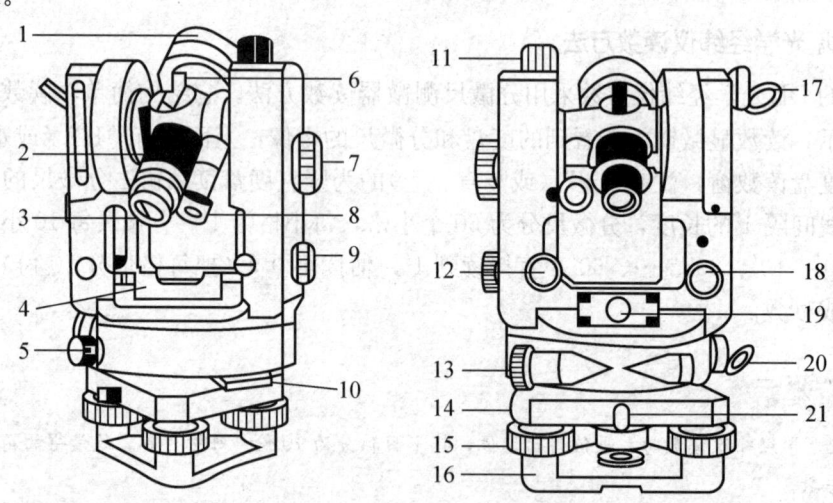

图 3.5 DJ$_2$ 光学经纬仪构造

1—物镜;2—望远镜调焦筒;3—目镜;4—照准部水准管;5—照准部制动螺旋;6—粗瞄器;
7—测微轮;8—读数显微镜目镜;9—度盘换向手轮;10—水平度盘变换首轮;
11—望远镜制动螺旋;12—望远镜微动螺旋;13—照准部微动螺旋;14—基座;
15—脚螺旋;16—基座底板;17—竖盘照明反光镜;18—竖盘指标补偿器开关;
19—光学对中器;20—水平度盘照明反光镜;21—轴座固定螺旋

在读数时，旋转测微轮使上下对径分划线重合，在读数窗内读出读数，在小方格中读出整 $10'$ 数，测微尺读书窗中读出分、秒数，将以上读数相加即为度盘读数。如图 3.6 所示，读数为 $94°36'36.2''$。

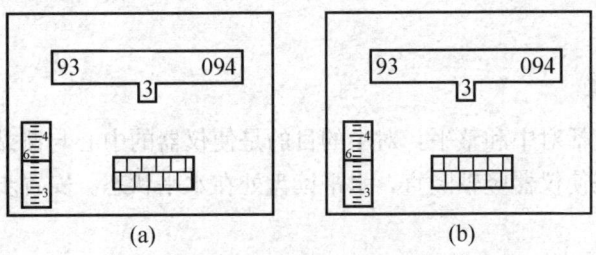

图 3.6 DJ$_2$ 光学经纬仪读数窗

3.2.3 电子经纬仪

随着电子技术的高速发展，在光学经纬仪的基础上发展起来新一代测角仪器电子经纬仪，如图 3.7 所示，与光学经纬仪比较，主要不同之处在于度盘的读数系统和显示系统。电子经纬仪采用了光电扫描、自动计数及电子显示系统。另外，电子经纬仪的竖轴补偿器也采用了电子纠正方法，与光学经纬仪的补偿器有所区别。操作过程采用菜单或指令，实现了测角自动化、数字化，减少了读数误差，降低了劳动强度，提高了工作效率。

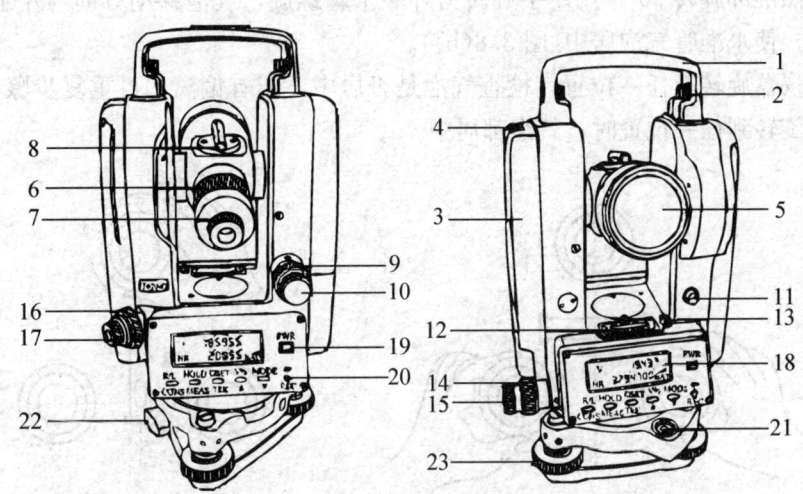

图 3.7 电子经纬仪

1—手柄；2—手柄固定螺钉；3—电池盒；4—电池盒按钮；5—物镜；6—物镜调焦螺旋；
7—目镜调焦螺旋；8—光学瞄准器；9—望远镜制动螺旋；10—望远镜微动螺旋；
11—光电测距仪数据接口；12—管水准器；13—管水准器校正螺钉；14—水平制动螺旋；
15—水平微动螺旋；16—光学对中器物镜调焦螺旋；17—光学对中器目镜调焦螺旋；
18—显示窗；19—电源开关键；20—显示窗照明开关键；21—圆水准器；
22—轴套锁定钮；23—脚螺旋

3.2.4 经纬仪的使用

经纬仪的使用包括对中、整平、瞄准和读数 4 个步骤,前两步合在一起又可称为经纬仪的安置。

1. 经纬仪的安置

经纬仪的安置包括对中和整平,对中的目的是使仪器的中心与测站点处在同一条铅垂线上,整平的目的是使仪器竖轴竖直,水平读盘处在水平状态。安置步骤如下。

1) 初步对中

(1) 打开脚架,将脚架置于测站点正上方,使架头大致水平,把仪器置于脚架上,旋转光学对中器目镜调焦螺旋,使分划板上圆圈清晰,推或拉光学对中器使测站点清晰。

(2) 使一条架腿固定,两手分别握住另外两条架腿,移动两条架腿同时,眼睛从光学对中器观察,使分划板圆圈对准测站点,并踩实三脚架。

2) 初步整平

调节架腿长度,使圆水准器气泡居中。

3) 精确整平

(1) 旋转照准部,使水准管气泡与任意两个脚螺旋平行,同时相对旋转这两个脚螺旋,气泡移动方向与左手大拇指移动方向一致,使气泡居中(图3.8(a))。

(2) 将照准部旋转 90°,用左手旋转另外一个脚螺旋,气泡移动方向与左手大拇指移动方向一致,使水准管气泡居中(图3.8(b))。

(3) 将仪器旋转至任一位置,检查气泡是否居中,若有偏离,再重复步骤(1)、(2),直至照准部旋转到任一位置时,气泡都居中。

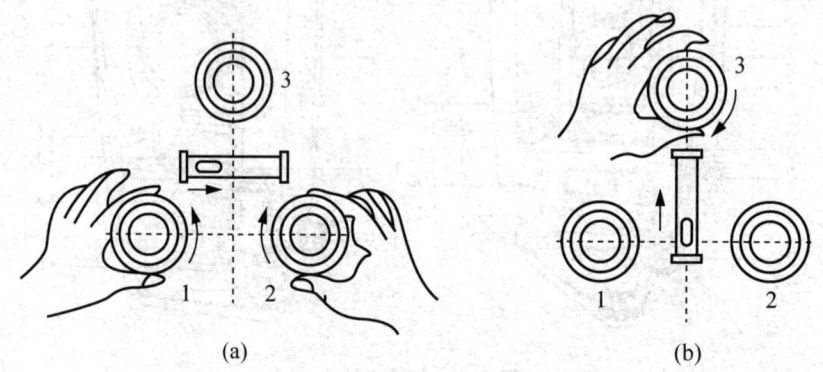

图 3.8 照准部管水准器整平方法

4) 精确对中

光学对中器检查测站点是否偏离分划板圆圈中心,若偏离,进行调节。

(1) 松开三脚架连接螺旋,平移经纬仪,圆圈中心对准测站点后旋紧连接螺旋。

(2) 重新检查整平,若水准管气泡偏离中心,重复步骤3)、4),直至整平与对中都满足条件。

经验提示

（1）对中与整平是互为制约的，要反复进行，直到既对中又整平为止。对中误差不大于1mm，整平误差不偏离一小格。

（2）对中和整平工作是仪器操作使用的基础，必须掌握，任何测量角度或坐标的仪器，都需要对中和整平，如电子经纬仪、全站仪、GPS等。

2. 瞄准

测角时的照准标志，一般是竖立与测点的标杆、测钎或觇牌等，如图3.9所示，测水平角时，瞄准是指用十字丝的竖丝精确瞄准标志。

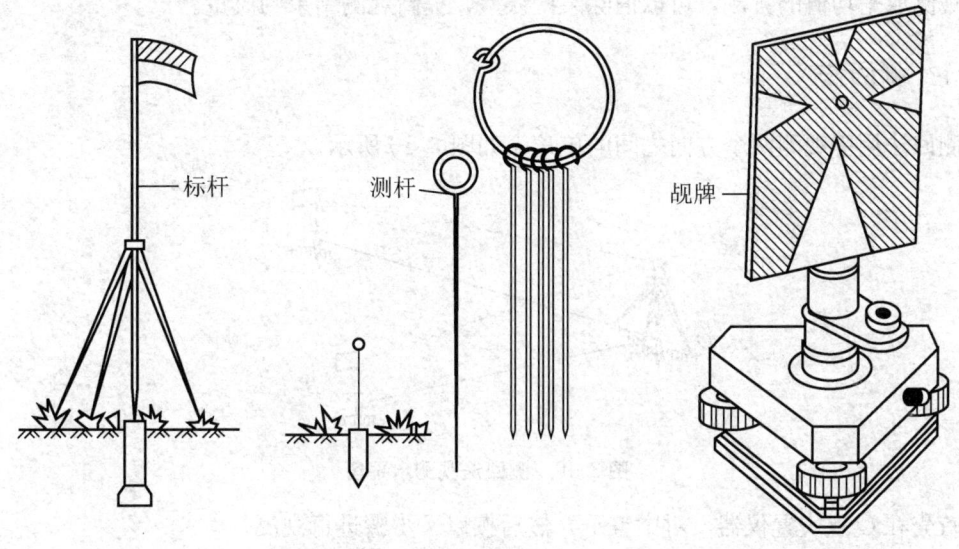

图3.9 瞄准工具

1）目镜调焦

松开望远镜制动螺旋，将望远镜指向天空或在物镜前放置一张白纸，旋转目镜，使十字丝分划板成像清晰。

2）粗瞄目标

用望远镜上的粗瞄装置找到目标，再旋转调焦螺旋，使被测目标影像清晰；最后旋紧照准部制动螺旋。

3）精确瞄准

旋转水平微动螺旋，精确对准目标，可用十字丝竖丝的单线平分目标，也可用双线夹住目标。测量水平角瞄准时应尽量对准目标底部，以防止由于目标倾斜而带来的瞄准误差。

3. 读数

读数时先打开度盘照明反光镜，并调整发光镜的开度和方向，使读数窗内明亮，旋转读数显微镜的目镜，使度盘和测微尺影像清晰，然后按前述的读数方法读数。

【提示】技能训练4——经纬仪的认识与使用。

3.3 水平角的观测

水平角测量最常用的方法有测回法和方向观测法(全圆观测法),只有两个方向的水平角的观测采用测回法观测,多于两个以上方向之间的水平角的观测采用方向观测法,但不论采用哪种方法进行观测,通常都要采用盘左和盘右各观测一次,取平均值得出结果。所谓盘左,又称正镜,就是当转动望远镜照准目标时,竖直度盘在望远镜的左边;所谓盘右,又称倒镜,就是竖直度盘在望远镜的右边。如果只用盘左或盘右对一个角度观测一次,称为半测回;如果只用盘左和盘右对一个角度各观测一次,称为一个测回。这样盘左盘右观测取平均值的方法,可以消除某些误差,提高观测结果的质量。

3.3.1 测回法

测回法用于观测两个方向之间的单角,如图 3.10 所示。

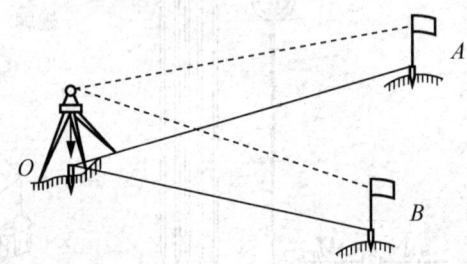

图 3.10 测回法观测水平角

首先在 O 点安置仪器,对中整平,然后按以下步骤进行观测。

(1) 盘左位置,精确瞄准左目标 A,调整水平度盘为 $0°00'00''$(或略大于 $0°00'00''$),读数 $a_左$;将该读数计入观测手簿。

(2) 松开水平制动螺旋,顺时针转动照准部,瞄准右目标 B,读取水平度盘读数 $b_左$,计入手簿,计算上半测回水平角 $\beta_上 = b_左 - a_左$,以上用盘左进行测角称为上半测回。

(3) 松开水平及竖直制动螺旋,变成盘右位置,瞄准右目标 B,读取水平度盘读数 $b_右$,逆时针旋转至左方目标 A,读数 $a_右$。计算下半测回水平角 $\beta_下 = b_右 - a_右$,以上用盘右进行测角称为下半测回。

(4) DJ_6 级光学经纬仪盘左、盘右两个"半测回"角值之差不超过 $40''$,即 $|\beta_上 - \beta_下| \leqslant 40''$ 时,取其平均值为一测回角值,即

$$\beta = (\beta_上 + \beta_下)/2 \tag{3-2}$$

记录手簿见表 3-1。

当测角精度要求较高时,往往要测几个测回,为了减少度盘分划误差的影响,各测回间应根据测回数 n 按 $180°/n$ 改变起始方向读数。如观测 4 个测回,$180°/4 = 45°$,第一测回盘左时起始方向的读数应配置在 $0°$ 稍大些,第二测回盘左时起始方向的读数应配置在

45°左右，第三测回盘左时起始方向的读数应配置在 90°左右，第四测回盘左时起始方向的读数应配置在 135°左右。

表 3-1　测回法观测记录手簿

测站	竖盘位置	目标	水平读盘读数 (° ′ ″)	半测回角值 (° ′ ″)	一测回角值 (° ′ ″)	备注
O	左	A	0　03　06	55　44　48	55　44　54	
		B	55　47　54			
	右	A	180　03　18	55　45　00		
		B	235　48　18			

> **经验提示**
>
> （1）水平读盘读数在一测回中，只在最开始盘左左目标时调一次，上、下半测回观测过程中，不得再次变换水平读盘读数。
>
> （2）半测回水平角的计算，不论是盘左还是盘右都是右目标读数减去左目标读数，而不是大数减小数。

3.3.2　方向观测法

在一个测站上需要观测两个以上的方向时，一般采用方向观测法。

1. 观测步骤

如图 3.11 所示，O 点为测站点，A、B、C、D 为 4 个目标点，欲测定 O 到各方向之间的水平角，观测步骤如下。

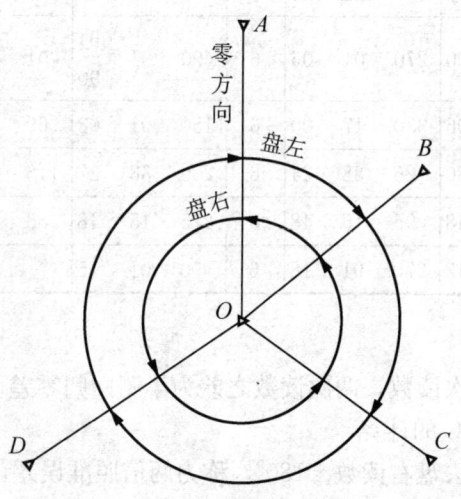

图 3.11　方向观测法观测水平角

1) 盘左观测

选择方向中一明显目标，如 A 作为起始方向（或称零方向），精确瞄准 A，将水平度盘配置在 $0°$ 或略大于 $0°$，并读取读数记入记录手簿。

顺时针方向依次瞄准 B、C、D，读取读数记入记录手簿中。

再次瞄准 A，读取水平度盘读数，此次观测称为归零（A 方向两次水平度盘读数之差称为半测回归零差）。

2) 盘右观测

按逆时针方向依次瞄准 A、D、C、B、A，读取水平度盘读数，记入记录手簿中，检查半测回归零差。

如果要观测 n 个测回，每测回仍应按 $180°/n$ 的差值变换水平度盘的起始位。

2. 记录与计算

表 3-2 为方向观测法记录手簿。盘左各目标读数从上往下记录，盘右各目标读数按从下往上的顺序记录。

表 3-2 方向观测法记录手簿

测站	测回	目标	水平度读数 盘左 (° ′ ″)	水平度读数 盘右 (° ′ ″)	2C (″)	平均读数 (° ′ ″)	归零方向值 (° ′ ″)	各测回平均归零方向值 (° ′ ″)	备注
O	1	A	0 02 42	180 02 42	0	(0 02 38) 0 02 42	0 00 00	0 00 00	
		B	60 18 42	240 18 30	2	60 18 36	60 15 58	60 15 56	
		C	116 40 18	296 40 12	6	116 40 15	116 37 37	116 37 28	
		D	185 17 30	5 17 36	6	185 17 33	185 14 55	185 14 47	
		A	0 02 30	180 02 36	6	0 02 33			
	2	A	90 01 00	270 01 06	6	(90 01 09) 90	01 03 0	00 00	
		B	150 17 06	330 17 00	6	150 17 03	60 15 54		
		C	206 38 30	26 38 24	6	206 38 27	116 37 18		
		D	275 15 48	95 15 48	0	275 15 48	185 14 39		
		A	90 01 12	270 01 18	6	90 01 15			

1) 归零差计算

半测回中零方向有两次读数，两次读数之差为半测回归零差。

2) 两倍视准轴误差 2C 的计算

同一方向盘左读数减去盘右读数 $±180°$，称为两倍照准误差，简称 2C。

3) 各方向平均读数计算

$$平均读数=[盘左读数+(盘右读数±180°)]/2$$

由于起始方向 OA 有两个平均读数,故应再取平均值作为 OA 方向的准确值(又称正式起始读数),并计入"平均读数"一栏的上方括号内,写在表中括号内。

4)归零后方向值计算

计算归零方向值:将计算出的各方向的平均读数分别减去起始方向 OA 的两次平均读数(括号内之值),即得各方向的归零方向值。

5)各测回归零后平均方向值计算

当一个测站观测两个或两个以上测回时,应将各测回同一方向的归零方向值进行比较,其差值不应大于表 3-3 规定。

表 3-3　方向观测法各项限差

仪器	半测回归零差(″)	一测回内 2C 互差(″)	同一方向值各测回互差(″)
DJ_2	12	18	12
DJ_6	18	/	24

若检查结果符合要求,取各测回同一方向归零方向值的平均值作为该方向的最后结果。

6)水平角计算

如果欲求水平角值,只需将相关的两平均归零方向值相减即可得到。

3.4　竖直角的观测

3.4.1　竖直度盘的构造

DJ_6 型光学经纬仪竖直度盘(竖盘)的构造如图 3.12 所示,主要是由竖盘、竖盘指标水准管和竖盘指标水准管微动螺旋等组成。

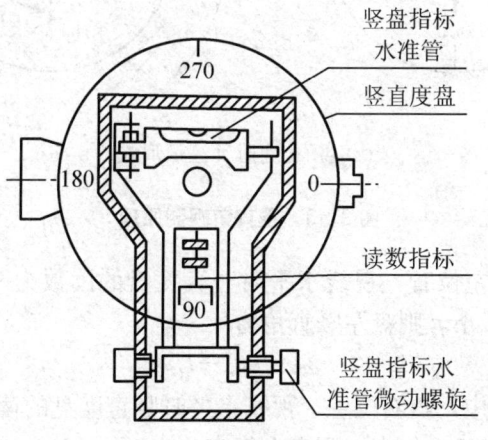

图 3.12　竖直度盘的构造

竖盘固定在望远镜横轴的一端,其面与横轴垂直。望远镜绕横轴旋转时,竖盘亦随之转动,而竖盘指标不动。竖盘的注记形式有顺时针与逆时针两种。当望远镜视线水平,竖盘指标水准管气泡居中时,盘左竖盘读数应为 90°,盘右竖盘读数则为 270°。竖盘指标是测微尺的零分划线,竖盘指标与竖盘指标水准管固连在一起,当旋转竖盘指标水准管微动螺旋使指标水准管气泡居中时,竖盘指标即处于正确位置。

3.4.2 竖直角计算公式

由竖直角的观测原理可知,竖直角等于视线倾斜时的目标读数与视线水平时读数之差。在计算时,哪个是减数,哪个是被减数,则应根据所用仪器的竖盘注记形式确定。下面以广泛采用的全圆顺时针注记的竖盘为例,推导出竖直角的计算公式,如图 3.13 所示。

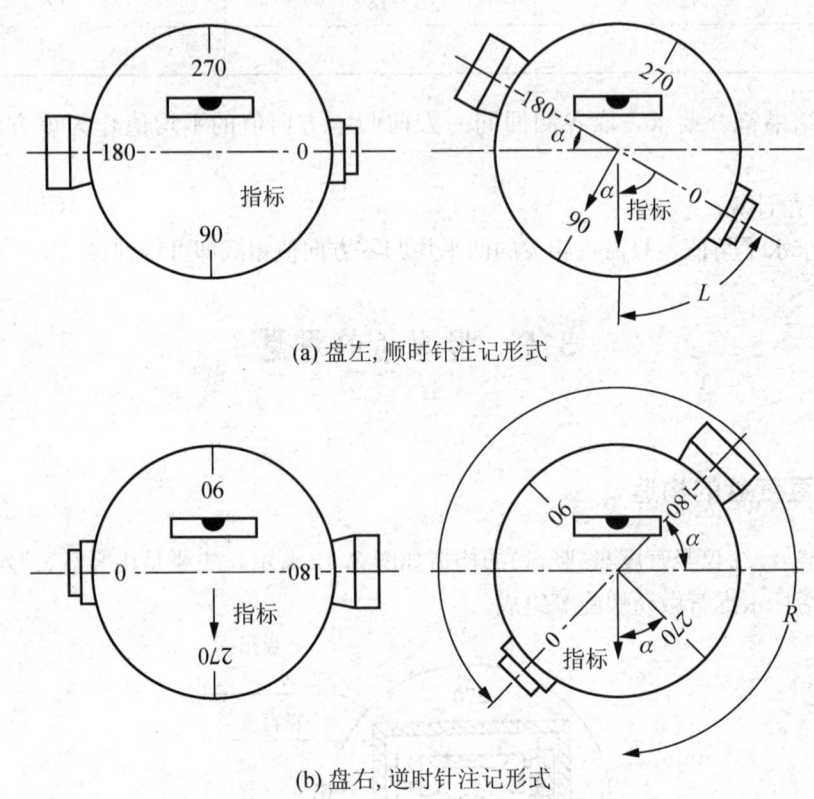

(a) 盘左,顺时针注记形式

(b) 盘右,逆时针注记形式

图 3.13 竖直角观测原理

在图 3.13(a)中,盘左位置,视线水平时竖直度盘的读数为 90°,当望远镜逐渐抬高(仰角),竖盘读数 L 在减小,则盘左竖直角为

$$\alpha_左 = 90° - L \tag{3-3}$$

同理,在图 3.13(b)中,盘右位置,视线水平时竖直度盘的读数为 270°,当望远镜逐渐抬高(仰角),竖盘读数 R 在增大,则盘右竖直角为

$$\alpha_{右} = R - 270° \tag{3-4}$$

盘左、盘右读数取平均值,则一测回的竖直角值为

$$\alpha = (\alpha_{左} + \alpha_{右})/2; \quad \alpha = (R - L - 180°)/2 \tag{3-5}$$

视线下俯时,上述计算公式同样适用。

3.4.3 竖盘指标差

当视线水平时,盘左竖盘读数为90°,盘右为270°。但指标不恰好指在90°或270°,而与正确位置相差一个小角度 x,x 称为竖盘指标差(图3.14)。竖盘指标的偏移方向与竖盘注记增加方向一致时,x 值为正,反之为负。

在图3.14(a)中,盘左位置,望远镜上仰,读数减小,则正确的竖直角为

$$\alpha = 90° - (L - x) \tag{3-6}$$

在图3.14(b)中,盘左位置,望远镜上仰,读数增大,则正确的竖直角为

$$\alpha = (R - x) - 270° \tag{3-7}$$

将式(3-6)和式(3-7)联立求解可得

$$x = (\alpha_{左} + \alpha_{右})/2 = (R + L - 360°)/2 \tag{3-8}$$

可见用盘左、盘右各观测一次竖直角,然后取其平均值作为最后结果,可以消除指标差的影响,获得正确的竖直角。

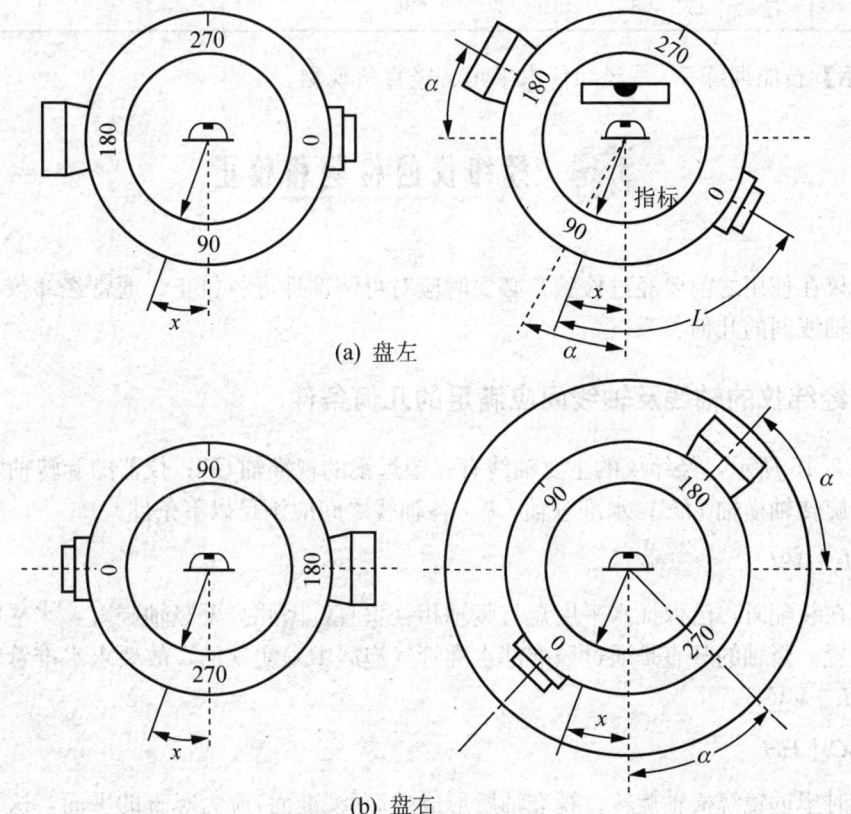

图 3.14 竖盘指标差

3.4.4 竖直角观测与计算

观测步骤如下。

（1）在盘左位置用水平中丝照准目标，调整竖盘指标水准管气泡居中后，读取竖盘读数 L，记入记录手簿（表 3-4）。

（2）在盘右位置用水平中丝照准目标，调整竖盘指标水准管气泡居中后，读取竖盘读数 R，记入记录手簿，测回观测结束。

竖直角测定应在目标成像清晰稳定的条件下进行；盘左、盘右两盘位照准目标时，其目标成像应分别位于竖丝左、右附近的对称位置；观测过程中，若发现指标差绝对值大于 30″时，应予以校正；J_2 级经纬仪竖盘指标差的变化范围不应超过±15″。

表 3-4 竖直角观测记录手簿

测站	目标	盘位	竖盘读数 (° ′ ″)	半测回竖直角 (° ′ ″)	指标差 (″)	一测回竖直角 (° ′ ″)	备注
O	A	左	85 35 36	4 24 24	−12	+4 24 18	顺时针注记竖盘
		右	274 24 12	4 24 12			
	B	左	127 03 42	−37 03 42	3	−37 03 39	
		右	232 56 24	−37 03 36			

【提示】技能训练 5——经纬仪水平角、竖直角观测。

3.5 经纬仪的检验和校正

经纬仪在使用之前要经过检验，必要时应对可调部件进行校正。通常经纬仪检验和校正的主要轴线间的几何关系。

3.5.1 经纬仪的轴线及轴线间应满足的几何条件

如图 3.15 所示，经纬仪的主要轴线有：望远镜的视准轴 CC；仪器的旋转轴竖轴 VV；望远镜的旋转轴横轴 HH；水准管轴 LL。各轴线之间应满足以下条件。

1. $LL \perp VV$

仪器在装配时，已保证水平度盘与竖轴相互垂直，因此只要竖轴竖直，水平度盘就处在水平位置。竖轴的竖直是通过照准部水准管气泡居中来实现的，故要求水准管轴垂于竖轴，即 $LL \perp VV$。

2. $CC \perp HH$

测角时望远镜绕横轴旋转，视准轴所形成的面（视准面）应为竖直的平面，这要通过两个条件来实现，即视准轴应垂直于横轴，$CC \perp HH$，以保证视准面成为平面。

3. $HH \perp VV$

横轴应垂直于竖轴,$HH \perp VV$。在竖轴竖直时,横轴即水平,视准面就成为竖直的平面。

4. 十字丝竖丝垂直于横轴 HH

测角时要用十字丝瞄准目标,故应使十字丝竖丝垂直于横轴 HH。

5. 光学对中器的光学垂线与竖轴重合

如果使用光学对中器对中,则要求光学对中器的光学垂线与竖轴重合。

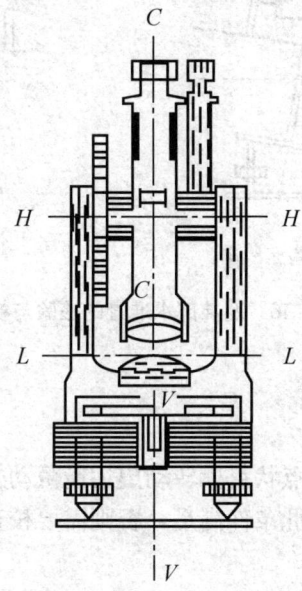

图 3.15 经纬仪的轴线

3.5.2 经纬仪的检验与校正

1. 照准部水准管轴的检验与校正

1)检验

先整平仪器,照准部水准管平行于任意一对脚螺旋,转动该对角螺旋使气泡居中,再将照准部旋转180°,若气泡仍居中,说明此条件满足,否则需要校正。

2)校正

如图 3.16(a)所示,水准管水平,但竖轴倾斜,设其与铅垂线的夹角为 α。将照准部旋转180°,如图 3.16(b)所示,水准管与水准面的夹角为 2α,通过气泡中心偏离水准管零点的格数表现出来。改正时,用校正针拨动水准管一端的校正螺丝,先松一个后紧一个,使气泡退回偏离格数的一半(图 3.16(c)),再转动脚螺旋使气泡居中(图 3.16(d))。重复检验校正,直到水准管在任何位置时气泡偏离量都在一格以内。

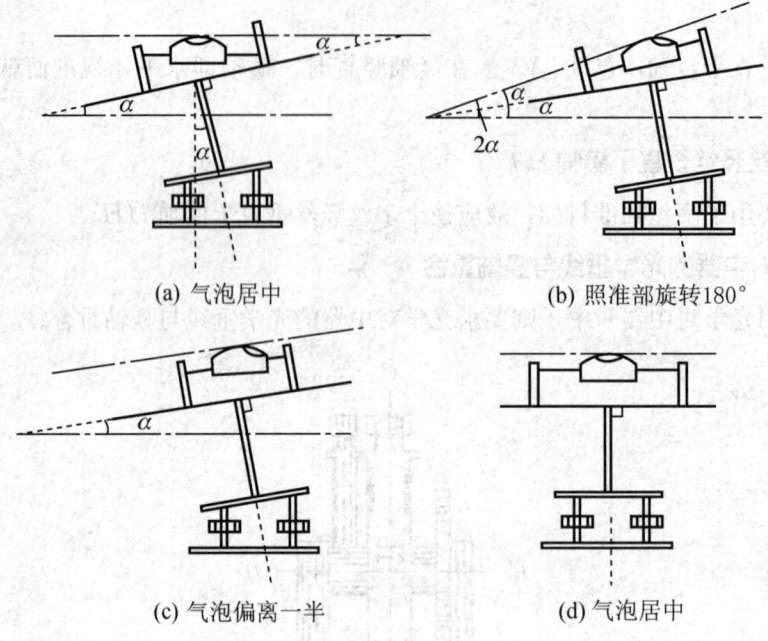

(a) 气泡居中　　　　　　(b) 照准部旋转180°

(c) 气泡偏离一半　　　　(d) 气泡居中

图 3.16　照准部水准管的检验与校正

2. 十字丝竖丝的检验与校正

1) 检验

用十字丝竖丝一端瞄准细小点状目标转动望远镜微动螺旋,使其移至竖丝另一端,若目标点始终在竖丝上移动,说明此条件满足,否则需要校正(图 3.17(a))。

2) 校正

旋下十字丝分划板护罩(图 3.17(b)),用小改锥松开十字丝分划板的固定螺丝,微微转动十字丝分划板,使竖丝端点至点状目标的间隔减小一半,再返转到起始端点。再做上述检验校正,直到无显著误差为止,最后将固定螺丝拧紧。

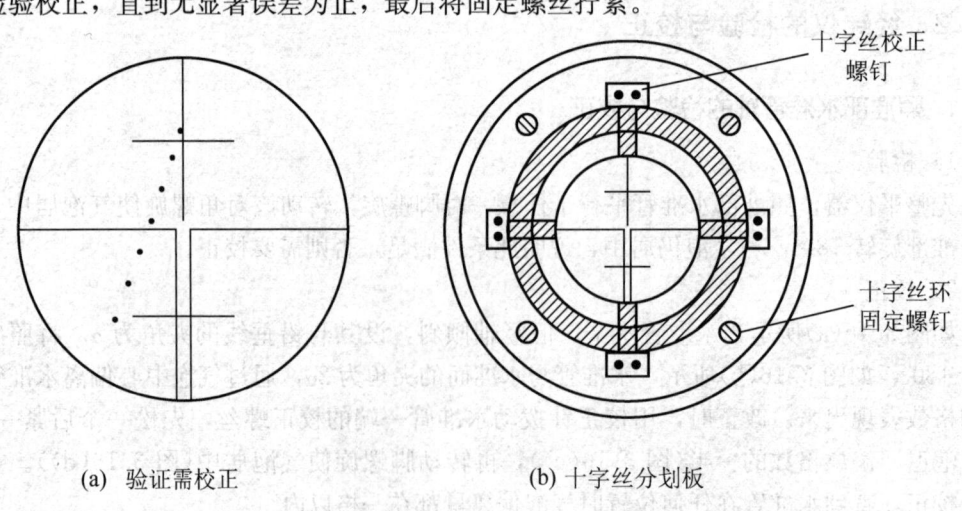

(a) 验证需校正　　　　　　(b) 十字丝分划板

图 3.17　十字丝的检验与校正

3. 视准轴的检验与校正

1) 方法一

检验：盘左瞄准远处与仪器同高点 A，读取水平度盘读数 $\alpha_左$，倒转望远镜盘右再瞄准 A 点，读取水平度盘读数 $\alpha_右$。若 $\alpha_左 = \alpha_右 \pm 180°$，说明此条件已满足，若差值超过 $2'$，则需要校正(图 3.18)。

校正：计算正确读数 $\alpha'_右 = [\alpha_右 + (\alpha_左 \pm 180°)]/2$，转动水平微动螺旋，使水平度盘读数为 $\alpha'_右$，此时目标偏离十字丝交点，用校正针拨动十字丝环左、右校正螺旋，使十字丝交点对准 A 点。如此重复检验校正，直到差值在 $2'$ 内为止。最后旋上十字丝分划板护罩。

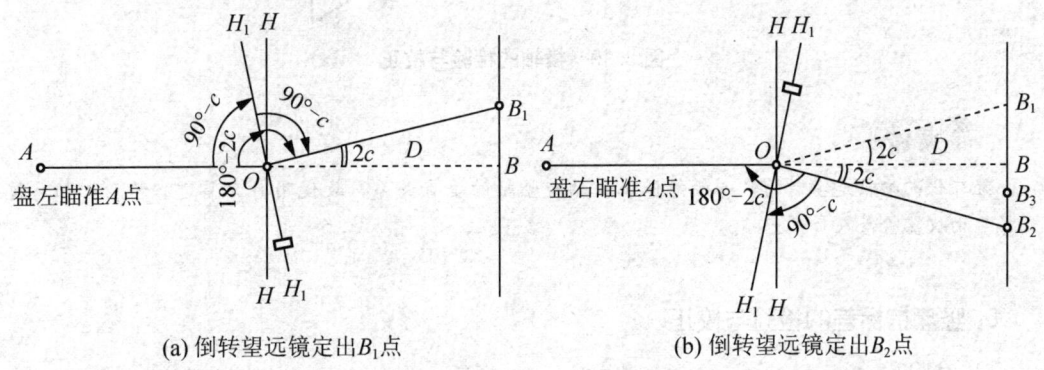

(a) 倒转望远镜定出 B_1 点   (b) 倒转望远镜定出 B_2 点

图 3.18 视准轴的检验与校正

2) 方法二

检验：在平坦场地选择相距 100m 的 A、B 两点，仪器安置在两点中间的 O 点，在 A 点设置和经纬仪同高的点标志(或在墙上设同高的点标志)，在 B 点设一根水平尺，该尺与仪器同高且与 OB 垂直。检验时用盘左瞄准 A 点标志，固定照准部，倒转望远镜，在 B 点尺上定出 B_1 点的读数，再用盘右同法定出 B_2 点读数。若 B_1 与 B_2 重合，说明此条件满足，否则需要校正。

校正：在 B_1、B_2 点间 1/4 处定出 B_3 读数，使 $B_3 = B_2 - (B_2 - B_1)/4$。拨动十字丝左、右校正螺旋，使十字丝交点与 B_3 点重合。如此反复检校，直到 $B_1B_2 \leq 2cm$ 为止。最后旋上十字丝分划板护罩。

4. 横轴的检验与校正

1) 检验

在离建筑物 10m 处安置仪器(图 3.19)，盘左瞄准墙上高目标点标志 P(垂直角大于 $30°$)，将望远镜放平，十字丝交点投在墙上定出 P_1 点。盘右瞄准 P 点同法定出 P_2 点。若 P_1P_2 点重合，则说明此条件满足；若 $P_1P_2 > 5mm$，则需要校正。

2) 校正

用水平微动螺旋使十字丝交点瞄准 P_M 点，然后抬高望远镜，此时十字丝交点必然偏离 P 点。打开支架处横轴一端的护盖，调整支承横轴的偏心轴环，抬高或降低横轴一端，直至十字丝交点瞄准 P 点。

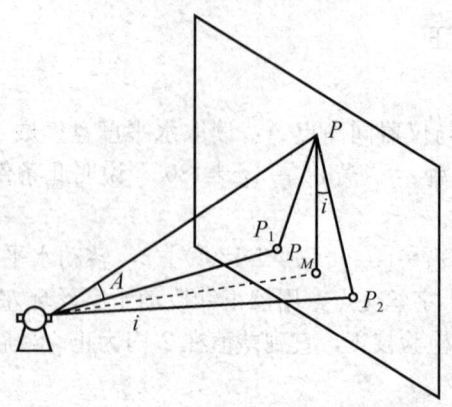

图 3.19 横轴的检验与校正

> **经验提示**
>
> 经纬仪的横轴是密封的，一般能保证横轴与竖轴的垂直关系，故使用时只需进行检验，如需校正，可由仪器检修人员进行。

5. 竖盘指标差的检验与校正

1) 检验

仪器整平后，以盘左、盘右先后瞄准同一个明显目标，在竖盘指标水准管气泡居中的情况下读取竖盘读数 L_0 和 R_0 计算指标差。

2) 校正

校正时先计算盘右的正确读数 $R_0 = R - x$，保持望远镜在盘右位置瞄准原目标不变，旋转竖盘指标水准管微动螺旋使竖盘读数为 R_0，这时竖盘指标水准管气泡不再居中，用校正针拨动竖盘指标水准管的校正螺丝使气泡居中。

此项校正需反复进行，直至指标差 x 不超过限差为止。

6. 光学对中器的检验与校正

为使对中器的光轴与竖轴重合，必须要校正对中器(否则当仪器瞄准时，竖轴不是处于真正的定位点上)。

1) 检验

(1) 观测对中器并调整仪器位置，使地面点标记成像于分划板的中心点。

(2) 绕竖轴转动仪器 180°，进行检查，如果中心标记仍在圆的中心，就无须调整，否则应按下列方法进行调整。

2) 校正

(1) 逆时针方向旋转取下校正螺钉保护盖，用校针调整 4 个螺钉，使中心标记朝中心圆方向移动，移动距离为偏移量的 1/2。

(2) 平移仪器使仪器地面点标记移到中心圆内。

(3) 转动仪器 180°，观测地面点标记，若处于中心圆的中心则表明校正完毕，否则要重复以上校正步骤。

> **经验提示**
>
> 要调整分划板位置，应先松动一边的调整螺钉，然后根据松开量拧紧另一边的调整螺钉，逆时针为松动螺钉，顺时针为拧紧螺钉，松和紧的转动应尽可能小一些。校正工作必须反复进行，直到满足要求。

【提示】技能训练6——经纬仪的检校。

3.6 角度测量误差及注意事项

3.6.1 角度测量误差

1．仪器误差

仪器误差包括三轴误差（视准轴误差、横轴误差、竖轴误差）、仪器构件偏心差和度盘分划误差等。

（1）视准轴误差：视准轴不与横轴垂直的情况会产生视准轴误差，常用 c 来表示。测量时，观测采用盘左盘右观测法，若盘左观测视准轴误差 c 为正值，则盘右观测 c 为负值。在盘左盘右观测取水平方向平均值时，视准轴误差 c 的影响被抵消，亦视准轴误差被抵消。

（2）横轴误差：这种误差表现在横轴不垂直于竖轴。

（3）竖轴误差：竖轴不平行垂线而形成的误差。

（4）仪器构件偏心差：主要是照准部偏心差和度盘偏心差。

（5）度盘分划误差：包括有长周期误差和短周期误差，现代精密光学经纬仪的度盘分划误差约。在工作上要求多测回观测时，各测回配置不同的度盘位置，其观测结果可以削弱度盘分划误差的影响。

2．观测误差

1）仪器对中误差的影响

安置经纬仪时，测站点的对中不够准确所引起的观测水平角的误差，称为仪器对中误差。为了仪器消除或减小中误差对水平角的影响，对短边测角必须十分注意仪器的对中。

2）目标偏心误差的影响

目标偏心误差是由于目标点上所竖立的目标与地面点的标志中心不在同一铅垂线上所引起的测角误差。为了减少目标偏心对水平角观测的影响，作为照准目标的标杆应竖直，并尽量照准标杆的底部。对于短边，照准目标最好采用垂球线或测钎。边长愈短，愈应注意目标的偏心误差。

3）瞄准误差的影响

瞄准目标的精确度，与人眼的分辨率 P 及望远镜的放大倍率 V 有关，在实际操作中对光时视差未消除，或者目标构形和清晰度不佳，或者瞄准的位置不合理，实际的瞄准误差可能要大得多。因此，在观测中，选择较好的目标构形，做好对光和瞄准工作，是减少瞄准误差影响的基本方法。

4）读数误差的影响

读数装置的质量、照明度以及读数判断准确性等，是产生读数误差的原因。

3. 外界环境的影响

外界环境的影响包括：大气密度、大气透明度的影响；目标相位差、旁折光的影响；温度湿度的影响等因素。

外界环境对测角精度的影响，主要表现在观测目标成像的质量、观测视线的弯曲、觇牌或脚架的扭转等方面。

3.6.2 角度观测的注意事项

保证测角的精度，满足测量的要求。

（1）观测前应先检验仪器，发现仪器有误差应立即进行校正，并采用盘左、盘右取平均值和用十字丝交点照准等方法，减小和消除仪器误差对观测结果的影响。

（2）安置仪器要稳定，脚架应踏牢，对中整平应仔细，短边时应特别注意对中，在地形起伏较大的地区观测时，应严格整平。

（3）目标处的标杆应竖直，并根据目标的远近选择不同粗细的标杆。

（4）观测时应严格遵守各项操作规定。例如，照准时应消除视差；水平角观测时，切勿误动度盘；竖直角观测时，应在读取竖盘读数前，显示指标水准管气泡居中等。

（5）水平角观测时，应以十字丝交点附近的竖丝照准目标根部。竖直角观测时，应以十字丝交点附近的横丝照准目标顶部。

（6）读数应准确，观测时应及时记录和计算。

（7）各项误差应在规定的限差以内，超限必须重测。

▲ 项目小结

本项目着重介绍了水平角和竖直角的测量工作，角度测量是基本的测量工作，介绍了经纬仪的使用和测角方法。学习本项目，主要掌握以下知识点。

（1）水平角：一点至两目标方向线在水平面上投影的夹角 β。β＝右目标读数－左目标读数。

（2）竖直角：在同一竖直面内照准方向线与水平线所夹的锐角。仰角为正，俯角为负。

（3）视准误差：视准轴不垂直于水平轴而相差一个 C 角，称为视准误差。

（4）指标差 x：经纬仪在指标水准管气泡居中后竖盘指标与正确位置偏差的一个值。

（5）经纬仪的使用方法：对中、整平、照准、读数。

（6）角度观测方法：角度观测方法见表3-5。

表3-5 角度观测方法

项 目	程 序
水平角	（1）安置仪器：对中，整平 （2）盘左照准左目标 A 读数 a_1，照准目标 B 读数 b_1，$\beta_1=b_1-a_1$ （3）盘右照准右目标 B 读数 b_2，照准左目标 A 读数 a_2，$\beta_2=b_2-a_2$ （4）取平均值 $\beta=(\beta_1+\beta_2)/2$，$(\Delta\beta=\beta_1-\beta_2$ 不超过 $\pm40''$)
竖直角	（1）安置仪器：对中、整平 （2）盘左观测：照准目标 A，指标水准管气泡居中。读数 L，$a_1=(90°-L)$ （3）盘右观测：照准目标 A，指标水准管气泡居中，读数 R，$a_1=(R-270°)$ （4）取平均值 $a=(a_1+a_2)/2$(测回间的角值互差不大于 $\pm25''$)

知识点考查

1. 什么是水平角？用经纬仪照准同一竖直面内不同高度的两目标时，其水平度盘的读数是否相同？
2. 什么是竖直角？照准某一目标时，若经纬仪高度不同时，则该点的竖直角是否一样？
3. 正确使用经纬仪的步骤是什么？3个步骤的目的和要求是什么？
4. 试述用测回法和方向观测法测量水平角的操作步骤及各项限差要求。
5. 经纬仪有哪些轴线？各轴线之间应满足什么关系？
6. 采用盘左与盘右观测水平角时，能消除哪些仪器误差？
7. 水平角测量的误差来源有哪些？在观测时应如何消除或减弱这些误差的影响？
8. 表3-6为某测站测回法观测水平角的记录，试在表3-6中计算出所测的角度值。

表3-6 测回法观测水平角记录簿

测站	目标	盘位	水平度盘读数 (° ′ ″)	半测回角值 (° ′ ″)	一测回角值 (° ′ ″)	各测回角值 (° ′ ″)	备注
O	A	左	00 01 06				
	B		112 48 54				
	A	右	180 01 36				
	B		292 49 06				
O	A	左	90 03 24				
	B		202 50 48				
	A	右	270 03 06				
	B		22 51 00				

9. 方向观测法观测水平角的数据列于表3-7中，试进行各项计算。

表3-7 方向观测法观测水平角记录簿

测回数	测站	目标	水平度盘读数 盘左 (° ′ ″)	水平度盘读数 盘右 (° ′ ″)	2C (° ′ ″)	平均方向值 (° ′ ″)	归零方向值 (° ′ ″)	各测回归零方向值平均值 (° ′ ″)
1	2	3	4	4	5	6	7	8
1	O	A	0 01 06	180 01 24				
		B	91 27 48	271 27 30				
		C	153 31 18	153 31 00				
		D	214 46 30	34 46 06				
		A	0 01 24	180 01 18				
		Δ						

续表

测回数	测站	目标	水平度盘读数		2C	平均方向值	归零方向值	各测回归零方向值平均值
			盘左 (° ′ ″)	盘右 (° ′ ″)	(° ′ ″)	(° ′ ″)	(° ′ ″)	(° ′ ″)
1	2	3		4	5	6	7	8
2	O	A	90 01 24	270 01 18				
		B	181 27 54	1 27 36				
		C	243 31 30	243 31 00				
		D	304 46 48	124 46 24				
		A	90 01 36	270 01 36				
		Δ						

10. 表 3-8 为某测站竖直角的观测记录，试在表中计算出所测的角度值。

表 3-8 竖直角观测记录簿

测站	目标	竖盘位置	竖盘读数 (° ′ ″)	半测回角值 (° ′ ″)	指标差	一测回竖直角 (° ′ ″)	备注
O	A	左	81 21 42				
		右	278 38 12				
	B	左	96 43 24				
		右	263 16 30				

项目 4

距离测量与直线定向

知识目标

知识要点	知识目标
直线定线	掌握直线定线的定义及方法
钢尺量距的一般方法	掌握平坦地区丈量步骤及计算
视距测量的原理	了解并掌握视距测量的观测步骤和计算
直线定向	掌握坐标方位角的性质以及与象限角之间的区别

实训目标

实训项目	实训目标
钢尺量距与视距测量	熟练掌握钢尺量距及视距测量的方法
罗盘仪的使用	了解罗盘仪的使用方法及确定磁方位角的过程

▶▶项目导读

测量工作的 3 项基本内容为角度测量、高差测量和距离测量，本项目主要介绍距离测量的问题。距离测量无论在测图还是测设阶段都是重要且常见的测量工作，是测量工作的基本任务之一。因此本项目重点解决 3 个问题，一是当两点之间距离大于整尺长怎么办？二是地面不平坦造成量距，量距结果不是水平距离怎么办？三是如何确定直线的方向问题。

距离测量指的是测量地面两点之间水平距离的测量工作。这个水平距离指的是两点连线投影在水平面上所形成的，它与直线定向一起，解决了确定待测点平面点位置的问题。测定地面上两点间的距离的方法有很多，距离测量常采用的方法有钢尺量距、视距测量、电磁波测距、GPS 测量。本项目主要介绍钢尺量距、光学视距仪测距、电磁波测距仪测距的基本原理和方法。

4.1 钢尺量距

钢尺量距按其精度要求不同，可分为普通量距和精密量距，读者要掌握钢尺量距的一般方法。

4.1.1 量距工具

1. 主要工具

1）钢尺

钢尺是进行钢尺量距的主要工具。钢尺一般宽 10~15mm、厚 0.4mm，基本分划为厘米，每分米、每米处有数字注记。其主要分类有以下几种。

（1）按照量程划分：有 20m 尺、30m 尺、50m 尺。

（2）按照零刻线的位置划分：有端点尺和刻线尺。端点尺是钢尺的最外端作为尺子零点；刻线尺是尺子零点位于钢尺内部，如图 4.1 所示。

（3）按照卷放的位置划分：架式和盒式。

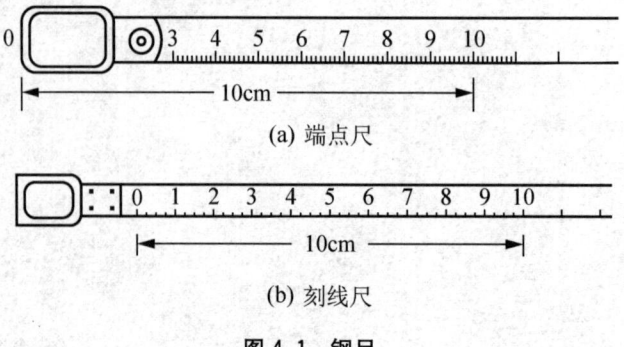

(a) 端点尺

(b) 刻线尺

图 4.1　钢尺

2) 皮尺

用于低精度量距，伸缩较大，有20m尺、30m尺、50m尺。

基本分划为厘米，每分米、每米处有数字注记。用于地形碎部测量和施工放样。

2. 辅助工具(图4.2)

(1) 花杆(标杆)：长2m或3m。20cm红白相间用于显示目标，主要在直线定线当中使用。

(2) 测钎：确定尺端点位置，用于对点、标点、投点。

(3) 垂球：用于倾斜地面距离丈量的附属工具，主要用来对点、标点和投点。

(4) 弹簧秤：用于钢尺量距精密方法控制拉力。

(5) 温度计：用于钢尺量距精密方法控制环境温度。

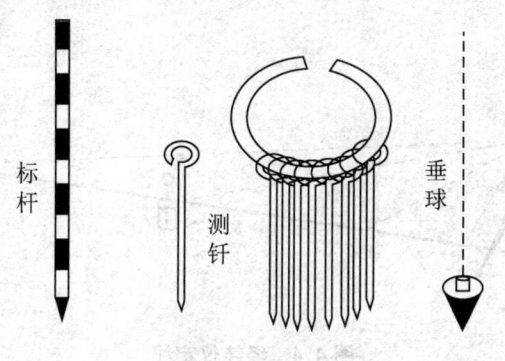

图4.2 辅助工具

4.1.2 直线定线

1. 定义

直线定线是解决距离测量中一种常见情况的方法。在量距过程中，两点距离过长，使用一整尺无法丈量完，因此在两直线之间标出一些点，分段丈量，这个过程称为直线定线。

2. 方法

常用的方法有两种：标杆目估定线、经纬仪定线以及逐渐趋近法定线。

1) 标杆目测定线

两点间通视定线如图4.3所示：A、B两点之间定1、2点。把站在A点的甲同学叫做后尺手，乙同学叫做前尺手。前尺手拿标杆走到大概需要定点的位置，后尺手指挥前尺手移动标杆，将标杆指挥到AB直线上，标杆的位置即需要定点的位置。这种方法速度快、操作简便，但精度不高。

2) 经纬仪定线

一般在工程测量中由于目估定线的精度达不到要求时，人们常采用经纬仪定线。A点安置经纬仪，对中、整平、瞄准B点处花杆底部，松开竖直制动螺旋，望远镜镜头向下俯视，依次定出若干点，盘左盘右各做一次用作检核。若两次位置没有重合，则取两点的平均位置作为所定点位，如图 4.4 所示。

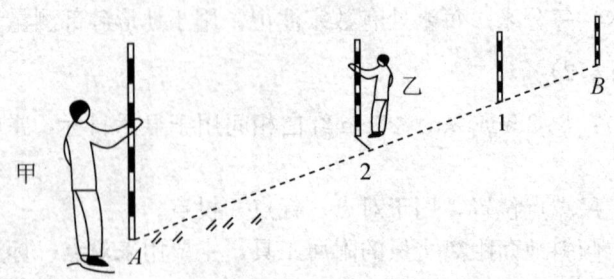

图 4.3　目估定线

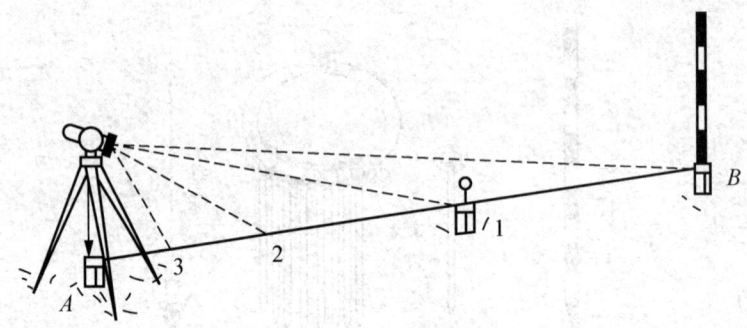

图 4.4　经纬仪定线

经验提示

使用十字丝竖丝进行瞄准，定点时仍然保持点位与竖丝重合，这样才能保证点在 AB 两点之间连线上。

3）两点间不通视定线（逐渐趋近法）

如图 4.5 所示，A、B 两点之间不通视，可以采用逐渐趋近法把 C、D 两点标定在 AB 直线方向上。

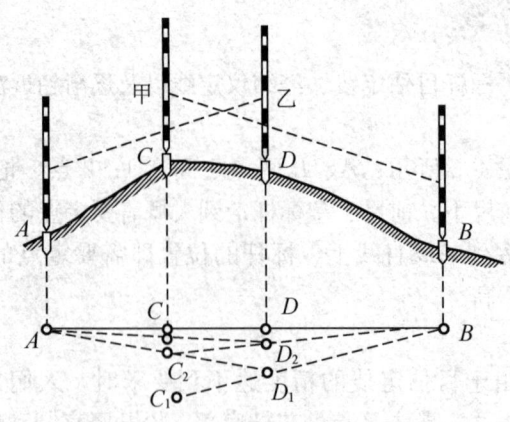

图 4.5　逐渐趋近法

4.1.3 距离丈量

1. 平坦地区丈量

一般量距中需要 3 个人(前尺手、后尺手、记录员)。

1) 边定线边丈量

(1) 观测的步骤如下。

① 标点：直线起终点 A、B，中间点用测钎。

② 定线：后尺手拿尺的零端位于起点，前尺手拿尺的末端沿线前进，约一整尺，后尺手指挥前尺手移动花杆，用测钎标定一整尺。

③ 对点：对起点 A。

④ 持平：尺拉直拉平。

⑤ 投点：前尺手用测钎将尺的末端刻线投于地面上，以此循环前插后收测钎。

⑥ 测余长 Δl：由前尺手用尺上某整刻划线对准终点 B，后尺手右尺的零端读数至 mm。

(2) 计算：A、B 两点之间的距离为

$$D = nl + q \tag{4-1}$$

式中　　n——整尺段数；

　　　　l——整尺段长；

　　　　q——余长。

(3) 检核：上述由 $A \to B$ 的丈量工作称为往测，其结果称为 $D_{往}$。为防止错误和提高测量精度，需要往、返各丈量一次。同法，由 $B \to A$ 进行返测，得到 $D_{返}$。钢尺量距的丈量精度是用相对误差值 K 来衡量的。

计算往、返丈量的相对误差 K，把往返丈量所得距离的差数除以该距离的平均。如果相对误差满足精度要求，则将往、返测平均值作为最后的丈量结果。

$$K = \frac{|D_{往} - D_{返}|}{D_{平均}} = \frac{1}{D_{平均}/|D_{往} - D_{返}|} \tag{4-2}$$

相对误差 K 是衡量丈量结果精度的指标，常用一个分子为 1、分母是整数的分数表示。相对误差的分母越大，说明量距的精度高。钢尺量距的相对误差一般不应低于 1/3000，在量距较困难地区不应低于 1/1000。

2) 先定线后丈量

用先定线后丈量的方法丈量平坦地区距离一般采用经纬仪定线，丈量之前用经纬仪在地上定出若干点。观测、计算、检核的内容同前述介绍。

与边定线边丈量的往返丈量相比，先定线后丈量一般采用两个往测来检核。丈量精度仍然用相对误差来衡量。

2. 倾斜地面的丈量方法

1) 平量法

若地面高低起伏不平，可使用平量法。将钢尺拉平丈量，丈量由 A 向 B 进行，后尺

手将尺的零端对准 A 点，前尺手将尺抬高，并且目估使尺子水平，用垂球尖将尺段的末端投于 AB 方向线的地面上，再插以测钎，依次进行丈量 AB 的水平距离，一般适用于地面向外凸的情况，如图 4.6 所示。

$$D = L \times \cos\alpha \tag{4-3}$$

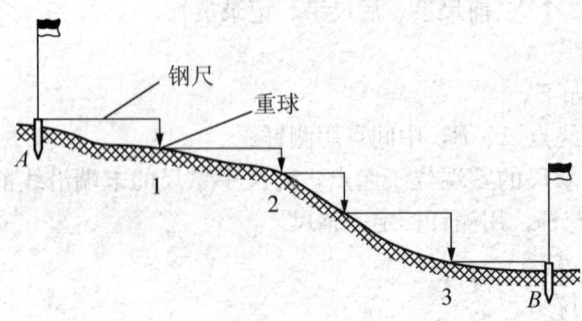

图 4.6 平量法

2) 斜量法

当倾斜地面的坡度比较均匀时，可沿斜面直接丈量出 AB 的倾斜距离 L，测出地面倾斜角 α 或 AB 两点间的高差 h，按式(4-4)计算 AB 的水平距离 D，适用于地面向里凹的情况，如图 4.7 所示。

$$D = \sqrt{L^2 - h^2} \tag{4-4}$$

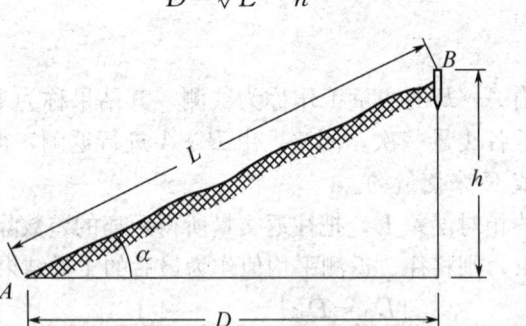

图 4.7 斜量法

4.1.4 钢尺量距精密方法

钢尺量距的精密方法就是要考虑温度、拉力、地面的倾斜等因素对钢尺量距的影响，通过改正数的方式使原先量距的结果更精确。用精密丈量的方法量距，要做到对使用的钢尺进行检定，对丈量的场地进行清理，对丈量的结果进行各项改正，一般量距精度可以保持在 1/4000～1/10000。

1. 钢尺的检定

1) 尺长方程式

钢尺由于其制造误差、经常使用中的变形以及丈量时温度和拉力不同的影响，使得其实际长度往往不等于名义长度。因此，丈量之前必须对钢尺进行检定，求出它在标准拉力和标准温度下的实际长度，以便对丈量结果加以改正。钢尺检定后，应给出钢尺尺长随温度变化的函数关系式，通常称为尺长方程式，其一般形式为

$$L_t = L_0 + \Delta L_d + \alpha \cdot L_0 \cdot (t - t_0) \tag{4-5}$$

式中 L_0——钢尺名义长；

L_t——钢尺准确长；

L_i——某一尺段实测值；

ΔL_d——整尺段尺长改正数（对应于 L_0）；

t_0——实验温度，一般取 $t_0 = 20℃$。

2) 钢尺检定的方法

(1) 用检定过的标准尺。钢尺应送到设有比长台的测绘单位校定，但若有检定过的钢尺，在精度要求不高时，可用检定过的钢尺作为标准尺来检定其他钢尺。检定宜在室内水泥地面上进行，在地面上贴两张绘有十字标志的图纸，使其间距约为一整尺长。用标准尺施加标准拉力丈量这两个标志之间的距离，并修正端点使该距离等于标准尺的长度。然后再将被检定的钢尺施加标准拉力丈量该两标志间的距离，取多次丈量结果的平均值作为被检定钢尺的实际长度，从而求得尺长方程式。

(2) 尺段长度计算。钢尺实际长度 l_{i0}：钢尺两端点之间的标准长度。钢尺名义长度 L_0：钢尺尺面上刻划的长度。

3) 步骤

(1) 清理场地。

(2) 经纬仪定线根据使用的钢尺长度，定出相距小于钢尺全长的各尺段点，钉上木桩，桩顶高出地面20cm，在桩顶划出十字丝点位标志。

(3) 用水准仪测定各桩顶间高差，将倾斜距离改正为水平距离。

(4) 精密丈量，人员（两人拉尺、两人读数、一人指挥与记录）。

弹簧秤 $F = 10$kg，每尺段丈量3次，每次需要移动1cm，3次尺段丈量长度的较差在 $\Delta d < 1 \sim 2$mm，取3次尺段丈量长度的平均值。

4) 尺段长度的计算

精密量距中，每一尺段长需进行尺长改正、温度改正及倾斜改正，求出改正后的尺段长度。计算各改正数如下。

(1) 尺长改正：钢尺在标准拉力、标准温度下的检定长度 L'，与钢尺的名义长度 L_0 往往不一致，其差 $L = L' - L_0$，即为整尺段的尺长改正。

任一尺段 L 的尺长改正数为

$$\Delta L_d = \frac{(L' - L_0)L}{L_0} \tag{4-6}$$

(2) 温度改正：设钢尺在检定时的温度为 $t_0℃$，丈量时的温度为 $t℃$，钢尺的线膨胀系数为 α，则某尺段 L 的温度改正为

$$\Delta L_t = \alpha(t - t_0)L \tag{4-7}$$

(3)倾斜改正：设 L 为量得的斜距，h 为尺段两端间的高差，现要将 L 改算成水平距离 d，故要加倾斜改正数，公式

$$\Delta L_h = -\frac{h^2}{2L} \tag{4-8}$$

推导如下：由 $\Delta L_h = d - L$，则

$$h^2 = L^2 - d^2$$
$$= (L-d)(L+d)$$
$$= -(d-L)(L+d)$$
$$\approx -\Delta L_h \cdot 2L$$
$$L + d \approx 2L$$
$$\Delta L_h = -\frac{h^2}{2L}$$

式(4-8)还可按下面的方法求得，如图 4.8 所示。

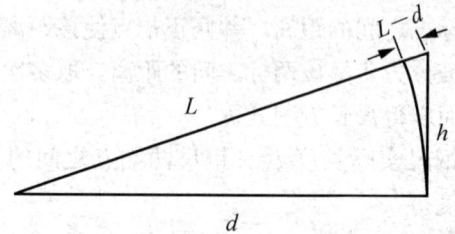

图 4.8 倾斜改正

$$\Delta L_h = d - L = (L^2 - h^2)^{\frac{1}{2}} - L = L \cdot \left(1 - \frac{h^2}{L^2}\right)^{\frac{1}{2}} - L$$

根据《高等数学》中的麦克劳林级数展开公式

$$(1+X)^m = 1 + m \cdot X + \frac{m(m-1)}{2!} \cdot X^2 + \frac{m(m-1)\cdots(m-n+1)}{n!} \cdot X^n + \cdots$$

将 $\left(1 - \frac{h^2}{L^2}\right)^{\frac{1}{2}}$ 式展开（即 $X = -\frac{h^2}{L^2}$，$m = \frac{1}{2}$），取其前两项，得

$$\Delta L_h = L\left(1 - \frac{h^2}{2L^2} - \cdots\right) - L = -\frac{h^2}{2L}$$

经验提示

式(4-8)只适用于 L、d 相差不多，或者说适用于 L 的倾角 α 较小的情况下；当倾角 α 较大时，应采用三角函数或式(4-9)计算 d。

$$d = \sqrt{L^2 - h^2} \tag{4-9}$$

式(4-9)中的 L 应为已加入尺长改正、温度改正后的斜长。当然，按此式所算得的 d 即相当于经 3 项改正后的平距。

$$D_i = L_i + \Delta L_d + \Delta L_t + \Delta L_h \tag{4-10}$$

4.1.5 钢尺量距的误差分析与注意事项

1. 误差的来源

1) 定线误差

定线误差就是本来应该在两点之间的直线定出的过渡点偏离了原本的直线，导致所丈量的距离不是直线而变成了折线，一般测量花杆定线偏差<0.4m，仪器偏差为0.05～0.07m。

2) 尺长误差

一把 30m 的钢尺尺长误差大概在 3mm 左右。钢尺必须经过检定以求得其尺长改正数。尺长误差具有系统积累性，它与所量距离成正比。精密量距时，钢尺虽经检定并在丈量结果中进行了尺长改正，其成果中仍存在尺长误差，因为一般尺长检定方法只能达到 0.5mm 左右的精度。

3) 温度误差

由于用温度计测量温度，测定的是空气的温度，而不是尺子本身的温度，在夏季阳光曝晒下，此两者温度之差可大于 5℃。因此，量距宜在阴天进行，并要设法测定钢尺本身的温度。

4) 拉力误差

钢尺具有弹性，会因受拉而伸长。量距时，如果拉力不等于标准拉力，钢尺的长度就会产生变化。精密量距时，用弹簧秤控制标准拉力，一般量距时拉力要均匀，不要或大或小。

5) 反曲

尺子不水平的误差现象，称为反曲。设在尺段中部凸起 0.5m，由此而产生的距离误差，这是不能允许的应将钢尺拉平丈量。钢尺一般量距时，如果钢尺不水平，则总是使所量距离偏大。精密量距时，测出尺段两端点的高差，进行倾斜改正。用普通水准测量的方法是容易达到的。

6) 垂曲

钢尺悬空丈量时，中间下垂，称为垂曲。故在钢尺检定时，应按悬空与水平两种情况分别检定，得出相应的尺长方程式，按实际情况采用相应的尺长方程式进行成果整理，这项误差可以不计。

在凹凸不平的地面量距时，凸起部分将使钢尺产生上凸。

7) 丈量本身的误差

它包括钢尺刻划对点的误差、插测钎的误差及钢尺读数误差等。这些误差是由人的感官能力所限而产生的，误差有正有负，在丈量结果中可以互相抵消一部分，但仍是量距工作的一项主要误差来源。

综上所述，精密量距时，除经纬仪定线、用弹簧秤控制拉力外，还需进行尺长、温度和倾斜改正。而一般量距可不考虑上述各项改正。但当尺长改正数较大或丈量时的温度与标准温度之差大于 8℃时进行单项改正，此类误差用一根尺往返丈量发现不了。另外，尺子拉平不容易做到，丈量时可以手持一悬挂垂球，抬高或降低尺子的一端，尺上读数最小的位置就是尺子水平时的位置，并用垂球进行投点及对点。

2. 注意事项

(1) 直、平、准。

直——定线直、尺拉直；

平——尺身平（水平距离）；

准——对点、投点、读数准。

(2) 不可在地面上拖拉钢尺。

(3) 钢尺擦干净。

4.2 视距测量

视距测量是距离测量的第二种方法，它是利用望远镜内的视距装置配合视距尺，根据几何光学和三角测量原理，同时测定距离和高差的方法。视线水平时，视距测量测得的是水平距离。如果视线是倾斜的，为求得水平距离，还应测出竖角。有了竖角，也可以求得测站至目标的高差。所以说视距测量也是一种能同时测得两点之间的距离和高差的测量方法。

4.2.1 基本装置

需要使用的基本测量仪器是经纬仪或者水准仪，它利用望远镜十字丝分划板上的上、下对称的两条短线，称之为视距丝，即可完成视距测量。视距测量中的视距尺可用普通水准尺，也可用专用视距尺。由于经纬仪和水准仪在前面几个项目中的介绍中已经比较熟悉了，因此视距测量开展起来还是并不困难。

4.2.2 精度要求和使用范围

视距测量的精度一般为 1/200～1/300，精密视距测量可达 1/2000，这种方法的精度比直接量距的精度低，但操作简单，不受地形限制，且用一台经纬仪即可同时完成两点间的水平距离和高差的测量，因此常用于精度要求不高的碎部测量和图根控制网的加密。

4.2.3 视距测量计算公式

1. 视线水平时的视距公式

视线水平时的视距公式如图 4.9 所示。

1) 视距公式

$$D=Kl \tag{4-11}$$

式中 K——视距乘常数，一般情况下取 100；

l——上下丝读数之差，cm。

距离测量与直线定向 项目 4

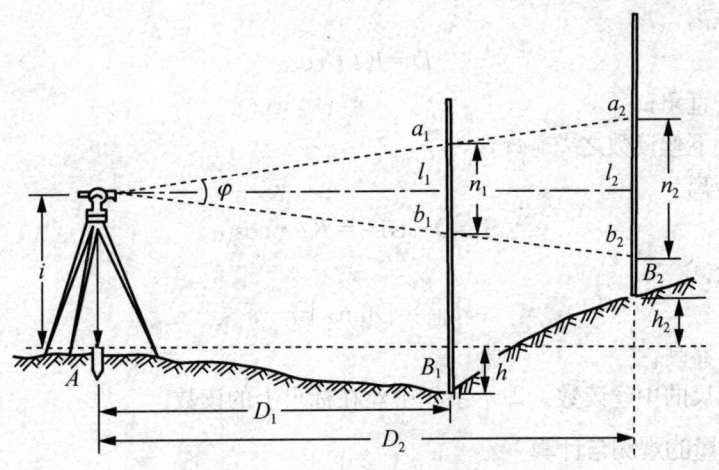

图 4.9 视线水平时测量平距和高差示意图

2) 高差公式

$$h = i - V \tag{4-12}$$

式中 i——仪器高；

V——标尺的中丝读数，即十字丝中丝在标尺上的读数。

2. 视线倾斜时的视距公式

视线倾斜时的视距公式如图 4.10 所示。

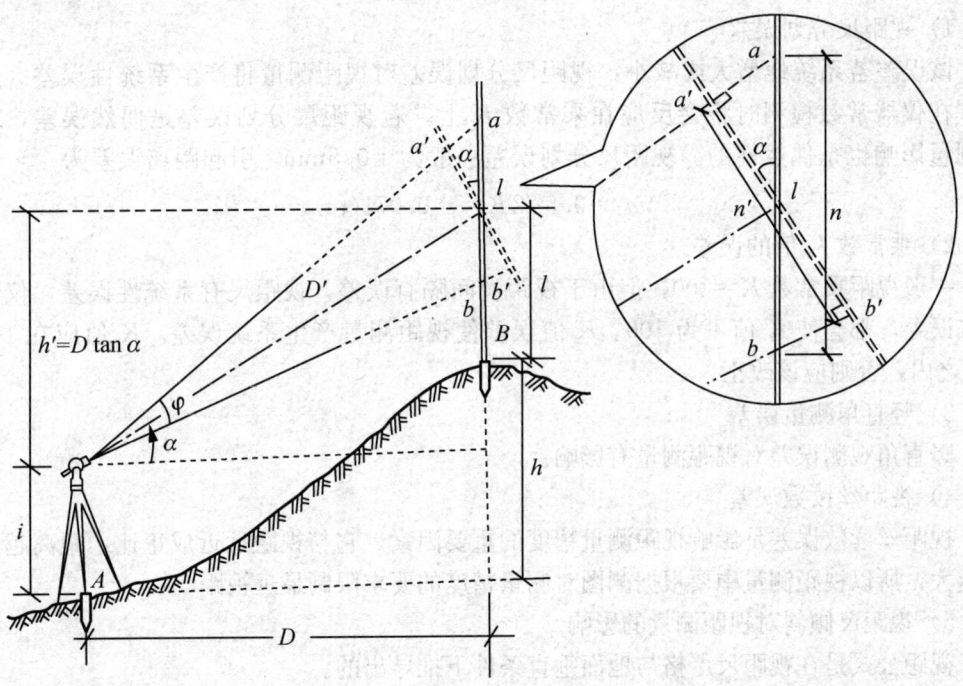

图 4.10 视线倾斜时测量平距和高差示意图

1) 倾斜距离

$$D=Kl\cdot\cos\alpha \qquad (4-13)$$

式中　α——竖直角；
　　　l——上下丝读数之差，cm。

2) 水平距离

$$S=D\cdot\cos\alpha=Kl\cdot\cos^2\alpha \qquad (4-14)$$

3) 高差公式

$$h_{AB}=D\tan\alpha+i-v \qquad (4-15)$$

式中　i——仪器高；
　　　V——标尺的中丝读数，即十字丝中丝在标尺上的读数。

3. 视距测量的观测与计算

视距测量主要用于地形测量中碎步测量、测定测站点至地形点的水平距离及高差。其观测步骤如下。

(1) 在测站上安置经纬仪，量取仪器高 i（桩顶至仪器横轴中心的距离），精确到 cm。
(2) 瞄准竖直于测点上的标尺，并读取中丝读数 l 值。
(3) 用上、下视距丝在标尺上读数，将两数相减得视距间隔 n。
(4) 使竖盘水准管气泡居中，读取竖盘读数，求出竖直角 α。
(5) 计算平距和高差。

4. 视距测量误差

1) 视距尺分划误差

该误差若系统地增大或减小，视距尺分划误差对视距测量将产生系统性误差。这个误差在仪器常数检测时将会反应在乘常数 K 上。若视距尺分划误差是偶然误差，对视距测量影响也是偶然性的。视距尺分划误差一般为 ± 0.5mm，引起距离误差为

$$m_d=0.5\sqrt{2}K=\pm 0.071(\text{m})$$

2) 乘常数 K 值的误差

一般视距乘常数 $K=100$，但由于视距丝间隔有误差，视距尺有系统性误差，仪器检定有误差，都会使 K 值不为 100。K 值误差使视距测量产生系统误差。K 值应在 100 ± 0.1 之内，否则应该改正。

3) 竖直角测量误差

竖直角观测误差对视距测量有影响。

4) 视距丝读数误差

视距丝读数误差是影响视距测量精度的重要因素。它与视距远近成正比，距离越远误差越大，所以视距测量中要根据测图对测量精度的要求限制最远视距。

5) 视距尺倾斜对视距测量的影响

视距公式是在视距尺严格与地面垂直条件下推导出的。

若视距尺倾斜，设其倾角为 $\Delta\gamma$。一般视距测量精度为 $1/300$。要保证 $\Delta D/D\leqslant 1/300$，视距测量时倾角误差应满足

$$\Delta\gamma \leqslant \frac{\rho''c\tan\alpha}{600} = 5.8'c\tan\alpha \qquad (4-16)$$

根据式(4-16)可计算出不同竖直角测量时倾角的允许值，见表4-1。

表4-1 不同竖直角与倾角允许值

竖直角	3°	5°	10°	20°
$\Delta\gamma$ 允许值	1.8°	1.1°	0.5°	0.3°

6) 外界气象条件对视距测量的影响

(1) 大气折光的影响：视线穿过大气时会产生折射，其光程从直线变成曲线，造成误差，由于视线靠地面时折光大，所以规定视线应高出地面1m以上。

(2) 大气湍流的影响：空气的湍流使视距成像不稳定，造成视距误差。当视线接近地面或水面时这种现象更为严重，所以视线要高出地面1m以上。除此之外，风和大气能见度对视距测量也会产生影响。风力过大，尺子会抖动，空气中灰尘和水汽会使视距尺成像不清晰，造成读数误差，所以应选择良好的天气进行测量。

【例4-1】视距测量中，由A点观测B点，上、中、下丝读数分别为2.000m、2.368m、2.736m，经纬仪盘左竖盘俯角读数为$89°18'18''$，竖盘指标差为$+1'06''$，仪器高为1.42m，已知A点高程为$H_A = 189.894$m，求B点的高程及AB间水平距离分别为多少？

解：根据题意可知垂直度盘为逆时针注记形式，其垂直角计算公式为
$$\alpha = L - 90° - x = 89°18'18'' - 90° - 1'06'' = -0°42'48''$$

视距：$Kl = 100 \times (273.6 - 200.0) = 73.6$(m)

平距：$D = Kl \cdot \cos^2\alpha = 73.588$(m)

高差：$h_{AB} = D \cdot \tan\alpha + i - V = -1.864$(m)

高程：$H_B = H_A + h_{AB} = 188.030$(m)

【提示】技能训练7——钢尺量距及视距测量。

4.3 电磁波测距仪简介

4.3.1 概述

1. 波的概念

波是物质的一种振动传播形式。传播振动的物质叫做媒质或介质。波分为以下两类。

(1) 机械波：例如水波、声波、地震波等。

(2) 电磁波：例如光波、无线电波、X射线等。

2. 电磁波

电磁波是变化的电磁场在空间的传播过程。各种电磁波在真空中的传播速度，即波

速,毫不例外地都等于真空中的光速值,以 C_0 表示。$C_0=299792.458km/s$。各种电磁波的区别,仅仅在于它们的频率不同、波长不同。

3. 载波

由人工发射器发射的光波,叫做载波。

例如:红外测距仪的发光管发射的光波,是由人工制造的砷化镓(GaAs)发光二极管发射的。

4. 调制光波

测距时,对发射的光波施加一个调制信号,使光波的强度随所加的调制信号变化。把这种光波强度随所加的调制信号变化的光波,叫做调制光波。

5. 电磁波测距仪按载波分类

以某种电磁波作为载波测定两点间距离的仪器,称为电磁波测距仪。其中,以红外光作为载波的测距仪,称为红外测距仪;以激光作为载波的测距仪,称为激光测距仪;以无线电波作为载波的测距仪,称为微波测距仪。

1) 光电测距仪(以光波作为载波)

(1) 单载波测距仪:早期的以白炽灯或汞灯作为光源的测距仪;以红外光作为光源的红外测距仪;以激光作为光源的激光测距仪。

(2) 多载波测距仪。

2) 微波测距仪

以无线电波作为载波的微波测距仪。

6. 测距仪按测程分类

(1) 短程测距仪≤3km,用于普通工程测量、城市测量。

(2) 中程测距仪:3~15km,用于一般等级控制测量。

(3) 远程(长程)测距仪>15km,主要用于国家等级的三角网、特级导线的边长测量。

7. 测距仪按精度分级

按测距仪出厂标称标准差,归算到1km的测距标准偏差计算,精度分为4级,见表4-2。

表4-2 测距仪精度分级

测距仪精度等级	测距标准偏差
I	$m_D \leqslant (1+D)$ mm
II	$(1+D)$ mm $< m_D \leqslant (3+2D)$ mm
III	$(3+2D)$ mm $< m_D \leqslant (5+5D)$ mm
IV(等外级)	$(5+5D)$ mm $< m_D$

注:D 为测量距离,单位为千米(km)。

测距仪出厂标称精度表达式为

$$m_D = \pm(A + B \times D) \quad (4-17)$$

式中　A——标称精度固定误差，mm；

　　　B——标称精度比例误差系数，mm/km；

　　　D——测量距离，km。

8. 测距仪按测距原理分类

(1) 相位式：中、短程测距仪多采用。

(2) 脉冲式：远程测距仪采用。其测程大，但精度较低。

(3) 脉冲相位式：中、远程测距仪采用。

4.3.2　测距原理

1. 基本测距公式

$$D = \frac{1}{2} C \cdot T_{2D} \quad (4-18)$$

2. 基本测距原理

1) 脉冲法测距原理

脉冲法测距（激光测距仪用此原理）是把光强变成强弱突变的、间断的脉冲式调制光波信号，在待测距离上往返传播时间为 T_{2d}，用式（4-18）求得距离值的测距方法。

2) 相位法测距原理

相位法测距（红外测距仪采用此法）是一种采用测定调制光波往返于被测距离上的相位差，间接求定距离的测距方法。其基本公式为

$$D = \frac{1}{2} \lambda (N + \Delta N) \quad (4-19)$$

4.3.3　中、短程电磁波测距仪

将测距仪和反射棱镜分别安置在测线的两端，仔细地对中。接通测距仪的电源，然后照准反射棱镜（光瞄准），检查经反射棱镜返回的光强电信号（电瞄准），待合乎要求后，实测测站的气压、温度，进行气象参数改正，即可开始测距。为防止出现粗差及为了提高精度，一般应照准 n 次、每次照准应连续读取 m 个读数（称为一个测回）。

下面从《中、短程光电测距规范》（GB/T 16818—2008）中摘录几项技术要求。

(1) 使用电磁波测距仪进行距离测量的技术要求见表 4-3。

(2) 各级电磁波测距仪观测结果较差限值见表 4-4。

表4-3 电磁波测距仪进行距离测量的技术要求

等级	使用测距仪精度等级	每边测回数		备注
		往测	返测	
二等	Ⅰ、Ⅱ	4	4	
三等	Ⅰ	2	2	往、返测也可用不同时间段观测代替
	Ⅱ、Ⅲ	4	4	
四等	Ⅰ、Ⅱ	2	2	
	Ⅲ	4	4	
等外	Ⅰ、Ⅱ、Ⅲ	2		
	Ⅳ	4		

注：(1) 一测回是指整置仪器照准目标一次，读取数据四个。

(2) 时间段是指完成一次距离测量和往测或返测的时间段，如上午、下午或不同白天。

表4-4 电磁波测距仪各级精度较差限值(单位：mm)

测距仪精度等级	一测回读数间较差限值	测回间较差限值	往返测或时间段内较差限值
Ⅰ	2	3	
Ⅱ	5	7	
Ⅲ	10	15	$\sqrt{2}(A+B\times D\times 10^{-6})$
Ⅳ	20	30	

注：(1) 往返测较差，应将斜距化算到同一水平面上，方可进行比较。

(2) $(A+B+D\times 10^{-6})$为测距仪标移精度。

4.4 直线定向

在测量工作中，常常需要确定两点间平面位置的相对关系，即根据地面上的一个已知点确定另外一个未知点的平面位置。所需的条件除了测定两点间的距离外，还需确定两点所连直线的方向。怎样去确定一条直线的方向？可以考虑先确定一个标准方向，通过确定这条直线与标准方向的所夹角度来确定直线的方向。确定一条直线与一基本方向之间的水平角，称为直线定向。

4.4.1 标准方向

1. 真子午线方向(真北方向)

过地面某点真子午线的切线北端所指示的方向称为真北方向。真北方向可采用天文测量的方法测定，如观测太阳、北极星等，也可采用陀螺经纬仪测定。

2. 真子午线方向(磁北方向)

磁针自由静止时其指北端所指的方向,称为磁北方向,可用罗盘仪测定。

3. 坐标纵轴方向(坐标北方向)

坐标纵轴(x 轴)正向所指示的方向,称为坐标北方向。实用上常取与高斯平面直角坐标系中 x 坐标轴平行的方向为坐标北方向。

以上 3 个基本方向合称为三北方向,如图 4.11 所示。

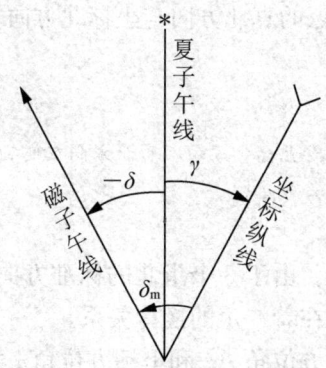

图 4.11 三种标准方向之间的关系

4.4.2 方位角

确定标准方向之后能否确定直线的方向?还是不行,因为直线与标准方向所夹的角度不止一个,有锐角,也有钝角,到底用哪个角度来表示直线的方向?为了不发生歧义,采用方位角的形式来表示直线的方向,如图 4.12 所示。

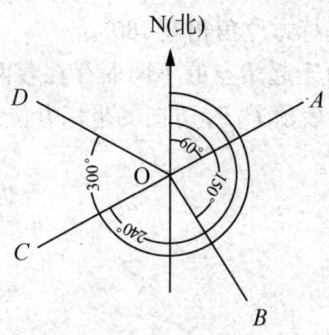

图 4.12 坐标方位角

1. 定义

由直线一端的基本方向起,顺时针量至直线的水平角称为该直线的方位角。

2. 范围

由于方位角本身也是水平角,取值范围为 $0° \sim 360°$。

3. 分类

(1) 真方位角：由真北方向起算的方位角，用 A 表示。
(2) 磁方位角：由磁北方向起算的方位角，用 A_m 表示。
(3) 坐标方位角：由坐标北方向起算的方位角，用 α 表示。

4. 磁偏角与子午线收敛角

(1) 磁偏角 δ：过一点的真北方向与磁北方向之间的夹角。
(2) 子午线收敛角 γ：过一点的真北方向与坐标北方向之间的夹角。

> **经验提示**
>
> δ 与 γ 的符号规定相同，即磁北或坐标北方向在真北方向东侧时，δ 与 γ 均为正数；磁北方向或坐标北方向在真北方向西侧时，δ 与均为负。

(3) 方位角之间的相互换算。由于3个指北的标准方向并不重合，所以一条直线的3种方位角并不相等，它们之间存在着一定的换算关系。

一条直线的真方位角 A、磁方位角 A_m 和坐标方位角 α 之间关系式为

$$A = A_m + \delta = \alpha + \gamma$$

4.4.3 坐标方位角

1. 性质

(1) 直线的坐标方位角必须建立在直线的起点处。
(2) 同一直线的正反坐标方位角不相等。
(3) 同一直线的正反坐标坐标方位角相差 $180°$。

一条直线的坐标方位角，由于起始点的不同而存在着两个值，如图 4.13 所示，α_{12} 表示 P_1P_2 方向的坐标方位角，α_{21} 表示 P_2P_1 方向的坐标方位角。α_{12} 和 α_{21} 互称为正、反坐标方位角。

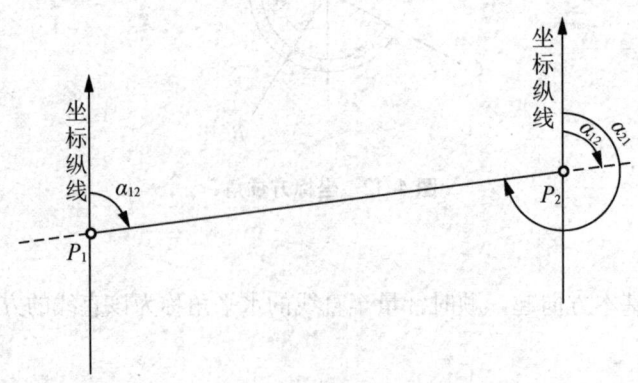

图 4.13 坐标方位角

2. 坐标方位角的推算

在实际工作中并不需要测定每条直线的坐标方位角,而是通过与已知坐标方位角的直线连测后,推算出各直线的坐标方位角。如图 4.14 所示,已知直线 12 的坐标方位角 α_{12},观测了水平角 β_2 和 β_3,要求推算直线 23 和直线 34 的坐标方位角。

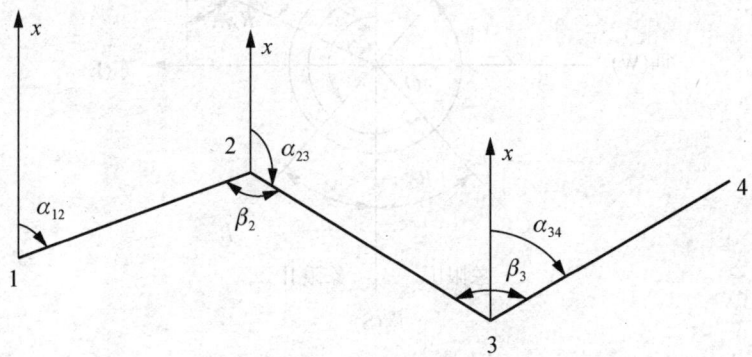

图 4.14　坐标方位角的推算

由图 4.14 可以推出

$$\alpha_{23} = \alpha_{21} - \beta_2 = \alpha_{12} + 180° - \beta_2$$

$$\alpha_{34} = \alpha_{32} + \beta_3 = \alpha_{23} + 180° + \beta_3$$

因 β_2 在推算路线前进方向的右侧,该转折角称为右角;β_3 在左侧,称为左角。从而可归纳出推算坐标方位角的一般公式为

$$\alpha_后 = \alpha_前 + \beta_左 - 180° \tag{4-20}$$

$$\alpha_后 = \alpha_前 - \beta_右 + 180° \tag{4-21}$$

> **经验提示**
>
> (1) 计算中,如果 $\alpha_后 > 360°$,应自动减去 $360°$;如果 $\alpha_后 < 0°$,则自动加上 $360°$。
> (2) 公式(4-20)(4-21)仅限于相邻直线顺次方向。

3. 象限角

测量上有时用象限角来确定直线的方向。所谓象限角,就是由标准方向的北端或南端起量至某直线所夹的锐角,常用 R 表示。如图 4.15 所示,直线 01、02、03 和 04 的象限角分别为北东 R_{01}、南东 R_{02}、南西 R_{03} 和北西 R_{04}。

(1) 取值范围:$0° \sim 90°$。
(2) 坐标方位角和象限角的换算关系如下。

坐标方位角和象限角均是表示直线方向的方法,它们之间既有区别又有联系。在实际测量中经常用到它们之间的互换,由图 4.15 可以推算出它们之间的互换关系,见表 4-5。

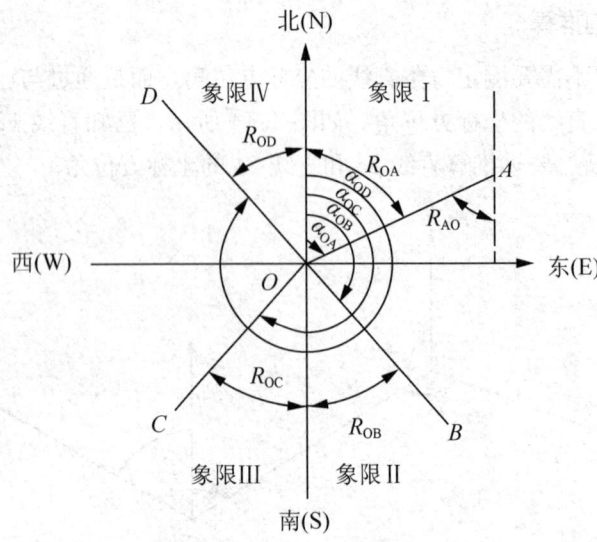

图 4.15 象限角

表 4-5 坐标方位角与象限角的关系

直线方向	由坐标方位角 α 求象限角 R	由象限角 R 求坐标方位角 α
第Ⅰ象限(北东)	$R=\alpha$	$\alpha=R$
第Ⅱ象限(南东)	$R=180°-\alpha$	$\alpha=180°-R$
第Ⅲ象限(南西)	$R=\alpha-180°$	$\alpha=180°+R$
第Ⅳ象限(北西)	$R=360°-\alpha$	$\alpha=360°-R$

【例 4-2】某直线 AB,已知正坐标方位角 $\alpha_{AB}=334°31'48''$,试求 α_{BA}、R_{AB}、R_{BA}。

解:$\alpha_{BA}=334°31'48''-180°=154°31'48''$

$R_{AB}=360°-334°31'48''=25°28'12''\text{NW}$

$R_{BA}=180°-154°31'48''=25°28'12''\text{SE}$

4.4.4 坐标正反算

1. 坐标正算

当已知地面上 A、B 两点的坐标时,可以用坐标反算两点间的水平距离 D,其计算公式为

$$D=\sqrt{(x_A-x_B)^2+(y_A-y_B)^2} \tag{4-22}$$

2. 坐标反算

当已知地面上 A、B 两点的坐标时,可用坐标反算方位角 α_{AB},其计算公式为

$$\alpha_{AB}=\arctan\frac{y_B-y_A}{x_B-x_A} \tag{4-23}$$

按不同象限分别讨论如下。

当 AB 直线位于第Ⅰ象限时，即 $x_B-x_A>0$ 和 $y_B-y_A>0$，坐标方位角计算公式与式(4-23)相同。

当 AB 直线位于第Ⅱ象限时，即 $x_B-x_A<0$ 和 $y_B-y_A>0$，坐标方位角计算公式为

$$\alpha_{AB}=180°-\arctan\frac{y_B-y_A}{x_B-x_A}$$

当 AB 直线位于第Ⅲ象限时，即 $x_B-x_A<0$ 和 $y_B-y_A<0$，坐标方位角计算公式为

$$\alpha_{AB}=\arctan\frac{y_B-y_A}{x_B-x_A}+180°$$

当 AB 直线位于第Ⅳ象限时，即 $x_B-x_A>0$ 和 $y_B-y_A<0$，坐标方位角计算公式为

$$\alpha_{AB}=360°-\arctan\frac{y_B-y_A}{x_B-x_A}$$

4.5 方位角测量

4.5.1 罗盘仪测定磁方位角

1. 罗盘仪的构造

罗盘仪是利用磁针测定直线磁方位角的仪器，通常用于独立测区的近似定向以及线路和森林的勘测定向。精度要求不高时，可以用磁方位角代替坐标方位角。DQL-1罗盘仪主要由望远镜、罗盘盒、基座3部分组成，如图4.16所示。

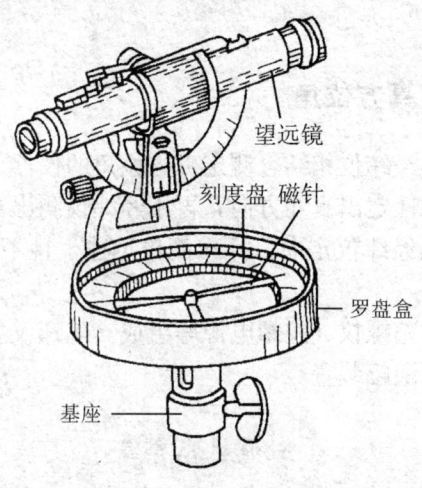

图 4.16 罗盘仪

1) 望远镜

望远镜用于瞄准目标，它由物镜、十字丝、目镜组成。望远镜一侧为竖直度盘，可以测量竖直角。

2) 罗盘盒

罗盘盒内有磁针和刻度盘。

（1）磁针用于确定南北方向并用作指标读数。磁针安装在度盘中心顶针上，可自由转动，为减少顶针的磨损，不用时用磁针制动螺旋将磁针抬起，固定在玻璃盖上。磁针南端装有铜箍以克服磁倾角，使磁针转动时保持水平。

（2）刻度盘最小刻划为1°或30′，每10°一注记，按逆时针方向从0°注记到360°，并且0°与180°的连线与望远镜的视准轴一致。

由于观测时随望远镜转动的不是磁针（磁针永指南北），而是刻度盘，为了直接读取磁方位角，所以刻度以逆时针注记。此外，罗盘盒内还装有两个水准管或一圆水准器以使度盘水平。

3）基座

基座是球臼结构，安在三脚架上，松开球臼接头螺旋，可摆动罗盘盒使水准气泡居中，此时刻度盘已处于水平位置，旋紧接头螺旋。

2. 罗盘仪的使用

（1）安置罗盘仪于直线的一个端点，进行对中和整平。

（2）用望远镜瞄准直线另一端点的标杆。

（3）松开磁针制动螺旋，将磁针放下，待磁针静止后，磁针在刻度盘上所指的读数即为该直线的磁方位角。

> **经验提示**
>
> 读数时刻度盘的0°刻划在望远镜的物镜一端，应按磁针北端读数；若在目镜一端，则应按磁针南端读数。刻度盘0°刻划在物镜一端，应按北针读数，其磁方位角为240°。

4.5.2 陀螺经纬仪测定真方位角

陀螺经纬仪是陀螺仪和经纬仪相结合测定真方位角的仪器。陀螺仪内悬挂有三向自由旋转的陀螺，利用陀螺的特性定出真北方向，再用经纬仪测出真北至直线的水平角，即可确定其真方位角。利用陀螺经纬仪定向，操作简单迅速，且不受时间制约，常用于公路、铁路、隧道测量。

陀螺经纬仪由经纬仪、陀螺仪、陀螺电源等组成。陀螺仪主要由以下3部分组成：灵敏部；光学观测系统；锁紧限幅装置。

> **项目小结**
>
> 本项目中着重介绍了测量工作的3项基本内容之一——距离测量。一共包括了4个部分的内容，分别是钢尺量距、视距测量、电磁波测距、直线定向。
>
> 1. 钢尺量距
>
> 要掌握钢尺量距的一般方法，包括直线定线和平坦地区丈量的两种方法，先定线后丈量或者边定线边丈量，测量结果的精度使用相对误差值衡量。对于钢尺量距的精密方法要求了解，温度、倾斜、尺长3方面的影响以改正数的形式加在原先测得的结果里。

2. 视距测量

视距测量是利用水准仪和经纬仪的十字丝进行距离测量的办法，精度较低，一般用在碎步测量当中。重点掌握视线水平和视线倾斜时距离与高差的计算公式。

3. 电磁波测距

简单了解它与前两种距离丈量方法的区别，可以和后面项目中全站仪的使用结合起来。

4. 直线定向

直线定向和距离测量有些什么关系，这项目当中考点较多。直线的标准方向有 3 个，要注意坐标方位角的性质和特点，同一条直线的正反坐标方位角相差 180°；坐标方位角的推算公式及适用条件要记住；坐标方位角与象限角是怎样换算的。

知识点考查

1. 距离测量的方法主要有哪几种？
2. 用钢尺丈量倾斜地面的距离有哪些方法？各适用于什么情况？
3. 什么是直线定线？直线定线的方法有哪些？目估定线通常是如何进行的？
4. 用目估定线，在距离 30m 处标杆中心偏离直线 0.40m，由此产生的量距误差为多少？
5. 用钢尺往、返丈量了一段距离，其平均值为 184.26m，要求量距的相对误差为 1/5000，则往、返丈量距离之差不能超过多少？
6. 用钢尺丈量了 AB、CD 两段距离，AB 的往测值为 206.32m，返测值为 206.17m；CD 的往测值为 102.83m，返测值为 102.74m。问这两段距离丈量的精度是否相同？为什么？
7. 怎样衡量距离丈量的精度？设丈量了 AB、CD 两段距离：AB 的往测长度为 246.68m，返测长度为 246.61m；CD 的往测长度为 435.888m，返测长度为 435.98m。问哪一段的量距精度较高？
8. 某钢尺的名义长度为 30m，在标准温度、标准拉力、高差为零的情况下，检定其长度为 29.9925m，用此钢尺在 25℃ 条件下丈量一段坡度均匀、长度为 165.4550m 的距离。丈量时的拉力与钢尺检定时的拉力相同，并测得该段距离的两端点高差为 1.5m，试求其正确的水平距离。
9. 直线定向的目的是什么？它与直线定线有何区别？
10. 标准方向有哪几种？它们之间有什么关系？
11. 设直线 AB 的坐标方位角 $\alpha_{AB}=223°10'$，直线 BC 的坐标象限角为南偏东 $50°25'$，试求小夹角 CBA，并绘图示意。
12. 直线 AB 的坐标方位角 $\alpha_{AB}=106°38'$，求它的反方位及象限角，并绘图示意。

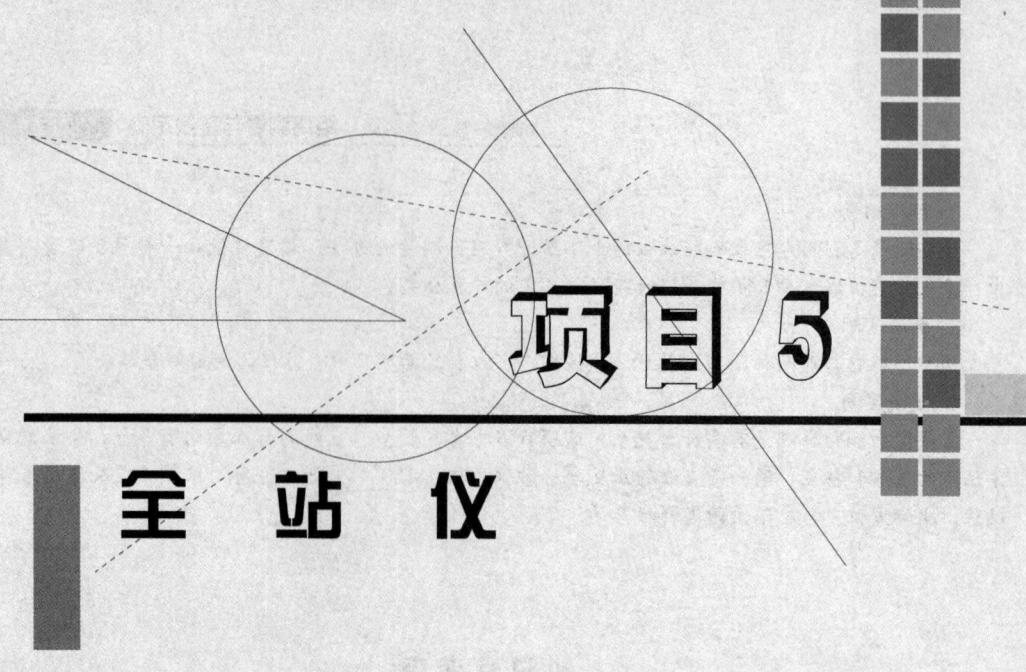

项目 5 全 站 仪

知识目标

知识要点	知识目标
全站仪的观测基本原理	了解全站仪观测的基本原理
全站仪的基本构造	掌握全站仪构造及常用功能
全站仪的操作	掌握并了解全站仪测角、测距、测坐标的步骤

实训目标

实训项目	实训目标
全站仪的认识和使用	熟悉全站仪基本功能、掌握全站仪基本操作

▶▶项目导读

随着现代科学技术的快速发展,传统的测量仪器水准仪、经纬仪在使用上已经不能够满足速度快、高强度、高精度的现代测量工作,全站仪很好地解决了这个问题,它具备功能全、稳定、精度高、速度快等优点,现在广泛应用于数字测图、施工放样等领域中,尤其是在道路中线放样中,全站仪的使用已经非常广泛。因此,对于道路工程测量技术来说,全站仪是一项非常重要的内容。

5.1 全站仪基本构造

全站仪是全站型电子速测仪的简称,它由光电测距仪、电子经纬仪和数据处理系统组成,是集测角、测距等多功能于一体的电子测量仪器,能在一个测站上同时完成角度和距离测量,适时根据测量员的要求显示测点的平面坐标、高程等数据。全站仪一次观测可获得水平角、竖直角和倾斜距离3种基本数据。

一台全站仪除能自动测距、测角外,还能快速完成一个测站所需完成的工作,包括平距、高差、高程、坐标、放样等方面以及简单的数据计算。计算功能和较大容量的储存功能,可安装各种专业测量软件。在测量时,仪器可以自动完成平距、高差、坐标增量计算和其他专业需要的数据计算,并显示在显示屏上,也可配合电子记录手簿,可以实现自动记录、存储、输出测量成果,使测量工作大为简化,实现全野外数字化测量。

5.1.1 全站仪结构原理

1. 全站仪组成及分类

1) 组成

全站仪由光电测距仪、电子经纬仪和数据处理系统组成。

2) 分类

全站仪分为分体式和整体式两类。分体式全站仪的照头和电子经纬仪不是一个整体,进行作业时将照准头(测距)安装在电子经纬仪上。整体式全站仪使照准头与电子经纬仪的望远镜结合在一起,形成一个整体。

2. 全站仪的结构原理

1) 光电系统

光电系统包括测距、测水平角、竖直角和水平补偿。

2) 控制系统

键盘指令是测量过程的控制系统。测量人员通过按键便可调用内部指令指挥仪器的测量工作过程和进行数据处理。以上各系统通过I/O接口接入总线与数字计算机联系起来。

3）微处理机

微处理机是全站仪的核心部件，它如同计算机的中央处理机（CPU），主要由寄存器系列（缓冲寄存器、数据寄存器、指令寄存器等）、运算器和控制器组成。微处理机的主要功能是根据键盘指令启动仪器进行测量工作，执行测量过程的检核和数据的传输、处理、显示、储存等工作，保证整个光电测量工作有条不紊地完成。

4）输入输出单元

输入输出单元是与外部设备连接的装置（接口），数据存储器是测量的数据库。为便于测量人员设计软件系统，处理某种目的测量成果，在全站仪的数字计算机中还提供程序存储器。

全站仪的基本功能是在仪器照准目标后，通过微处理器的控制，能自动完成测距、水平方向和天顶距读数、观测数据的显示、存储。一台全站仪除能自动测距、测角外，还能快速完成一个测站所需完成的工作，包括平距、高差、高程、坐标以及放样等方面数据的计算。

5.1.2 全站仪的构造

全站仪的外形和电子经纬仪相类似，日本索佳公司生产的 SET2C 全站仪仪器测角精度为 2s，测距精度为 $2mm+2\times10-6D$（D 为所测距离）。在实际测量中，多数情况下需要角度和距离观测值，因此全站仪得到广泛应用。

1. 全站仪的望远镜

目前的全站仪基本上采用望远镜光轴（视准轴）和测距光轴完全同轴的光学系统，一次照准就能同时测出距离和角度。望远镜操作如同一般经纬仪。

2. 竖轴倾斜的自动补偿

在一些较高精度的电子经纬仪和全站仪中安置了竖轴倾斜自动补偿器，以自动改正竖轴倾斜对水平方向和竖直角的影响。

> **经验提示**
>
> 经纬仪照准部的整平可使竖轴铅直，但受气泡灵敏度和作业的限制，仪器的精确整平有一定困难。这种竖轴不铅直的误差称为竖轴误差。竖轴误差对水平方向和竖直角的影响不能通过盘左、盘右读数取中数消除。精确的竖轴补偿器，仪器整平到 3′范围以内，其自动补偿精度可达 0.1s。

3. 数据记录

数据记录有以下 3 种方式。

（1）通过电缆，将仪器的数据传输接口和外接的记录器连接起来，数据直接存储在外接的记录器中。

（2）仪器内部有一个大容量的内存，用于记录数据。

（3）还有的仪器是采用插入数据记录卡。

外接的记录器又称为电子手簿，实际生产中常利用掌上电脑作为电子手簿。全站仪和电子手簿的数据通信，通过专用电缆以及设定数据传送条件来实现。

5.1.3 全站仪仪器使用的注意事项和养护

1. 使用注意事项

（1）新购置的仪器，如果首次使用，应结合仪器认真阅读仪器使用说明书。通过反复学习、使用和总结，力求做到"得心应手"，最大限度地发挥仪器的作用。

（2）测距仪的测距头不能直接照准太阳，以免损坏测距的发光二极管。

（3）在阳光下或阴雨天气进行作业时，应打伞遮阳、遮雨。

（4）在整个操作过程中，观测者不得离开仪器，以避免发生意外事故。

（5）仪器应保持干燥，遇雨后应将仪器擦干，放在通风处，完全晾干后才能装箱。

（6）全站仪在迁站时，即使很近，也应取下仪器装箱。

（7）运输过程中必须注意防震，长途运输最好装在原包装箱内。

2. 仪器的养护

（1）仪器应经常保持清洁，用完后使用毛刷、软布将仪器上落的灰尘除去。如果仪器出现故障，应与厂家或厂家委派的维修部联系修理，绝不可随意拆卸仪器，造成不应有的损害。仪器应放在清洁、干燥、安全的房间内，并由专人保管。

（2）棱镜应保持干净，不用时要放在安全的地方，如有箱子应装在箱内，以避免碰坏。

（3）电池充电应按说明书的要求进行。

5.2 尼康全站仪 DTM-352C(L) 简介

本节以日本尼康公司生产的 DTM-352C(L) 型全站仪为例介绍全站仪的基本功能及操作。

5.2.1 外观

从结构上来说，全站仪与经纬仪基本上是一致的。尼康如图 5.1 所示，分别展示了全站仪的正面和反面。由上而下依次为手柄、光学瞄准器、望远镜及目镜调焦环、目镜、物镜、电池、水平轴指示标志、竖直制动及微动螺旋、水平制动及微动螺旋、管状气泡、显示屏及键盘、外部通信接口、圆形气泡、三角基座固定钮。

> **经验提示**
>
> （1）注意侧面的水平轴指示标志，在量取仪器高时，通常从测站点开始竖直向上量至水平轴指示标志的水平线。
>
> （2）外部通信接口是为了传输数据用的，使用数据传输线一端连接全站仪，一端连接电脑。

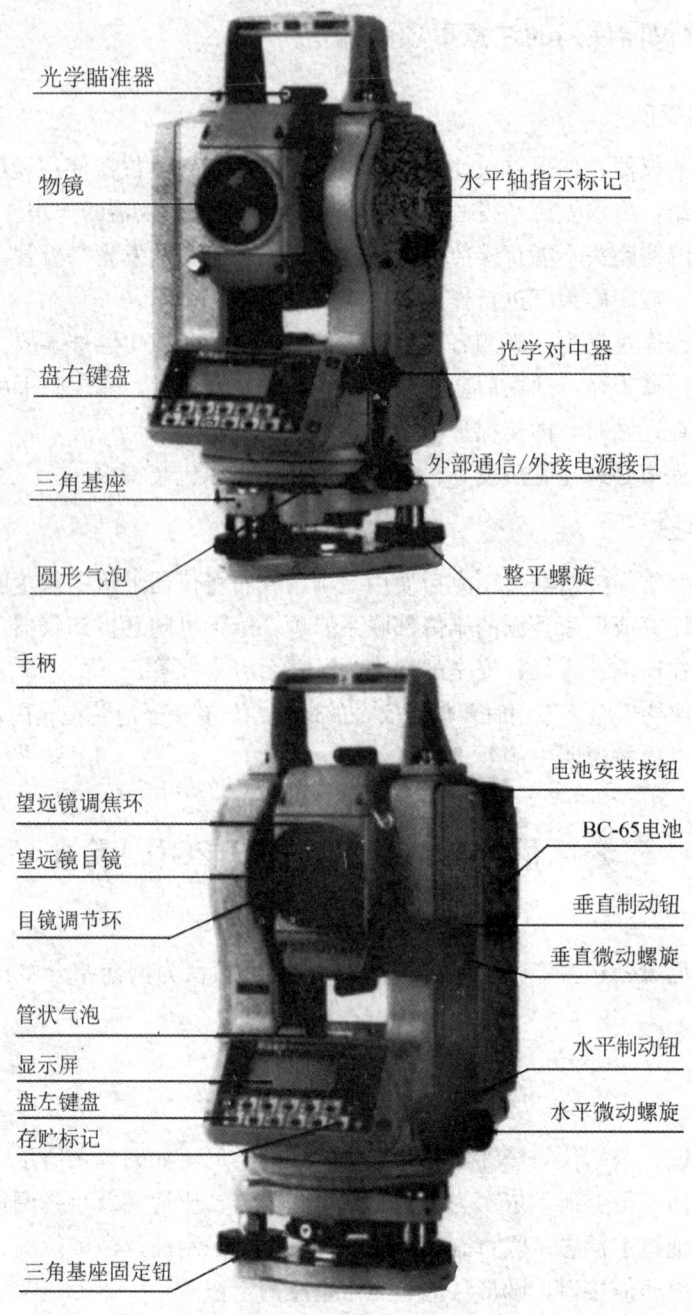

图 5.1 尼康全站仪 DTM-352C(L)

5.2.2 显示屏及键盘

1. 主要功能键

主要功能键如图 5.2 所示。

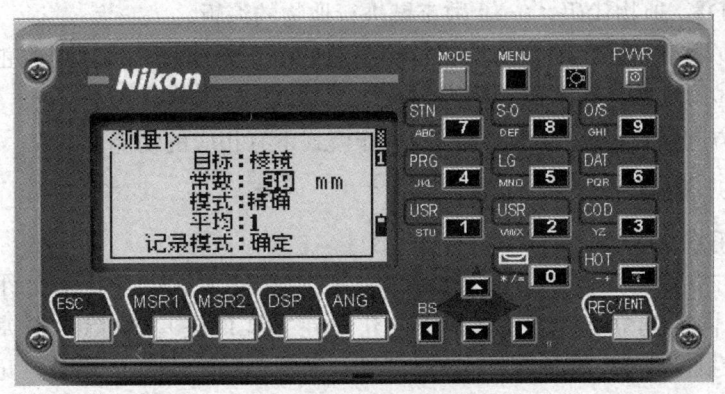

图 5.2 主要功能键

(1)【ESC】：返回上一级菜单。

(2)【MSR1】：测量键1（长按1s以上进入设置菜单）。

(3)【MSR2】：测量键2（长按1s以上进入设置菜单）。

(4)【DSP】：屏幕切换键。

(5)【ANG】：角度测量模式。

(6)【MODE】：模式键，英文、数字之间的转换。

(7)【MENU】：菜单键。

(8)【☼】：面板、十字丝照明、导向红光开关、按键提示声音设置。

(9)【PWR】：电源开关键。

(10)【STN】键：建站功能键。包括以下几个功能。

① 已知点也就是两点的坐标互相通视。

② 已知一点坐标及该点与另一点方位角、距离进行建站。

③ 后方交会。

④ 快速建站，在测区内没有已知点据，只需记住测站点号、仪器高度、后视点、目标高度。

⑤ 水准引测，知道测站点的坐标，另一水准点的高程，进行测量就可以知道测站点的高程进行碎部测量。

(11)【S-O】放样键：①HA-HD极坐标放样；②xyz坐标放样；③分割线放样；④参考线放样。

(12)【O/S】放样键：尺子、角度、两棱镜杆、HA定线、输入HD、角点、圆、输入DSD。

(13)【PRG】：程序键（两点参考线，道路中线，可以进行边桩的放样、两点圆弧曲线的入样、S-V面的放样或叫倾斜参考面、辐射式对边测量、连续式对边测量）。

(14)【LG键】：打开或关闭导向光发射器。

(15)【DATE】键：数据键，当前文件夹中的数据列表可以对当前的数据进行编辑、查询。

(16)【USR1】及【USR2】用于HT和T-P的改正。

(17)【COD】：地物代码，0~9 数字键进行地物的编辑。

(18)【HOT】：热键，用于全站仪常规参数的改正。①HT 目标记改正；②T-P 温度气压改正；③测量模式的改正：精确/正常；④两差改正（球、气差）。

(19) ▦ 方向键：箭头键，在不同的工作模式下有相应的功能。

2.【MENU】菜单

1）项目（任务）

文件管理有以下几个方面：建立文件夹、删除文件夹、建立共享文件夹（控制文件夹）、信息、可同时建立 2 个文件（其中创建是建立文件夹）。删除：去掉无用的数据；【Ctrl】：建立控制文件夹（共享文件夹）；信息：显示当前文件夹的名称，记录可用空间，创建时间。

2）计算

(1) 坐标反算：知道两个点坐标，计算出两点方位角、距离或知道 3 个点计算出 3 点的共角。

(2) 方向和距离：①知道方位角水平距离计算出另一点的坐标；②已知一条起始边及一点和其一端于另一点的夹角计算出该点的坐标。

(3) 面积和周长：知道几个点的坐标求出这几个点控制的面积和周长。

(4) 直线和偏心。

(5) 输入 xyz：输入点的坐标。

3）设置

(1) 角度：VA 零（天顶角、水平角、罗盘）。

(2) 距离：比例尺、温度气压的开关、海平面改正的开关。

(3) 坐标：顺序、标记、AZ。

(4) 电源节能：主机关与开、EDM 的关与开、休眠。

(5) 通信设备：数据传输设备。

(6) 放样：增加放样点数。

(7) 单位：全站仪常用数据的单位设置。

(8) 记录：设置数据记录模式、内存。

(9) 其他。

4）数据

数据的查看。

5.2.3 主要参数

主要参数包括 5-1 所列数据及以下 4 点。

表 5-1　主要参数

项　目	DTM-352C	DTM-352L
测距精度	±(2+2ppmD)mm	±(3+2ppmD)mm
测角精度	2″	5″

(1) 内存：12000 点。
(2) 连续时间：6～30h。
(3) 温度设定范围：−40～60℃。
(4) 测程：3000m。

5.2.4 基本测量屏幕介绍

1. 常用中英文翻译(表 5-2)

表 5-2 测量屏幕中常用中英文对照表

英　　文	中　　文
BM	水准点
BS	后视
COD(CD)	代码
DAT	数据
PT	目标点
ST	测站点
HT	目标高
HI	仪器高

2. 基本测量屏

开机后上下摇动望远镜，出现基本测量屏幕是全站仪测量的开始，出现基本测量屏幕之后才可以使用全站仪进行观测。基本测量屏幕下一共包括以下几个信息，一共分为 4 页显示屏上，分别在右上方显示 1/4、2/4、3/4、4/4，按【DSP】键切换。

HA—水平角　　　　　SD—斜距　　　V%—坡度
VA—竖直角　　　　　VD—高差　　　HA—左水平角
HL—向左转角度增大　　HD—平距　　　X、Y、Z—三维坐标　　Z—天顶距
其中 HA+HL=360°，Z+VA=90°。

3. 两个信号

基本测量屏侧面经常会出现这样两个标志，用来标志电池和信号状态，如图 5.3 所示。

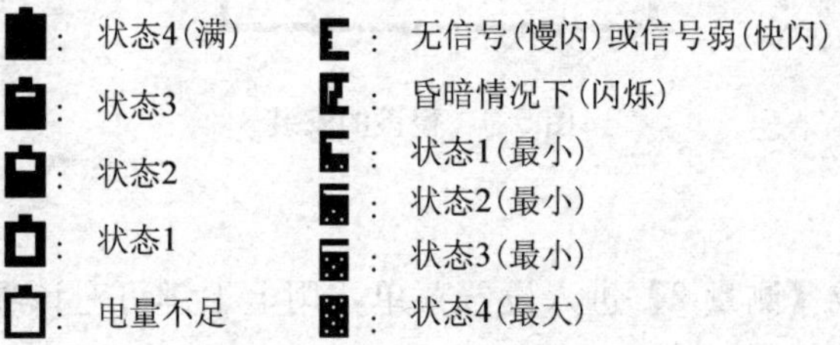

　　　　■：状态4(满)　　　　E：无信号(慢闪)或信号弱(快闪)
　　　　■：状态3　　　　　　：昏暗情况下(闪烁)
　　　　■：状态2　　　　　　：状态1(最小)
　　　　■：状态1　　　　　　：状态2(最小)
　　　　　　　　　　　　　　　：状态3(最小)
　　　　■：电量不足　　　　　：状态4(最大)

图 5.3　基本测量屏侧面

5.2.5 基本操作

1. 开箱与装箱

1) 开箱

握住手柄从箱中取出仪器,并记住仪器在箱中的存放位置。

2) 装箱

将仪器放入箱之前,保证望远镜处于垂直状态,使照准部上的装箱标记【▼】和水平基座锁定旋钮的标记【▼】对齐,然后轻轻地锁定旋钮,放入箱内。

2. 开机与关机

1) 开机

(1) 盘左位置,按【电源】键打开仪器。

(2) 上下摇动望远镜,显示屏上出现数据。

2) 关机

按【电源】键,再按【回车】键。

3. 棱镜的安装

棱镜的安装如图5.4所示。

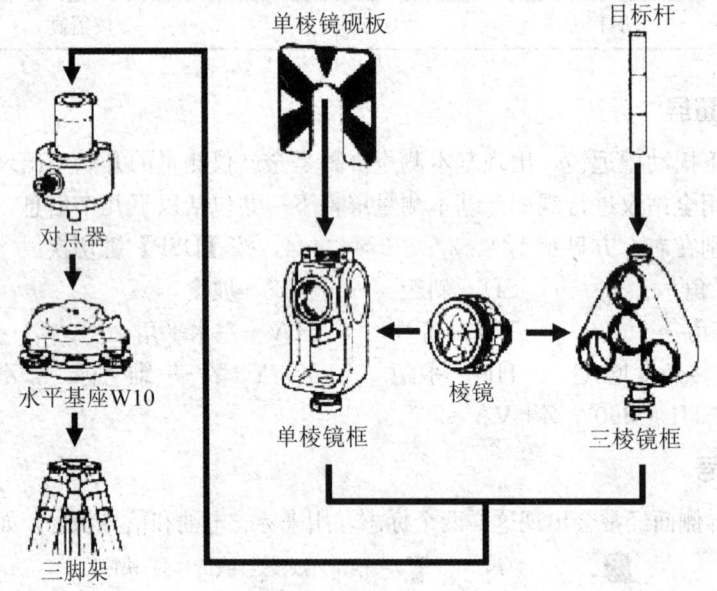

图5.4 棱镜的安装

4. 设置

长按【测量1】或【测量2】进入设置菜单,用上下键可对该项进行设置,如图5.5所示。

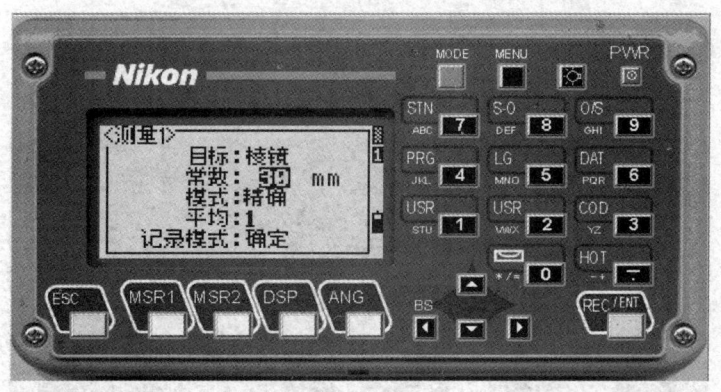

图 5.5 设置

（1）目标：按左右键可选"棱镜"和"反光片"。

（2）常数：用数字键输入所用棱镜上对应的常数，有 0mm 和 30mm 可选。

（3）模式：用左右键可选"精确"或"正常"，一般选前者。（"精确"可显示到 mm，"正常"可显示到 cm）

（4）平均：即观测次数，可选 1～99，0 为无数次直至再按【测量】键或【取消】键为止，一般取 3 次。

（5）记录模式：有"确定"、"所有"、"测量"3 种，其正常模式为"测量"。

各项的内容选好后，按【回车】键确认，光标自动转入下一项。

5. 建立项目

全站仪放样之前，一般先建立新的项目，过程如下。

（1）开机后初始化后，按菜单设置键 MENU 出现图 5.6 所示界面。

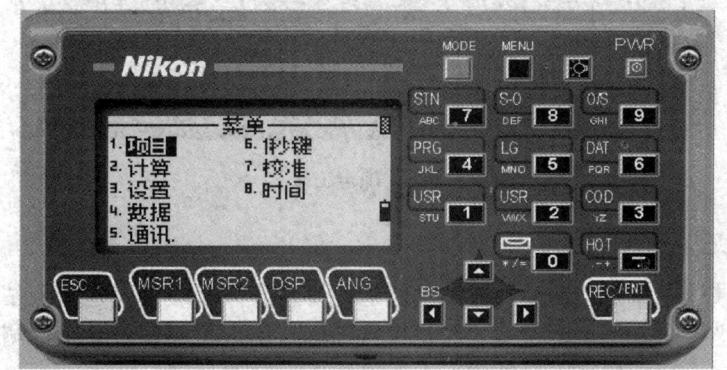

图 5.6 建立项目

（2）按数字【1】键，选择"1. 项目"。

（3）按键输入拼音字母或数字，比如输字母 A，按一下【STN】键，输入字母 B，连续快速按两下该键，输入字母 C 连续快速按三下该键，如果要输数字，先按下【MODE】键，再按一下该键。其他字母或数字输入与此相同。

经验提示

默认用工程名或日期作文件名,输完后按【回车】键,出现如图5.7所示界面。

图5.7 输入工作名

(4)按热键【OK】或者按【回车】键即可,如图5.8所示。

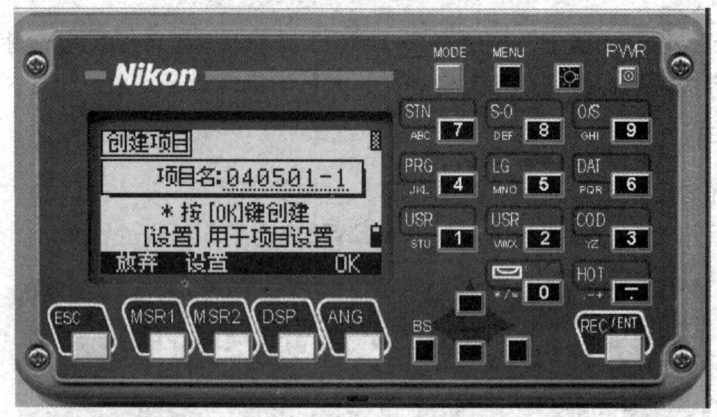

图5.8 确定工作名

6. 建立测站

全站仪的放样操作中经常涉及建站的问题,要想放样必须首先建立测站。全站仪操作中凡是涉及点坐标的,都需要建站才能将仪器坐标与用户坐标联系起来,测得所需的坐标系。全站仪的建立测站相当于经纬仪在一个已知点上安置仪器,队中、整平瞄准另一个点(把这个点叫做后视点)。下面介绍全站仪建站的方法。

1)进入建站菜单

对中、整平、开机之后,基本测量屏下按【STN】键,出现如图5.9所示界面,这是建站的5种方法,重点介绍第一种,就是根据已知点来建站。

(1)【已知】:已知点设站,架仪器点坐标已知,可测得待测点的角度、距离和坐标等相关数据。

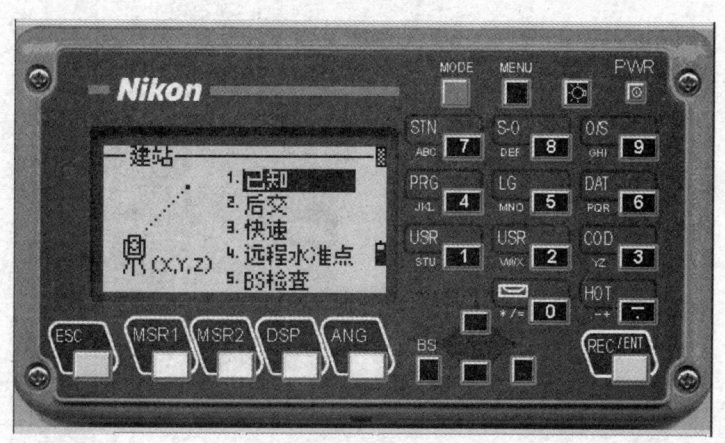

图 5.9 进入建站菜单

(2)【后交】：多点后方交会，架仪器点坐标未知，但远处与其通视的几个点坐标已知，可以在几个已知点上架设棱镜，通过后方交会计算出测站点坐标，以后所测点的相关数据，均是用户坐标系中的坐标和方位。

(3)【快速】：快速建站，当只需角度和距离，不需坐标时，可用此种建站方式，此时所测的坐标可能有平移，距离和方位是所需的实际值。

(4)【远程水准点】：远程水准连测，当设站时，只知测站点平面坐标，在工作进行一段时间后，需要测出相关点高程，可在已知高程点上架设棱镜进行连测，反算出测站点坐标，往后所测点的高程，即与此高程系统一致。

(5)【BS 检查】：后视检测，当测量工作进行了一段时间后，可再从新照准后视方向，看当前显示的水平角度值和设站时后视角度值是否在两次照准限差范围内。

2) 根据已知点建站

按数字键【1】进入如图 5.10 所示界面，现在输入测站点名(可以用数字或者英文来命名，【MODE】键切换)以及仪器高(只测平面点位与高程无关即为0)后，代码(CD)可输可不输，按【回车】键确认出现如图 5.11 所示界面。

图 5.10 输入测站点名

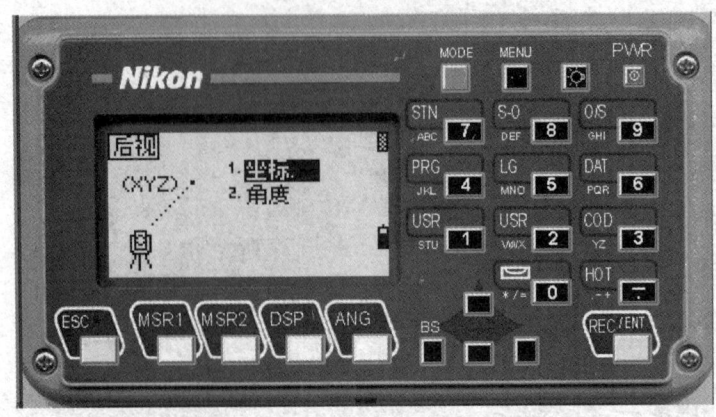

图 5.11 建站

3）输入后视点数据

输入后视点的数据，有两种办法，一是已知后视点坐标，则选择"1. 坐标"出现图 5.12 所示界面，输入后视点名后，如果在内存中有该点数据，仪器会自动搜寻调出该点相关数据，反算出测站点和后视点间的方位，如果内存中无该点数据，输入该点坐标、目标高（若只是平面点位与高程无关则默认为 0）后按【回车】键确认。

图 5.12 输入后视点的数据

4）照准后视点

若后视点上没有棱镜，则按【回车】键建站完成，若后视点上有棱镜，也可以按【测量】键，则显示 4 个数据，HD、SD、dVD、dHD，后两项为实测与输入之差，以检查建站质量是否与输入相符，再按【回车】键，建站完成。

5）若选择后一种

根据已知点与后视点的连线的坐标方位角则选择"2. 角度"，依次输入点名、方位角（图 5.13）。

6）照准后视点

同步骤 4。

全 站 仪　项目 5

图 5.13　"2. 角度"

> **经验提示**
>
> 如图 5.14 所示，输入方位角时，全站仪是以小数形式输入的，即 45°30′09″输入进去变成 45.3009。

图 5.14　输入方位角显示

5.3　全站仪的使用

5.3.1　测距

测地面 A、B 点之间的距离。

(1) 在 A 点安置全站仪，对中、整平。

(2) 在 B 点安置棱镜，对中、整平。

(3) 在基本测量屏下照准棱镜，按【MSR1】键或【MSR2】键，测得所需数据。

107

5.3.2 测角

(1) 盘左照准左前方目标。

(2) 按【角度】键，显示菜单键。

(3) 按【1】键或者将光标移至"1. 置零"，按【回车】键，则起始读数为 00000（也可选择"2. 输入"，使起始读数为某一具体数值）。

(4) 后面操作和经纬仪相同。

5.3.3 测坐标

已知 P、Q 两点坐标，求测点 C 的坐标。

(1) 打开文件或建立新文件。

(2) 在 P 点安置全站仪，后视 Q 点，建站。

(3) 若 C 点目标高有变化，按【HOT】键输入目标高，按【回车】键即可。

(4) 照准 C 点棱镜，按【MSR 1 或 2】，则显示 C 点系列数据（包括坐标）。

(5) 按【REC/ENT】键进入记录屏，输入(PT)名称，按【REC/ENT】键则记入文件，回到基本屏，观测下一点。（若点名输入数字，则下一点名自动加 1）

【提示】技能训练 8——全站仪的认识与使用。

项目小结

全站仪一次观测可获得水平角、竖直角和倾斜距离 3 种基本数据。一台全站仪除能自动测距、测角外，还能快速完成一个测站所需完成的工作，包括平距、高差、高程、坐标、放样等方面以及简单的数据的计算。

本项目要求读者掌握全站仪的基本结构、全站仪的主要功能，并学会使用全站仪进行简单的操作，包括测角、测距、测坐标、建站、建立项目等。学习过程中要注意理解。

知识点考查

1. 尼康 DTM-352 C(L)全站仪的基本测量屏包括哪些数据？
2. 简述全站仪的主要功能。
3. 简述全站仪与光学经纬仪的区别。
4. 指出在 DTM-352 C(L)型全站仪显示屏上下列键的含义。

【PWR】_____ 【Mode】_____ 【MSR】_____ 【ESC】_____

【MENU】_____ 【DSP】_____ 【ANG】_____

5. 简述以下字母的含义。

HA、SD、V‰、VA、VD、HA、HL、HD、Z

6. 简述建站的几种方法。
7. 简述根据已知点来建站的步骤。
8. 简述在建站的过程中，按【回车】键和【测量】键的区别。
9. 简述设置棱镜常数的步骤。
10. 简述全站仪使用的注意事项(至少 4 项)。
11. 简述全站仪建立项目的步骤。

项目 6

小地区控制测量

知识目标

知识要点	知识目标
坐标正反算	掌握坐标正反算计算公式
导线测量	掌握导线测量外业工作的内容及施测要求
导线测量内业计算	掌握导线测量内业计算方法
三角高程测量	掌握三角高程测量原理,并且能够进行观测和计算

实训目标

实训项目	实训目标
图根导线测量	根据工程概况合理地选择导线形式,并进行外业观测和内业计算
四等水准测量	能够完成四等水准测量的外业观测和内业计算

项目6 小地区控制测量

▶▶项目导读

无论是工程规划设计前的地形图测绘，还是施工放样以及放样后的变形观测等工作，都必须遵循"从整体到局部"、"先控制后碎部"、"从高级到低级"的原则。即首先在整个测区范围内用比较精密的仪器和方法测量少量大致均匀分布点位的精确位置，包括平面位置(x、y)和高程(H)。这些精确测定位置的点称为控制点，由这些控制点所构成的几何图形，称为控制网。用精密的测量仪器和工具，进行外业观测，并根据外业资料用准确的计算方法，确定控制点的平面位置和高程的工作称为控制测量。控制测量是其他各种测量的基础，具有控制全局、限制误差传播和累计的重要作用。

6.1 控制测量概述

控制网分为平面控制网和高程控制网两种。测定控制点平面位置(x、y)的工作称为平面控制测量，测定控制点高程(H)的工作称为高程控制测量。

在全国范围内建立的控制网，称为国家控制网。它是全国各种比例尺测图的基本控制网，并为确定地球的形状和大小提供研究资料。国家控制网是用精密测量仪器和方法依照施测精度，采用逐级控制、分级布设，分为一、二、三、四共4个等级，其低级点受高级点逐级控制。

6.1.1 平面控制测量

国家平面控制网的常规布设方法主要有两种，即三角测量和导线测量。在图6.1中，A、B、C、D、E、F组成互相邻接的三角形，观测所有三角形的内角，并至少测量其中一条边长作为起算边，通过计算就可以获得它们之间的相对位置。这种三角形的顶点称为三角点，构成的网形称为三角网，进行这种控制测量称为三角测量。

图6.2中控制点1、2、3…用折线连接起来，测量各边的长度和各转折角，通过计算同样可以获得它们之间的相对位置。这种控制点称为导线点，进行这种控制测量称为导线测量。

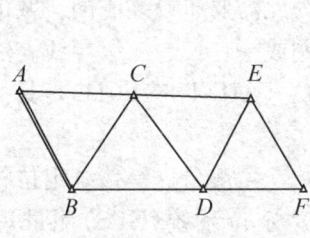
图6.1 三角网

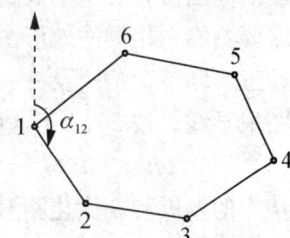
图6.2 导线网

平面控制网的建立，除了三角测量和导线测量这些传统的测量方法外，还可应用GPS网(全球定位系统)测量。如图6.3所示，在A、B、C、D控制点上，同时接收GPS卫星S_1、S_2、S_3、S_4发射的无线电信号，从而确定地面点位，称为GPS控制测量。

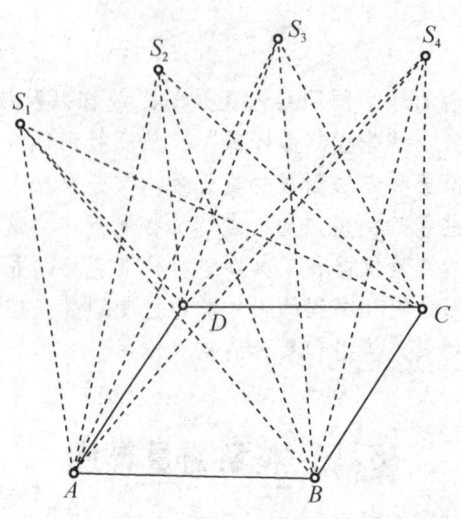

图6.3 GPS网

我国的国家平面控制网是逐级控制的，分为一、二、三、四共4等三角测量和精密导线测量。首先是建立一等天文大地锁网，在全国范围内大致沿经线和纬线方向布设成格网形式，格网间距约200km，在格网中部用二等连续网填充，构成全国范围内的平面控制网(图6.4)。它是全国各种比例尺测图和工程建设的基本控制网，也为空间科学技术和军事提供精确的点位坐标、距离、方位资料，并为研究地球大小和形状、地震预报等提供重要资料。

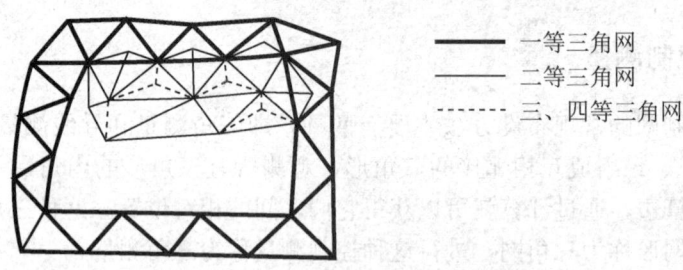

图6.4 部分地区国家三角网示意图

我国各城镇的范围占有大小不等的面积，但为了进行城市规划、建设、土地管理、施工放样等，都需要测绘大比例的地形图、地籍图，为此需要布设控制网。城市平面控制网一般可分为二、三、四等三角网及一、二级小三角网或一、二、三级导线。然后再布设图根小三角网或图根导线。按2012年《城市测量规范》(GJJ/T 8—2011)，其技术要求列于表6-1和表6-2。

随着科学技术的发展和现代化测量仪器的出现，三角测量这一传统定位技术大部分已被卫星定位技术所替代。2009年国家制定的《全球定位系统(GPS)测量规范》(GB/T 18314—2009)将GPS控制网分成A~E五级，见表6-3。其中A、B相当于国家一、二等三角点，C、D相当于城市三、四等三角点。我国已于1992年在全国布设了覆盖全国的A级GPS网点27个，1996年完成了全国B级GPS网点730个，城市控制网也基本采用GPS定位技术。

表6-1 城市三角网及图根三角网的主要技术要求

等级	测角中误差(″)	三角形最大闭合差(″)	平均边长/km	起始边相对中误差	最弱边相对中误差	测回数 DJ₁	测回数 DJ₂	测回数 DJ₆
二等	±1.0	±3.5	9	1∶30万	1∶12万	12		
三等	±1.8	±7.0	5	首级1∶20万	1∶8万	6	9	
四等	±2.5	±9.0	2	首级1∶12万	1∶4.5万	4	6	
一级	±5	±15	1	1∶4万	1∶2万		2	6
二级	±10	±30	0.5	1∶2万	1∶1万		1	2
图根	±20	±60	不大于测图最大视距的1.7倍	1∶1万				1

表6-2 城市导线及图根导线的主要技术要求

等级	测角中误差(″)	方向角闭合差(″)	附合导线长度/km	平均边长/m	测距中误差/mm	全长相对中误差
一级	±5	±10$\sqrt{n}$	3.6	300	±15	1∶1.4万
二级	±8	±16$\sqrt{n}$	2.4	200	±15	1∶1万
三级	±12	±24$\sqrt{n}$	1.5	120	±15	1∶0.6万
图根	±30	±60$\sqrt{n}$				1∶0.2万

注：n为测站数。

表6-3 GPS控制网主要技术要求

项目 \ 级别	A	B	C	D	E
固定误差 a/mm	≤5	≤8	≤10	≤10	≤10
比例误差系数 $b(10^{-6})$	≤0.1	≤1	≤5	≤10	≤20
相邻点最小距离/km	100	15	5	2	1
相邻点最大距离/km	200	250	40	15	10
相邻点平均距离/km	300	70	15~10	10~5	5~2

6.1.2 高程控制网

高程控制网的建立主要用水准测量的方法。在山区也可以采用三角高程测量的方法来建立高程控制网，这种方法不受地形起伏的影响，工作速度快，但其精度较水准测量低。

国家水准测量分为一、二、三、四等，逐级布设。一、二等水准测量用高精度水准仪和精密水准测量方法进行施测，其成果作为全国范围的高程控制之用。三、四等水准测量除用于国家高程控制网的加密外，在小地区用作建立首级高程控制网。

为了城市建设的需要所建立的高程控制称为城市水准测量，采用二、三、四等水准测量及直接为测地形图用的五等水准测量(也称为图根水准测量)，其技术要求列于表6-4。

表6-4 城市与五等水准测量的主要技术要求

等级	每公里高差中数误差/mm		往返较差、附合或环线闭合差/mm		检测已测测段高差之差/mm
	偶然中误差 M_Δ	全中误差 M_W	平原微丘区	山岭重丘区	
二等	±1	±2	$±4\sqrt{L}$	—	$±6\sqrt{L}$
三等	±3	±6	$±12\sqrt{L}$	$±35\sqrt{n}$ 或 $±15\sqrt{L_i}$	$±20\sqrt{L_i}$
四等	±5	±10	$±20\sqrt{L}$	$±60\sqrt{n}$ 或 $±25\sqrt{L}$	$±30\sqrt{L_i}$
五等	±8	±16	$±30\sqrt{L}$	$±45\sqrt{L}$	$±40\sqrt{L_i}$

注：(1) L 为附合路线或环线长度，L_i 为检测测段长度，均以千米计。
　　(2) 山区是指路线中最大高差超过400m的地区。

在平原地区，可采用GPS进行四等水准测量。在地形比较复杂或地质构造复杂的地区，采用GPS时，需进行高程异常改正。

6.2 平面控制网的定位、定向与坐标正反算

6.2.1 平面控制网的定位与定向

在新布设的平面控制网中，至少需要已知一条边的坐标方位角才可以确定控制网的方向，简称定向；至少需要已知一个点的坐标才可以确定控制网的位置，简称定位。一个点的坐标和一条边的坐标方位角称为平面控制网的起算数据。控制网的起算数据可以通过与已有国家控制网或城市控制网联测获得。

6.2.2 坐标正算

已知边长和方位角，由已知点计算待定点的坐标，称为坐标正算。

如图6.5所示，A 为已知点，其坐标为 (x_A, y_A)，A 到待定点 B 的边长为 D_{AB}（平距），方位角为 α_{AB}，则 B 点坐标为

$$x_B = x_A + \Delta x_{AB} = x_A + D_{AB}\cos\alpha_{AB}$$
$$y_B = y_A + \Delta y_{AB} = y_A + D_{AB}\cos\alpha_{AB}$$
(6-1)

式中　Δx_{AB}、Δy_{AB}——坐标增量。

6.2.3 坐标反算

已知两点坐标，反求边长和方位角，称为坐标反算(图6.5)。

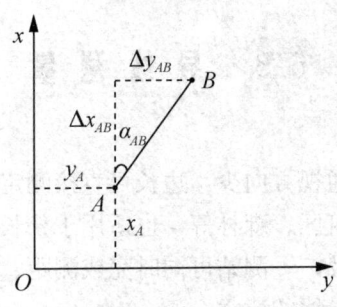

图 6.5　坐标计算

方位角公式为

$$\alpha_{AB}=\arctan\frac{y_B-y_A}{x_B-x_A}=\arctan\frac{\Delta y_{AB}}{\Delta x_{AB}} \qquad (6-2)$$

边长计算公式为

$$D_{AB}=\sqrt{\Delta x_{AB}^2+\Delta y_{AB}^2}=\frac{\Delta x_{AB}}{\cos\alpha_{AB}}=\frac{\Delta y_{AB}}{\sin\alpha_{AB}} \qquad (6-3)$$

经验提示

注意，用式(6-2)计算的角是象限角(R)，还应根据方位角与象限角的关系，将象限角换算成方位角。

由于测量采用的坐标定义与数学中的笛卡尔坐标不一样，所以象限定义也不同，如图 6.6 所示。坐标方位角和象限角的关系见表 6-5。

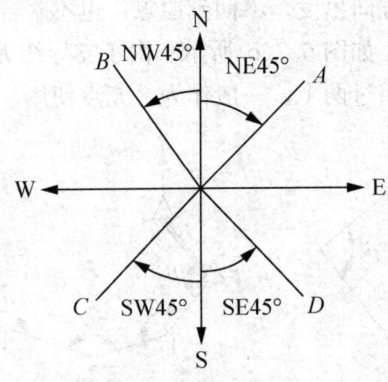

图 6.6　象限角

表 6-5　方位角和象限角的关系

象限	由方位角换算象限角	由象限角换算方位角
Ⅰ	$R=\alpha$	$\alpha=R$
Ⅱ	$R=180°-\alpha$	$\alpha=180°-R$
Ⅲ	$R=\alpha-180°$	$\alpha=180°+R$
Ⅳ	$R=360°-\alpha$	$\alpha=360°-R$

6.3 导线测量

导线测量布设灵活，要求通视方向少，边长可直接测定，适宜布设在视野不够开阔的地区，如城市、厂区、矿山建筑区、森林等，也适用于狭长地带的控制测量，如铁路、隧道、渠道等。随着全站仪的普及，一测站可同时完成测距、测角，导线测量方法广泛地用于控制网的建立，特别是图根导线的建立。

6.3.1 图根导线的布设形式

1. 闭合导线

导线的起点和终点为同一个已知点，形成闭合多边形，如图 6.7(a)，导线从已知高级控制点 B 和已知方向 AB 出发，经过 1、2、3、4 点，最后返回到 B 点，形成一个闭合多边形。

2. 附合导线

布设在两个已知点之间的导线称为附合导线。如图 6.7(b)所示，导线从已知高级控制点 B 和已知方向 AB 出发，经过 1、2、3、4 点，最后附合到另一已知控制点 C 和已知方向 CD。

3. 支导线

从一个已知点和一已知方向出发，不回到原点，也不附合到另外已知点的导线称为支导线，支导线也称自由导线，如图 6.7(c)所示。由于支导线无法检核，故布设时应十分仔细，规范规定支导线点不宜超过两个，一般作为补充点使用。

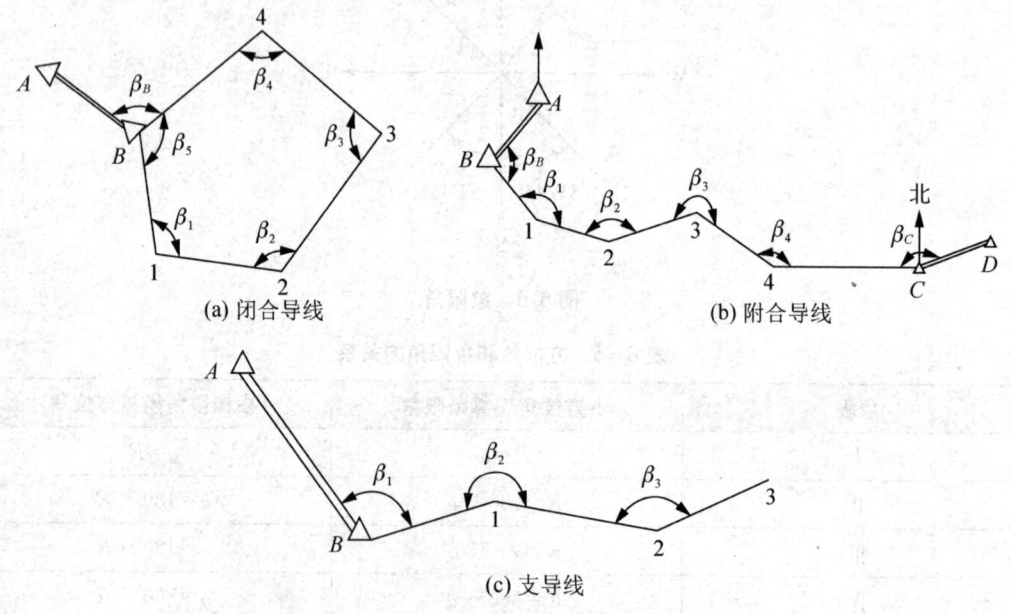

图 6.7 导线的基本形式

> **经验提示**
>
> 闭合导线多用在面积较宽阔的独立地区作测图控制,附合导线多用在带状地区作测图控制。

6.3.2 图根导线测量的外业工作

经纬仪导线测量外业工作包括踏勘选点与建立标志、边长测量、角度测量。

1. 踏勘选点与建立标志

在踏勘选点前应尽量搜集测区的有关资料,如地形图、已有控制点的坐标和高程,及控制点的点之记。在图上规划导线布设方案,然后到现场选点,埋标志。

选点注意事项如下。

(1) 导线点应选在土质坚硬,能长期保存和便于观测的地方。

(2) 相邻导线点间通视良好,便于测角、量边。

(3) 导线点视野开阔,便于测绘周围地物和地貌。

(4) 导线边长应大致相等,避免过长、过短,相邻边长之比不应超过3倍。

导线点选定后,应在地面上建立标志,如图6.8所示,并沿导线走向顺序编号,绘制导线略图。对等级导线点应按规范埋设混凝土桩,如图6.9所示,并在导线点附近的明显地物(房角、电杆)上用油漆注明导线点编号和距离,并绘制草图,注明尺寸,称为点之记,如图6.10所示。

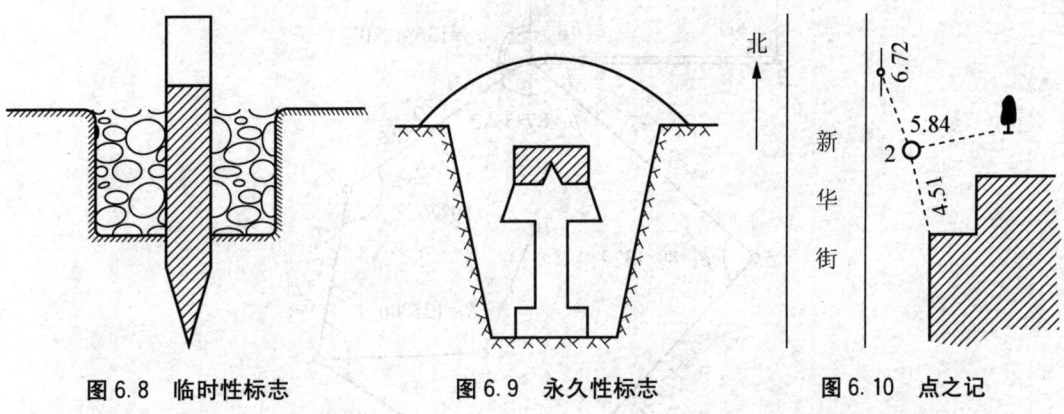

图6.8 临时性标志　　　图6.9 永久性标志　　　图6.10 点之记

> **经验提示**
>
> 点之记是测量外业工作的重要内容,是提交的资料成果之一,必须绘制。它可为其他人员寻找点位提供重要依据,并且作为外业施测和内业计算的草图。

2. 边长测量

导线边长常用电磁波测距仪测定。由于测的是斜距,因此要同时测竖直角,进行平距改正。图根导线也可采用钢尺量距。往返丈量的相对精度不得低于 1/3000，特殊困难地区允许 1/1000，并进行倾斜改正。

3. 角度测量

导线角度测量有转折角测量和连接角测量。在各待定点上所测的角为转折角，这一工作称为转折角测量，如图 6.7 中 $\beta_1 \sim \beta_n$。这些角分为左角和右角。在导线前进方向右侧的水平角为右角；左侧的为左角，如图 6.7(b) 所示。对角度测量精度的要求见表 6-2。导线应与高级控制点连测，才能得到起始方位角，这一工作称为连接角测量，也称导线定向。目的是使导线点坐标纳入国家坐标系统或该地区统一坐标系统。附合导线与两个已知点连接，应测两个连接角 β_B、β_C。闭合导线和支导线只需测一个连接角 β_B，如图 6.7 所示。对于独立地区周围无高级控制点时，可假定某点坐标，用罗盘仪测定起始边的磁方位角作为起算数据。

6.3.3 图根导线测量的内业计算

1. 闭合导线计算

导线测量的内业计算目的就是计算各点的坐标。在计算之前，应全面检查导线外业工作记录及成果是否符合精度要求。然后绘制导线略图，注上实测边长、转折角、连接角和起始坐标，以便于导线坐标计算，如图 6.11 所示。

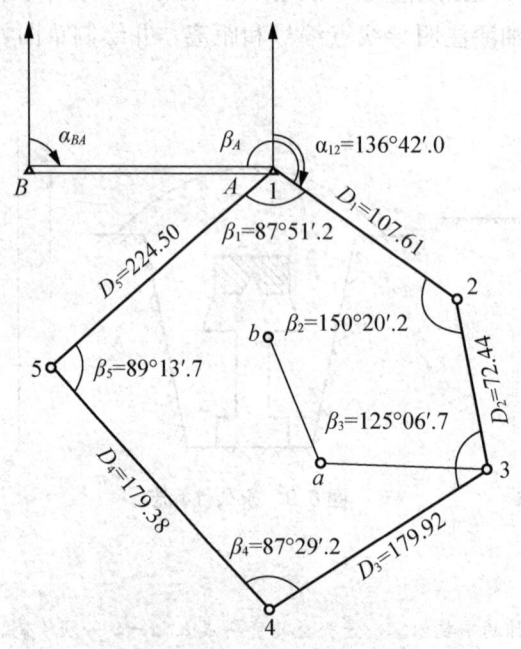

图 6.11 闭合导线计算略图

在图 6.11 中已知 1 号点的坐标 (x_1, y_1) 和 1、2 边的坐标方位角 α_{12}，如果令导线前进方向为 1→2→3→4→5→1，则图中观测的 5 个水平角为右角。全部计算在表 6-6 中进行，计算步骤如下：

表6-6 闭合导线坐标计算表

点号	观测角（右角）	改正后的角值	坐标方位角	边长/mm	增量计算值 Δx′	增量计算值 Δy′	改正后的增量值 Δx	改正后的增量值 Δy	坐标 x_1	坐标 y_1	点号
1	2	3	4	5	6	7	8	9	10	11	12
1	−0.2 87°51.2	87°51.0	136°42.0	107.61	−1 −78.32	−3 73.80	−78.33	+73.77	800.00	1000.00	1
2	−0.2 150°20.2	150°20.0	166°22.0	72.44	−1 −70.40	−2 +17.07	−70.41	+17.05	721.67	1073.77	2
3	−0.2 125°06.7	125°06.5	221°15.5	179.92	−3 −135.25	−4 −118.65	−135.28	−118.69	651.26	1090.82	3
4	−0.2 87°29.2	87°29.0	313°46.5	179.38	−3 +124.10	−4 −129.52	+124.07	−129.56	515.98	927.13	4
5	−0.2 89°13.7	89°13.5	44°33.0	224.50	−4 +159.99	−6 +157.49	+159.95	+157.43	640.05	824.57	5
1			136°42.0						800.00	1000.00	1
2											2
∑	540°01.0	540°00′		763.85	+284.09 −283.97	+284.36 −284.17	+284.02 −284.02	+284.27 −284.27			
					$f_x = 0.12$	$f_y = 0.19$	$\sum \Delta x = 0$	$\sum \Delta y = 0$			

$f_\beta = \pm 1' f = \sqrt{f_x^2 + f_y^2} = \pm 0.22$

$f_{\beta \text{容}} = \pm 40'' \sqrt{n} = \pm 40'' \sqrt{5} = \pm 1'.5$

$K = \dfrac{f}{\sum D} = \dfrac{0.22}{763.85} \approx \dfrac{1}{3390}$

1) 坐标方位角的计算与角度闭合差的调整

（1）闭合差的计算：闭合导线测的是内角，所以角度闭合条件是要满足 n 多边形内角和条件。

$$\sum \beta_{理} = (n-2) \times 180° \tag{6-4}$$

由于观测角不可避免地含有误差，使实测的内角和不等于理论值，其两者的差值，称为角度闭合差，以 f_β 表示。

$$f_\beta = \sum \beta_{测} - \sum \beta_{理} = \sum \beta_{测} - (n-2) \times 180° \tag{6-5}$$

（2）计算限差：根据表 6-2，图根导线角度闭合差容许误差为

$$f_{\beta容} = \pm 60'' \sqrt{n} \tag{6-6}$$

（3）若 $f_\beta \geq f_{\beta容}$，说明角度测量误差超限，要重新测角；若 $f_\beta < f_{\beta容}$，则只需对各角度进行调整。由于各角度是同精度观测的，所以将角度闭合差反符号平均分配给各角，改正数为

$$V_\beta = \frac{-f_\beta}{n} \tag{6-7}$$

（4）计算改正后新的角值为

$$\hat{\beta}_i = \beta_i + V_\beta \tag{6-8}$$

（5）按新的角值，计算各边方位角。

2) 坐标增量闭合差的计算与调整

（1）用坐标正算公式，计算各边坐标增量。

（2）计算坐标增量闭合差：由于边长观测值和调整后的角度值有误差，造成坐标增量也有误差，对于闭合导线的起、终点是同一个点，各边纵、横坐标增量代数和的理论值应分别等于零，所以此坐标增量闭合差为

$$f_x = \sum \Delta x_{测} - \sum \Delta x_{理} = \sum \Delta x_{测}$$
$$f_y = \sum \Delta y_{测} - \sum \Delta y_{理} = \sum \Delta y_{测} \tag{6-9}$$

（3）导线全长相对闭合差的计算：由于 f_x、f_y 的存在，使导线在平面图形上不能闭合，而是存在一个缺口，这个缺口的长度称为导线全长闭合差，用式(6-10)表示。

$$f = \sqrt{f_x^2 + f_y^2} \tag{6-10}$$

导线越长，全长闭合差也越大，因此，通常用 f 值和导线全长 $\sum D$ 之比 K（导线全长相对闭合差），来衡量导线测量的精度。

$$K = \frac{f}{\sum D} = \frac{1}{\sum D/f} \tag{6-11}$$

K 值的大小反映了测角和测边的综合精度。不同导线的相对闭合差容许值不同，见表 6-2。图根导线 K 值小于 1:2000，困难地区 K 值可放宽到 1:1000。

（4）坐标增量闭合差的调整：一般情况下量距有误差。若 $K > K_{容}$ 应分析原因，必要

时重测。当 K 值符合精度要求时，可以进行坐标增量调整。

调整的方法是将 f_x、f_y 反号按与边长成正比的原则进行分配，对于第 i 边的坐标增量改正值为

$$\left.\begin{array}{l} v_{xi} = -\dfrac{f_x}{\sum D} D_i \\ v_{yi} = -\dfrac{f_y}{\sum D} D_i \end{array}\right\} \quad (6-12)$$

计算完毕，改正后的坐标增量之和应与 B、C 两点坐标差相等，以此作为检核。

3) 坐标计算

根据起始点 B 的坐标及改正后各边的坐标增量按式(6-13)计算各点坐标。

$$\left.\begin{array}{l} x_{i+1} = x_i + \Delta x_{i,i+1} \\ y_{i+1} = y_i + \Delta y_{i,i+1} \end{array}\right\} \quad (6-13)$$

最后推算出的 C' 点坐标应与原来 C 点坐标一致。

2. 附合导线计算

附合导线的内业计算步骤与前述闭合导线基本相同，所不同的是两者的角度闭合差及坐标增量闭合差的计算方法不一样。

1) 角度闭合差的计算

附合导线首尾各有一条已知坐标方位角的边，如图 6.7 中的 AB 边和 CD 边，称为始边和终边。由于外业工作已测得导线个转折角的大小，所以可根据起始边的坐标方位角及测得的导线各转折角，推算出终边的坐标方位角。

$$\alpha'_{CD} = \alpha_{AB} + \sum \beta_i - n \times 180° \quad (6-14)$$

由于测角存在误差，推算出的终边方位角 α'_{CD} 往往不等于终边已知方位角 α_{CD}，其差值为附合导线角度闭合差。

$$f_\beta = \alpha'_{CD} - \alpha_{CD} \quad (6-15)$$

如 $\alpha'_{CD} = 46°44'.8$，$\alpha_{CD} = 46°45'.4$，则 $f_\beta = -0.6'$。

2) 坐标增量闭合差的计算

附合导线的首尾各有一个已知坐标的点，如图 6.7 中的 B 点和 C 点，这里称为始点和终点。各边坐标增量之和理论上应与控制点 B、C 的坐标差一致，若不一致，产生的误差称为坐标增量闭合差 f_x、f_y。计算式为

$$\left.\begin{array}{l} f_x = \sum \Delta x - (x_C - x_B) \\ f_y = \sum \Delta y - (y_C - y_B) \end{array}\right\} \quad (6-16)$$

附合导线坐标增量闭合差的调整方法和其他计算与闭合导线相同，见表 6-7。

【提示】技能训练 9——图根导线测量。

表 6-7 附合导线计算表

点号	观测角(右角)	改正后的角值	坐标方位角	边长 /mm	增量计算值 Δx′	增量计算值 Δy′	改正后的增量值 Δx	改正后的增量值 Δy	坐标 x	坐标 y	点号
1	2	3	4	5	6	7	8	9	10	11	12
A/B			237°59.5′						2507.687	1215.630	B
1	+0.1 99°01.0′	99°01.1′	157°00.6′	225.85	−207.911 +45	−207.866 −43	−207.866	+88.167	2299.821	1303.797	1
2	+0.1 167°45.6′	167°45.7′	144°46.3′	139.03	−113.568 +28	+88.210 −26	−113.540	+80.172	2186.281	1383.969	2
3	+0.1 123°11.4′	123°11.5′	87°57.8′	172.57	+6.133 +35	+80.198 −33	+6.168	+172.428	2192.449	1556.397	3
4	+0.1 189°20.6′	189°20.7′	97°18.5′	100.07	−12.730 +20	+172.461 −19	−12.710	+99.238	2179.739	1655.635	4
C	+0.1 179°59.3′	179°59.4′	97°17.9′	102.48	−13.019 +21	+99.257 −19	−12.998	+101.631	2166.741	1757.266	C
D	+0.1 129°27.4′	129°27.5′	46°45.4′			+101.650					D
				∑D= 740.00	∑Δx′= −341.095	∑Δy′= +541.776					

$\sum \Delta x' = -341.095$ $\sum \Delta y' = +541.776$

$x_C - x_B = -340.945$ $y_C - y_B = +541.636$

$f_x = -0.149$ $f_y = +0.140$

$f = \sqrt{f_x^2 + f_y^2} = +0.204$

$K = \dfrac{0.204}{740.00} = \dfrac{1}{3627} < \dfrac{1}{2000}$

$\alpha_{AB}' = 46°44.8′$ $f_{β容} = ±40″\sqrt{n}$
$\alpha_{CD} = 46°45.4′$ $\phantom{f_{β容}} = ±1.6′$
$f_β = -0.6′$ $f_β < f_{β容}$

6.4 高程控制测量

在地形测图和施工测量中多采用三、四等水准测量作为首级高程控制,而高程测量的方法除采用水准测量外,还可以采用三角高程测量。

当地形高低起伏较大而不便于实施水准测量时,可采用三角高程测量的方法测定两点间的高差,从而推算各点的高程。根据测量距离的方法不同,三角高程又分为光电测距三角高程测量和经纬仪三角高程测量,前者可以代替四等水准测量,后者主要用于山区图根高程测量。现对两种方法分别介绍如下。

6.4.1 三、四等水准测量原理

1. 三、四等水准测量的技术要求

三、四等水准路线的布设,在加密国家控制点时,多布设为附合水准路线、结点网的形式;在独立测区作为首级高程控制时,应布设成闭合水准路线形式;而在山区、带状工程测区,可布设为水准支线。水准点应选在地基稳固,能长久保存和便于观测的地方,尽量避开土质松软地段,水准点间的距离一般为2~4km,在城市建筑区为1~2km。三、四等水准测量的主要技术要求参看表6-8。

表6-8 三、四等水准的主要技术要求

等级	水准仪型号	视线长度/m	前后视距差/m	前后视距累积差/m	视线离地面最低高度/m	基本分划、辅助分划(黑红面)读数差/mm	基本分划、辅助分划(黑红面)高差之差/mm
三	DS_1	100	3	6	0.3	1.0	1.5
三	DS_3	75	3	6	0.3	2.0	3.0
四	DS_3	100	5	10	0.2	3.0	5.0
五	DS_3	100	大致相等				
图根	DS_{10}	≤100					

等级	水准仪型号	水准尺	线路长度/km	观测次数 与已知点联测	观测次数 附合成环线	每千米高差中误差/mm	往返校差、附合或环线闭合差 平地/mm	往返校差、附合或环线闭合差 山地/mm
三	DS_1	因瓦	≤50	往返各一次	往一次	6	$12\sqrt{L}$	$4\sqrt{n}$
三	DS_3	双面	≤50	往返各一次	往返各一次	6	$12\sqrt{L}$	$4\sqrt{n}$
四	DS_3	双面	≤16	往返各一次	往一次	10	$20\sqrt{L}$	$6\sqrt{n}$
五	DS_3	单面		往返各一次	往一次	15	$30\sqrt{L}$	
图根	DS_{10}	单面	≤5	往返各一次	往一次	20	$40\sqrt{L}$	$12\sqrt{n}$

2. 三、四等水准测量的方法

1) 每站观测程序和记录格式

三四等水准测量的观测应在通视良好、望远镜成像清晰稳定的情况下进行，若用普通 DS_3 水准仪观测，则应注意：每次读数前都应精平（即符合水准气泡居中）。如果使用自动安平水准仪，则无须精平（测量原理详见项目2），工作效率大为提高。

以下介绍用双面水准尺法在一个测站的观测程序。

(1) 后视水准尺黑面，读取上、下视距丝和中丝读数，记入记录表（表6-9）中(1)、(2)、(3)位置。

表6-9 三、四等水准测量记录

测站编号	点号	后尺 上丝 下丝 后视距 视距差/m	前尺 上丝 下丝 前视距 累积差$\sum d$/m	方向及尺号	水准尺读数 黑面	水准尺读数 红面	K+黑 －红 /mm	平均高差 /m
		(1) (2) (9) (11)	(4) (5) (10) (12)	后尺 前尺 后-前	(3) (6) (15)	(8) (7) (16)	(14) (13) (17)	(18)
1	BM₂ ｜ TP₁	1426 0995 43.1 +0.1	0801 0371 43.0 +0.1	后106 前107 后-前	1211 0586 +0.625	5998 5273 +0.725	0 0 0	+0.6250
2	TP₁ ｜ TP₂	1812 1296 51.6 0.2	0507 0052 51.8 －0.1	后107 前106 后-前	1554 0311 +1.243	6241 5097 +1.144	0 +1 －1	+1.2435
3	TP₂ ｜ TP₃	0889 0507 38.2 －0.2	1713 1333 38.0 +0.1	后106 前107 后-前	0698 1523 －0.825	5486 6210 －0.724	－1 0 －1	+0.8245
4	TP₃ ｜ BM₁	1891 1525 36.6 －0.2	0758 0390 36.8 －0.1	后107 前106 后-前	1708 0574 +1.134	6395 5361 +1.034	0 0 0	+1.1340
检核计算		$\sum(9)=169.5$ $\sum(10)=169.6$ $\sum(9)-\sum(10)=-0.1$ $\sum(9)+\sum(10)=339.1$		$\sum(3)=5.171$ $\sum(6)=2.994$ $\sum(15)=+2.177$ $\sum(15)+\sum(16)=+4.356$		$\sum(8)=24.120$ $\sum(7)=21.941$ $\sum(16)=+2.179$ $2\sum(18)=+4.356$		

(2) 前视水准尺黑面，读取上、下视距丝和中丝读数，记入记录表中(4)、(5)、(6)位置。

(3) 前视水准尺红面，读取中丝读数，记入记录表中(7)位置。

(4) 后视水准尺红面，读取中丝读数，记入记录表中(8)位置。

这样的观测顺序简称为"后—前—前—后"，其优点是可以减弱仪器下沉误差的影响。概括起来，每个测站共需读取8个读数，并立即进行测站计算与检核，满足三、四等水准测量的有关限差要求后方可迁站。

2) 测站计算与检核

(1) 视距计算根据前、后视的上、下视距丝读数计算前、后视的视距。

后视距离：(9)＝100×{(1)－(2)}。

前视距离：(10)＝100×{(4)－(5)}。

计算前、后视距差(11)：(11)＝(9)－(10)。

对于三等水准测量，(11)不得超过3m，对于四等水准测量，不得超过5m。

计算前、后视距离累积差(12)：(12)＝上站(12)＋本站(11)。

对于三等水准测量，(12)不得超过6m，对于四等水准测量，不得超过10m。

(2) 尺常数K检核：同一水准尺黑面与红面读数差的检核。

$$K_1=(13)=(7)-(6)$$

$$K_2=(14)=(8)-(3)$$

K_i 为双面水准尺的红面分划与黑面分划的零点差(常数为 4.687m 或 4.787m)。对于三等水准测量，尺常数误差不得超过2mm；对于四等水准测量，不得超过3mm。

(3) 高差计算与检核：按前、后视水准尺红、黑面中丝读数分别计算该站高差。

黑面高差：(15)＝(3)－(6)。

红面高差：(16)＝(8)－(7)。

红黑面高差之差：(17)＝(15)－(16)＝(14)－(13)。

如果观测没有误差，(17)应为100mm(原因是，使用配对的水准尺，尺常数相差100mm)。对于三等水准测量，(17)与100mm的误差不得超过3mm；对于四等水准测量，不得超过5mm。

红黑面高差之差在容许范围以内时取其平均值，作为该站的观测高差。

$$(18) = \{(15)+[(16)\pm100mm]\}/2$$

上式计算时，当(15)＞(16)，100mm前取正号计算；当(15)＜(16)，100mm前取负号计算。总之，平均高差(18)应与黑面高差(15)很接近。

(4) 每页水准测量记录计算检核：每页水准测量记录应作总的计算检核。

高差检核：$\sum(3)-\sum(6)=\sum(15)$

$$\sum(8)-\sum(7)=\sum(16)$$

$$\sum(15)-\sum(16)=2\sum(18)(偶数站)$$

或 $\sum(15)-\sum(16)=2\sum(18)\pm100mm(奇数站)$

视距差检核：$\sum(9)-\sum(10)=$ 本页末站(12)－前页末站(12)

本页总视距：$\sum(9)+\sum(10)$。

3）成果整理

在完成一测段单程测量后，须立即计算其高差总和。完成一测段往、返观测后，应立即计算高差闭合差，进行成果检核。其高差闭合差应符合表 6-8 的规定，然后对闭合差进行调整，最后按调整后的高差计算各水准点的高程。

【提示】技能训练 10——四等水准测量。

6.4.2 三角高程测量原理

三角高程测量是根据两点间的水平距离和垂直角，计算两点间的高差。如图 6.12 所示，已知 A 点的高程 H_A，欲测定 B 的高程 H_B，可在 A 点上安置经纬仪，量取仪器高 i（即仪器水平轴至测点的高度），并在 B 点设置观测标志（称为觇标）。用望远镜中丝瞄准觇标的顶部 M 点，测出垂直角 α，量取觇标高 v（即觇标顶部 M 至目标点的高度），再根据 A、B 两点间的水平距离 D_{AB}，则 A、B 两点间的高差 h_{AB} 为

$$h_{AB}=D_{AB}\tan\alpha+i-v \qquad (6-17)$$

B 点的高程 H_B 为

$$H_B=H_A+h_{AB}=H_A+D_{AB}\tan\alpha+i-v \qquad (6-18)$$

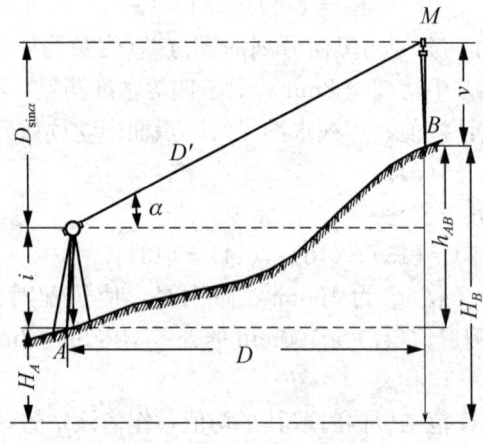

图 6.12　三角高程测量

当两点距离大于 300m 时，应考虑地球曲率和大气折光对高差的影响。为了消除或减弱地球曲率和大气折光的影响，三角高程测量一般应进行对向观测，亦称直、反觇观测。

6.4.3 三角高程测量的施测

（1）将经纬仪安置在测站点上，用钢尺量仪器高 i 和觇标高 v，分别量两次，精确至毫米，两次的结果之差不大于 1cm，取其平均值。

（2）用十字丝的中丝瞄准目标点觇标顶端，盘左、盘右观测，读取竖直度盘读数 L 和 R，计算出垂直角，要求观测 1～3 测回，较差满足表 6-8 的规定。

（3）高差及高程的计算公式应用式 (6-17) 和 (6-18) 进行计算。采用对向观测法且对

向观测较差满足表 6-8 要求时，取平均值作为高差结果。

测距仪和全站仪三角高程测量的主要技术要求见表 6-10。

表 6-10 光电三角高程测量技术要求

等级	仪器	测距边测回数	垂直角测回数		指标角较差(″)	垂直角较差(″)	对向观测高差较差/mm	附合或闭合路线闭合差/mm
			三丝法	中丝法				
四等	DJ_2	往返各1	—	3	≤7	≤8	$40\sqrt{D}$	$20\sqrt{D}$
五等	DJ_2	1	1	2	≤10	≤10	$60\sqrt{D}$	$30\sqrt{D}$

采用全站仪进行三角高程测量时，可先将球气差改正数参数及其他参数输入仪器，然后直接测定测点高程。

项目小结

1. 坐标方位角的推算

坐标方位角的推算是本项目的重点内容之一，掌握坐标方位角的计算为后续学习导线内业计算打下基础。要理解坐标方位角公式的推导过程，重点掌握坐标方位角的推算方法，尤其注意公式中左、右角和"＋"、"－"号的使用及如何根据坐标增量的符号确定坐标方位角的范围。

2. 坐标正、反算

坐标正、反算是本项目又一个重点内容，坐标正算是导线计算的基础，坐标反算是施工放样中计算放样数据的关键，学习这部分内容时，坐标反算是难点，需要进行坐标方位角象限的判断。

3. 导线测量

导线测量分为外业和内业两部分工作。其外业工作主要有踏勘选点、测角、侧边及导线定向。内业工作主要包括角度闭合差计算与调整、坐标方位角的推算、坐标增量计算、坐标增量闭合差的计算与调整、各点坐标推算。角度闭合差的调整原则是将闭合差反向平均分配到各观测角上，而坐标增量闭合差调整原则是将闭合差反向按各边长度成比例分配到各坐标增量上。导线计算的各个步骤之间相互联系，后一步以上一步计算结果为条件。因此各步计算要严格校核，以保证最后成果的正确无误。

4. 高程控制测量

在地形测图和施工测量中多采用三、四等水准测量作为首级高程控制，而三角高程测量是在山区进行高程控制广泛采用的方法，要求掌握它们的原理和观测方法。

知识点考查

1. 试绘图说明导线的布设形式。
2. 导线外业工作包括哪些内容？选择导线点时应注意哪些问题？
3. 附合导线计算与闭合导线计算有哪些不同点？
4. 已知 A 点坐标为：$x_A = 2736.85$m，$y_A = 1677.28$m；AB 的水平距离、坐标方位角为：$D_{AB} = 125.66$m，$\alpha_{AB} = 172°08'24''$，求：$B$ 点坐标(x_B, y_B)。

5. 已知 $\alpha_{PQ}=120°15'24''$，P 点坐标为 $(243,461)$，A 点坐标为 $(213,431)$。P、Q 为控制点，P、Q、A 三点相互位置如图所示，欲用极坐标法测设点 A。①计算测设所需数据；②叙述测设步骤。（单位：m）

6. 已知四边形闭合导线内角的观测值见表 6-11，在表中计算：角度闭合差；改正后角度值；推算出各边的坐标方位角。

表 6-11 习题表

点号	角度观测值 （右角）(° ′ ″)	改正数(″)	改正后角值(° ′ ″)	坐标方位角(° ′ ″)
1	112 15 23		123 10 21	
2	67 14 12			
3	54 15 20			
4	126 15 25			
∑				

$\sum \beta =$ $f_D =$

7. 某闭合导线，其横坐标增量总和为 -0.35m，纵坐标增量总和为 $+0.46$m，如果导线总长度为 1216.38m，试计算导线全长相对闭合差和边长每 100m 的坐标增量改正数？

8. 一对双面水准尺的红、黑面的零点差分别是多少？

9. 简述三、四等水准测量在一测站上测定两点高差的观测步骤。

项目 7

GPS 测量技术

知识目标

知识要点	知识目标
GPS 基本知识	掌握 GPS 组成、与传统测量手段相比其优缺点
GPS 静态观测	掌握并了解 GPS 静态观测原理、方法、步骤
RTK 放样	掌握并了解 RTK 放样原理、方法、步骤、应用

实训目标

实训项目	实训目标
GPS 静态观测	认识 GPS 接收机，熟练使用 GPS 接收机进行静态观测
平差软件的使用	使用静态测量数据进行基线解算

▶▶项目导读

随着现代科学技术的快速发展,以角度、高差、距离为主的传统手段已经逐步被以GPS为代表的"3S"技术所取代。GPS测量技术由最初的军事用途到现在广泛应用于工程测量的领域中。GPS静态观测技术主要应用于建筑工程、道路、桥梁控制网布设,在施工阶段大量点位的测设现在可以使用RTK技术来解决,在道路中线施工方面,具有速度快、精度高、无须通视的优点。

7.1 概 述

7.1.1 GPS的系统组成

GPS的全称是授时与测距导航系统/全球定位系统(Navigation System Timing and Ranging/Global Positioning System－NAVSTAR/GPS)。包括下列三大部分:空间卫星部分、地面控制部分和用户设备部分,如图7.1所示。

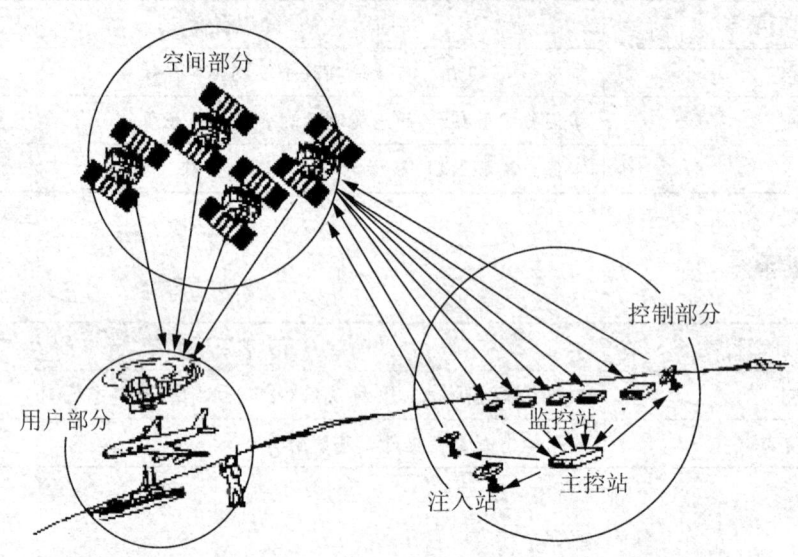

图 7.1 GPS 系统

1. 空间卫星部分

1) 设计组成

共有21+3颗卫星,包括21颗正式的工作卫星和3颗活动的备用卫星,分布在6个轨道面,平均轨道高度20200km,轨道倾角55°,周期11小时58分钟(顾及地球自转,地球—卫星的几何关系每天提前4分钟重复一次),保证在24小时、高度角15°以上,能够同时观测到4~8颗卫星。

2）作用

（1）收集数据：收集各监测站获得的伪距和积分多普勒观测值、卫星的工作状态数据、气象、监测站自身状态以及参考星历等数据。

（2）数据处理：根据所收集的前述数据计算各卫星的的星历、卫星状态、始时钟改正、大气传播等。将这些数据编制成导航电文，再将导航电文发射给注入站。

（3）监测与协调：监测和协调各监控站和注入站的工作以及整个地面控制系统是否正常。

（4）调度卫星：修正卫星的运行轨道，若卫星发生失效的状况，即调动备用卫星来接替。

3）主要设备

原子钟（两台铯钟、两台铷钟）、信号生成与发射装置。

4）类型

（1）试验卫星：Block Ⅰ。

（2）工作卫星：Block Ⅱ。

2．地面控制部分

地面控制部分由监测站、主控站、注入站 3 部分组成，三者各司其职，其关系如图 7.2 所示。

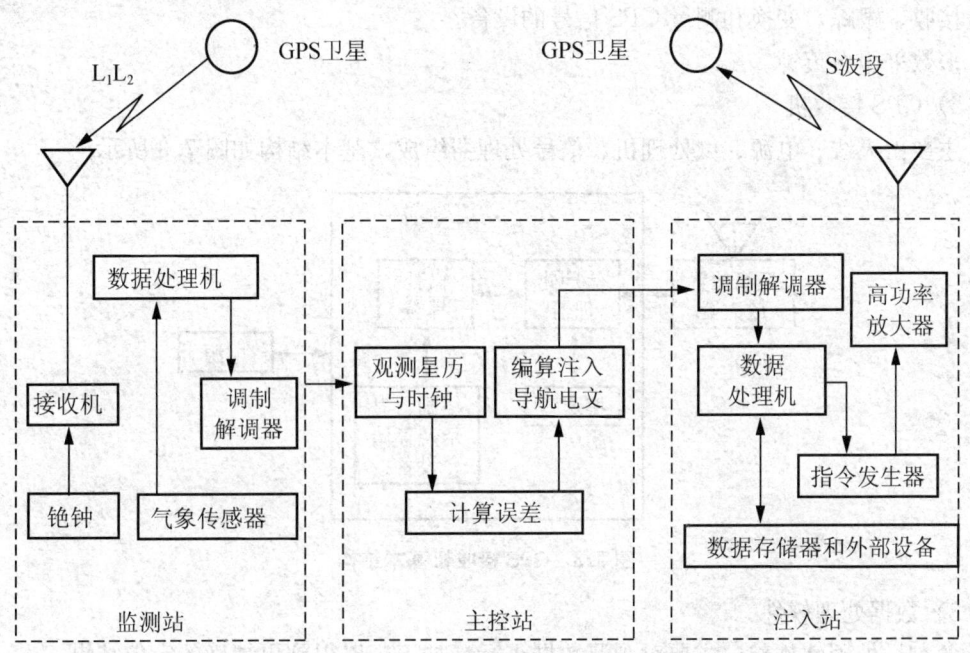

图 7.2　地面监控系统框图

1）主控站（1 个）

（1）作用：收集各检测站的数据，编制导航电文，监控卫星状态；卫星维护与异常情况的处理。

(2) 地点：美国科罗拉多州法尔孔空军基地。

2) 监测站(5个)

监测站又称跟踪站，每个监测站配有 GPS 接收机，对每颗卫星长年连续不断地进行观测，每 6s 进行一次伪距测量和积分多普勒观测，采集气象要素等数据。监测站是一种无人值守的数据采集中心，受主控站的控制，定时将观测数据送往主控站。5个监测站分布在美国本土和三大洋的美军基地上，保证了全球 GPS 定轨的精度要求。由这 5 个监测站提供的观测数据形成了 GPS 卫星实时发布的广播星历。

(1) 作用：接收卫星数据，采集气象信息，并将所收集到的数据传送给主控站。

(2) 地点：夏威夷、主控站及3个注入站。

3) 注入站(3个)

(1) 作用：将导航电文注入 GPS 卫星。

(2) 地点：阿松森群岛(大西洋)、迪戈加西亚(印度洋)和卡瓦加兰(太平洋)。

3. 用户设备部分

用户设备部分由 GPS 接收机、GPS 数据处理软件以用户设备组成。其作用是接收、跟踪、变换和测量 GPS 卫星所发射的信号，以达到定位和导航的的作用。

1) 用户设备

GPS 信号接收机及相关设备。

接收、跟踪、变换和测量 GPS 信号的设备。

多数采用石英钟。

2) GPS 接收机

主要由天线、电源、微处理机、信号处理器组成，基本结构如图 7.3 所示。

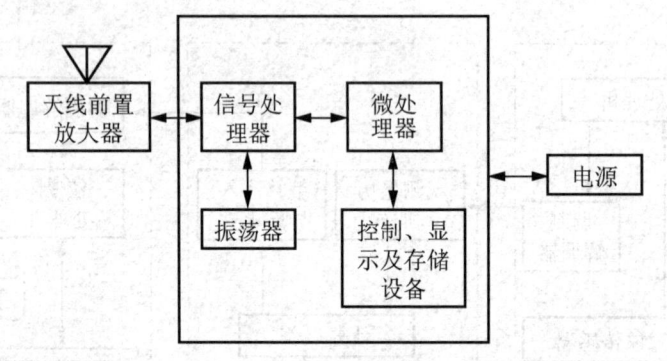

图 7.3　GPS 接收机基本结构

3) 数据处理软件

各种后处理软件包，主要对观测数据进行精加工，以得到更精确的定位结果。

7.1.2　GPS 的特点

GPS 有 8 个特点。

(1) 全球性。地面连续覆盖，卫星数目多且分布合理，在地球上任何地方可连续同步观测到至少 4 颗卫星。保障了全球、全天候连续实时导航与定位。

(2) 全能性。能够连续提供动态目标的三维位置信息、三维速度和时间信息。

(3) 全天性。全天候作业，可以在任何地点、任何时间、任何天气下连续作业。

(4) 精度高。单点实时定位精度：5～10m（精码）；静态定位精度：10^{-6}～10^{-7}；测速：0.7m/s；测时：10ns。

(5) 速度快。实时定位速度快，1s 即可完成定位。

(6) 无须通视。只要上空开阔即可。无须站间通视，与地面点的几何图形无关（传统的测量均需要考虑，造成困难）。

(7) 操作简便。仪器自动化程度高，大大减少了野外作业时间和劳动强度。

(8) 应用广泛。

> **经验提示**
>
> GPS 的优点有很多，但也不是没有缺点。GPS 的缺点主要有如下几个。
> (1) GPS 测量误差在 3 个坐标轴上误差不同。
> (2) GPS 受 AS 和 SA 技术的影响，人为地降低了观测的精度。
> (3) GPS 不能在室内使用。因此室内 GPS 接收机是一个发展趋势。

小思考：GPS 接收机的未来发展趋势。

7.1.3 GPS 测量中常用的坐标系

由于 GPS 直接测得为 WGS-84 坐标，需要转换至我国采用的大地测量坐标系或使用的工程系，因而将几种常见坐标系列出，如需进一步了解可参考相关规范和大地测量学。

(1) WGS-84 坐标系。

(2) 2000 国家大地坐标系。

(3) 1954 年北京大地坐标系。

(4) 1980 年西安坐标系(1980 年国家大地坐标系)。

(5) 新 1954 年北京大地坐标系。

7.1.4 GPS 定位方法

1. 根据定位的模式可分为绝对定位和相对定位

绝对定位，又称单点定位，是采用一台接收机定位，确定接收机天线的绝对坐标。这种模式作业简单，但是误差大、精度低，只能用在导航和精度要求低的时候。

相对定位，又称差分定位，采用两台以上的接收机，同时对一组相同的卫星观测，以确定天线间的相对位置。其定位精度高，可达到 10^{-6}～10^{-8}，因而测量中主要采用相对定位。

2. 根据接收机的运动状态可分为静态定位和动态定位

静态定位，就是在进行 GPS 定位时，认为接收机的天线在整个观测过程中的位置是保持不变的，一般用于高精度的测量定位。

动态定位，就是在定位过程中，用户接收机处在运动状态，接收机天线在整个观测过程中的位置随时间变化，可以用来确定运动物体的实时位置。

7.2 GPS 测量的设计与实施

7.2.1 GPS 控制网设计

GPS 测量与常规测量工作相似，按照 GPS 测量实施的工作程序可分为以下几个步骤：方案设计、选点埋石、外业准备、外业观测、成果检核与数据处理。考虑到以载波相位观测量为根据的相对定位法是当前 GPS 测量中普遍采用的精密定位方法，所以下面将主要介绍实施这种高精度 GPS 测量工作的基本程序与作业模式。

GPS 控制网的技术设计是进行 GPS 测量工作的第一步，其主要内容包括精度指标的合理确定，网的图形设计和网的基准设计等。

1. GPS 测量精度指标

GPS 网精度指标的确定取决于网的用途。设计时应根据实际需要和可以实现的设备条件，恰当地确定 GPS 网的精度等级。我国根据不同的任务，制定了不同行业的规范与规程，如国家质量监督检验检疫局颁布实施的《全球定位系统（GPS）测量规范》(GB/T 18314—2009) 及 2010 年中华人民共和国住房和城乡建设部发布的《卫星定位城市测量技术规范》(CJJ/T 73—2010)。

GPS 网的精度指标通常是以网中相邻点之间的距离误差来表示。

$$\sigma = \sqrt{a^2 + (b \cdot D)^2} \tag{7-1}$$

式中　σ——中误差，mm；

　　　a——接收机固定误差，mm；

　　　b——接收机比例误差系数；

　　　D——GPS 网中相邻点间的距离，mm。

2. GPS 网的图形设计

在 GPS 测量中，控制网的图形设计是一项十分重要的工作。由于控制网中点与点不需要相互通视，因此其图形设计具有较大的灵活性。布设 GPS 网的目的是为了提高 GPS 测量结果的精度和可靠性，以及进行坐标系统的转换。

1）GPS 基线向量网

（1）观测时段：测站上开始接收卫星信号到停止接收，连续观测的时间间隔，简称时段。

(2) 基线：两测量标志中心的几何连线。

(3) 同步观测：两台或两台以上的 GPS 接收机在相同时间段内同时连续跟踪同一组卫星。

(4) 同步观测环：3 台或 3 台以上的接收机同步观测获得的基线向量构成的闭合环，简称同步环，可以反映野外观测质量和条件的好坏。

(5) 异步观测环：由非同步观测获得的基线向量构成的闭合环，简称异步环。某条基线被两个或多个时段观测，形成重复基线坐标闭合差。

> **经验提示**
>
> 异步观测环和重复基线坐标闭合差是衡量精度、检验粗差和系统误差的重要指标。

(6) 独立基线和非独立基线：T 台接收机观测构成的同步观测环中有 $\frac{1}{2}T(T-1)$ 条同步观测基线，只有 $T-1$ 条是独立基线，其余基线都是非独立基线。

2) GPS 网的布设形式

GPS 网的布设形式通常有点连式、边连式、网连式和混连 4 种基本形式。图形布设形式的选择取决于工程所要求的精度、GPS 接收机台数及野外条件等因素。

(1) 点连式：只通过一个公共点将相邻的同步图形连接在一起。点连式布网由于不能组成一定的几何图形，形成一定的检核条件，图形强度低，而且一个连接点或一个同步环发生问题，影响到后面所有的同步图形。因此这种布网形式一般不能单独使用，如图 7.4 所示。

(2) 边连式：边连式是通过一条边将相邻的同步图形连接在一起。与点连式相比，边连式观测作业方式可以形成较多的重复基线与独立环，具有较好的图形强度与较高的作业效率，如图 7.5 所示。

图 7.4　点连式网形

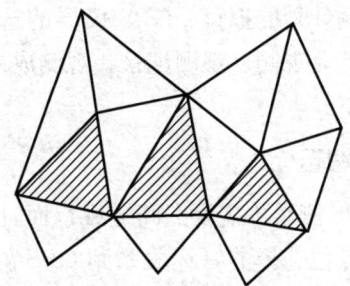

图 7.5　边连式网形

(3) 网连式：网连式就是相邻的同步图形间有 3 个以上的公共点，相邻图形有一定的重叠。采用这种形式所测设的 GPS 网具有很强的图形强度，但作业效率很低，一般仅适用于精度要求较高的控制网。

(4) 混连式：在实际作业中，由于以上几种布网方案存在这样或那样的缺点，一般不单独采用一种形式，而是根据具体情况，灵活地采用以上几种布网方式，称为混连式。混连式是实际作业中最常用的作业方式，如图 7.6 所示。

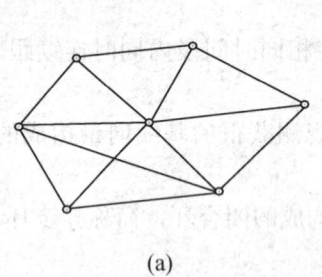 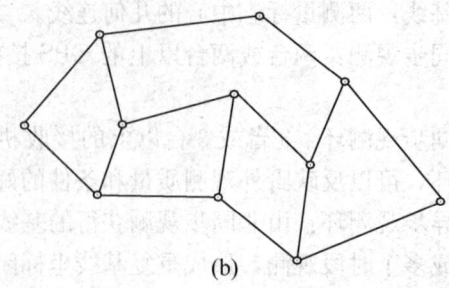

图 7.6 边点混连式网形

3. GPS 网的基准设计

通过 GPS 测量可以获得 WGS-84 坐标系下的地面点间的基准向量,需要转换成国家坐标系或独立坐标系的坐标。因此对于一个 GPS 网,在技术设计阶段就应首先明确 GPS 成果所采用的坐标系统和起算数据,即 GPS 网的基准设计。

GPS 网的基准包括网的位置基准、方向基准和尺度基准。位置基准一般根据给定起算点的坐标确定,方向基准一般根据给定的起算方位确定,也可以将 GPS 基线向量的方位作为方向基准。尺度基准一般可根据起算点间的反算距离确定,也可利用电磁波测距边作为尺度基准,或者直接根据 GPS 边长作为尺度基准。可见只要 GPS 的位置、方向、尺度基准确定了,GPS 网也就确定下来了。

7.2.2 GPS 外业测量工作

在进行 GPS 测量之前,必须做好一切外业准备工作,以保证整个外业工作的顺利实施。外业准备工作一般包括测区的踏勘、资料收集、技术设计书的编写、设备的准备与人员安排、观测计划的拟订、GPS 仪器的选择与检验。GPS 观测工作主要包括选点埋石、安置天线、外业观测、观测记录、观测成果的外业检核 4 个过程。因此,GPS 外业测量的主要工作如下。

1. 选点埋石

由于 GPS 测量不需要点间通视,而且网的结构比较灵活,因此选点工作较常规测量要简便。但点位选择的好坏关系到 GPS 测量能否顺利进行,关系到 GPS 成果的可靠性,因此,选点工作十分重要。选点前,收集有关布网任务、测区资料、已有各类控制点、卫星地面站的资料,了解测区内交通、通信、供电、气象等情况。对一个 GPS 点,其点位的基本要求有以下 6 项。

(1) 周围便于安置接收设备和操作,视野开阔,视场内障碍物的高度角不宜超过 15°。

(2) 远离大功率无线电发射源(如电视台、电台、微波站等),其距离应大于 200m;远离高压电线和微波无线电传送通道,其距离应大于 50m。

(3) 附近不应有强烈反射卫星信号的物件(如大型建筑物)。

(4) 交通方便,有利于其他测量手段扩展和联测。

(5) 地面基础稳定，易于点的保存。

(6) 埋石与其他控制点埋设方法相似。

2. 安置天线

天线一般应尽可能利用三脚架直接安置在标志中心的垂直方向上，对中误差不大于3mm。架设天线不宜过低，一般应距地面1.5m以上。天线架设好后，在圆盘天线间隔120°方向上分别量取3次天线高，互差须小于3mm，取其平均值记入测量手簿。为消除相位中心偏差对测量结果的影响，安置天线时用软盘定向使天线严格指向北方。

3. 外业观测

将GPS接收机安置在距天线不远的安全处，连接天线及电源电缆并确保无误。按规定时间打开GPS接收机，输入测站名、卫星截止高度角、卫星信号采样间隔等。一个时段的测量工作结束后要查看仪器高和测站名是否输入，确保无误后再关机、关电源、迁站。为削弱电离层的影响，安排一部分时段在夜间观测。

4. 观测记录

外业观测过程中，所有的观测数据和资料都应妥善记录。观测记录主要由接收设备自动完成，均记录在存储介质(如磁带、磁卡或记忆卡等)上。记录的数据包括载波相位观测值及相应的观测历元、同一历元的测码伪距观测值、GPS卫星星历及卫星钟差参数、大气折射修正参数、实时绝对定位结果、测站控制信息及接收机工作状态信息。

5. 观测成果的外业检核

观测成果的外业检核是确保外业观测质量和实现定位精度的重要环节。因此，外业观测数据在测区时就要及时进行严格检查，对外业预处理成果，按规范要求进行严格检查、分析，根据情况进行必要的重测和补测，确保外业成果无误后方可离开测区。对每天的观测数据及时进行处理，及时统计同步环与异步环的闭合差，对超限的基线及时分析并重测。

【提示】技能训练11——GPS的认识及使用。

7.3 GPS测量内业数据解算

本节介绍南方测绘公司的GPS后处理软件。

安装并打开南方测绘GPS后处理程序，界面如图7.7所示。软件主界面由菜单栏、工具栏、状态栏以及当前窗口组成，并采用了工程化的管理模式，在使用之前必须按照要求创建工程项目。

软件的基本操作步骤如下：

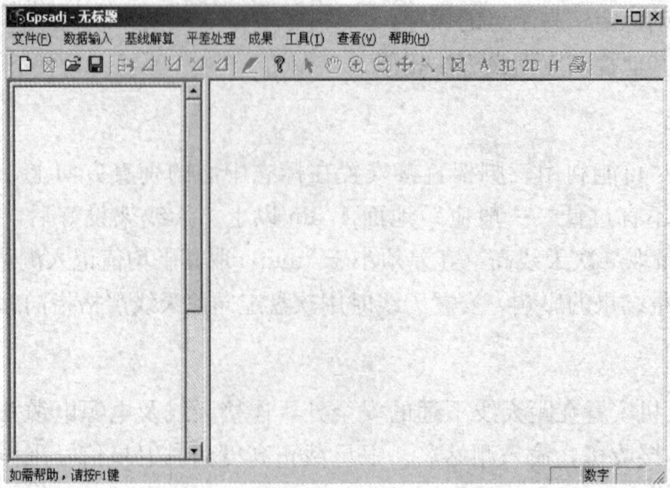

图 7.7　GPS 处理软件界面主界面

1. 新建工程

选择"文件"菜单下的"新建"选项,弹出界面如图 7.8 所示。

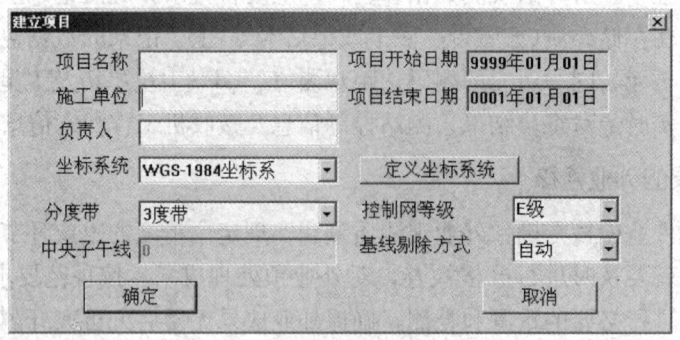

图 7.8　新建工程项目

在对话框中按照要求填入"项目名称"、"施工单位"、"负责人",选择相应的"坐标系统"、"分度带"、"控制网等级"、"基线剔除方式",最后单击"确定"按钮,完成操作。

2. 数据输入

1) 导入 GPS 观测数据

选择"文件"菜单下的"增加观测数据文件"选项,如图 7.9 所示。

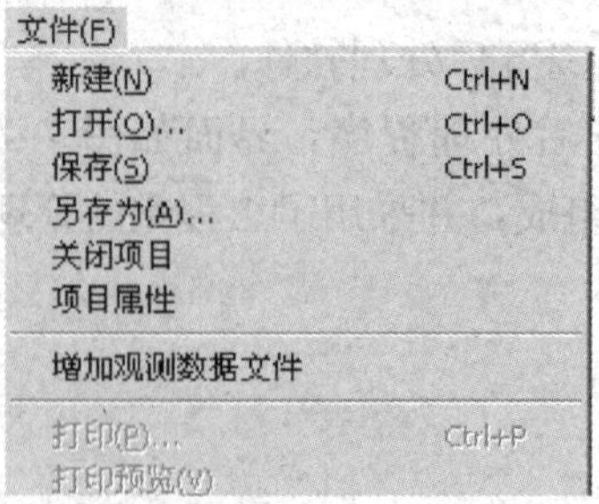

图 7.9　文件菜单

选择需处理的 GPS 数据文件夹，文件菜单如图 7.10 所示，所选数据的类型为"*.STH"，全选或逐个选择，再单击"确定"按钮。

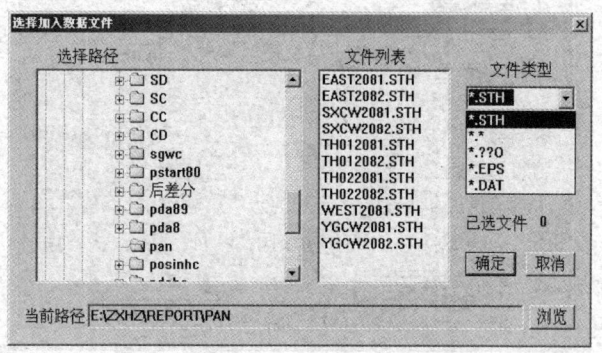

图 7.10　数据文件录入菜单

2）输入已知点坐标

在需要观测原始数据录入的情况下，依次选择"数据输入"→"坐标数据录入"选项，如图 7.11 所示。

选择相应的已知点号，即可输入网图中已知控制点坐标，如图 7.12 所示。

图 7.11　数据录入　　　　　　　图 7.12　录入已知坐标

3. 基线处理

1）解算设置

依次选择"基线解算"→"基线处理设置"选项，基线解算菜单如图 7.13 所示，"基线解算设置"对话框如图 7.14 所示。

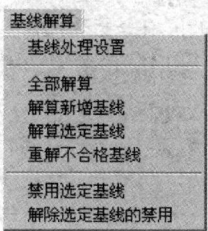

图 7.13　基线解算

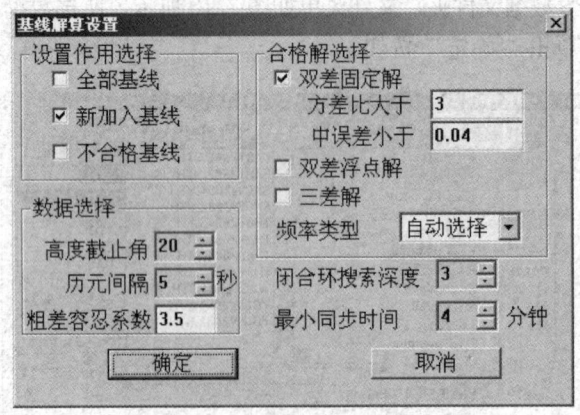

图 7.14 "基线解算设置"对话框

选择"高度截止角"、"历元间隔":高度截止角默认为20°,或与主机设定相同,增大截止角卫星数据将减少;历元间隔默认为5s,一般与主机采样间隔相同或为整数倍。

2)解算

依次选择"基线解算"→"全部解算"选项,如图 7.13 所示。

若基线为红色,则解算合格;若基线为灰色,则解算不合格。如果不合格需要重新解算。

不合格基线的处理,可按照以下 3 种方式进行。

(1)选择"观测数据文件",找出不合格的基线,双击打开,将信号不好的屏蔽后解算。

(2)点击基线列表,将残差大的卫星屏蔽后解算。

(3)调整"历元间隔"和"高度截止角"后进行解算。

3 种方式交叉使用解算不合格基线,直至方差比大于 3 为合格。

4. 平差处理

平差处理菜单如图 7.15 所示

1)平差设置

依次选择"平差处理"→"平差参数设置"选项,如图 7.15 所示。

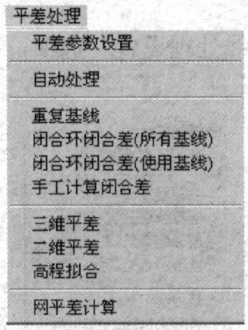

图 7.15 平差菜单

平差参数设置说明如下。

（1）如果使用假定坐标或自定义坐标时，应取消选中"进行已知点与坐标系匹配检查"复选框。

（2）当有较多已知点时请选择"高程拟合方案"，按选取适当的已知水准点来拟合GPS高程控制网，最大限度地减少高程异常带来的误差或错误。输入两个点可以进行平移；输入3个或3个点以上、6个点以下可进行平面拟合；输入6个以上点进行二次曲面拟合，如图7.16所示。

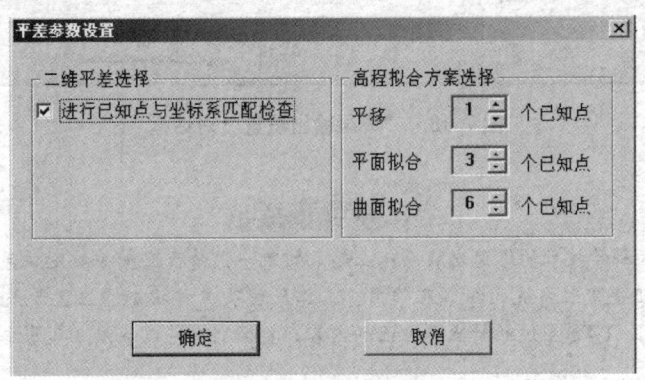

图7.16 平差参数设置

2）平差处理

依次选择"平差处理"→"自动处理"→"三维平差"→"二维平差"→"高程拟合"选项或者"平差处理"→"自动处理"→"网平差计算"选项。

处理完后检查异步环、同步环是否都解算合格。基线简表里检查每条基线的中误差以及成果里的二维单位权中误差，值越小越好。

5．成果输出

（1）依次选择"成果"→"成果输出设置"选项，如图7.17和图7.18所示。

（2）依次选择"成果"→"成果报告预览"选项，预览设定好的成果报告。

（3）依次选择"成果"→"成果报告打印"→"成果报告（文本文档）"选项，打印或输出平差成果，输出文本需要选择成果输出的存储位置。

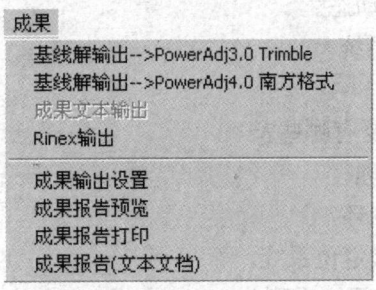

图7.17 "成果"菜单

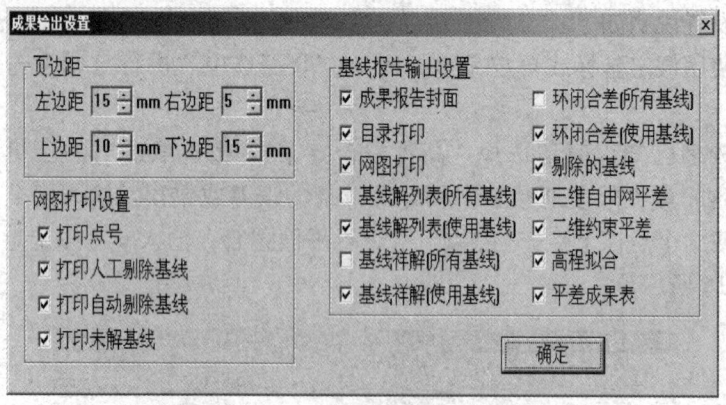

图 7.18 "成果输出设置"对话框

项目小结

GPS 是随着现代科学技术的迅速发展而建立起来的新一代精密卫星导航定位系统。在本项目中主要介绍了 GPS 全球卫星定位系统的组成及作用、工作原理及工作状态、卫星导航定位系统发展的由来、GPS 系统的应用、GPS 系统的特点等方面的内容,要区别对待以往以 3 项基本内容为主的传统测绘手段。

同时,要学会使用 GPS 接收机做静态观测并进行基线解算,以及掌握动态 RTK 测量原理、步骤。本项目难度较大,学习应注重理解。

知识点考查

1. 解释概念。
   空间段、控制段、用户段、SA、A-S、精密定位服务、标准定位服务
2. GPS 测量的基本原理如何?
3. GPS 测量有何特点与问题?
4. GPS 主要应用到哪些领域?
5. 简述 GPS 技术的最新动态。
6. 目前有哪些卫星定位系统?
7. 简述 GS 布网的原则。
8. GPS 网的布设形式主要有哪些?
9. 简述 GPS 静态观测原理。
10. 什么是 GPS 同步观测环?
11. 简述什么是 GPS 导航定位系统。
12. GPS 外业观测选点的原则有哪些?
13. 简述 GPS 系统的特点。

项目 8

道路工程地形图测绘

知识目标

知识要点	知识目标
地形图基本知识	应掌握地形图的基本知识和用经纬仪测绘大比例尺地形图的方法
地形图的分幅和编号	了解地形图的比例尺，地形图符号及其在地形图上的表示方法
大比例尺地形图的测绘	测绘大比例尺地形图的方法、步骤以及全站仪测图等内容
地形图的应用	掌握在地形图上确定点的坐标、两点间的水平距离和方位角以及点的高程和直线坡度的方法；掌握在地形图上量算图形面积的方法；掌握水库库容的确定方法；能够应用地形图绘制已知方向的断面图；能够在地形图上按限制坡度选择最短的线路；能够应用地形图进行土地平整并计算土方量

实训目标

实训项目	实训目标
经纬仪视距法测图	能够进行大比例尺地形图测绘中经纬仪视距法测图工作
地形图识图	能够进行大比例尺地形图识图及地形图应用等具体工作
全站仪数字测图	能够进行大比例尺地形图测绘中全站仪数字测图工作

▶▶项目导读

大比例尺地形图是测绘工作的主要成果之一，具有丰富的信息量，在工程建设中有着广泛的应用。它是如何生成的？在工程建设中有什么用途？本项目将详细介绍大比例尺地形图测绘的基本知识及其应用。另外，随着信息化测量仪器全站仪的广泛应用，地形图的测图技术也得到了充分的发展，场地测量的方法从模拟测图变革为数字测图，本项目将对这两种方法进行详细介绍。

8.1 地形图基本知识

8.1.1 地形图的比例尺

地面上的各种固定物体，如房屋、道路和农田等称为地物；地表面的高低起伏形态，如高山、丘陵、洼地等称为地貌。地物和地貌总称为地形。通过野外实地测绘，将地面上各种地物的平面位置按一定比例尺，用规定的符号缩绘在图纸上，并注有代表性的高程点，这种图称为平面图；如果既表示出各种地物，又用等高线表示出地貌的图，称为地形图。

地形图上一段直线的长度与地面上相应线段的实际水平长度之比，称为地形图的比例尺。

1. 比例尺的种类

1) 数字比例尺

数字比例尺一般取分子为1，分母为整数的分数表示。设图上某一直线长度为 d，相应实地的水平长度为 D，则图的比例尺为

$$\frac{d}{D}=\frac{1}{\dfrac{D}{d}}=\frac{1}{M} \tag{8-1}$$

式中 M——比例尺分母。分母越大（分数值越小），则比例尺就越小。

为了满足经济建设和国防建设的需要，测绘并编制了各种不同比例尺的地形图。

通常称1∶100万、1∶50万、1∶20万为小比例尺地形图；1∶5万、1∶2.5万、1∶1万为中比例尺地形图；1∶5000、1∶2000、1∶1000和1∶500为大比例尺地形图。

2) 图示比例尺

为了用图方便，以及减小由于图纸伸缩而引起的使用中的误差，在绘制地形图时，常在图上绘制图示比例尺，最常见的图示比例尺为直线比例尺。

图8.1为1∶500的直线比例尺，取2cm为基本单位，从直线比例尺上可直接读得基本单位的1/10，估读到1/100。

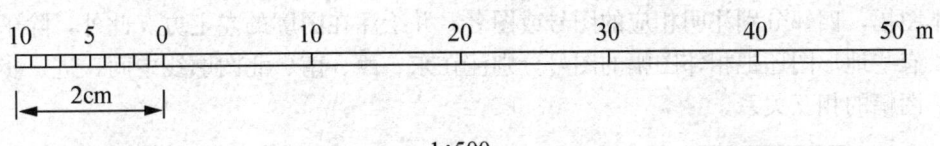

图 8.1　1∶500 直线比例尺

2. 比例尺精度

人们用肉眼能分辨的图上最小距离为 0.1mm，因此一般在图上量度或者实地测图描绘时，就只能达到图上 0.1mm 的精确性。因此把图上 0.1mm 所表示的实地水平长度称为比例尺精度。可以看出，比例尺越大，其比例尺精度也越高。

不同比例尺的比例尺精度见表 8-1。

表 8-1　比例尺精度

比例尺	1∶500	1∶1000	1∶2000	1∶5000	1∶10000
比例尺精度/m	0.05	0.1	0.2	0.5	1.0

> **经验提示**
>
> 比例尺精度的概念，对测图和设计用图都有重要的意义。例如在测 1∶500 图时，实地量距只需取到 5cm，因为若量得再精细，在图上是无法表示出来的。

当设计规定需在图上能量出的最短长度时，根据比例尺的精度，可以确定测图比例尺。例如某项工程建设，要求在图上能反映地面上 10cm 的精度，则采用的比例尺不得小于 $\dfrac{0.1mm}{0.1m} = \dfrac{1}{1000}$。

从表 8-1 可以看出，比例尺越大，表示地物和地貌的情况越详细，但是一幅图所能包含的地面面积也越小，而且测绘工作量会成倍地增加。因此，采用何种比例尺测图，应从工程规划、施工实际情况需要的精度出发，不应盲目追求更大比例尺的地形图。

8.1.2　地形图图廓

为了图纸管理和使用的方便，在地形图的图框外有许多注记，如图号、图名、接图表、图廓、坐标格网、三北方向线等。如图 8.2 所示为大比例尺地形图。

1. 图名和图号

图名就是本幅图的名称，常用本图幅内最著名的地名、村庄或厂矿企业的名称来命名。图号即图的编号，每幅图上标注编号可确定本幅地形图所在的位置。图名和图号标在北图廓上方的中央。

2. 接图表

说明本图幅与相邻图幅的关系，供索取相邻图幅时使用。通常是中间一格画有斜线的代表本图幅，四邻分别注明相应的图号或图名，并绘注在图廓的左上方。此外，除了接图表外，有些地形图还把相邻图幅的图号分别注在东、西、南、北图廓线中间，进一步表明与四邻图幅的相互关系。

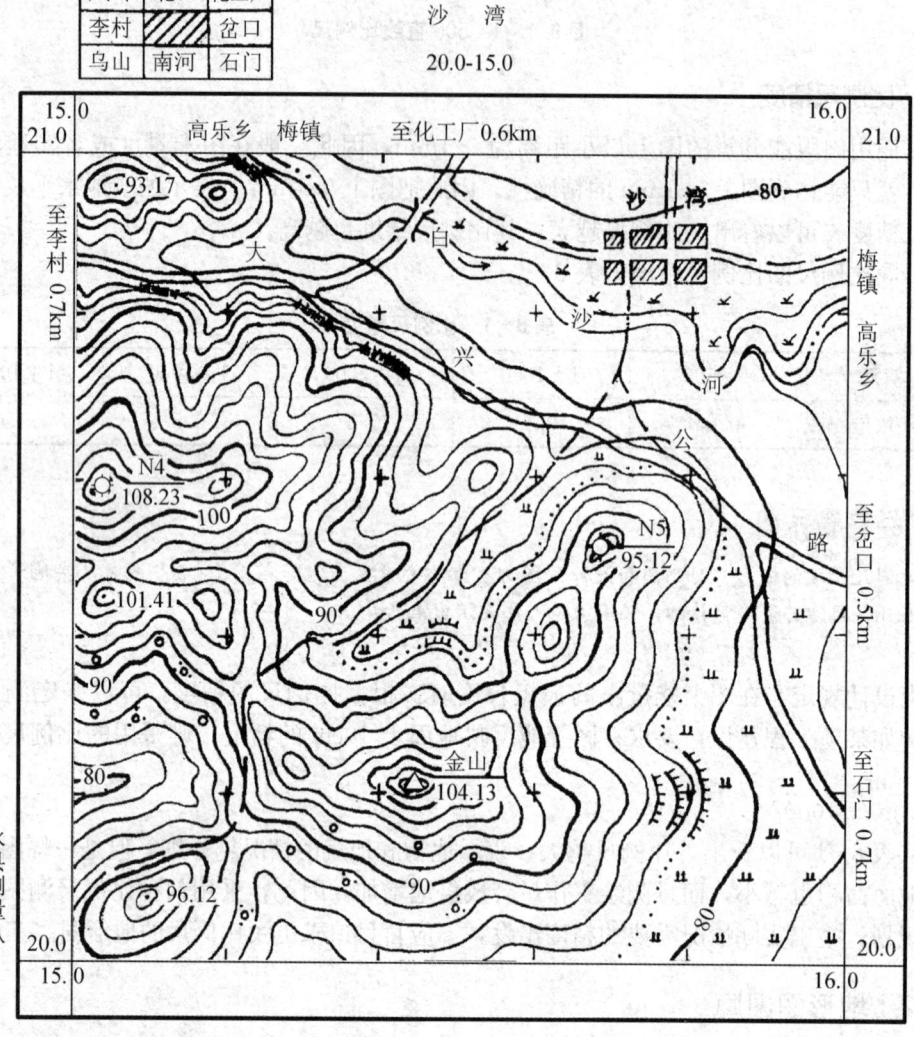

图8.2 地形图

3. 图廓和坐标格网线

图廓是图幅四周的范围线，它有内图廓和外图廓之分。内图廓是地形图分幅时的坐标格网或经纬线。外图廓是距内图廓以外一定距离绘制的加粗平行线，仅起装饰作用。在内图廓外四角处注有坐标值，并在内图廓线内侧，每隔10cm绘有5mm的短线，表示坐标格网线的位置。在图幅内绘有每隔10cm的坐标格网交叉点。

小比例尺地形图图廓内容较为复杂,如图 8.3 所示。内图廓以内的内容是地形图的主体信息,包括坐标格网或经纬网、地物符号、地貌符号和注记。比例尺大于 1:10 万只绘制坐标格网,如图 8.2 所示。

外图廓以外的内容是为了充分反映地形图特性和用图的方便而布置在外图廓以外的各种说明、注记,统称为说明资料。在外图廓以外,还有一些内容,如图示比例尺、三北方向、坡度尺等,是为了便于在地形图上进行量算而设置的各种图解,称为量图图解。

在内、外图廓间注记坐标格网线的坐标,或图廓角点的经纬度。

在内图廓和分度带之间的注记为高斯平面直角坐标系的坐标值(以千米为单位),由此形成该平面直角坐标系的千米格网。

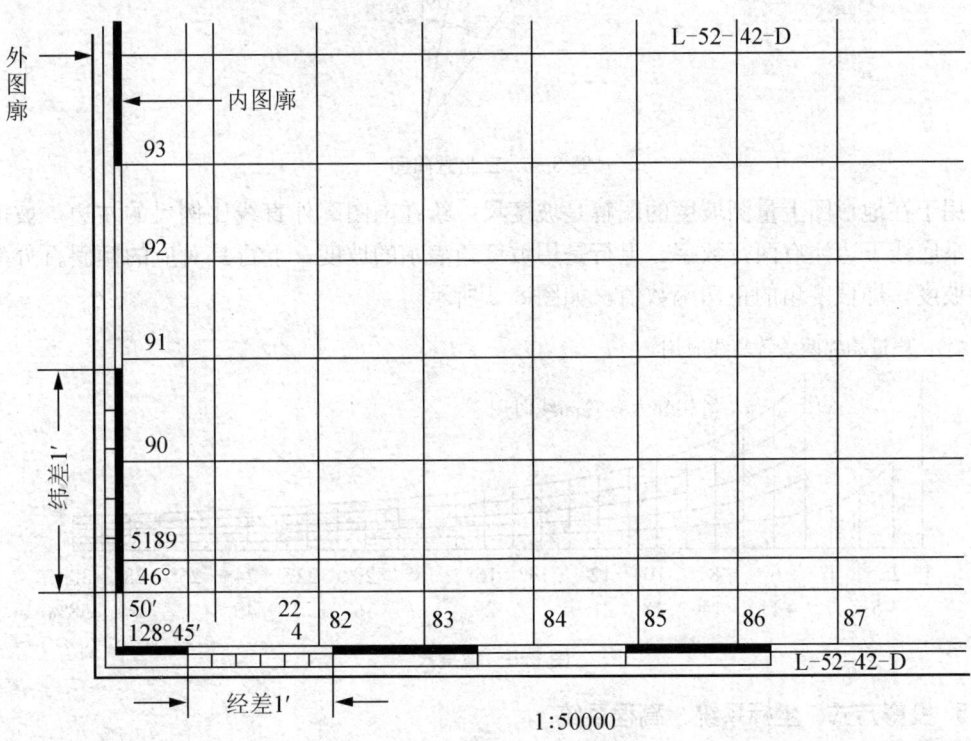

图 8.3　图廓及坐标格网

在图 8.3 中,直角坐标格网左起第二条纵线的纵坐标为 22482km。其中 22 是该图所在投影带的带号,该格网线实际上与 x 轴相距 482km$-$500km$=-$18km,即位于中央子午线以西 18km 处。该图中,南边的第一条横向格网线的 $x=$5189km,表示位于赤道(y 轴)以北 5189km。

4. 三北方向线及坡度尺

在中、小比例尺的南图廓线的右下方,还绘有真子午线、磁子午线和坐标纵轴(中央子午线)3 个方向之间的角度关系,称为三北方向图,如图 8.4 所示。该图中,磁偏角为 9°50′(西偏),坐标纵轴对真子午线的子午线收敛角为 0°05′(西偏)。利用该关系图,可对图上任一方向的真方位角、磁方位角和坐标方位角三者间作相互换算。

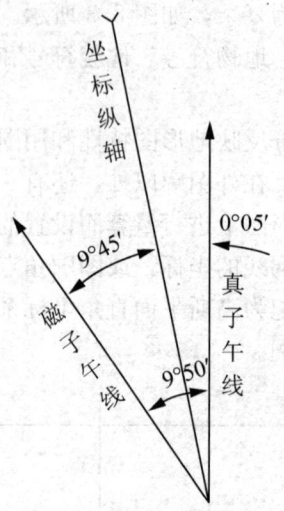

图 8.4 三北方向图

用于在地形图上量测坡度的图解是坡度尺,绘在南图廓外直线比例尺的左边。坡度尺的水平底线下边注有两行数字,上行是用坡度角表示的坡度,下行是对应的倾斜百分率表示的坡度,即坡度角的正切函数值,如图 8.5 所示。

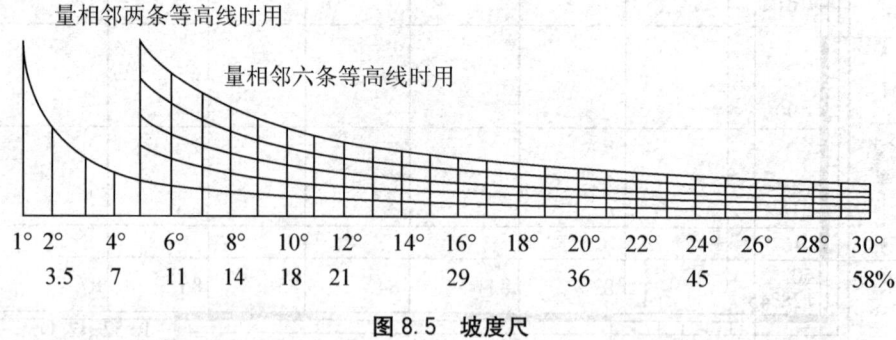

图 8.5 坡度尺

5. 投影方式、坐标系统、高程系统

每幅地形图测绘完成后,都要在图上标注本图的投影方式、坐标系统和高程系统,以备日后使用时参考。

(1) 地形图都是采用正投影的方式完成的。

(2) 坐标系统指该幅图是采用哪种方式完成的,包括 1980 年国家大地坐标系、城市坐标系和独立平面直角坐标系 3 种。

(3) 高程系统指本图所采用的高程基准。包括 1985 年国家高程基准系统和设置相对高程两种。

> **经验提示**
>
> 以上内容均应标注在地形图外图廓左下方。

6. 成图方法（和测绘单位）

地形图成图的方法主要有 3 种：航空摄影成图、平板仪测量成图和野外数字测量成图。成图方法应标注在外图廓左下方。

此外，地形图还应标注测绘单位、成图日期等，供日后用图时参考。

8.1.3 大比例尺地形图图示

地形是地物和地貌的总称。地物是地面上的各种固定性的物体。由于其种类繁多，国家国家质量监督检验检疫总局颁发了《国家基本比例尺地形图图式》(包括 4 部分，GB/T 20257.1—2007、GB/T 20257.2—2006、GB/T 20257.3—2006/XG1—2010、GB/T 20257.4—2007)(以下简称《地形图图式》)统一了地形图的规格要求、地物、地貌符号和注记，供测图和识图时使用。

1. 地物符号

1∶500、1∶1000 和 1∶2000 地形图所规定的地物符号，分为 3 种类型。

1）比例符号

能将地物的形状、大小和位置按比例尺缩小绘在图上以表达轮廓特征的符号。这类符号一般是用实线或点线表示其外围轮廓，如表 8-2 中 1～12 表示的房屋、台阶和花圃、草地的范围等。

2）非比例符号

一些具有特殊意义的地物，轮廓较小，不能按比例尺缩小绘在图上时，就采用统一尺寸，用规定的符号来表示，如三角点、水准点、烟囱、消防栓等。这类符号在图上只能表示地物的中心位置，不能表示其形状和大小。如表 8-2 中 29～55 均为非比例符号。无专门说明的符号，均以顶端向北、垂直于南图廓线绘制；具有走向性的符号，如井口、窑洞等按其真实方向表示。

3）半比例符号

一些呈线状延伸的地物，其长度能按比例缩绘，而宽度不能按比例缩绘，需用一定的符号表示的称为半比例符号，也称线状符号，如铁路、公路、围墙、通信线等，如表 8-2 中从 13～28。半比例符号只能表示地物的位置（符号的中心线）和长度，不能表示宽度。

有些地物除用相应的符号表示外，对于地物的性质、名称等还需要用文字或数字加以注记和说明，称为地物注记，例如工厂、村庄的名称，房屋的层数，河流的名称、流向、深度，控制点的点号、高程等。

> **经验提示**
>
> 比例符号与半比例符号的使用界限是相对的。如公路、铁路等地物，在 1∶500～1∶2000 比例尺地形图上是用比例符号绘出的，但在 1∶5000 比例尺以上的地形图上是按半比例符号绘出的。同样的情况也出现在比例符号与非比例符号之间。总之，测图比例尺越大，用比例符号描绘的地物越多；比例尺越小，用非比例符号表示的地物越多。

表8-2 地物符号

编号	符号名称	图 例	编号	符号名称	图 例
1	普通房屋 ①一般房屋 ②棚房 ③廊房 ④架空房屋 混—房屋结构 3—层次	① 混3 ② 45° 1.6 ③ 砼3 1.0 ④ 砼4 砼 砼4 1.0	9	菜地	✓ 2.0 2.0 10.0 ✓ ✓ 10.0
2	窑洞 ①住人的 ②地下的	① ②	10	橡胶园	3.0 1.0 10.0
3	台阶	0.6 1.0 1.0	11	灌木林	1.0 0.6
4	过街天桥		12	竹林	2.0 3.0
5	过街地道		13	高压线	4.0
6	稻田	0.2 3.0 1.0 10.0 10.0	14	低压线	4.0
7	果园	1.6 3.0 梨 10.0 10.0	15	电线架	
8	人工草地	2.0 3.0 10.0 10.0	16	电杆上变压器	
			17	通信线	4.0

续表

编号	符号名称	图 例	编号	符号名称	图 例
18	栅栏、栏杆		28	一般沟渠	
				单层堤沟渠	
19	城墙 ①城门 ②豁口			双层堤沟渠	
				沟堑沟渠	
20	城墙 ①依比例 ②不依比例		29	三角点 凤凰山—点名 394.468—高程	△ 凤凰山 / 394.468 3.0
21	篱笆		30	小三角点 横山—点名 95.93—高程	3.0 ▽ 横山 / 95.93
22	高速公路 a 收费站 0 等级代码		31	导线点 I16—等级、点号 84.46—高程	2.0 ▫ I 16 / 84.46
23	等级公路 2—等级 (G301)—国道编号	2(G 301)			
24	大车路、机耕道		32	埋石图根点 16—点号 84.46—高程	1.6 ⊙ 16 / 84.46 2.6
25	乡村路				
26	小路		33	水准点 II 京 5—等级、点名、点号 32.804—高程	2.0 ⊗ II京石5 / 32.804
27	水闸		34	GPS控制点 B14—级别、点号 495.267—高程	▲ B14 / 495.267 3.0

续表

编号	符号名称	图例	编号	符号名称	图例
35	矿井井口		48	加油站	
36	盐井		49	路灯	
37	起重机		50	喷水池	
38	水塔		51	亭	
38	水塔烟囱		52	电视发射塔	
40	蒙古包		53	独立坟	
41	教堂		54	阔叶独立树	
42	露天设备		55	针叶独立树	
43	液体、气体储存设备		56	等高线 ①首曲线 ②计曲线 ③间曲线	
44	水轮泵、抽水机站		57	等高线注记	
45	雷达站		58	示坡线	
46	气象站		59	高程点注记 ①一般高程点 ②独立地物高程	
47	环保监测站		60	崩崖 ①沙、土质的 ②石质	

2. 地貌符号

地貌是指地面高低起伏的自然形态。

地貌形态多种多样，对于一个地区可按其起伏的变化分成以下 4 种地形类型。

(1) 平地：地势起伏小，地面倾斜角一般在 2°以下，比高一般不超过 200m。

(2) 丘陵地：地面高低变化大，倾斜角一般在 2°～6°，比高不超过 150m。

(3) 山地：高低变化悬殊，倾斜角一般为 6°～25°，比高一般在 150m 以上。

(4) 高山地：绝大多数倾斜角超过 25°。

图上表示地貌的方法有多种，对于大、中比例尺地形图主要采用等高线法。对于特殊地貌将采用特殊符号表示。

1) 等高线

(1) 等高线定义：等高线是地面上相同高程的相邻各点连成的闭合曲线，也就是设想水准面与地表面相交形成的闭合曲线。

如图 8.6 所示，设想有一座高出水面的小山，与某一静止的水面相交形成的水涯线为一闭合曲线，曲线的形状随小山与水面相交的位置而定，曲线上各点的高程相等。例如，当水面高为 80m 时，曲线上任一点的高程均为 80m；若水位继续升高至 81m、82m，则水涯线的高程分别为 81m、82m。将这些水涯线垂直投影到水平面 H 上，并按一定的比例尺缩绘在图纸上，这就将小山用等高线表示在地形图上了。这些等高线的形状和高程，客观地显示了小山的空间形态。

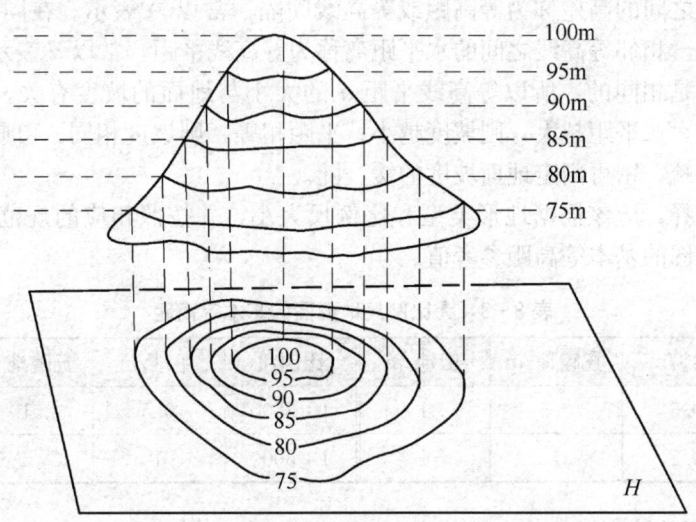

图 8.6 等高线的概念

(2) 等高线的特征：通过研究等高线表示地貌的规律性，可以归纳出等高线的特征，它对于地貌的测绘和等高线的勾画，以及正确使用地形图都有很大帮助。

① 同一条等高线上各点的高程相等。

② 等高线是闭合曲线，不能中断，如果不在同一幅图内闭合，则必定在相邻的其他图幅内闭合。

③ 等高线只有在绝壁或悬崖处才会重合或相交。

④ 等高线经过山脊或山谷时改变方向，因此山脊线与山谷线应和改变方向处的等高线的切线垂直相交，如图 8.7 所示。

⑤ 在同一幅地形图上，等高线间隔是相同的。因此，等高线平距大表示地面坡度小；等高线平距小则表示地面坡度大；平距相等则坡度相同。倾斜平面的等高线是一组间距相等且平行的直线。

(3) 等高线的分类：地形图中的等高线主要有首曲线和计曲线，有时也用间曲线和助曲线。

① 首曲线：首曲线也称基本等高线，是指从高程基准面起算，按规定的基本等高距描绘的等高线称首曲线，用宽度为 0.15mm 的细实线表示。

② 计曲线：计曲线从高程基准面起算，每隔 4 条基本等高线有一条加粗的等高线，为了读图方便，计曲线上也注出高程。

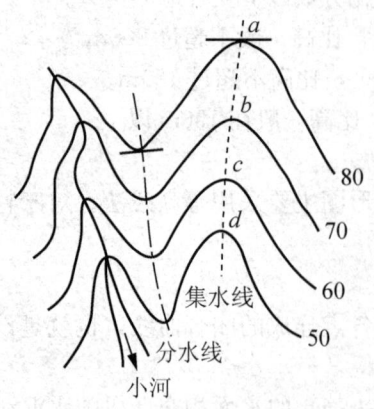

图 8.7 山脊线、山谷线与等高线关系

③ 间曲线和助曲线：当基本等高线不足以显示局部地貌特征时，按二分之一基本等高距所加绘的等高线，称为间曲线（又称半距等高线），用长虚线表示。按四分之一基本等高距所加绘的等高线，称为助曲线，用短虚线表示。描绘时均可不闭合。

2) 等高距与等高平距

相邻等高线之间的高差称为等高距或等高线间隔，常以 A 表示。在同一幅地形图上，等高距是相同的。相邻等高线之间的水平距离称为等高线平距，常以 d 表示。由于同一幅地形图中等高距是相同的，所以等高线平距 d 的大小与地面的坡度有关。等高线平距越小，地面坡度越大；平距越大，则坡度越小；平距相等，则坡度相同。由此可见，根据地形图上等高线的疏、密可判定地面坡度的缓、陡。

等高距的选择，应该根据地形类型和比例尺大小，并按照相应的规范执行。表 8-3 是大比例尺地形图的基本等高距参考值。

表 8-3 大比例尺地形图的基本等高距

比例尺	平地/m	丘陵地/m	山地/m	比例尺	平地/m	丘陵地/m	山地/m
1∶500	0.5	0.5	1	1∶2000	0.5	1	2, 2.5
1∶1000	0.5	1	1	1∶5000	1	2, 2.5	2.5, 5

3) 典型地貌的等高线

地貌形态繁多，通过仔细研究和分析就会发现它们是由几种典型的地貌综合而成的。了解和熟悉用等高线表示典型地貌的特征，有助于识读、应用和测绘地形图。

(1) 山头和洼地：图 8.8 所示为山头的等高线，图 8.9 所示为洼地的等高线。

山头与洼地的等高线都是一组闭合曲线，但它们的高程注记不同。内圈等高线的高程注记大于外圈者为山头；反之，小于外圈者为洼地。

也可以用示坡线表示山头或洼地。示坡线是垂直于等高线的短线，用以指示坡度下降的方向(图8.8、图8.9)。

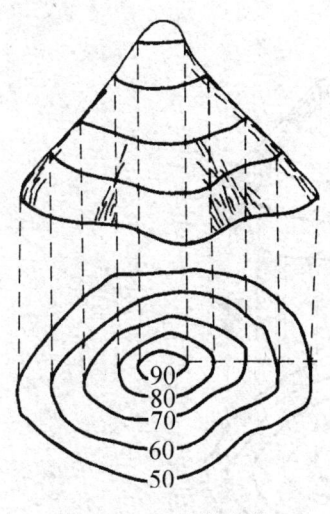

图8.8 山头等高线

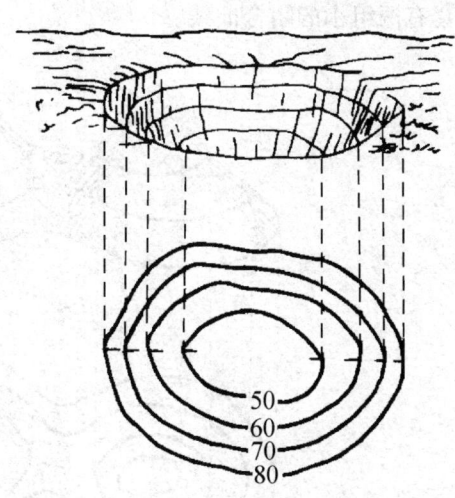

图8.9 洼地等高线

(2) 山脊和山谷：山的最高部分为山顶，有尖顶、圆顶、平顶等形态，尖峭的山顶叫山峰。山顶向一个方向延伸的凸棱部分称为山脊。山脊的最高点连线称为山脊线。山脊等高线表现为一组凸向低处的曲线(图8.10)。

相邻山脊之间的凹部是山谷。山谷中最低点的连线称为山谷线，如图8.11所示，山谷等高线表现为一组凸向高处的曲线。

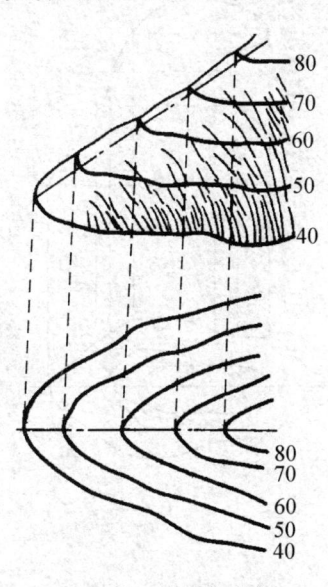

图8.10 山脊等高线

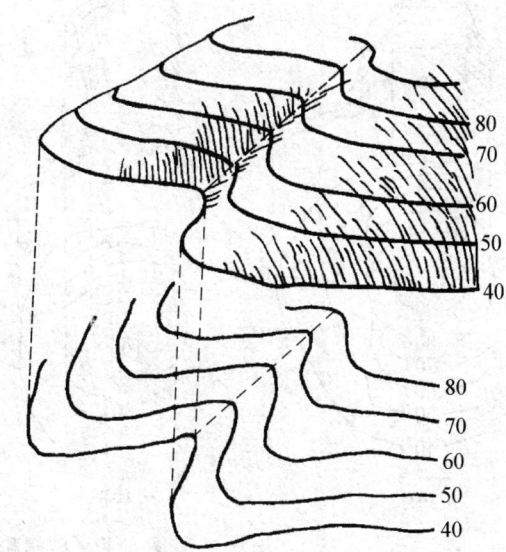

图8.11 山谷等高线

在山脊上，雨水会以山脊线为分界线而流向山脊的两侧，所以山脊线又称为分水线。在山谷中，雨水由两侧山坡汇集到谷底，然后沿山谷线流出，所以山谷线又称为集水线(图8.11)。山脊线和山谷线合称为地性线。

(3) 鞍部：鞍部是相邻两山头之间呈马鞍形的低凹部位(图8.12中的S处)。它的左右两侧的等高线是对称的两组山脊线和两组山谷线。鞍部等高线的特点是在一圈大的闭合曲线内，套有两组小的闭合曲线。

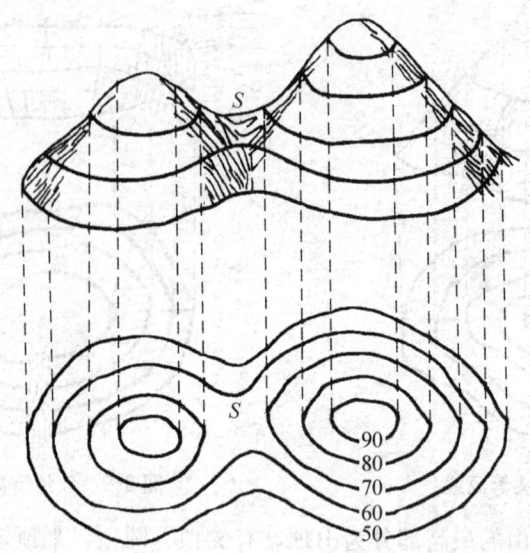

图 8.12　鞍部

(4) 陡崖和悬崖：陡崖是坡度在 80°以上或为 90°的陡峭崖壁，若用等高线表示将非常密集或重合为一条线，因此采用陡崖符号来表示，如图 8.13(a)、8.13(b)所示。

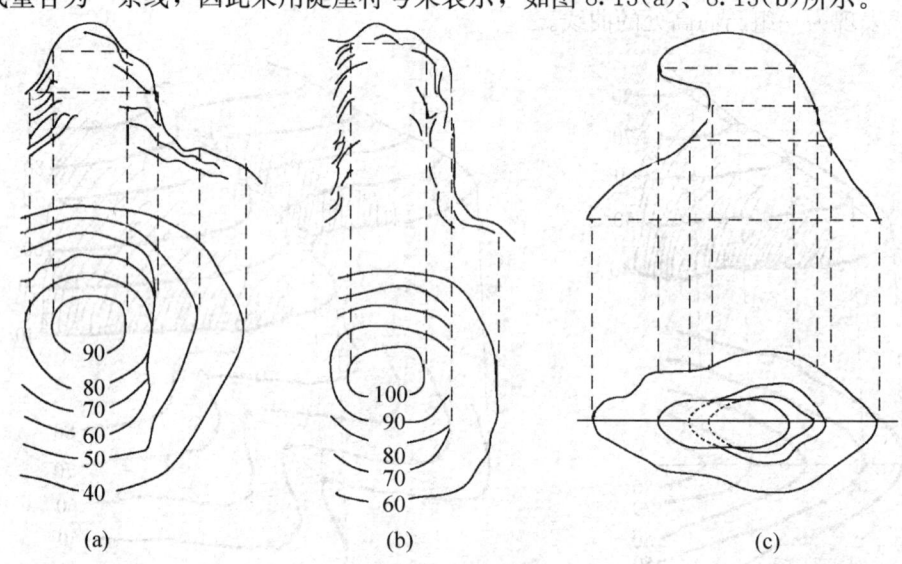

图 8.13　陡崖和悬崖

悬崖是上部突出、下部凹进的陡崖。上部的等高线投影到水平面时，与下部的等高线相交，下部凹进的等高线用虚线表示，如图 8.13(c)所示。

识别上述典型地貌的等高线表示方法以后，进而能够认识地形图上用等高线表示的复杂地貌。

图 8.14 为某一地区综合地貌，读者可将两图参照阅读。

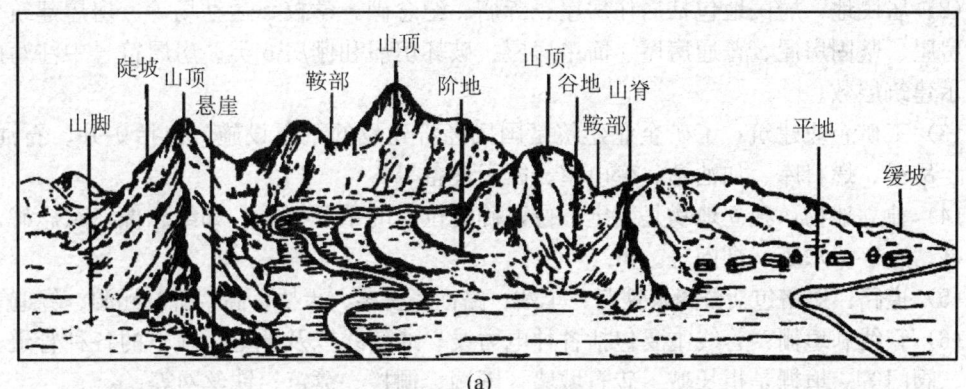

(a)

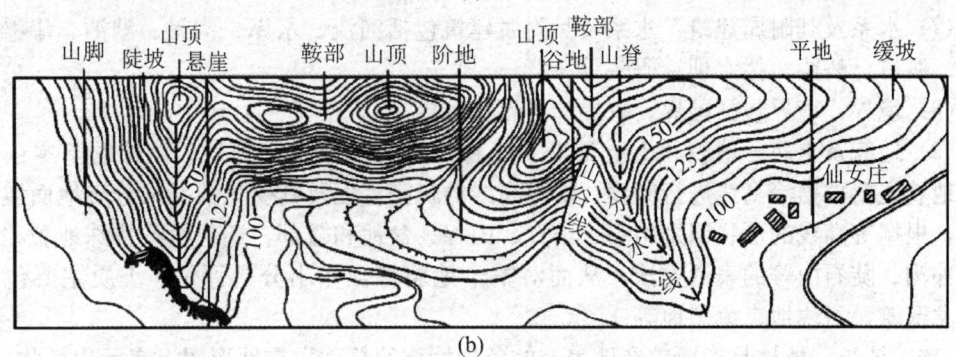

(b)

图 8.14 某地区综合地貌

8.2 道路工程地形图识读

8.2.1 地形图的识读

1. 注记的识读

根据地形图图廓外的注记，可全面了解地形的基本情况。例如，由地形图的比例尺可以知道该地形图反映地物、地貌的详略；根据测图的日期注记可以知道地形图的新旧，从而判断地物、地貌的变化程度；从图廓坐标可以掌握图幅的范围；通过接图表可以了解与相邻图幅的关系。

了解地形图的坐标系统、高程系统、等高距等，对正确用图有很重要的作用。

2. 地物和地貌的识读

在土木工程中，通过地形图来分析、研究地形，主要是根据《地形图图式》符号、等高线的性质和测绘地形图时综合取舍的原则来识读地物、地貌的。地形图的内容很丰富，主要包括以下内容。

（1）测量控制点：测量控制点包括三角点、导线点、图根点、水准点等。控制点在地形图上一般注有点号或名称、等级及高程。

(2) 居民地：居民地包括居住房屋、寺庙、纪念碑、学校、运动场等。房屋建筑分为特种房屋、坚固房屋、普通房屋、简单房屋、破坏房屋和棚房 6 类。房屋符号中注写的数字表示建筑层数。

(3) 工矿企业建筑：工矿企业建筑是国民经济建设的重要设施，包括矿井、石油井、探井、吊车、燃料库、加油站、变电室、露天设备等。

(4) 独立地物：独立地物是判定方位、确定位置的重要标志，如纪念像、纪念碑、宝塔、亭、庙宇、水塔、烟囱等。

(5) 道路：道路包括公路及铁路、车站、路标、桥梁、天桥、高架桥、涵洞、隧道等。

(6) 管线和垣栅：管线主要包括各种电力线、通信线以及地上、地下的各种管道、检修井、阀门等。垣栅是指长城、砖石城墙、围墙、栅栏、篱笆、铁丝网等。

(7) 水系及其附属建筑：水系及其附属建筑包括河流、水库、沟渠、湖泊、岸滩、防洪墙、渡口、桥梁、拦水坝、码头等。

(8) 境界：境界包括国界、省界、县界、乡界。

(9) 地貌及土质：地貌和土质是土木工程建设进行勘测、规划、设计的基本依据之一。地貌主要根据等高线进行阅读，由等高线的疏密程度及其变化情况来分辨地面坡度的变化，根据等高线的形状识别山头、山脊、山谷、盆地和鞍部，还应熟悉特殊地貌，如陡崖、冲沟、陡石山等的表示方法，从而对整个地貌特征作出分析评价。土质主要包括沙地、戈壁滩、石块地、龟裂地等。

(10) 植被：植被是指覆盖在地表上的各种植物的总称。在地形图上表示出植物分布、类别特征、面积大小，包括树林、竹林、草地、经济林、耕地等。

地形图的识读，可根据上述十方面的内容分类研究地物、地貌特征，进行综合分析，从而对地形图表示的地物、地貌有全面、正确的了解。地形图如图 8.15 所示。

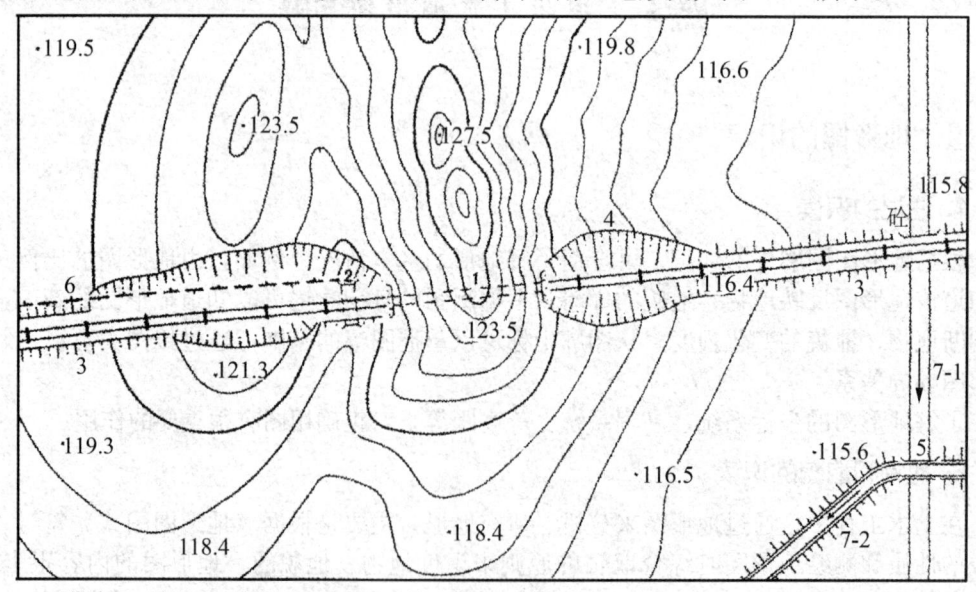

1.隧道　2.涵洞　3.路堤　4.路堑　5.输水槽　6.排水沟　7.水渠　7-1.无堤的　7-2.有堤的

1∶1000

图 8.15　道路工程地形图

8.2.2 规划图的识读

道路规划图(总平面图)是将拟建建筑工程附近一定范围内的建筑物、构筑物及其自然状况,用水平投影方法和相应的图例画出的图样,如图 8.16 所示。主要是表示新建房屋的位置、朝向,与原有建筑物的关系,周围道路、绿化布置及地形地貌等内容。是新建房屋施工定位、土方施工,以及绘制水、暖、电等管线总平面图和施工平面图的依据。主要内容有以下几点。

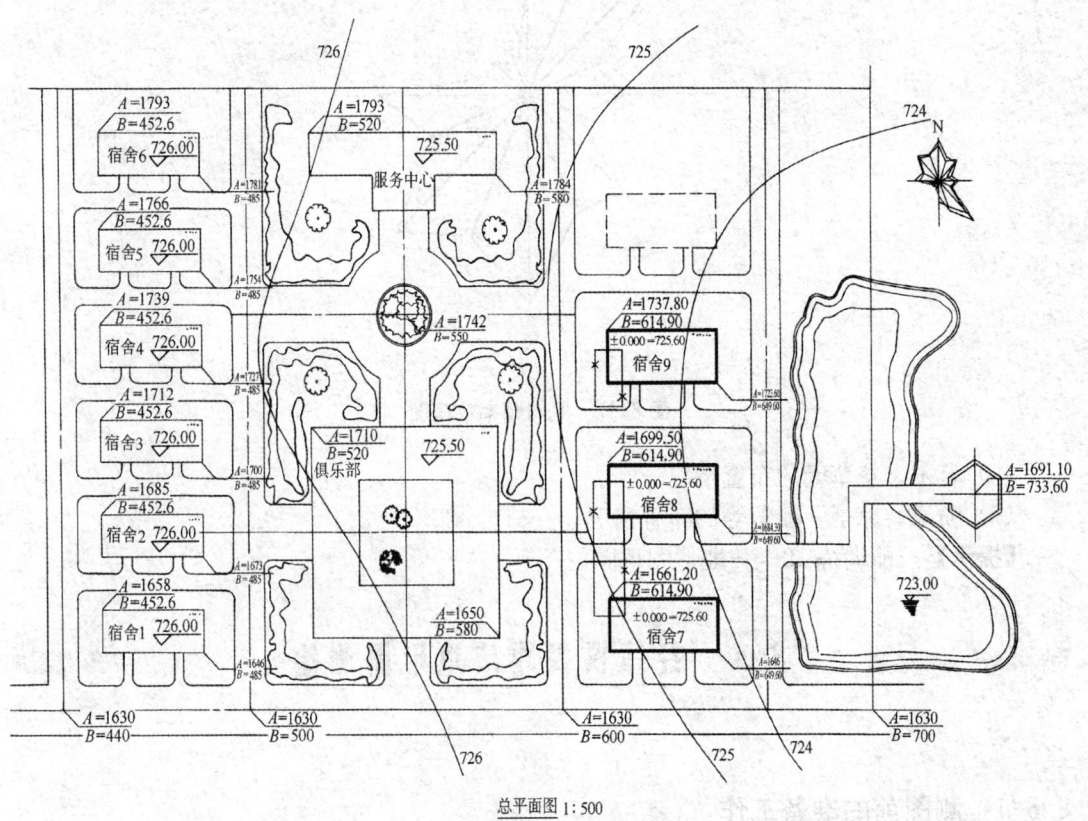

图 8.16 规划图(总平面图)

(1) 拟建建筑的定位。拟建建筑物的定位方式有 3 种:一是利用新建筑与原有建筑或道路中心线的距离确定新建筑物的位置;二是利用施工坐标确定新建建筑物的位置;三是利用大地测量坐标确定新建建筑物的位置。

(2) 拟建建筑物、原有建筑物位置、形状。在规划图上将建筑物分成 5 种情况,即新建建筑物、原有建筑物、计划扩建的预留地或建筑物、拆除的建筑物和新建的地下建筑物或构筑物,识读时要加以区分。在规划设计中,为了清楚地表示建筑物总体情况,一般还在图中建筑物的右上角以点数或数字表示楼房层数。

(3) 附近地形情况,一般用等高线表示。

(4) 道路,主要表示道路位置、走向以及与新建建筑物的联系等。

(5) 风向频率玫瑰图(简称风玫瑰)如图 8.17 所示。风玫瑰用于反映建筑场地范围内常年主导的风向(实线表示)和六、七、八共 3 个月的主导风向(虚线表示),共有 16 个方向。风由外面吹过建设区域中心的方向称为风向。

风向频率是指在一定时间内某一方向出现风向的次数占总观察次数的百分比。

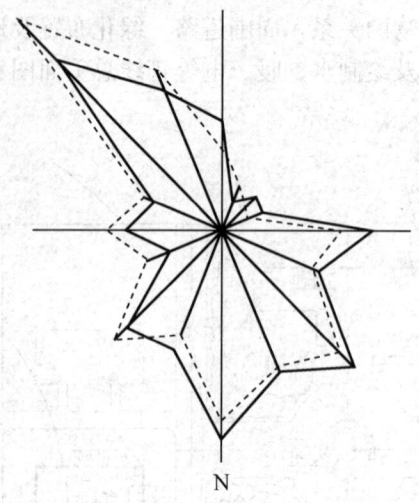

图 8.17 风向频率玫瑰图

(6) 草木、花草等的布置情况。
(7) 喷泉、凉亭、雕塑等的布置情况。
【提示】技能训练 12——地形图识图。

8.3 经纬仪视距法地形图测绘

8.3.1 测图前的准备工作

1. 图纸选用

地形图测绘一般选用一面打毛的聚酯薄膜作图纸,其厚度约为 0.08~0.1mm,经过热定型处理,其伸缩率小于 0.3%。聚酯薄膜图纸坚韧耐湿,沾污后可洗,便于野外作业,在图纸上着墨后,可直接复晒蓝图,但易燃,有折痕后不能消失,在测图、使用、保管过程中要注意。

2. 绘制坐标格网

为了能准确地把各等级的控制点,包括图根控制点展绘在图纸上,首先要精确地绘制直角坐标方格网,每个方格为 10cm×10cm。可以到测绘仪器用品商店购买印制好坐标格网的图纸,也可用下述两种方法绘制并作检查。

1) 对角线法

如图 8.18 所示,沿图纸的 4 个角,用坐标格网尺绘出两条对角线交于 O 点,从 O 点起在对角线上量取 4 段相等长度,得出 A、B、C、D 四点,并连线,即得矩形 $ABCD$。从 A、B 两点起沿 AD 和 BC 向右每隔 10cm 截取一点;再从 A、D 两点起沿 AB、DC 向上每隔 10cm 截取一点。而后连接相应各点,即得到由 10cm×10cm 正方形组成的坐标格网。坐标格网尺是精度较高的金属直尺,尺上有 6 个方孔,相邻方孔间的长度为 10cm,起始孔是直线,中间刻一细指标线表示零点,其他各孔的弧段以零点为圆心,分别以 10cm 为半径的圆弧,尺端圆弧的半径为 50cm×50cm 正方形,对角线的长度为 80.811cm。

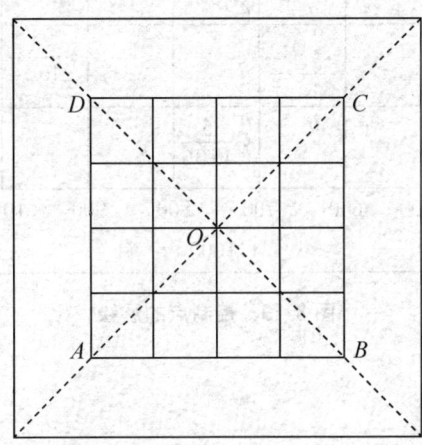

图 8.18 对角线法绘制方格网

2) 绘图仪法

在计算机中用 AutoCAD 软件编辑好坐标格网图形,然后把图形通过绘图仪绘制在图纸上。

绘好坐标格网以后,应进行检查。方法是:将直尺边沿方格的对角线方向放置,各方格的角点应在一条直线上,偏离不应大于 0.2mm;再检查各个方格的对角线长度应为 14.14cm,允许误差为 ±0.2mm;图廓对角线长度与理论长度之差的允许值为 ±0.3mm。超过允许值时,应将格网进行修改或重绘。在坐标格网外边注记坐标值,格网线的坐标是按照地形图分幅确定的。

3. 展绘控制点

在展绘控制点时,首先要确定控制点所在的方格。如图 8.19 所示,控制点 A 的坐标为 $x_A=634.85$m,$y_A=635.70$m,因此,确定其位置应在方格内。从 p 和 n 点向上用比例尺量 34.85m,得出 c、d 两点,再从 p 和 l 点向右量 35.80m,得出 a、b 两点,连接 ab 和 cd,其交点即为控制点 A 在图上的位置。用同样方法将其他各控制点展绘在图纸上。最后用比例尺量取相邻控制点之间的图上的距离与已知距离进行比较,作为展绘控制点的检核,最大误差不应超过图上 ±0.3mm,否则控制点应重新展绘。

当控制点的平面位置展绘在图纸上以后,按图式要求绘导线点符号并注记点号和高程,高程注记到毫米。

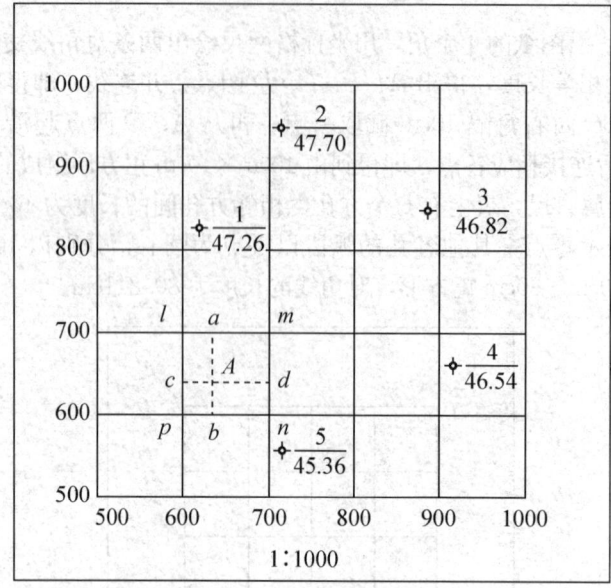

图 8.19 控制点的展绘

8.3.2 碎部测量

1. 碎部点的选择

碎部测量就是测定碎部点的平面位置和高程。地形图的质量在很大程度上取决于立尺员能否正确合理地选择碎部点。碎部点应选在地物或地貌的特征点上，如图 8.20 所示。地物特征点就是地物轮廓的转折、交叉和弯曲等变化处的点及独立地物的中心点。地貌特征点就是控制地形的山脊线、山谷线和倾斜变化线等地形线上的最高、最低点，坡度和方向变化处，以及山头和鞍部等处的点。碎部点的密度主要根据地形的复杂程度确定，也决定于测图比例尺和测图的目的。测绘不同比例尺的地形图，对碎部点间距有不同的限定，对碎部点距测站的最远距离也有不同的限定。表 8-4、表 8-5 给出了地形测绘采用视距测量方法测量距离时的地形点最大间距和最大视距的允许值。

图 8.20 碎部点的选择示意图

表 8-4　地形点最大间距和最大视距(一般地区)

测图比例尺	地形点最大间距	最大视距	
		主要地物特征点	次要地物特征点和地形点
1∶500	15	60	100
1∶1000	30	100	150
1∶2000	50	130	250
1∶5000	100	300	350

表 8-5　地形点最大间距和最大视距(城镇建筑区)

测图比例尺	地形点最大间距	最大视距	
		主要地物特征点	次要地物特征点和地形点
1∶500	15	50	80
1∶1000	30	80	120
1∶2000	50	120	200

2. 测站的测绘工作

经纬仪测绘法的实质是极坐标法。先将经纬仪安置在测站上，绘图板安置于测站旁边。用经纬仪测定碎部点方向与已知方向之间的水平角，并测定测站到碎部点的距离和碎部点的高程。然后根据数据用半圆仪和比例尺把碎部点的平面位置展绘于图纸上，并在点的右侧注记高程，对照实地勾绘地形。

用电子全站仪代替经纬仪测绘地形图的方法，称为电子全站仪测绘法。其测绘步骤和计算、绘图过程与经纬仪测绘法类似。

> **经验提示**
>
> 经纬仪测绘法测图操作简单、灵活，适用于各种类型的测区。

以经纬仪测绘法在一个测站的测绘工序为例。

(1) 安置仪器和图板：如图 8.21 所示，观测员安置经纬仪于测站点(控制点)A 上，包括对中和整平。量取仪器高 i，测量竖盘指标差 δ。记录员在"碎部测量记录手簿"中记录，包括表头的其他内容。绘图员在测站的同名点上安置半圆仪。

(2) 定向：照准另一控制点 B 作为后视方向，置水平度盘读数为 $0°00'00''$。绘图员在后视方向的同名方向上画一条短直线，短直线过半圆仪的半径，作为半圆仪读数的起始方向线。

(3) 立尺：司尺员依次将标尺立在地物、地貌特征点上。立尺前，司尺员应弄清实测范围和实地概略情况，选定立尺点，并与观测员、绘图员共同商定立尺路线。

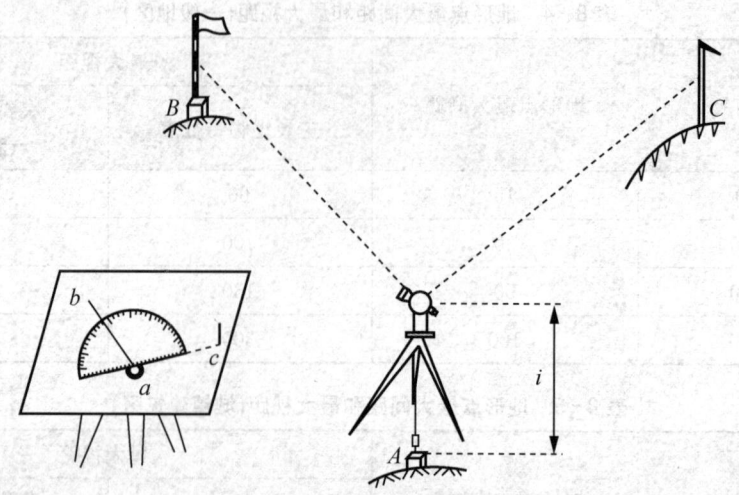

图 8.21 经纬仪测绘法的测站安置

(4) 观测：观测员照准标尺，读取水平角 β、视距间隔 l、中丝读数 s 和竖盘读数 L。

(5) 记录：记录员将读数依次记入手簿。有些手簿视距间隔栏为视距 Kl，由观测者直接读出视距值。对于有特殊作用的碎部点，如房角、山头、鞍部等，应在备注中加以说明。

(6) 计算：记录员依据视距间隔 l、中丝读数 s、竖盘读数 L 和竖盘指标差 δ、仪器高 i、测站高程 $H_{站}$，按视距测量公式计算平距和高程。

(7) 展绘碎部点：绘图员转动半圆仪，将半圆仪上等于 δ 角值（其碎部点为 114°00′）的刻划线对准起始方向线，如图 8.22 所示，此时半圆仪零刻划方向便是该碎部点的方向。根据图上距离 d，用半圆仪零刻划边所带的直尺定出碎部点的位置，用铅笔在图上点示，并在点的右侧注记高程。同时，应将有关碎部点连接起来，并检查测点是否有错。

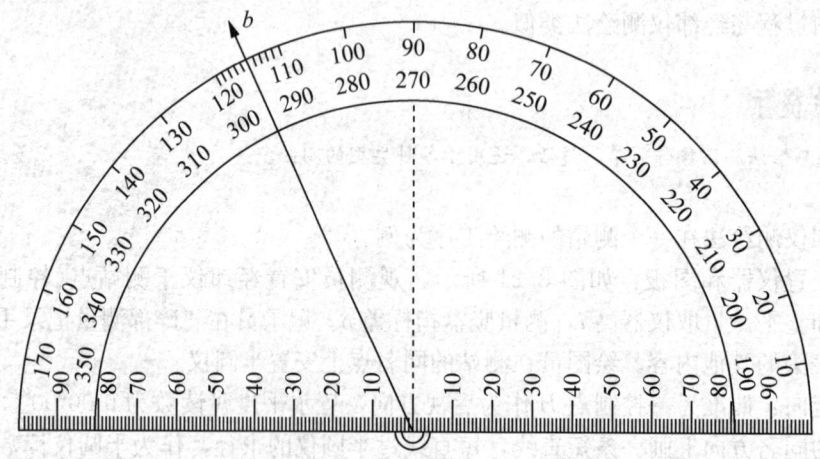

图 8.22 半圆仪展绘碎部点的方向

(8) 测站检查：为了保证测图正确、顺利地进行，必须在工作开始前进行测站检查。

检查方法是在新测站上,测试已测过的碎部点,检查重复点精度在限差内即可。否则应检查测站点是否展错。此外,在工作中间和结束前,观测员可利用时间间隙照准后视点进行归零检查,归零差不应大于 $4'$。在每测站工作结束时进行检查,确认地物、地貌无错测或漏测时,方可迁站。测区面积较大,测图工作需分成若干图幅进行。为了相邻图幅的拼接,每幅图应测出图廓外 5mm。

8.3.3 地形图的绘制

1. 地物描绘

在测绘地形图时,对地物测绘的质量主要取决于是否正确合理地选择地物特征点,如房角、道路边线的转折点、河岸线的转折点、电杆的中心点等。主要的特征点应独立测定,一些次要的特征点可采用量距、交会、推平行线等几何作图方法绘出。

一般规定,主要建筑物轮廓线的凹凸长度在图上大于 0.4mm 时,都要表示出来。如在 1:500 比例尺的地形图上,主要地物轮廓凹凸大于 0.2m 时应在图上表示出来。对于大比例尺测图,应按如下原则进行取点。

(1) 有些房屋凹凸转折较多时,可只测定其主要转折角(大于 2 个),取得有关长度,然后按其几何关系用推平行线法画出其轮廓线。

(2) 对于圆形建筑物可测定其中心并量其半径绘图;或在其外廓测定 3 点,然后用作图法定出圆心,绘出外廓。

(3) 公路在图上应按实测两侧边线绘出;大路或小路可只测其一侧的边线,另一侧按量得的路宽绘出。

(4) 道路转折点处的圆曲线边线应至少测定 3 点(起、终和中点)绘出。

(5) 围墙应实测其特征点,按半比例符号绘出其外围的实际位置。

> **经验提示**
>
> 对于已测定的地物点应连接起来的要随测随连,以便将图上测得的地物与地面上的实体对照。这样,测图时如有错误或遗漏就可以及时发现,给予修正或补测。

地物特征点的测绘方法前面已有叙述。在测图过程中,根据地物情况和仪器状况选择不同的测绘方法,如极坐标法、方向交会法、距离交会法或直角坐标法。

2. 地貌勾绘

在测出地貌特征点后,即开始勾绘等高线。勾绘等高线时,首先用铅笔轻轻描绘出山脊线、山谷线等地性线,由于等高距都是整米数或半米数,因此基本等高线通过的地面高程也都是整米数或半米数。由于所测地形点大多数不会正好就在等高线上,因此必须在相邻地形点间,先用内插法定出基本等高线的通过点,再将相邻各同高程的点参照实际地貌用光滑曲线进行连接,即勾绘出等高线。不能用等高线表示的地貌,如悬崖、峭壁、土堆、冲沟、雨裂等,应按图示符号表示。对于不同的比例尺和不同的地形,基本等高距也不同。

等高线的内插如图 8.23 所示。

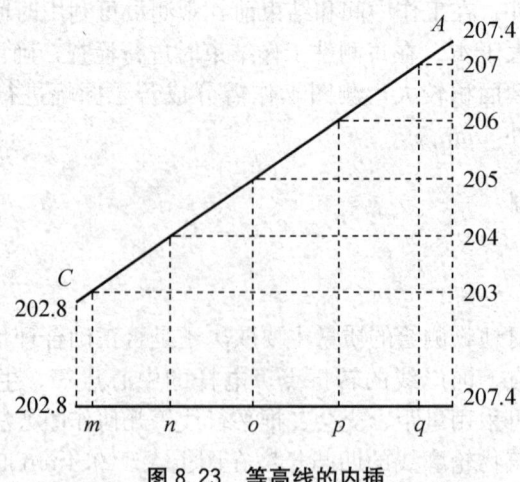

图 8.23 等高线的内插

等高线的勾绘如图 8.24 所示。

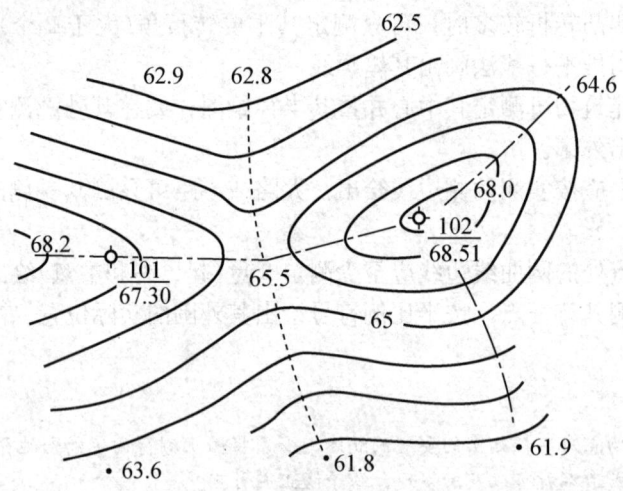

图 8.24 等高线的勾绘

8.3.4 地形图的拼接、检查、整饰与验收

1. 地形图的拼接

测区面积较大时,整个测区必须划分为若干幅图进行施测。这样,在相邻图幅连接处,由于测量误差和绘图误差的影响,无论是地物轮廓线,还是等高线往往不能完全吻合。

如图 8.25 所示两图幅相邻边的衔接情况,房屋、道路、等高线都有误差。拼接不透明的图用宽约 5m 的透明图纸蒙在左图幅的图边上,用铅笔把坐标格网线、地物、地貌勾绘在透明纸上,然后再把透明纸按坐标格网线位置蒙在右图幅衔接边上,同样用铅笔勾绘地物和地貌，同一地物和等高线在两幅图上不重合量，就是接边误差。当用聚酯薄膜进行测图时，不必勾绘图边，利用其自身的透明性，可将相邻两幅图的坐标格网线重叠，就可量化地物和等高线的接边误差。若地物、等高线的接边误差不超过表 8-6 中规定的地物点平面位置中误差、等高线高程中误差、等高线高程中误差的 $2\sqrt{2}$ 倍时，则可取其平均位置进行改正。若接边误差超过规定限差，则应分析原因，到实地测量检查，以便得到纠正。

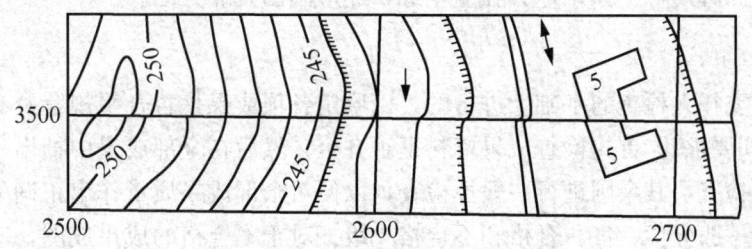

图 8.25 地形图的拼接

表 8-6 地物点平面位置中误差和地形点高程中误差

地区类别	点位中误差	平地	丘陵地	山地	高山地	铺装地面
山地、高山地	图上 0.8mm	高程注记点的高程中误差				
		$h/3$	$h/2$	$2h/3$	h	0.15m
城镇建筑区、工矿建筑区、平地、丘陵地	图上 0.6mm	等高线插求点的高程中误差				
		$h/2$	$2h/3$	h	h	

注：表中 h 为地形图的等高距。

2. 地形图的检查

为了确保地形图的质量，除施测过程中加强检查外，在地形图测完后，必须对成图质量进行全面检查。

1）室内检查

室内检查的内容有：图上地物、地貌是否清晰易读；各种符号注记是否正确；等高线与地形点的高程是否相符，有无矛盾或可疑之处；图边拼接有无问题等。如发现错误或疑问，应到野外进行实地检查解决。

2）外业检查

（1）巡视检查：检查时应带图沿预定的线路巡视，将原图上的地物、地貌和相应实地上的地物、地貌对照。查看图上有无遗漏，名称注记是否与实地一致等。这是检查原图的主要方法，一般应在整个测区范围内进行，特别是对接边时所遗留的问题和室内图面检查时发现的问题，作重点检查。发现问题后应当场解决，否则应设站检查纠正。

（2）仪器检查：对于室内检查和野外巡视检查中发现的错误、遗漏和疑点，应用仪器进行补测与检查，并进行必要的修改。仪器设站检查量一般为 10%。把测图仪器重新安置在图根控制点上，对一些主要地物和地貌进行重测。如发现点位误差超限，应按正确的观测结果修正。

3. 图的整饰

地形图经过上述拼接和检查后，还应清绘和整饰，使图面更加合理、清晰、美观。整饰的次序是先图内后图外，图内应先注记后符号，先地物后地貌，并按规定的图式进行整饰。图廓外应按图式要求书写，还应至少要写出图名、图号、比例尺、坐标系统和高程系统、施测单位和日期等。如系地方独立坐标，还应画出真北方向。

4. 验收

验收是在委托人检查的基础上进行的，以鉴定各项成果是否合乎规范及有关技术指标的要求（或合同要求）。首先检查成果资料是否齐全，然后在全部成果中抽出一部分作全面的内业、外业检查，其余则进行一般性检查，以便对全部成果质量作出正确的评价。对成果质量的评价一般分优、良、合格和不合格4级。对于不合格的成果成图，应按照双方合同约定进行处理，或返工重测，或经济赔偿，或既赔偿又返工重测。

【提示】技能训练13——经纬仪视距法测图。

8.4 道路工程地形图应用

8.4.1 地形图的基本应用

1. 确定图上某点的平面坐标、直线的长度、坐标方位角和坡度

1) 确定图上某点的平面坐标

点的坐标是根据地形图上标注的坐标格网的坐标值确定的。

如图8.26所示，欲求A点坐标，先将A点所在方格网$abcd$用直线连接，过A点作格网线的平行线，交格网边于p、f点。再按测图比例尺量出$ap=84.3$m，$af=52.6$m，则A点坐标为（图格坐标以千米为单位）

$$x_A = xa + ap = 20100 + 84.3 = 20184.3 \text{(km)}$$
$$y_A = ya + af = 10200 + 52.6 = 10252.6 \text{(km)}$$

如考虑图纸变形，则A点坐标按式(8-1)计算。

$$\left. \begin{aligned} x_A &= x_a + \frac{10}{ab} \cdot ap \cdot M \\ y_A &= y_a + \frac{10}{ad} \cdot af \cdot M \end{aligned} \right\} \quad (8-2)$$

式中 ab、ad、ap、af——图上量取的长度，cm；

M——比例尺分母；

x_a、y_a——a点坐标。

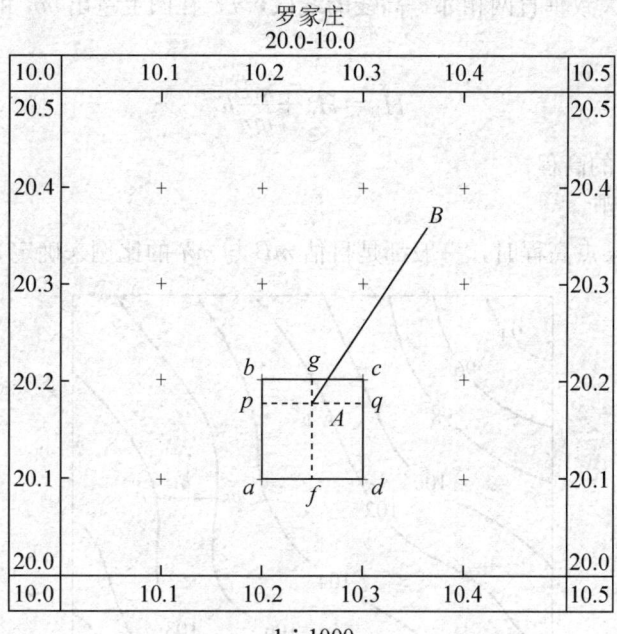

图 8.26 确定图上某点坐标

2) 确定图上直线的长度、坐标方位角和坡度

如图 8.26 所示，欲求 A、B 两点间的距离、坐标方位角及坡度，必须先求出 A、B 两点的坐标和高程，则 A、B 两点水平距离为

$$D_{AB}=\sqrt{(x_B-x_A)^2+(y_B-y_A)^2} \tag{8-3}$$

AB 直线的坐标方位角为

$$\alpha_{AB}=\arctan\frac{y_B-y_A}{x_B-x_A} \tag{8-4}$$

AB 直线的平均坡度为

$$i=\frac{h}{D}=\frac{H_B-H_A}{Md} \tag{8-5}$$

式中　h——A、B 两点间的高差；

D——A、B 两点间实地水平距离；

d——A、B 两点间在图上的距离；

M——比例尺分母。

当 A、B 两点在同一幅图中时，可用比例尺或量角器，直接在图上量取距离或坐标方位角，但量得的结果比计算结果精度低。

2. 确定图上某点的高程

图上点的高程可通过等高线求得。若所求点恰好位于某等高线上，那么该点高程就等于该等高线的高程。

如图 8.27 所示，A 点高程为 102m。若所求点在两等高线之间，如图 8.28 中的 B 点，

可通过 B 点作一条大致垂直两相邻等高线的线段 mn，在图上量出 mn 和 mB 的长度，则 B 点的高程为

$$H_B = H_m + \frac{mB}{mn}h \qquad (8-6)$$

式中　H_m——m 点的高程；

　　　h——等高距。

实际求图上的某点高程时，一般都是目估 mB 与 mn 的比例来确定 B 点的高程。

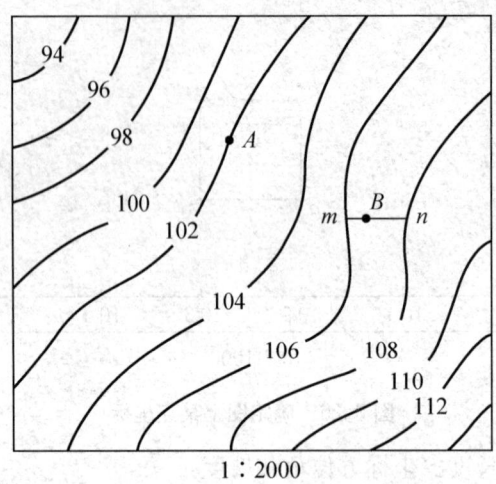

图 8.27　确定点的高程

3. 图形面积的量算

在地形图上量算面积的方法较多，应根据具体情况选择不同的方法。

1) 多边形面积量算

(1) 几何图形法：可将多边形划分为若干个几何图形来计算。

如图 8.28 所示，将所求多边形 ABCDEF 的面积分解为 1、3、4、6 四个三角形和 2、5 两个梯形，求出各几何图形面积，其面积总和即为整个多边形的面积。

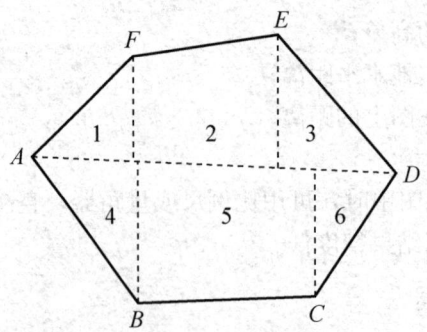

图 8.28　几何图形求面积

各三角形的面积可直接用比例尺量出 1、3、4、6 每个三角形底边长 c 及其高 h，按公

式 $A=ch/2$ 计算得到。梯形的面积可直接用比例尺量出 2、5 每个梯形以上底边长 C_1、下底边长 C_2 及其高 h，按公式 $A=(C_1+C_2)h/2$ 计算得到。

（2）坐标计算法：多边形图形面积很大时，可在地形图上求出各顶点的坐标（或全站仪测得），直接用坐标计算面积。

如图 8.29 所示，将任意四边形各顶点按顺时针编号为 1、2、3、4，各点坐标分别为 (x_1,y_1)、(x_2,y_2)、(x_3,y_3)、(x_4,y_4)。四边形各顶点投影于 y 轴，则

$$A=\frac{1}{2}[y_1(x_4-x_2)+y_2(x_1-x_3)+y_3(x_2-x_4)+y_4(x_3-x_1)]$$

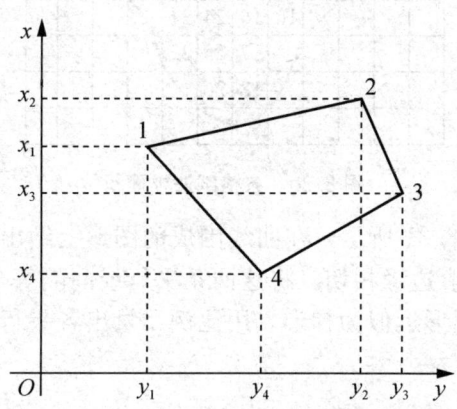

图 8.29　坐标计算法求面积

若图形为 n 边形，则一般形式为

$$A=\frac{1}{2}\sum_{i=1}^{x}x_i(y_{i+1}-y_{i-1}) \tag{8-7}$$

或

$$A=\frac{1}{2}\sum_{i=1}^{x}y_i(x_{i+1}-x_{i-1}) \tag{8-8}$$

式中　n——多边形边数。

当 $i=1$ 时，y_{i-1} 和 x_{i-1} 分别用 y_x 和 x_x 代入。

当 $i=n$ 时，y_{i+1} 和 x_{i+1} 分别用 y_1 和 x_1 代入。

> **经验提示**
>
> 公式（8-7）、（8-8）算出的结果可作为计算检核。

2）曲线面积量算

（1）透明方格纸法：如图 8.30 所示，要计算曲线内的面积，将一张透明方格纸覆盖在图形上，数出曲线内的整方格数 n_1 和不足一整格的方格数 n_2。设每个方格的面积为 a（当为毫米方格时，$a=1\text{mm}^2$），则曲线围成的图形实地面积为

$$A=\left(n_1+\frac{1}{2}n_2\right)aM^2 \tag{8-9}$$

式中　M——比例尺分母。

计算时应注意 a 的单位。

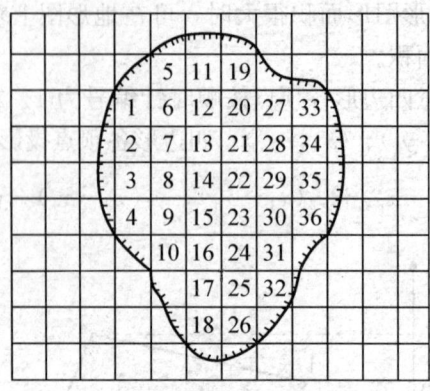

图 8.30　方格纸法求面积

(2) 平行线法：如图 8.31 所示，在曲线围成的图形上绘出间隔相等的一组平行线，并使两条平行线与曲线图形边缘相切。将这两条平行线间隔等分，得相邻平行线间距为 d。每相邻平行线之间的图形近似为梯形。用比例尺量出各平行线在曲线内的长度为 l_1、l_2、$\cdots$、l_n，则各梯形面积为

$$A_1 = \frac{1}{2}d(0 + l_1)$$

$$A_2 = \frac{1}{2}d(l_1 + l_2)$$

$$A_n = \frac{1}{2}d(l_{n-1} + l_n)$$

$$A_{n+1} = \frac{1}{2}d(l_n + 0)$$

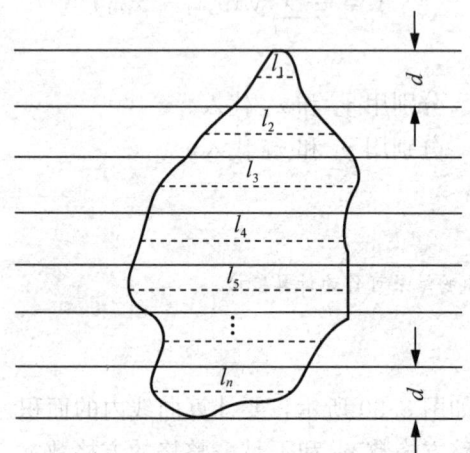

图 8.31　平行线法求面积

图形总面积为

$$A = A_1 + A_2 + \cdots + A_n + 1 = d(l_1 + l_2 + \cdots + l_n) \tag{8-10}$$

除上述方法外，还可用电子求积仪来测定图形面积(图8.32)。此仪器设定图形比例尺和计量单位后，将描迹镜中心点沿曲线推移一周后，在显示窗自动显示图形面积和周长。

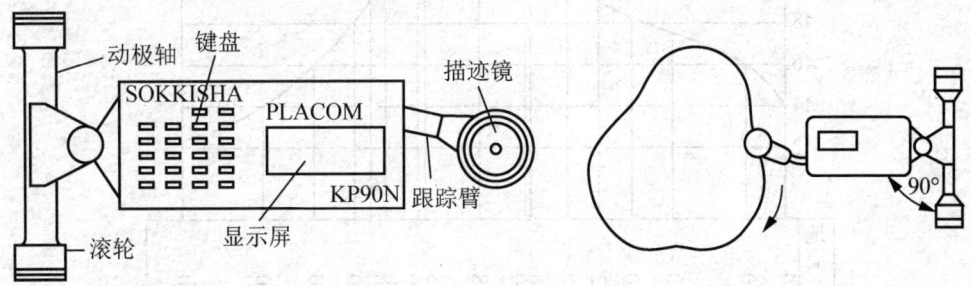

图8.32 电子求积仪及使用

8.4.2 地形图的工程应用

1. 按设计线路绘制纵断面图

在道路、管线等工程设计中，为确定线路的坡度和里程，要按设计线路绘制纵断面图。利用地形图可绘制纵断面图。

如图8.33所示，$ABCD$ 为一越岭线路，需沿此方向绘纵断面图。首先在图纸下方或方格纸上绘出两垂直的直线，横轴表示距离，纵轴表示高程。然后在地形图上，从 M 点开始，沿线路方向量取两相邻等高线间的平距(图中点2、6和点8、12分别为 B 点、C 点处缓和曲线的起点和终点，在图中也应表示出来)，按一定比例尺(可以是地形图比例尺，也可另定一个比例尺)将各点依次绘在横轴上，得 A、1、2、$\cdots$、15、D 点的位置。再从地形图上求出各点高程，按一定比例尺(一般比距离比例尺大10或20倍)绘在横轴相应各点向上的垂线上，最后将相邻垂线上的高程点用平滑的曲线(或折线)连接起来，即得路线 $ABCD$ 方向的纵断面图。

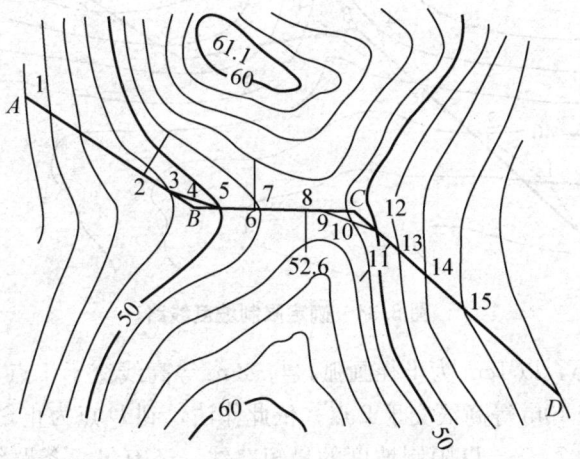

图8.33 绘制已知方向纵断面图

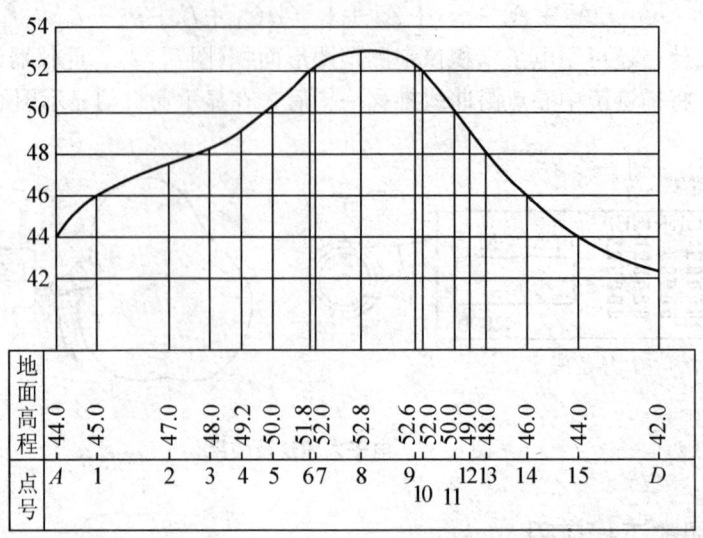

地面高程	44.0	45.0	47.0	48.0	49.2	50.0	51.8	52.0	52.8	52.6	52.0	50.0	49.0	48.0	46.0	44.0	42.0
点号	A	1	2	3	4	5	6	7	8	9	10	11	12	13	14	15	D

图 8.33　绘制已知方向纵断面图（续）

2. 按限制坡度在地形图上选线

在线路方案设计时，往往要根据地形图选择某一限制坡度的线路，以确定最佳方案。

如图 8.34 所示，地形图比例尺为 1：2000，等高距为 1m，欲在山下 A 点与山上 D 点之间设计一条公路，指定坡度不大于 5%，要求选择最短线路。先按指定坡度计算，相邻两等高线间在图上的最短距离为

$$d=\frac{h}{iM}=\frac{1}{0.05\times 2000}=0.010(\mathrm{m})$$

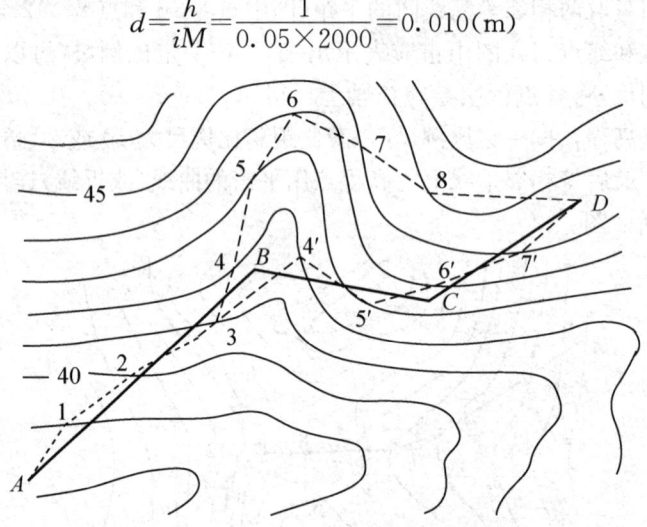

图 8.34　确定限制坡度线路

然后以 A 为圆心，以 1cm 为半径画弧，与 39m 等高线交于 1 点；再以 1 为圆心，以 1cm 为半径画弧，与 40m 等高线交于 2 点；依此作法，到 D 点为止，将各点连接即得 A—1—2—3—4—5—6—7—8—D 限制坡度的最短路线。还有另一条路线；即在交出点 3 之后，将 2、3 直线延长，与 42m 等高线交于 4′点，3、4′两点距离大于 1cm，故其坡度不会

大于指定坡度 5%，再从 $4'$ 点开始按上述方法选出 $A-1-2-3-4'-5'-6'-7'-D$ 的路线。

最后线路的确定要根据地形图综合考虑各种因素对工程的影响，如少占耕地、避开滑坡地带、土石方工程量小等，以获得最佳方案。图 8.34 中，设最后选择 $A-1-2-3-4'-5'-6'-7'-D$ 为设计线路。按线路设计要求，将其去弯取直后，设计出图上线路导线 $ABCD$。根据地形图求出各导线点 $A、B、C、D$ 坐标后，可用全站仪在实地将线路标定出来。

3. 确定汇水面积

在修筑桥梁、涵洞或修建水坝等工程建设中，需要知道有多大面积的雨水往这个河流或谷地汇集。地面上某区域内雨水注入同一个山谷或河流，并通过某一个断面（如道路的桥涵），这一片区域的面积称为汇水面积。显然汇水面积的分界线为山脊线。

如图 8.35 所示，公路 ab 通过山谷，在 m 处要建一涵洞，为了设计孔径的大小，要确定该处汇水面积。由图 8.35 看出，流往 ab 断面的汇水面积，即为 ab 断面与该山谷相邻的山脊线的连线所围成的面积（图中虚线部分）。可用格网法、平行线法或电子求积仪测定该面积的大小。

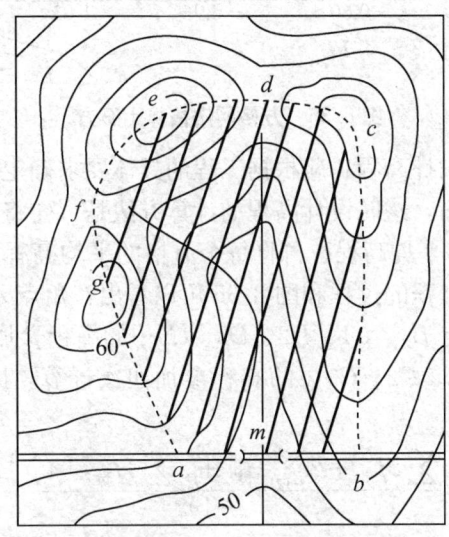

图 8.35　确定汇水面积

4. 平整场地中的土石方估算

土木工程建设中，常要把地面整理成水平面。利用地形图可进行平整场地的土石方估算。

1）方格网法

对于大面积的土石方估算常用此法。图 8.36 为 1∶1000 地形图，要求将原有一定起伏的地形平整成一水平场地，步骤如下：

（1）绘方格网并求格网点高程：在地形图上拟平整场地范围内绘方格网，方格网边长主要取决于地形的复杂程度、地形图比例尺的大小和土石方估算的精度要求，一般为 10m 或 20m。然后根据等高线目估内插各格点地面高程，并注记在格点右上方。

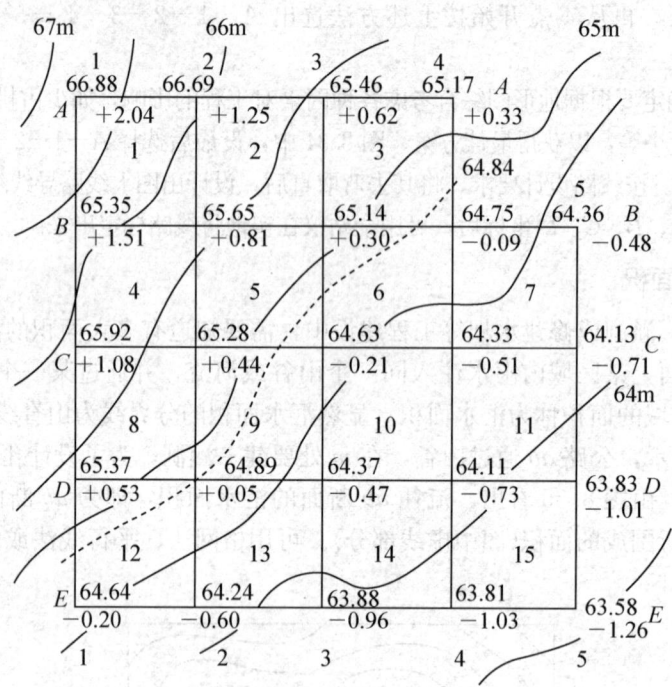

图 8.36　方格网法估算土石方

(2) 确定场地平整的设计高程：应根据工程的具体要求确定设计高程。大多数工程要求挖方量和填方量大致平衡，这时设计高程的计算方法是：先将每一方格的 4 个格点高程相加后除以 4，得各方格的平均高程；再将每个方格的平均高程相加后除以方格总数，即得设计高程。从计算设计高程的过程和图 8.36 可以看出，角点 A1、D1、D4、C6、A6 的高程只参加一次计算，边点 B1、C1、D2、D3、C5…的高程参加两次计算，拐点 C4 的高程参加三次计算，中点 B2、C2、C3…的高程参加四次计算，因此，设计高程的计算公式为

$$H = \frac{\sum H_{角} + 2\sum H_{边} + 3\sum H_{拐} + 4\sum H_{中}}{4n} \quad (8-11)$$

式中　n——方格总数。

将图 8.36 中各格点高程代入式(8-11)，求出设计高程为 64.84m。在地形图中内插绘出 64.84m 等高线(图中虚线)，此即为不填不挖的边界线，也称为零线。

(3) 计算挖、填方高度：用格点实际高程减去设计高程即得每一格点的挖方或填方的高度，即

$$挖(填)方高度 = 地面高程 - 设计高程 \quad (8-12)$$

将挖、填方高度注记在相应格点右下方(可改用红色笔注记)。正号为挖方，负号为填方。

(4) 计算挖、填方量：挖、填方量是将角点、边点、拐点、中点的挖、填方高度，分别代表 1/4、2/4、3/4、1 方格面积的平均挖、填方高度，故挖、填方量分别按式(8-13)计算。

$$\left.\begin{array}{l}\text{角点}=挖(填)方高度\times\frac{1}{4}方格面积\\ \text{边点}=挖(填)方高度\times\frac{2}{4}方格面积\\ \text{拐点}=挖(填)方高度\times\frac{3}{4}方格面积\\ \text{中点}=挖(填)方高度\times方格面积\end{array}\right\} \quad (8-13)$$

实际计算时,可按方格线依次计算挖、填方量,然后再计算挖方量总和及填方量总和。

2) 等高线法

场地地面起伏较大,且仅计算挖方时,可采用等高线法。这种方法是从场地设计高程的等高线开始,算出各等高线所包围的面积,分别将相邻两条等高线所围面积的平均值乘以等高距,就是此等高线平面间的土方量,再求和即得总挖方量。

如图 8.37 所示,地形图等高距为 2m,要求整场地后的设计高程为 55m。先在图中内插设计高程 55m 的等高线(图中虚线),再分别求出 55m、56m、58m、60m、62m 五条等高线所围成的面积 A_{55},A_{56},A_{58},A_{60},A_{62},即可算出每层土石方量为

$$V_1=\frac{1}{2}(A_{55}+A_{56})\times1$$

$$V_2=\frac{1}{2}(A_{56}+A_{58})\times2$$

$$\vdots$$

$$V_5=\frac{1}{3}A_{62}\times0.8$$

V_5 是 62m 等高线以上山头顶部的土石方量。总挖方量为

$$\sum Vw=V_1+V_2+V_3V_+V_4+V_5$$

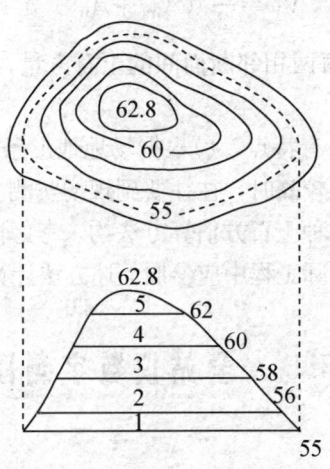

图 8.37 等高线法求土石方

3) 断面法

道路和管线建设中,沿中线至两侧一定范围内线状地形的土石方计算常用此法。这种方法是在施工场地范围内,利用地形图以一定间距绘出断面图,分别求出各断面由设计高

程线与断面曲线(地面高程线)围成的填方面积和挖方面积,然后计算每相邻断面间的填(挖)方量,分别求和即为总填(挖)方量。

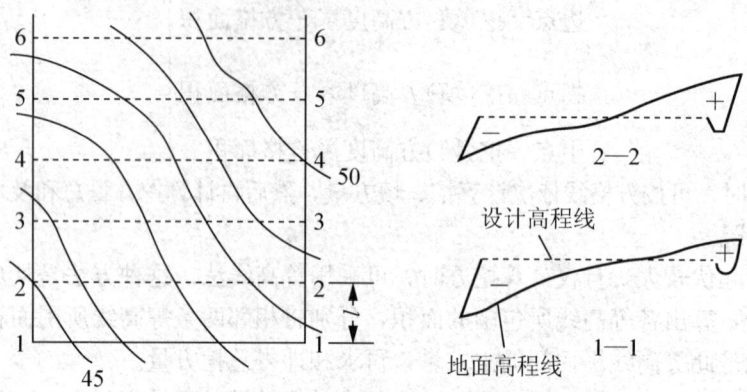

图 8.38 断面法计算土石方

如图 8.38 所示,地形图以比例尺为 1:1000,矩形范围是欲建道路的一段,其设计高程为 48m。为求土石方量,先在地形图上绘出相互平行、间隔为 l(一般实地距离为 20～40m)的断面方向线 1—1、2—2、…、5—5;按一定比例尺绘出各断面图(纵、横轴比例尺应一致,常用比例尺为 1:100 或 1:200),并将高程线展绘在断面图上(见图 8.38 1—1、2—2 断面);然后在断面图上分别求出各断面设计高程线与断面图所包围的填土面积 T_{Ti} 和挖土面积 A_{Wi}(i 表示段面编号),最后计算两断面间土石方量。

例如,1—1 和 2—2 两断面间的土石方为

填方 $$V_T = \frac{1}{2}(A_{T1} + A_{T2}) l$$

挖方 $$V_W = \frac{1}{2}(A_{W1} + A_{W2}) l$$

用同样的方法依次计算出每两相邻断面间的土石方量,最后将填方量和挖方量分别累加,即得总土石方量。

上述 3 种土石方估算方法各有特点,应根据场地地形条件和工程要求选择合适的方法。当实际工程土石方估算精度要求较高时,往往要到现场实测方格网图(方格点高程)、断面图或地形图。此外,上面介绍的 3 种土石方估算方法均未考虑削坡影响,当高差较大时,这部分土石方量是很大的,因此,实际工程中应参照上述方法计算削坡部分的土石方量。

8.5 全站仪数字测图

8.5.1 全站仪测记法测图

全站仪测记法数字测图可以分为 3 个阶段:数据采集、数据处理和图形输出,如图 8.39 所示。

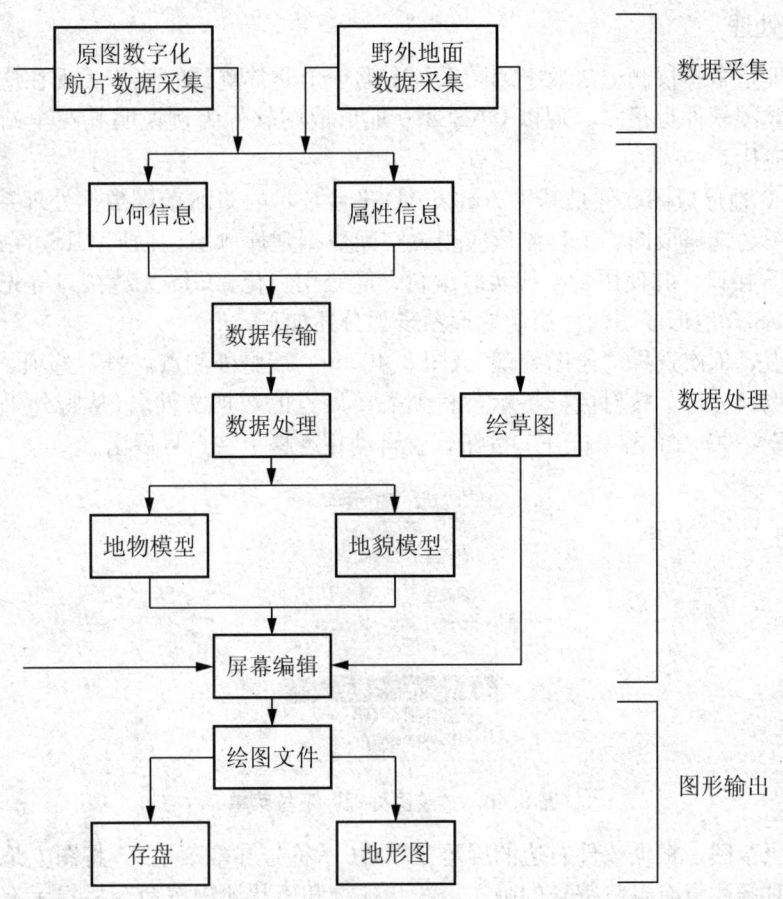

图 8.39 数字测图的作业过程

1. 数据采集

1) 测站设置与检核

碎部测量时，首先要对全站仪进行测站的设置，即首先要输入测站点号、后视点号、仪器高。接着选择定向点，照准好后，输入定向点点号和水平度盘读数。然后选择一个已知点（或已测点）进行检核，输入检核点点号，照准后进行测量。测完之后将显示 x、y、H 的差值，如果不通过检核则不能继续测量。检核定向是一项十分重要的工作，切不可忽视。

2) 碎部点测量

全站仪测记法数字测图的碎部点测量通常采用极坐标法进行碎部测量，并记录全部测点信息。当在测量碎部点并不关心碎部点点号时，或者碎部点点号没有特定要求时，可以选择点号自动累计方式，这样可以避免同一数据中出现重复点号；当不能采用自动累计方式时，可以采用点号手工输入方式。

当采用测记模式进行外业测量时，必须绘制标注测点点号的人工草图，到室内将测量数据直接由记录器传输到计算机，再由人工按草图编辑图形文件。当采用电子平板测绘模式时，可以进行现场实时成图和图形编辑、修正，保证全站仪测记法数字测图外业测绘的正确性，到内业仅做一些整饰和修改后，即可绘图输出。

2. 数据处理

数据处理是全站仪测记法数字测图系统中的一个非常重要的环节。现在应用于地形图测绘方面的成图软件也很多，现以 CASS8.0 地形成图软件为例说明其在全站仪测记法数字测图中的应用。

CASS8.0 地形成图软件是基于 AutoCAD 平台技术的 GIS 前端数据处理系统，广泛应用于地形成图、地籍成图、工程测量应用、空间数据建库领域，面向 GIS，彻底打通了数字成图与 GIS 接口，并使用骨架线实时编辑、简码用户化、GIS 无缝接口等先进技术。

用 CASS8.0 地形成图软件绘制地形图步骤分述如下。

（1）展点，依次选择"绘图处理"（图 8.40）→"展野外测点点号"选项，提示输比例尺，输入比例尺分母，按对话框提示，找到需要展点的数据文件名（从野外采集生成过来的 DAT 数据文件），单击"打开"按钮，就自动在屏幕上将点号展出。

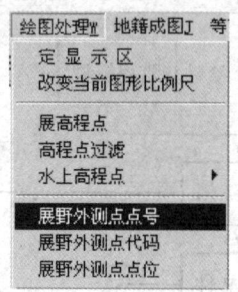

图 8.40 "绘图处理"下拉菜单

（2）对照草图，根据软件右边的屏幕菜单（图示符号屏幕菜单），将图上地物逐一画出来，绘制的时候注意有点状符号的画法，线状地物和面状地物按命令栏提示有多种操作技巧，以及是否封闭和拟合。草图要绘制清晰，绘制图形时就会省力。

（3）地物绘制完毕后，依次选择"编辑"→"删除"→"删除实体所在图层"命令，按提示选择图上点号中的任意一个，可删除点号（无地物画的话直接到下一步）。

（4）展高程点：依次选择"绘图处理"→"展高程点"选项，按提示找到要展高程的数据文件（从野外采集过来的 DAT 数据文件），单击"打开"按钮，按 Enter 键，就自动展高程点。

（5）如果要过滤高程点，可用"绘图处理"→"高程点过滤"选项的方法过滤，但是要记得既要过滤高程值数据一定范围的点，也要选择"依距离过滤"选项，把点处理稀点。

（6）画等高线："等高线"→"建立 DTM"选项，系统弹出对话框，选择建立 DTM 的方式（由数据文件建立），找到要建立 DTM 的数据文件，单击选择数据文件，单击"确定"按钮，自动建立 DTM，用户可根据实际情况增减 DTM 三角形，在等高线菜单中详细操作。

（7）绘制等高线："等高线"→"绘制等高线"选项，弹出对话框，输入等高距，选择拟合方式，一般选"三次 B 样条拟合"，单击"确定"按钮，自动画等高线。

（8）删三角网："等高线"→"删三角网"选项，自动删除三角网。

（9）等高线注记：先按字头北方向由下往上画一条多义线（PL 命令是多义线命令），完成后，"等高线"→"等高线注记"→"沿直线高程注记"选项，系统提示选择，可选只处理计曲线,或处理所有等高线,选择后按系统提示选取刚才画的辅助直线,自动注记完成,按【Enter】键结束。

(10)等高线修剪:"等高线"→"等高线修剪"选项,有两种方法,切除指定两线间等高线和切除指定区域内等高线。

(11)高程注记上的等高线的修剪:"等高线"→"等高线修剪"→"批量修剪等高线"选项,弹出一对话框,如图8.41所示,选择"手工选择"、"修剪"单选按钮,并在"高程注记"、"文字注记"复选框前打钩,其他不钩选,单击"确定"按钮。

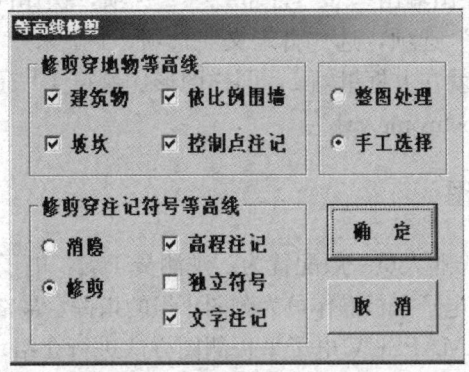

图 8.41 "等高线修剪"对话框

按系统提示选择要修剪的注记(务必选注记文字本身),可拉框选择,按【Enter】键后自动剪断注记上的压线的等高线。

(12)加图框:"绘图处理"→"标准图幅50＊50"选项或"标准图幅50＊40"选项。

如图8.42所示,输入"图名"、"测量信息"、"接图表"等信息,选"取整到米"或者"取整到十米",通过鼠标在屏幕上选择左下角坐标,"删除图框外实体"复选框可不打勾,完成了单击"确定"按钮,多试几次看大小是否合适,图框不够要分幅。

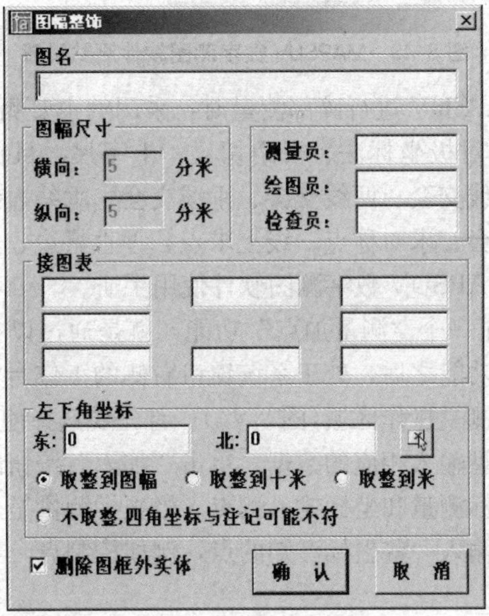

图 8.42 "图幅整饰"对话框

(13) 分幅："绘图处理" → "批量分幅" → "建立网格"选项，按提示选择图幅尺寸，输入测区左下角和右上角（鼠标点取）；再"绘图处理" → "批量分幅" → "批量输出"选项，输入分幅图目录名（存放路径），单击"确定"按钮就自动分在指定目录里了。

3. 图形输出

将绘制好的图形文件进行存盘或者直接打印。

打印："文件" → "绘图输出" → "打印……"选项，操作同 CAD，不过在打印设置里，注意有个"打印比例"选项，选"自定义"选项，1毫米＝1个图形单位，按公式计算图形比例尺是 1∶1000 就在方框里输 1，同样图形比例尺 1∶500 就输 0.5。打黑白的要选："打印样式中的"monochrome.ctb"。

8.5.2 电子平板法测图

电子平板法测图时，作业人员一般配置为：观测员 1 名，电子平板（便携机）操作人员 1 名，跑尺员 1～2 名，其中电子平板操作员为测图小组的指挥。最常用的方法是 MAPSUV 电子平板测图系统，下面对 MAPSUV 电子平板测图方法进行介绍。

进行碎部测图，一般先在测站点安置好全站仪，通过测站设置对话框输入测站设置信息：测站点号、后视点号、仪器高以及觇标高，如图 8.43 所示。然后以极坐标法为主，配合其他碎部点测量方法施测。

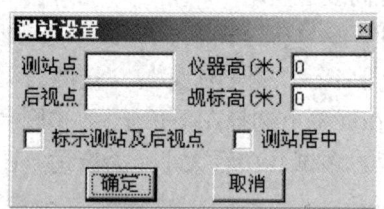

图 8.43　MAPSUV 数字测图软件测站设置

如图 8.44 所示，MAPSUV 进行碎部测量时，采用的主要测量方法和解析算法有：坐标输入法、极坐标法、相对极坐标法、视距切尺、十字尺、目标遥测、偏心距、距离交会、方向直线交会、平行线交会、两线交会、垂线交会、垂线直线交点、求垂足、垂线垂足、内等分、距离直线交会、求对称点、线上求点、垂直量边、水深测量和求圆心。这些方法的具体描述可参看 MAPSUV 数字测图软件使用手册。

MAPSUV 系统提供了一个"测量加点"功能，就是通过以上提到的测量方法或者算法加入测点。当选择了该功能之后，处于系统窗口右侧的工作台将会把测量面板激活，在测量面板的上部就是测点测量操作区域（图 8.44）。首先要选择使用的方法或算法，然后根据系统要求输入的数据类型输入相应的数据，单击"加入"按钮即可。

其中最常用的是极坐标测量和坐标输入测点。极坐标测量是外业测量时的主要测量方法；坐标输入测点是用于输入一些坐标已知的点，例如控制点，当然这只适合输入少量的控制点。

道路工程地形图测绘 **项目 8**

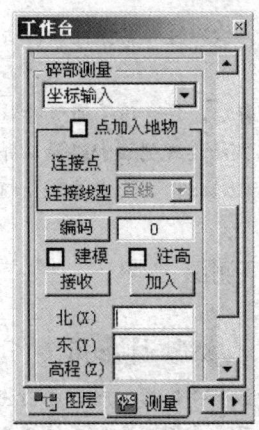

图 8.44　MAPSUV 数字测图软件工作台

这里有一处需要注意：在测量面板上有一个"点加入地物"的复选框，它的作用是在测量加点的同时，根据输入的编码，如果是点编码就直接建立点状地物，否则将连续加入的测点自动连成地物。操作步骤如下。

（1）将"点加入地物"复选框前打上"√"。

（2）如果是地物中的第一个点，"连接点"应该为空，否则要输入其连接点名。

（3）选择加入的测点和连接点之间的连接关系。

（4）输入测点或地物的编码。

（5）选择"地物编辑"下的"查看地物连接"功能，然后使用鼠标选中要新生成的测点加入的地物，地物被选中后会在窗口中闪烁，并且在测量面板下部的地物信息框中能看到被选中的地物的连接信息。

（6）按要求输入计算需要的数据后，单击"加入"按钮，测点坐标就被计算出来了，同时测点加入到窗口中。如果选中"点加入地物"复选框，那么地物也会同时创建。

经验提示

如果是将测量的点加入到已有的地物，第 5 步是必须的，如果加的测点是要建立的地物的第一个点，那么"连接点"要为空且第 5 步可以忽略。

对 MAPSUV 数字测图系统的电子平板工作流程来说，现场能自动完成绝大部分绘图工作；可在现场对所测图形检查与修改，以保证测图的正确性。电子平板野外数据采集过程就是成图过程，即数据采集与绘图同步进行，内业仅做一些图形编辑、整饰工作。

经验提示

（1）在比例尺的选择上，工程类各专业通常使用大比例尺地形图。

（2）对于同一比例尺测图，选择等高距过小，会成倍地增加测绘工作量。对于山区，有时会因等高线过密而影响地形图的清晰。

(3) 地形图具有可量性、可定向性、综合性、易读性等特点,掌握住这些特点便于工程技术人员对地形图进行识读和应用。

(4) 等高线一般应在现场边测边勾绘,要运用等高线的特性,至少应勾绘出计曲线控制等高线的走向,以便与实地地形相对照,可以当场发现错误和遗漏,并能及时纠正。

(5) 坡度有正负号,"+"(正号)表示上坡;"—"(负号)表示下坡。坡度一般用千分率或百分率表示。

【提示】技能训练14——全站仪数字测图。

项目小结

地形图是制订工程规划、进行设计的重要依据,同时也是施工和管理中不可缺少的基础资料。本项目重点内容是地形图的基本知识,以及大比例尺地形图的测绘方法、全站仪数字化测图、地形图的基本应用、面积量算、地形图在工程建设中的应用等。

知识点考查

1. 什么是地形图?
2. 什么是地图的比例尺?什么是比例尺精度?它对测图和设计用图有什么意义?
3. 什么是等高线、等高距、等高线平距?在同一幅地形图上,等高线平距与地面坡度有什么关系?
4. 等高线有哪几种?等高线具有哪些特性?
5. 试用规定的符号,将图8.45中的山头、鞍部、山脊线和山谷线标示出来(山头△、鞍部○、山脊线 ·•·、山谷线 ——)。

图 8.45 题 5 图

6. 测图前的准备工作有哪些?
7. 试述经纬仪测绘法测绘地形图的步骤。

8. 根据表8-7中的碎部测量记录数据，计算出各碎部点的水平距离及高程。

表8-7 碎部测量手簿

测站：A　后视点：B　仪器高 $i=1.50$ m　指标差 $x=0$　测站高程 $H_a=28.34$ m

点号	视距 KL/m	中丝读数 v/m	竖盘读数 (° ′)	竖直角 (° ′)	水平角 (° ′)	水平距离 D/m	高程 H/m	备注
1	28.6	1.50	87 42		26 30			望远镜视线水平时，竖盘读数为90°；向上倾斜时，读数减少
2	54.2	1.48	84 54		72 36			
3	42.5	1.55	92 48		102 18			

9. 经纬仪测图时应如何选择碎部点？

10. 根据图8.46上各碎部点的平面位置和高程，试勾绘等高距为1m的等高线。

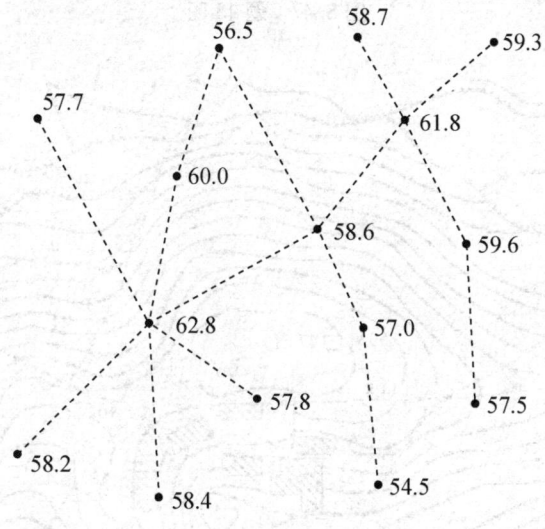

图8.46　题10图

11. 全站仪数字化测图的优点表现在哪些方面？

12. 方格网法将场地平整为设计平面的步骤是什么？

13. 在如图8.47所示的1∶2000地形图上完成以下工作。

(1) 确定 A、C 两点的坐标和高程。

(2) 计算 AC 的水平距离和方位角。

(3) 绘制 AB 方向的纵断面图。

14. 欲在图8.48(比例尺为1∶2000)的地形图中汪家凹村北进行土地平整，其设计要求如下。

(1) 平整后要求成为高程为44m的水平面。

(2) 平整场地的位置：以533导线点为起点向东60m，向北50m。

根据设计要求绘出边长为10m的方格网，求出填、挖土方量。

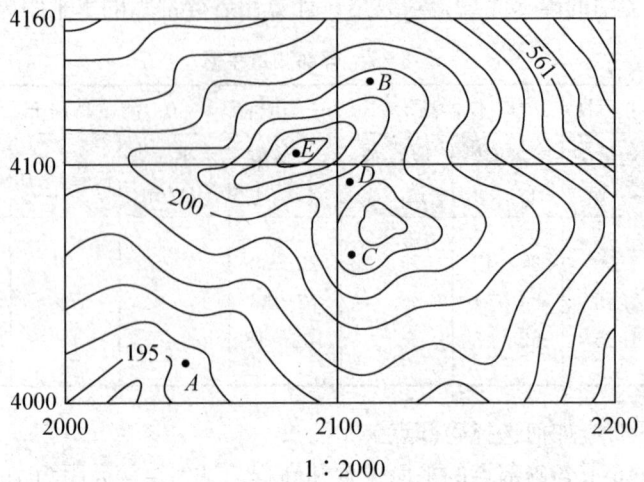

图 8.47 题 13 图

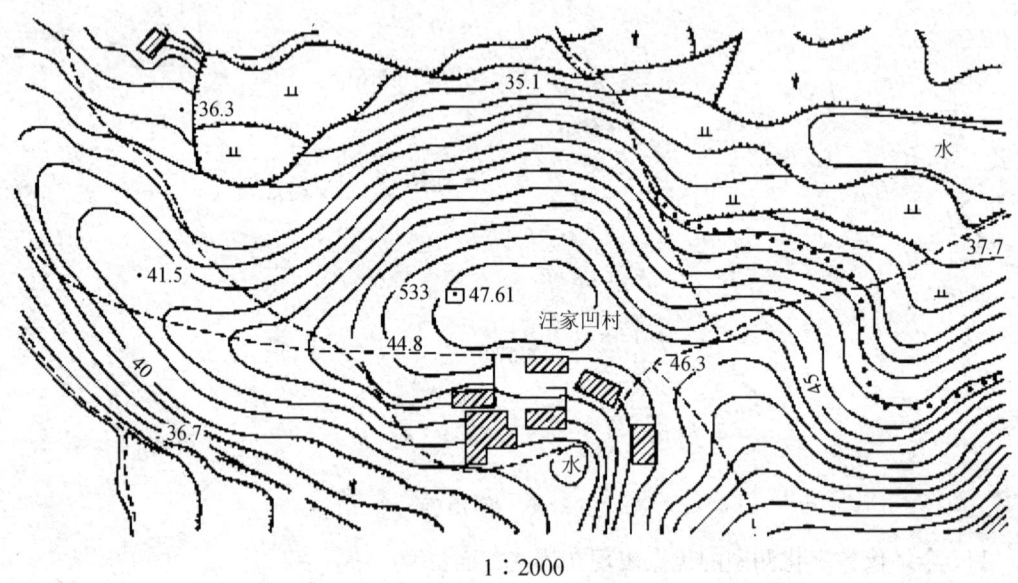

图 8.48 题 14 图

项目 9

道路中线测量

知识目标

知识要点	知识目标
测设的基本工作	掌握测设的 3 项基本工作
平面点位的测设方法	掌握直角坐标法、极坐标法,熟悉角度交会法、距离交会法
道路中线测量	熟悉道路中线测量的工作过程和工作内容
曲线测设	掌握曲线元素和坐标的计算,掌握曲线测设的方法

实训目标

实训项目	实训目标
极坐标法放样	掌握极坐标法放样平面点位的方法和步骤
直角坐标法放样	掌握直角坐标法放样平面点位的方法和步骤
高程测设	掌握测设已知高程的方法和步骤
圆曲线测设	掌握圆曲线主点测设和细部测设的方法

▶▶项目导读

道路勘测设计阶段,道路测量的内容包括初测和定测。勘测前应搜集和掌握一些基本资料,根据工程可行性研究报告拟定的路线基本走向方案,在1∶10000~1∶50000地形图上或航测像片上进行室内研究,经过对路线方案的初步比选,拟定出需勘测的方案及需现场重点落实的问题。最后,进行路线初测和定测。

公路初测和定测的内容包括路线平面控制测量、高程控制测量、带状地形图测绘、路线定线、纵横断面测量、水文调查和桥涵勘测等。

公路工程施工测量是指道路施工过程中所要进行的各项测量工作,主要包括道路复测、中线测量、纵横断面测量、边桩和边坡放样、高程放样和沉降观测等。本项目主要介绍测设基本工作和道路中线测量。

9.1 施工测量的基本工作

9.1.1 测设的基本工作

1. 测设已知水平距离

测设已知水平距离是从地面一个已知点开始,沿已知方向测设出给定的水平距离以定出第二个端点的工作。根据测设的精度要求不同,可分为一般测设方法和精密测设方法。

1)用钢尺测设已知水平距离

(1)一般测设方法:在地面上,由已知点 A 开始,沿给定方向,用钢尺量出已知水平距离 D 定出 B 点。为了校核与提高测设精度,在起点 A 处改变读数,按同法量已知距离 D 定出 B' 点。由于量距有误差,B 与 B' 两点一般不重合,其相对误差在允许范围内时,则取两点的中点作为最终位置。

(2)精密测设方法:当水平距离的测设精度要求较高时,按照上面一般方法在地面测设出的水平距离,还应再加上尺长、温度和高差3项改正,但改正数的符号与精确量距时的符号相反。即

$$S = D - \Delta l - \Delta t - \Delta h$$

式中 S——实地测设的距离;

D——待测设的水平距离;

Δl——尺长改正数,$\Delta l = \dfrac{\Delta l}{l_0} \cdot D$,$l_0$ 和 Δl 分别是所用钢尺的名义长度和尺长改正数;

Δt——温度改正数,$\Delta t = \alpha \cdot D \cdot (t - t_0)$,$\alpha = 1.25 \times 10^{-5}$ 为钢尺的线膨胀系数,t 为测设时的温度,t_0 为钢尺的标准温度,一般为20℃;

Δh——倾斜改正数,$\Delta h = -\dfrac{h^2}{2D}$,$h$ 为线段两端点的高差。

【例9-1】如图9.1所示,欲测设水平距离AB,所使用钢尺的尺长方程式为
$$l_t = 30.000\text{m} + 0.003\text{m} + 1.2 \times 10^{-5} \times 30(t - 20℃)\text{m}$$
测设时的温度为5℃,AB两点之间的高差为1.2m,试求测设时在实地应量出的长度是多少?

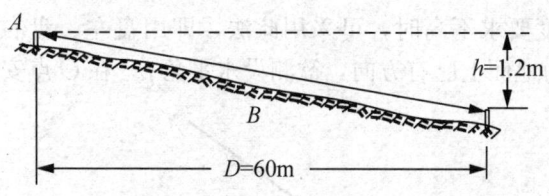

图9.1 测设已知水平距离

解:计算3项改正如下。

尺长改正:$\Delta l = \dfrac{\Delta l}{l_0} \cdot D = \dfrac{0.003}{30} \cdot 60 = 0.006(\text{m})$

温度改正:$\Delta t = \alpha \cdot D \cdot (t - t_0) = 60 \times 1.25 \times 10^{-5} \times (5-20) = -0.011(\text{m})$

倾斜改正:$\Delta h = -\dfrac{h^2}{2D} = -\dfrac{1.2^2}{2 \times 60} = -0.012(\text{m})$

则实地测设水平距离为
$$S = D - \Delta l - \Delta t - \Delta h = 60.017(\text{m})$$

测设时,自起点A沿AB方向量出S,定出终点B,即得设计的水平距离D。为了检核,通常再放样一次,若两次放样之差在允许范围内,则取平均位置作为终点B的最后位置。

2)光电测距仪测设已知水平距离

用光电测距仪测设已知水平距离与用钢尺测设方法大致相同。如图9.2所示,光电测距仪安置于A点,反光镜沿已知方向AB移动,使仪器显示的距离大致等于待测设距离D,定出B'点,测出B'点反光镜的竖直角及斜距,计算出水平距离D'。再计算出D'与需要测设的水平距离D之间的改正数$\Delta D = D - D'$。根据ΔD的符号,在实地由B'点沿已知方向用钢尺量ΔD定出B点,AB即为测设的水平距离D。

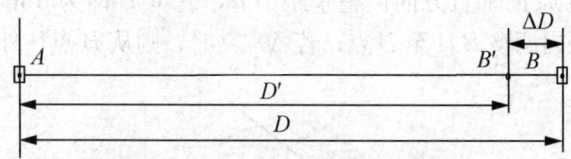

图9.2 光电测距仪放样距离

全站仪瞄准位于B点附近的棱镜后,能够直接显示出全站仪与棱镜之间的水平距离D',因此,可以通过前后移动棱镜使其水平距离D'等于待测设的已知水平距离D时,即可定出B点。

为了检核,将反光镜安置在B点,测量AB的水平距离,若不符合要求,则再次改正,直至在允许范围之内为止。

【提示】技能训练15——已知水平距离的测设。

2. 测设已知水平角

测设已知水平角就是根据一个已知方向测设出另一个方向，使它们的水平角等于给定的设计角值。按测设精度要求不同分为一般方法和精确方法。

1) 一般方法

当测设水平角精度要求不高时，可采用此法，即用盘左、盘右取平均值的方法。如图 9.3 所示，设 OA 为地面上已有方向，欲测设水平角 β，在 O 点安置经纬仪，

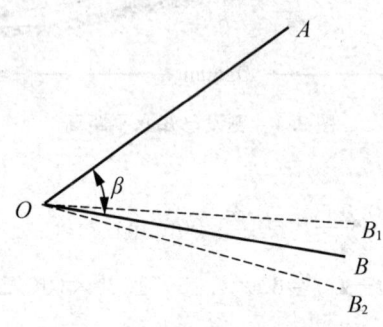

图 9.3　一般方法测设水平角

以盘左位置瞄准 A 点，配置水平度盘读数为 0。转动照准部使水平度盘读数恰好为 β 值，在视线方向定出 B_1 点。然后用盘右位置，重复上述步骤定出 B_2 点，取 B_1 和 B_2 中点 B，则 $\angle AOB$ 即为测设的 β 角。

这种方法也称为盘左盘右分中法。

2) 精确方法

当测设精度要求较高时，可采用精确方法测设已知水平角。如图 9.4 所示，安置经纬仪于 O 点，按照上述一般方法测设出已知水平角 $\angle AOB'$，定出 B' 点。然后较精确地测量 $\angle AOB'$ 的角值，一般采用多个测回取平均值的方法，设平均角值为 β'，测量出 OB' 的距离。按式(9-1)计算 B' 点处 OB' 线段的垂距 $B'B$。

$$B'B = \frac{\Delta\beta''}{\rho''} = \frac{\beta - \beta'}{206265''} \cdot OB' \tag{9-1}$$

然后，从 B' 点沿 OB' 的垂直方向调整垂距 $B'B$，$\angle AOB$ 即为 β 角。如图 9.4 所示，若 $\Delta\beta > 0$ 时，则从 B' 点往内调整 $B'B$ 至 B 点；若 $\Delta\beta < 0$ 时，则从 B' 点往外调整 $B'B$ 至 B 点。

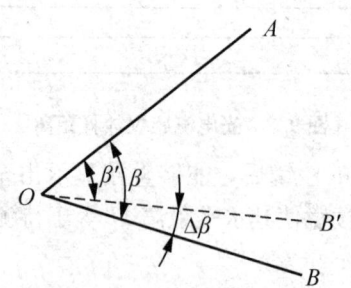

图 9.4　精确方法测设水平角

【提示】技能训练 16——已知水平角度的测设。

3. 测设已知高程

测设已知高程就是根据已知点的高程，通过引测，把设计高程标定在固定的位置上。如图 9.5 所示，已知高程点 A，其高程为 H_A，需要在 B 点标定出已知高程为 H_B 的位置。方法是：在 A 点和 B 点中间安置水准仪，精平后读取 A 点的标尺读数为 a，则仪器的视线高程为 $H_i=H_A+a$，由图可知测设已知高程为 H_B 的 B 点标尺读数应为

$$b=H_i-H_B$$

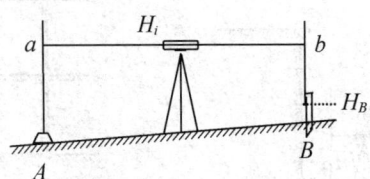

图 9.5　已知高程测设

将水准尺紧靠 B 点木桩的侧面上下移动，直到尺上读数为 b 时，沿尺底画一条横线，此线即为设计高程 H_B 的位置。测设时应始终保持水准管气泡居中。

（1）在建筑设计和施工中，为了计算方便，通常把建筑物的室内设计地坪高程用±0 标高表示，建筑物的基础、门窗等高程都是以±0 为依据进行测设。因此，首先要在施工现场利用测设已知高程的方法测设出室内地坪高程的位置。

（2）在地下坑道施工中，高程点位通常设置在坑道顶部。通常规定当高程点位于坑道顶部时，在进行水准测量时水准尺均应倒立在高程点上。如图 9.6 所示，A 为已知高程 H_A 的水准点，B 为待测设高程为 H_B 的位置，由于 $H_B=H_A+a+b$，则在 B 点应有的标尺读数为 $b=H_B-(H_A+a)$。因此，将水准尺倒立并紧靠 B 点木桩上下移动，直到尺上读数为 b 时，在尺底画出设计高程 H_B 的位置。

（3）对于多个测站的情况，也可以采用类似分析和解决方法。如图 9.7 所示，A 为已知高程 H_A 的水准点，C 为待测设高程为 H_C 的点位，由于 $H_C=H_A-a-b_1+b_2+c$，则在 C 点应有的标尺读数 $c=H_C-(H_A-a-b_1+b_2)$。

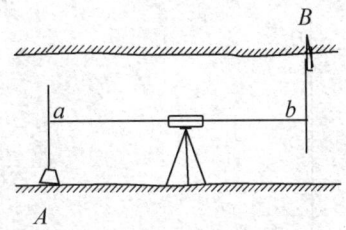

图 9.6　高程点在顶部的测设

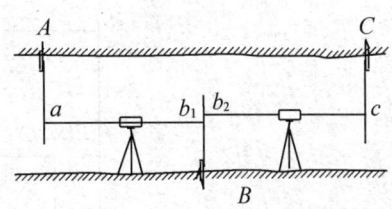

图 9.7　多个测站高程点测设

（4）当待测设点与已知水准点的高差较大时，则可以采用悬挂钢尺的方法进行测设。如图 9.8 所示，钢尺悬挂在支架上，零端向下并挂一重物，A 为已知高程为 H_A 的水准点，B 为待测设高程为 H_B 的点位。在地面和待测设点位附近安置水准仪，分别在标尺和钢尺上读数 a_1、b_1 和 a_2。由于 $H_B=H_A+a-(b_1-a_2)-b_2$，则可以计算出 B 点处标尺

的读数 $b_2=H_A+a-(b_1-a_2)-H_B$。同样，图 9.9 所示情形也可以采用类似方法进行测设，即计算出前视读数 $b_2=H_A+a+(a_2-b_1)-H_B$，再划出已知高程位 H_B 的标志线。

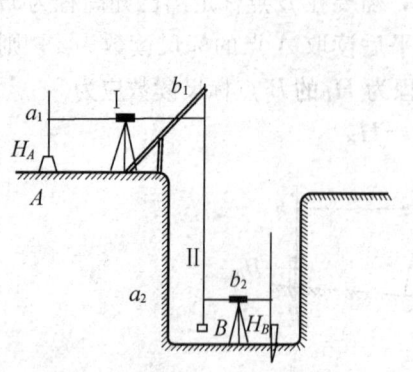
图 9.8 测设建筑基底高程

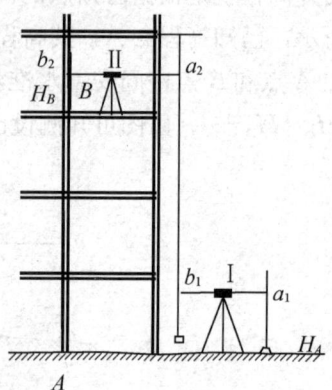
图 9.9 测设建筑楼层高程

9.1.2 测设点的平面位置

点的平面位置测设是根据已布设好的控制点的坐标和待测设点的坐标，反算出测设数据，即控制点和待测设点之间的水平距离和水平角，再利用上述测设方法标定出设计点位。根据所用的仪器设备、控制点的分布情况、测设场地地形条件及测设点精度要求等条件，可以采用以下 5 种方法进行测设工作。

1. 直角坐标法

直角坐标法是建立在直角坐标原理基础上测设点位的一种方法。当建筑场地已建立有相互垂直的主轴线或建筑方格网时，一般采用此法。

如图 9.10 所示，A、B、C、D 为建筑方格网或建筑基线控制点，1、2、3、4 点为待测设建筑物轴线的交点，建筑方格网或建筑基线分别平行或垂直待测设建筑物的轴线。根据控制点的坐标和待测设点的坐标可以计算出两者之间的坐标增量。下面以测设 1、2 点为例，说明测设方法。

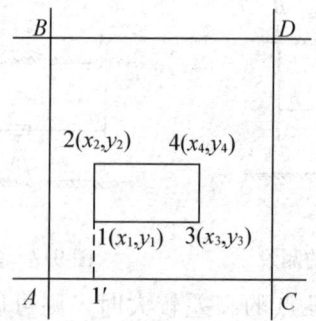
图 9.10 直角坐标法测设点位

首先计算出 A 点与 1、2 点之间的坐标增量，即
$$\Delta x_{A1}=x_1-x_A, \quad \Delta y_{A1}=y_1-y_A$$

测设1、2点平面位置时,在A点安置经纬仪,照准C点,沿此视线方向从A沿C方向测设水平距离Δy_{A1}定出$1'$点。再安置经纬仪于$1'$点,盘左照准C点(或A点),转$90°$给出视线方向,沿此方向分别测设出水平距离Δx_{A1}和Δx_{12}定1、2两点。同法以盘右位置定出再定出1、2两点,取1、2两点盘左和盘右的中点即为所求点位置。

采用同样的方法可以测设3、4点的位置。

检核时,可以在已测设的点上架设经纬仪,检测各个角度是否符合设计要求,并丈量各条边长。

如果待测设点位的精度要求较高,可以利用精确方法测设水平距离和水平角。

2. 极坐标法

极坐标法是根据控制点、水平角和水平距离测设点平面位置的方法。在控制点与测设点间便于钢尺量距的情况下,采用此法较为适宜,而利用测距仪或全站仪测设水平距离,则没有此项限制,且工作效率和精度都较高。

如图9.11所示,$A(x_A,y_A)$、$B(x_B,y_B)$为已知控制点,$1(x_1,y_1)$、$2(x_2,y_2)$点为待测设点。根据已知点坐标和测设点坐标,按坐标反算方法求出测设数据,即D_1、D_2,$\beta_1=\alpha_{A1}-\alpha_{AB}$,$\beta_2=\alpha_{A2}-\alpha_{AB}$。

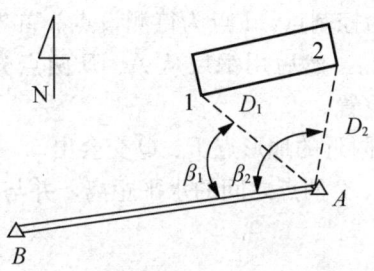

图9.11 极坐标法测设点位

测设时,经纬仪安置在A点,后视B点,置度盘为零,按盘左盘右分中法测设水平角β_1、β_2,定出1、2点方向,沿此方向测设水平距离D_1、D_2,则可以在地面标定出设计点位1、2两点。

检核时,可以采用丈量实地1、2两点之间的水平边长,并与1、2两点设计坐标反算出的水平边长进行比较。

3. 角度交会法

角度交会法是在2个控制点上分别安置经纬仪,根据相应的水平角测设出相应的方向,根据两个方向交会定出点位的一种方法。此法适用于测设点离控制点较远或量距有困难的情况。

如图9.12所示,根据控制点A、B和测设点1、2的坐标,反算测设数据β_{A1}、β_{A2}、β_{B1}和β_{B2}角值。将经纬仪安置在A点,瞄准B点,利用β_{A1}、β_{A2}角值按照盘左盘右分中法,定出$A1$、$A2$方向线,并在其方向线上的1、2两点附近分别打上两个木桩(俗称骑马桩),桩上钉小钉以表示此方向,并用细线拉紧。然后,在B点安置经纬仪,同法定出$B1$、$B2$方向线。根据$A1$和$B1$、$A2$和$B2$方向线可以分别交出1、2两点,即为所求待测设点的位置。

也可以利用两台经纬仪分别在 A、B 两个控制点同时设站,测设出方向线后标定出1、2两点。

检核时,可以采用丈量实地1、2两点之间的水平边长,并与1、2两点设计坐标反算出的水平边长进行比较。

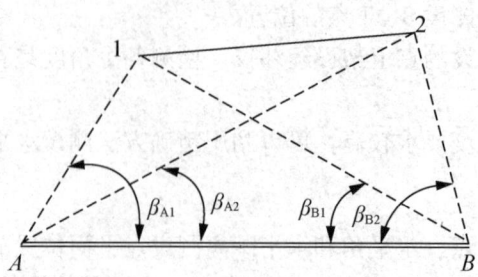

图 9.12　角度交会法测设点位

4. 距离交会法

距离交会法是从两个控制点利用两段已知距离进行交会定点的方法。当建筑场地平坦且便于量距时,用此法较为方便。

如图 9.13 所示,A、B 为控制点,1 点为待测设点。首先,根据控制点和待测设点的坐标反算出测设数据 D_A 和 D_B,然后用钢尺从 A、B 两点分别测设两段水平距离 D_A 和 D_B,其交点即为所求 1 点的位置。

同样,2 点的位置可以由附近的地形点 P、Q 交会出。

检核时,可以实地丈量1、2两点之间的水平距离,并与1、2两点设计坐标反算出的水平距离进行比较。

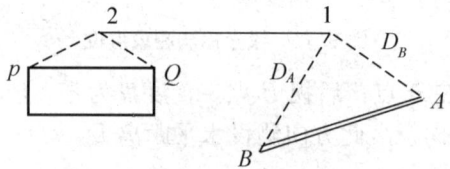

图 9.13　距离交会法测设点位

5. 全站仪坐标测设法

全站仪不仅具有测设精度高、速度快的特点,而且可以直接测设点的位置。同时,在施工放样中受天气和地形条件的影响较小,从而在生产实践中得到了广泛应用。

全站仪坐标测设法,就是根据控制点和待测设点的坐标定出点位的一种方法。首先,仪器安置在控制点上,使仪器置于测设模式,然后输入控制点和测设点的坐标,一人持反光棱镜立在待测设点附近,用望远镜照准棱镜,按坐标测设功能键,全站仪显示出棱镜位置与测设点的坐标差。根据坐标差值,移动棱镜位置,直到坐标差值等于零,此时,棱镜位置即为测设点的点位。

为了能够发现错误,每个测设点位置确定后,可以再测定其坐标作为检核。

【提示】技能训练17——点的平面位置放样。

9.1.3 已知坡度线的测设

已知坡度线的测设就是在地面上定出一条直线，其坡度值等于已给定的设计坡度。在交通线路工程、排水管道施工和敷设地下管线等项工作中经常涉及该问题。

如图 9.14 所示，设地面上 A 点的高程为 H_A，AB 两点之间的水平距离为 D，要求从 A 点沿 AB 方向测设一条设计坡度为 δ 的直线 AB，即在 AB 方向上定出 1、2、3、4、B 各桩点，使其各个桩顶面连线的坡度等于设计坡度 δ。

具体测设时，先根据设计坡度 δ 和水平距离 D 计算出 B 点的高程，公式为

$$H_B = H_A - \delta \times D$$

> **经验提示**
>
> 计算 B 点高程时，注意坡度 δ 的正、负，在图 9.14 中 δ 应取负值。

然后，按照前面所述测设已知高程的方法，把 B 点的设计高程测设到木桩上，则 AB 两点的连线的坡度等于已知设计坡度 δ。

为了在 AB 间加密 1、2、3、4 等点，在 A 点安置水准仪时，使一个脚螺旋在 AB 方向线上，另两个脚螺旋的连线大致与 AB 线垂直，量取仪器高 i，用望远镜照准 B 点水准尺，旋转在 AB 方向上的脚螺旋，使 B 点桩上水准尺上的读数等于 i，此时仪器的视线即为设计坡度线。在 AB 中间各点打上木桩，并在桩上立尺使读数皆为 i，这样的各桩桩顶的连线就是测设坡度线。当设计坡度较大时，可利用经纬仪定出中间各点。

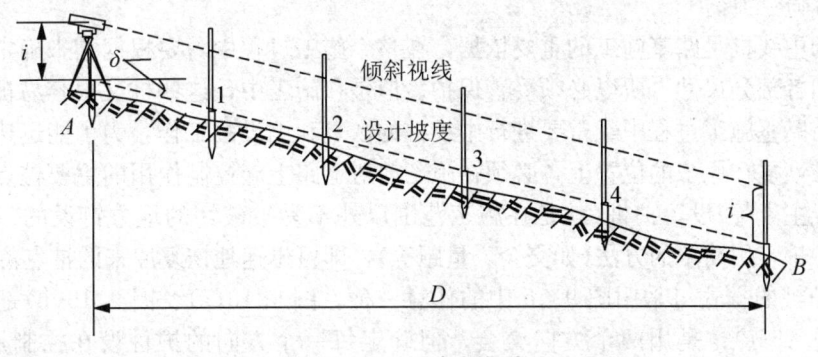

图 9.14 已知坡度线测设

【提示】技能训练 18——高程测设。

9.2 道路施工前的准备工作

1. 道路施工前的资料准备

道路施测前应收集道路施工图中有关道路测量的资料，如沿线的导线点资料、水准点资料、中线设计和测设资料、纵横断面资料及带状地形图等。

2. 交桩

施工单位在接到道路测量资料的同时，也必须到实地由设计单位将导线点、水准点和中桩点的实地位置在现场移交给施工单位，这个过程称为交桩。

3. 道路施工复测

1）复测内容

道路的施工复测基本上与设计阶段相同，它包括导线测量、水准测量、道路的放样、中线测量和纵横断面测量。

（1）首先，必须对沿线的导线点和水准点进行检查和必要的加密，破坏严重的要重新布设，这是道路施工的基础。一般情况下，导线点的密度能够满足施工要求，水准点要加密到200m以内一个点，以方便施工使用。

（2）然后，必须对道路中线进行详细的测设，这是道路施工的依据。特别是对设计单位测设的道路交点、直线转点、曲线控制点和重要的桥涵加桩更要重点检查。对部分改线地段则重新测设定线，测设相应的纵横断面图。

（3）最后，必须进行纵横断面测量，并和设计单位的测量成果相比较。

2）施工复测特点

施工复测是检验原有桩点的准确性，而不是重新测设。凡是与原来的成果或点位的差异在允许限差以内时，一律以原存成果为准，不作改动。只有经过多次复测证明与原有成果或点位确有较大差异时才能改动，而改动应尽可能限制在局部范围内。施工复测的精度与定测相同。

3）控制桩的保护

道路的中线桩是路基施工的重要依据，在整个施工过程中，要根据它来确定路基的位置、高程和各部分尺寸，所以必须妥善保护。但是在施工中，这些桩又很容易被移动或破坏，所以在路基施工过程中经常要进行中线桩的恢复和测设的工作，为了能迅速而又准确地把中线桩恢复在原来的位置上，必须在施工前对道路上起控制作用的主要桩点（如交点、转点、曲线主点等）设置护桩（就是在施工范围以外不易被破坏的地方钉设的一些木桩），根据这些护桩，用简单的方法（如交会、量距等），即可迅速地恢复原来的桩点位置。

设置护桩的方式可采用图9.15中的任意一种。图9.15(a)、图9.15(b)是两个方向交会；图9.15(c)也是用两个方向交会，但确定每一个方向的护桩设在控制点的两侧；图9.15(d)是用两个或三个以上距离进行交会；图9.15(e)用一个方向和一个距离来定桩点。一般要根据周围的地形条件来决定采用哪种适当的护桩方式。

设置护桩时，将经纬仪安置在控制点上，选择好设置护桩的方向后，先在远处打一个木桩，以正镜位置照准该点，然后沿着这个方向由远到近设置其他护桩，并在桩顶上作出临时标记；接着用倒镜再次照准该点，同时对其他桩逐一进行检查。如果正倒镜所定的点不重合，则取其平均位置，并钉下一个小钉作为所用方向之标记；最后测出道路与该方向之间的夹角，并量出控制桩到各护桩的距离。同法，设置其他方向上的护桩。

为了便于寻找护桩，护桩的位置应用草图或文字作详细说明。草图上应绘出护桩的形式，说明桩点的性质、里程及各种数据，并在实地对每一个护桩作出明显标记加以编号。

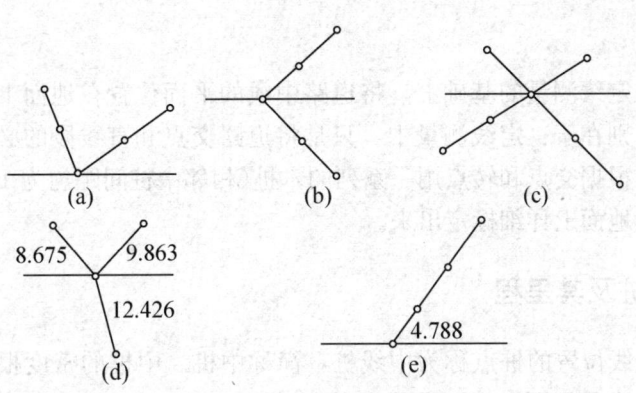

图 9.15 控制桩的保护

此外，设置护桩还要注意以下几点。

（1）在道路每一直线段上，至少应对 3 个控制桩设置护桩。这样，即使有一个控制桩不能恢复时，仍可用其他两点把该直线段恢复到原来位置上。

（2）每个方向上至少应设 3 个护桩，便于恢复控制桩。

（3）两方向线的交角尽可能接近 90°，交角不宜小于 30°。

（4）护桩应选在施工范围之外，但不宜太远。护桩之间距离也不能太远。

9.3 道路中桩测量

9.3.1 道路中桩测量的任务

道路中桩测验的任务是把图纸上设计好的道路中心线在地面上标定出来，这项工作一般分两步进行，即定线测量和中线测量。

1. 定线测量

把确定道路的交点和必要的转点测设到地面，这个工作称为定线或放线，它对标定道路的位置起着决定性的作用。如图 9.16 所示，JD_1、JD_2、JD_3 是道路的交点，ZD_1、ZD_2、ZD_3、ZD_4 是道路直线上的转点，相邻点之间相互通视，定线测量就是根据这些交点和转点的设计位置在实地将它们放样出来。常用的定线测量方法有穿线法放线、拨角法放线和极坐标法放线。

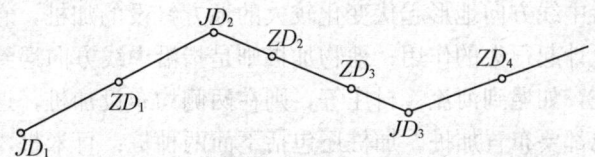

图 9.16 定线测量

2. 中线测量

中线测量是在定线测量的基础上，将道路中线的平面位置在地面上详细地标定出来。它与定线测量的区别在于：定线测量中，只是将道路交点和直线段的必要转点标定出来，而在中线测量中，根据交点和转点用一系列的木桩（相邻中桩间距约为 10～50m）将道路的直线段和曲线段在地面上详细标定出来。

9.3.2 道路中桩及其里程

地面上表示中线位置的桩点称为中线桩，简称中桩。中桩的密度根据地形情况而定，对于平坦地区，直线段间隔 50m、曲线段间隔 20m 一个中桩，对于地形较复杂地区，直线段间隔 20m、曲线段间隔 10m 一个中桩。中桩除了标定道路平面位置外，还标记道路的里程。所谓里程是指从道路起点沿道路前进方向计算至该中桩点的距离，其中曲线上的中桩里程是以曲线长计算的。具体表示方法是将整公里数和后面的尾数分开，中间用"＋"号连接，在里程前还常常冠以字母 K。如离起点距离为 14368.472m 的中桩里程表示为：K14＋368.472。

9.3.3 道路中桩的分类

道路中所有桩点分为 3 种：道路控制桩、一般中线桩和加桩。

1. 道路控制桩

道路控制桩是指对道路位置起决定作用的桩点，主要包括直线上的交点 JD、转点 ZD、曲线上的曲线主点。控制桩点通常用 5cm×5cm×(30－40)cm 的大方桩打入地内，桩顶高于地面约 2cm，桩上要钉以小钉表示准确位置。同时，控制桩旁要设立标志桩，标志桩可用大板桩，上部露出地面 20cm，写明该点的名称和里程。标志桩钉在控制桩的一侧约 30cm 处，在直线上钉在左侧，曲线上钉在外侧，字面对着控制桩。

2. 一般中线桩

一般中线桩是指中线上除控制桩外沿直线和曲线每隔一段距离钉设的中线桩，它都钉设在整 50m 或 20m 的倍数处。中桩一般用 2cm×5cm×40cm 的大板桩（或竹片桩）表示，露出地面 20cm，上面写明该点的里程，字母对着道路的起始方向，中桩一般不钉小钉。

3. 加桩

加桩主要是沿道路中线上有特殊意义的地方钉设的中线桩，包括地形加桩和地物加桩。地形加桩是指沿中线方向地形起伏变化较大的地方钉设的加桩，它对于以后设计、施工，尤其是纵坡的设计起很大的作用；地物加桩则是指沿中线方向遇到对道路有较大影响的地物时布设的加桩，如遇到河流、村庄等，则在两侧均布设加桩，遇到灌溉渠道、高压线、公路交叉口等也都要布置加桩。加桩还包括下面两种桩：百米桩，即里程为整百米的中线桩；公里桩，即里程为整公里的中线桩。所有的加桩都要注明里程，里程标注至米即可。

9.3.4 中桩测量方法概述

公路中桩测量的详细过程请见本项目第 9.4 节,这里先简单介绍一下两种公路中桩测量方法。

1. 先定线测量后中线测量

1) 直线段

直线上的中线测量比较简单,一般在交点或转点上安置经纬仪,以另一端交点或转点为零方向作为控制方向,然后沿经纬仪的视线方向按规定的距离钉设中桩。距离测量的方法一般有两种:一是用光电测距仪,先根据欲测设点的里程与测站点的里程计算测设的距离,将反光镜安置在目测距离大致相等的地方,用测距仪测量距离,然后根据两个距离之差用钢尺修正,以确定正确的中桩位置;另一种测设方法是用钢尺丈量,根据已测设的中桩用钢尺量出欲测设的中桩位置,它的缺点是每个中桩不是独立测设的,存在误差积累。

在遇到需要布设加桩的地方也要量出加桩的里程,丈量至米。

在测设中,必须经常检核中线测设的正确性,尤其是在用钢尺丈量的情况下更要检查误差积累情况,一般中线测量的限差见表 9-1。

表 9-1 中线量距精度和中桩桩位限差

公路等级	距离限差	桩位纵向误差/m		桩位横向误差/cm	
		平原微丘	山岭重丘	平原微丘	山岭重丘
高速公路、一级公路	1/2000	S/2000+0.05	S/2000+0.10	5	10
二级及二级以下公路	1/1000	S/1000+0.10	S/1000+0.10	10	15

注:表中 S 为转点或交点至桩位的距离,以 m 计。

2) 曲线段

曲线的中线测量在定线测量的基础上分两步进行:先由交点和转点测设曲线的主点,然后在曲线主点之间详细测设曲线,曲线的计算及测设方法将在本项目第 9.4 节着重介绍。曲线测设的限差见表 9-2。

表 9-2 曲线测设限差

公路等级	纵向闭合差/cm		横向闭合差/cm		曲线偏角闭合差(″)
	平原微丘区	山岭重丘区	平原微丘区	山岭重丘区	
高速公路、一级公路	1/2000	1/1000	10	10	60
二级及二级以下公路	1/1000	1/500	10	15	120

2. 极坐标一次放样法

随着全站仪的普及,无论是设计单位还是施工单位,道路中线放样都采用全站仪用极坐标法来进行,这样就可以将定线测量和中线测量同时进行,所以称为一次放样法。

9.3.5 断链

中线测量一般是分段进行的。由于地形地质等各种情况常常会进行局部改线或者由于计算或丈量发生错误时,会造成已测量好的各段里程不能连续,这种情况称为断链。

如图 9.17 所示,由于交点 JD_3 改线后移至 JD_3',原中线改线至图中虚线位置,使得从起点至转点的距离比原来减少。而从 ZD_{3-1} 往前已进行了中线测量,如将所有里程改动或重新进行中线测量,则外业工作量太大。为此,可在现场断链处即转点 ZD_{3-1} 的实地位置设置断链桩,用一般的中线桩钉设,并注明两个里程,将新里程写在前面,也称"来向里程",将原来的里程写在后面,也称"去向里程",并在断链桩上注明新线比原来道路短了多少。出于改线后道路缩短,来向里程小于去向里程,这种情况称为"短链"。如果由于改线后新道路变长,则使得来向里程大于去向里程,那么就称为"长链"。断链的处理方法如图 9.18 所示。

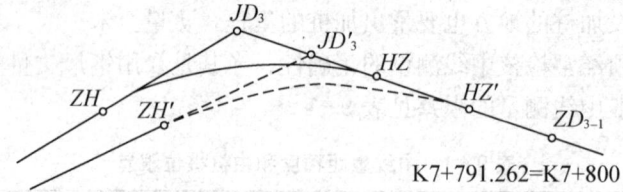

图 9.17 断链测量

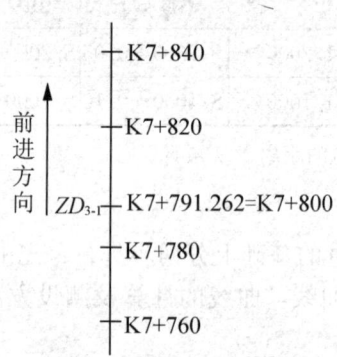

图 9.18 断链的处理方法

断链桩一般应设置在打米桩或十米桩处,不要设置在有桥梁、村庄、隧道和曲线的范围内,并做好详细的断链记录,供初步设计和计算道路总长度作参考。

9.4 曲线元素和坐标的计算

曲线是道路重要的组成部分,我国高速公路的平面线型中,曲线占 70%。道路放样工作重点也在曲线路段,曲线分为单圆曲线和缓和曲线两种。

9.4.1 单圆曲线元素的计算

1. 单圆曲线的曲线主点

交点(JD)是曲线最重要的曲线主点,用 JD 来表示(图 9.19),单圆曲线的其他 3 个主点如下。

(1) 直圆点(ZY):即按线路前进方向由直线进入圆曲线的起点,用直圆两个汉字拼音的第一个字母 ZY 表示。

(2) 曲中点(QZ):即整个曲线的中间点,用 QZ 表示。

(3) 圆直点(YZ):即由圆曲线进入直线的曲线终点,用 YZ 表示。

2. 单圆曲线要素的计算

为了要测设这些主点并求出这些点的里程,必须计算单圆曲线要素。单圆曲线的要素(图 9.19)有如下 4 种。

(1) 切线长(T):由交点至直圆点或圆直点之长,用 T 表示。

(2) 外矢距(E):由交点沿分角线方向至曲中点的距离,用 E 表示。

(3) 曲线长(L):由直圆点沿曲线计算到圆直点之长,以 L 表示。

(4) 切曲差(D):从 ZY 点沿切线到 KZ 点和从 ZY 点沿曲线到 YZ 点的长度是不相等的,它们的差值称为切曲差,用 D 表示。

如图 9.19 所示,各曲线要素计算公式如下

$$T = R \cdot \tan \frac{\alpha}{2}$$

$$L = R \cdot \alpha \cdot \frac{\pi}{180°}$$

$$E = R(\sec \frac{\alpha}{2} - 1)$$

$$D = 2T - L$$

式中　R——圆曲线半径;

　　　α——转向角,(°);

R 和 α 大小均由设计确定。

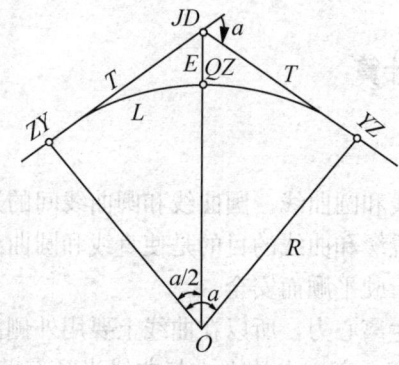

图 9.19　单圆曲线主点要素

3. 里程

圆曲线上各点的里程都是从一已知里程的点开始沿曲线逐点推算。一般已知的 JD 的里程是从前一直线段推算而得的，然后再由 JD 的里程推算其他各控制点的里程。推算公式为

$$ZY_{里程} = JD_{里程} - T$$
$$QZ_{里程} = ZY_{里程} + L/2$$
$$YZ_{里程} = QZ_{里程} + L/2$$

计算检核公式为

$$YZ_{里程} = JD_{里程} + T - D$$

4. 实例

已知某一单圆曲线的转向角 $\alpha = 24°36'48''$，设计半径 $R=500\text{m}$，交点（JD）里程为 K12+382.400，计算该单圆曲线的曲线要素及曲线主点里程。

1) 单圆曲线要素的计算

$$T = R \cdot \tan\frac{\alpha}{2} = 109.078(\text{m})$$
$$L = R \cdot \alpha \cdot \frac{\pi}{180°} = 214.792(\text{m})$$
$$E = R(\sec\frac{\alpha}{2} - 1) = 11.760(\text{m})$$
$$D = 2T - L = 3.64(\text{m})$$

2) 曲线主点里程及检核

计算		检核	
JD	K12+382.400	JD	K12+382.400
$-T$	−109.078	$+T$	−109.078
ZY	K12+272.322		K12+491.478
$+L/2$	107.396	$-D$	−3.364
QZ	K12+380.718	YZ	K12+488.114
$+L/2$	107.396		
YZ	K12+488.114		

9.4.2 缓和曲线元素的计算

1. 缓和曲线的性质

缓和曲线是用于连接直线和圆曲线、圆曲线和圆曲线间的过渡曲线。它的曲率半径沿曲线按一定的规律变化。设置缓和曲线的目的是使直线和圆曲线之间、圆曲线和圆曲线之间的连接更为合理，使车辆行驶平顺而安全。

车辆在曲线上行驶会产生离心力，所以在曲线上要用外侧高、内侧低呈现单向横坡形式来克服离心力，称弯道超高。离心力的大小与曲线半径有关，半径愈小，离心力愈大，

超高也就愈大。故一定半径的曲线上应有一定量的超高。此外，在曲线的内侧要有一定量的加宽。因此，直线与圆曲线和两个半径相差较大的圆曲线中间，就要考虑如何设置高和加宽的过渡问题。为了解决这一问题，在它们之间采用一段过渡的曲线。如在与直线连接处，它的半径等于∞，随着距离的增加，半径逐渐减小，到与圆曲线连接处，它的半径等于圆曲线的半径 R。同样随着半径的逐渐减小，使相应的超高和加宽之间增大，起到过渡的作用，这种曲率半径处处都在改变的曲线称为缓和曲线。

2. 缓和曲线常数

缓和曲线可用多种曲线来代替，如回旋线、三次抛物线和双曲线等。我国公路部门一般都采用回旋线作为缓和曲线。从直线段连接处起，缓和曲线上各点的曲率半径 ρ 和该点离缓和曲线起点的距离 l 成反比，即

$$\rho = \frac{c}{l}$$

式中　c——一个常数，称为缓和曲线变更率。

在与圆曲线连接处，l 等于缓和曲线全长 l_0，ρ 等于圆曲线的半径 R，故

$$c = R \cdot l_0$$

c 一经确定，缓和曲线的形状也就确定。c 愈小，半径的变化愈快；反之，c 愈大，半径的变化愈慢，曲线也就愈平顺。当 c 为定值时，缓和曲线的长度视所连接的圆曲线半径而定（图 9.20）。

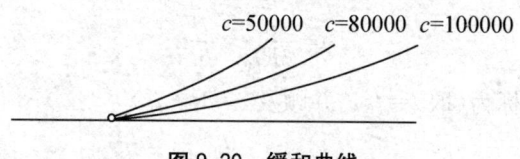

图 9.20　缓和曲线

3. 缓和曲线公式

由上述可知，缓和曲线是按线性规则变化的，其任意点的半径为

$$\rho = \frac{c}{l} = \frac{R \cdot l_0}{l}$$

由图 9.21 可看出

$$d\beta = \frac{dl}{\rho} = \frac{l}{R \cdot l_0} \cdot dl$$

$$\beta = \int_0^l d\beta = \int_0^l \frac{l}{R \cdot l_0} \cdot dl = \frac{l^2}{2Rl_0}$$

由图 9.21 又可得出

$$dx = dl \cdot \cos\beta$$

$$dy = dl \cdot \sin\beta$$

将 $\sin\beta$ 和 $\cos\beta$ 用泰勒级数展开，积分得（推导过程略）

$$x = \int_0^l dx = l - \frac{l^5}{40 \cdot R^2 l_0^2} + \frac{l^9}{3456 R^4 l_0^4} - \cdots$$

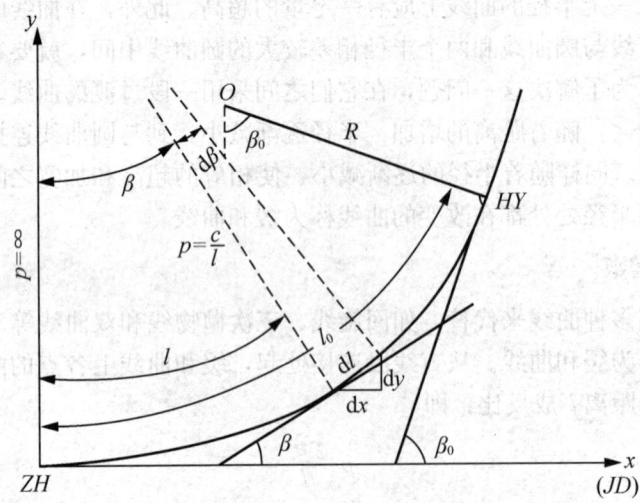

图 9.21 回旋线型缓和曲线

$$y = \int_0^l dy = \frac{l^3}{6Rl_0} - \frac{l^7}{386 \cdot R^5 l_0^3} + \frac{l^{11}}{42240 R^5 l_0^5} - \cdots$$

上式中略去高次项,便得出曲率按线性规则变化的缓和曲线方程式为

$$x = l - \frac{l^5}{40 \cdot R^2 l_0^2} = l - \frac{l^5}{40 c^2}$$

$$y = \frac{l^3}{6Rl_0} = \frac{l^3}{6c}$$

缓和曲线终点的坐标为(取 $l=l_0$,并顾及 $c=R \cdot l_0$)

$$x_0 = l - \frac{l_0^3}{40 \cdot R^2}$$

$$y_0 = \frac{l_0^2}{6R}$$

4. 缓和曲线参数的计算方法

如图 9.22 所示,虚线部分为一转向角为 α、半径为 R 的圆曲线。今欲在两侧插入长为 l_0 的缓和曲线。圆曲线的半径 R 不变而将圆心从 O' 移至 O 点,使得移动后的曲线离切线的距离为 P。曲线起点沿切线向外侧移至 E 点,设 $DE=m$,同时将移动后圆曲线的一部分(图中的 $C\sim F$)取消,从 E 点到 F 点之间用弧长为 l_0 的缓和曲线代替,故缓和曲线大约有一半在原圆曲线范围内,而另一半在原曲线范围内。缓和曲线的倾角 β_0 即为 $C\sim F$ 所对的圆心角。

这里缓和曲线的倾角 β_0、圆曲线的内移值 P 和切线的外延里 m 称为缓和曲线参数,其计算公式如下(推导过程略)

$$\beta_0 = \frac{l_0}{2R}(弧度) = \frac{l_0}{2R} \cdot \frac{180°}{\pi}(度)$$

$$P = \frac{l_0^2}{24R} - \frac{l_0^4}{2688 \cdot R^3} \approx \frac{l_0^2}{24R}$$

$$m = \frac{l_0}{2} - \frac{l_0^3}{240 \cdot R^2} \approx \frac{l_0}{2}$$

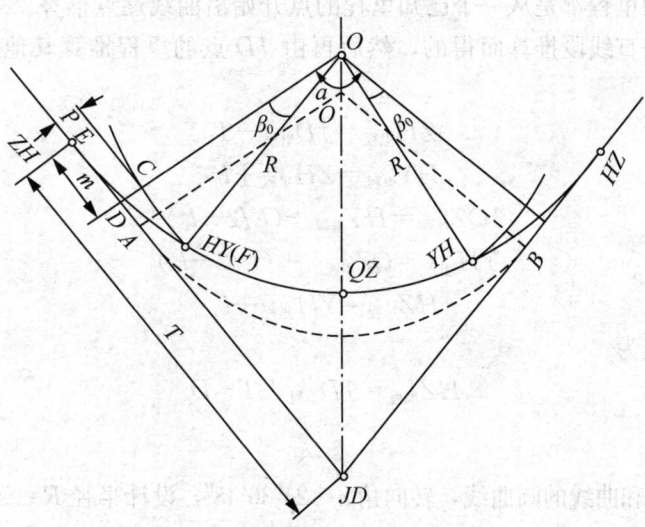

图 9.22 带有缓和曲线的平曲线

5. 缓和曲线的曲线主点

交点是曲线最重要的曲线主点，用 JD 来表示，缓和曲线的其他 5 个主点是：直缓点 ZH、缓圆点 HY、曲中点 QZ、圆缓点 YH 和缓直点 HZ，如图 9.22 所示。

6. 缓和曲线综合要素的计算

为了要测设这些控制点并求出这些点的里程，必须计算缓和曲线要素，主要有：切线长 T；外矢距 E；曲线长 L 和切曲差 D。

如图 9.22 所示，各曲线要素计算公式如下

$$T = (R+P) \cdot \tan\frac{\alpha}{2} + m$$

$$L = R \cdot (\alpha - 2\beta_0) \cdot \frac{\pi}{180°} + 2l_0 = R \cdot \alpha \cdot \frac{\pi}{180°} + l_0$$

其中圆曲线长 $LY = R(\alpha - 2\beta_0)\frac{\pi}{180°}$

$$E = (R+P) \times \sec\frac{\alpha}{2} - R$$

$$D = 2T - L$$

式中　　R——圆曲线的半径；

　　　　α——转向角；

　　　　l_0——缓和曲线的弧长；

　　　　β_0、P、m——缓和曲线参数，分别代表缓和曲线的倾角、圆曲线的内移值和切线的外延量。

7. 缓和曲线里程的计算

曲线上各点的里程都是从一个已知里程的点开始沿曲线逐点推算。一般已知 JD 的里程，它是从前一条直线段推算而得的，然后再由 JD 点的里程推算其他各控制点的里程。推算公式为

$$ZH_{里程} = JD_{里程} - T$$
$$HY_{里程} = ZH_{里程} + l_0$$
$$QZ_{里程} = HY_{里程} + (L/2 - l_0)$$
$$YH_{里程} = QZ_{里程} + (L/2 - l_0)$$
$$HZ_{里程} = YH_{里程} + l_0$$

计算检核公式为

$$HZ_{里程} = JD_{里程} + T - D$$

8. 实例

已知一带有缓和曲线的圆曲线，转向角 $\alpha = 24°36'48''$，设计半径 $R = 500\text{m}$，缓和曲线长 $l_0 = 80\text{m}$，交点里程为 K12+382.400，计算缓和曲线参数、曲线的要素及曲线主点里程。

1) 缓和曲线参数计算

$$\beta_0 = \frac{l_0}{2R} \cdot \frac{180°}{\pi} = \frac{l_0}{2 \times 500} \times \frac{180°}{\pi} = 4°3501''$$

$$P = \frac{l_0^2}{24R} = \frac{80^2}{24 \times 5000} = 0.533(\text{m})$$

$$m = \frac{l_0}{2} - \frac{l_0^3}{240 \cdot R^2} = 39.991(\text{m})$$

2) 缓和曲线要素的计算

$$T = (R+P) \cdot \tan\frac{\alpha}{2} + m = 149.186(\text{m})$$

$$L = R \cdot \alpha \cdot \frac{\pi}{180°} + l_0 = 294.792(\text{m})$$

$$E = (R+P) \times \sec\frac{\alpha}{2} - R = 12.305(\text{m})$$

$$D = 2T - L = 3.580(\text{m})$$

3) 缓和曲线主点里程计算及检核

```
            K12+382.400
            −149.186
            ─────────
ZH里程       K12+233.214
            +80
            ─────────
HY里程       K12+313.214
            +67.396
            ─────────
QZ里程       K12+380.61
```

	+67.396
$YH_{里程}$	K12+448.006
	+80
$HZ_{里程}$	K12+528.006

检核：$HZ_{里程}$=K12+382.400+149.186−3.580=K12+528.006

9.4.3 曲线坐标的计算

目前，公路工程施工放样一般都采用全站仪极坐标一次放样法。采用该法，首先必须建立一个贯穿全线的统一坐标系，这个坐标系一般采用国家坐标系统。然后，根据路线地理位置和几何关系计算出道路中线上各桩点在该坐标系中的坐标。因此，该法的关键工作之一是曲线坐标的计算。曲线坐标的计算公式比较复杂，这里直接写出计算公式，对于其推导过程，有兴趣的读者可参看有关文献。目前，很多高校和科研生产部门都有自己开发的公路路线坐标计算软件。

1. 直线上中桩坐标计算

如图9.23所示，设交点坐标为$JD(x_J、y_J)$，交点相邻直线的方位角分别为A_1和A_2，则ZH(或ZY)点坐标为

$$x_{ZH(ZY)}=x_J+T \cdot \cos(A_1+180°)$$
$$y_{ZH(ZY)}=y_J+T \cdot \sin(A_1+180°)$$

HZ(或YZ)点坐标为

$$x_{HZ(YZ)}=x_J+T \cdot \cos A_2$$
$$y_{HZ(YZ)}=y_J+T \cdot \sin A_2$$

设直线上加桩里程为L，ZH、HZ表示曲线起、终点里程，则前直线上任意点($L \leqslant ZH$，即位于A与ZH之间的点)的坐标为

$$x=x_J+(T+ZH-L) \cdot \cos(A_1+180°)$$
$$y=y_J+(T+ZH-L) \cdot \sin(A_1+180°)$$

后直线上任意点($L>ZH$，即位于HZ与B之间的点)的坐标为

$$x=x_J+(T+L-ZH)\cos A_2$$
$$y=y_J+(T+L-ZH) \cdot \sin A_2$$

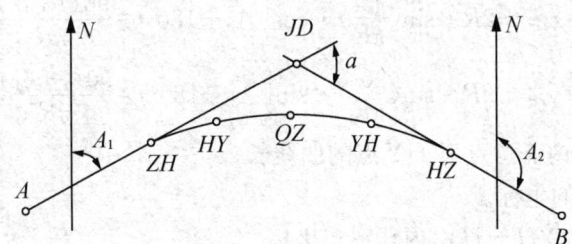

图9.23 中桩坐标计算示意图

2. 单圆曲线内中桩坐标计算

曲线起终点设其坐标分别为 $ZY(x_{ZY}, y_{ZY})$，则圆曲线上各点的坐标为

$$x = x_{ZY} + 2R \cdot \sin(\frac{90l}{\pi R}) \cdot \cos(A_1 + \xi \frac{90l}{\pi R})$$

$$y = y_{ZY} + 2R \cdot \sin(\frac{90l}{\pi R}) \cdot \sin(A_1 + \xi \frac{90l}{\pi R})$$

式中　l——圆曲线内任意点至 ZK 点的曲线长；

　　　R——圆曲线半径；

　　　ξ——转角符号，右偏为"+"，左偏为"-"。

3. 缓和曲线内中桩坐标计算

曲线上任意点的切线横距计算公式为

$$x = l - \frac{l^5}{40R^2 l_0^2} + \frac{l^9}{3456R^4 l_0^4} - \frac{l^{13}}{599040R^6 l_0^6} + \cdots$$

式中　l——缓和曲线上任意点至 ZH（或 HZ）点的曲线长；

　　　l_0——缓和曲线长度。

1) 第一缓和曲线（$ZH-HY$）内任意点坐标

$$x = x_{ZH} + x \cdot (\frac{30l^2}{\pi R l_0}) \cdot \cos\left(\xi \frac{30l^2}{\pi R l_0}\right)$$

$$y = y_{ZH} + x \cdot (\frac{30l^2}{\pi R l_0}) \cdot \sin\left(\xi \frac{30l^2}{\pi R l_0}\right)$$

式中　l——第一缓和曲线内任意点至 ZH 点的曲线长。

2) 圆曲线内任意点坐标

(1) 由 $HY \sim YH$ 时，公式如下。

$$x = x_{HY} + 2R \cdot \sin(\frac{90l}{\pi R}) \cdot \cos\left[A_1 + \xi \frac{90(l+l_0)}{\pi R}\right]$$

$$y = y_{HY} + 2R \cdot \sin(\frac{90l}{\pi R}) \cdot \sin\left[A_1 + \xi \frac{90(l+l_0)}{\pi R}\right]$$

式中　l——圆曲线内任意点至 HY 点的曲线长；

x_{HY}, y_{HY}——HY 点的坐标。

(2) 由 $YH \sim HY$ 时，公式如下。

$$x = x_{YH} + 2R \cdot \sin(\frac{90l}{\pi R}) \cdot \cos\left[A_2 + 180 - \xi \frac{90(l+l_0)}{\pi R}\right]$$

$$y = y_{YH} + 2R \cdot \sin(\frac{90l}{\pi R}) \cdot \sin\left[A_2 + 180 - \xi \frac{90(l+l_0)}{\pi R}\right]$$

式中　l——圆曲线内任意点至 HY 点的曲线长；

x_{YH}, y_{YH}——YH 点的坐标。

3) 第二缓和曲线（$YH-HY$）内任意点坐标

$$x = x_{HZ} + x \cdot \sec(\frac{30l^2}{\pi R l_0}) \cdot \cos\left(A_2 + 180 - \xi \frac{30l^2}{\pi R l_0}\right)$$

$$y = y_{HZ} + x \cdot \sec(\frac{30l^2}{\pi R l_0}) \cdot \sin\left(A_2 + 180 - \xi \frac{30l^2}{\pi R l_0}\right)$$

式中 l——第二缓和曲线内任意点至 HZ 点的曲线长。

9.5 曲线测设

9.5.1 单圆曲线的测设方法

1. 单圆曲线主点的测设方法

（1）传统方法：在交点上安置经纬仪，瞄准前后两直线上的转点或交点。在视线方向分别量出切线长 T，准确钉出 ZY 和 YZ 的位置。把视线转到分角线方向上，即平分线路右角 β 的方向，如图 9.19 中交点至圆曲线的圆心方向（称为分角线方向）量出外矢距 E，钉出 QZ 点。

（2）一次放样法：在初测导线点上用极坐标法（全站仪）直接测设曲线主点和曲线的细部点。

2. 单圆曲线细部点的测设方法

1) 偏角法

在测设曲线主点的基础上，详细测设圆曲线的细部中桩点称为曲线的细部放样。常用的传统方法是偏角法。

所谓偏角法，就是将经纬仪安置在曲线上任意一点（通常是曲线主点），则曲线上所欲测设的各点可用相应的偏角 δ 和弦长 C 来测定。偏角是指安置经纬仪的测站点的切线和待定点的弦之间的夹角，即弦切角。图 9.24 中，ZY 为测站点，以切线方向为零方向，第一点可用偏角 δ_1 和 1 点至点的弦长 C_1 来测设，第二点可用偏角 δ_2 和从 1 点量至 2 点的弦长 C_2 来测设。以后各点均可用同样的方法测设。即用偏角来确定测设点的方向，而距离是从相应点上量出弦长而得到。该方法实际上是方向和距离交会法。由此可见，用偏角法测设圆曲线必须先计算出偏角 δ 和弦长 C。

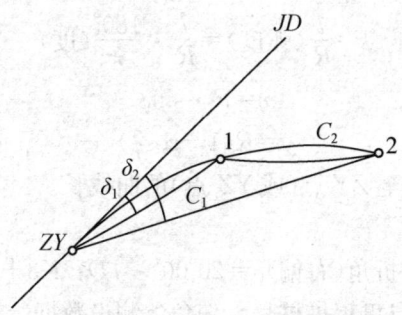

图 9.24 偏角法测设圆曲线

(1) 偏角 δ 的计算公式：偏角 δ 即弦切角，它等于相应弦所对圆心角（ϕ）之半。

$$\delta = \frac{\phi}{2} = \frac{L}{2R}（弧度）= \frac{L}{2R} \cdot \frac{180°}{\pi}（度）$$

式中　R——曲线的半径；

　　　L——测站点到测设点的弧长。

> **经验提示**
>
> 对于半径 R 确定的圆曲线，偏角与弧长成正比。当弧长成倍增加时，相应的偏角也成倍增加；当弧长增加某一固定值时，偏角也相应增加一固定角值。这就是圆曲线上偏角的特性。

图 9.24 中，ZY 点至 1 点的弧长 l_1，可通过这两点里程求得，偏角 δ_1 为

$$\delta_1 = \frac{\phi_1}{2} = \frac{l_1}{2R} \cdot \frac{180°}{\pi}$$

实际工作中，通常都是弧长增加相等的值。因此，第 2 点所对应的偏角 δ_2 为

$$\delta_2 = \frac{\phi_2}{2} = \frac{l_1 + l_1}{2R} \cdot \frac{180°}{\pi} = 2\delta_1$$

同理有

$$\delta_3 = 3\delta_1$$
$$\cdots$$
$$\delta_n = n\delta_1$$

(2) 弦长 C 的计算公式为

$$C = 2R \cdot \sin\delta$$

在实际操作中，用经纬仪拨偏角时，存在正拨和反拨的问题。当相邻为右转向时，偏角为顺时针方向，以切线方向为零方向时，经纬仪所拨角即为偏角值，此时为正拨；当线路为左转向时，偏角为逆时针方向，经纬仪所拨角应为 $360° - \delta$，此时为反拨。

2) 切线支距法

切线支距法即直角坐标法，支距即垂距，相当于直角坐标系中的 y 值。切线支距法通常是以 ZY 或以 YZ 为坐标原点，以切线为 x 轴，过原点的半径为 y 轴，曲线上各点的位置用坐标值 x、y 来测设。由此可见，用切线支距法测设圆曲线必须先计算出各点的坐标值。由图 9.25 可得 x、y 的计算公式如下。

$$\phi = \frac{l}{R}（弧度）= \frac{l}{R} \cdot \frac{180°}{\pi}（度）$$
$$x = R \cdot \sin\phi$$
$$y = R(1 - \cos\phi)$$

式中　l——圆曲线内任意点至 ZY 点（或 YZ 点）的曲线长。

3) 实例

如图 9.26 所示，已知转折角（右偏）$\alpha = 20°00'$，JD：K3+509.82，半径 $R = 300$m。求算单圆曲线诸元素、曲线主点里程桩桩号、偏角法测设数据、切线支距法测设数据。

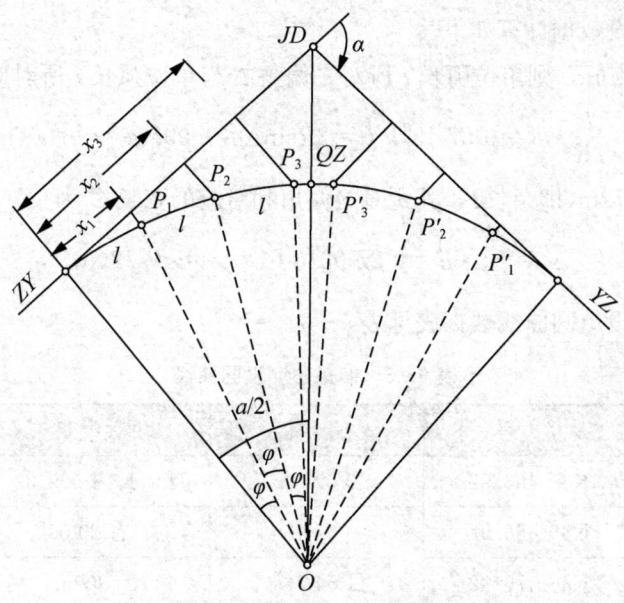

图 9.25 切线支距法测设圆曲线

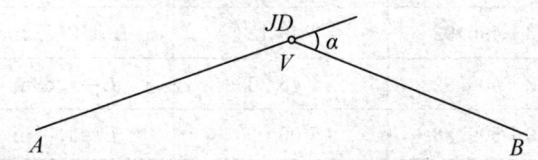

图 9.26 单圆曲线测设数据计算

（1）求算圆曲线诸元素过程如下。

切线长 $T = R \cdot \tan\dfrac{\alpha}{2} = 52.90(\text{m})$

曲线长 $L = R \cdot \alpha \cdot \dfrac{\pi}{180°} = 104.72(\text{m})$

外矢距 $E = R(\sec\dfrac{\alpha}{2} - 1) = 4.63(\text{m})$

切曲差 $D = 2T - L = 1.08(\text{m})$

（2）曲线主点里程桩桩号计算与检核如下。

```
     计算                          检核
  JD   K3+509.82              JD   K3+509.82
  -T      52.90               +T      52.90
  ZY   K3+456.92                   K3+562.72
  +L/2    52.36               -D       -1.08
  QZ   K3+509.28              YZ   K3+561.64
  +L/2    52.36
  YZ   K3+561.64
```

(3) 偏角法测设数据计算如下。

单位弧长 l 取 10m，则单位弧长 l 所对之偏角 Δ 与单位弧长 l 所对应的弦长 C 为

$$\Delta = \frac{l}{2R} \cdot \rho'' = 0°57'18'', \quad C = 2R\sin\Delta = 9.998\text{m} \approx 9.00(\text{m})$$

分弧长 l' 为 4.72m（即余长），其所对之偏角和对应的弦长 C' 为

$$\Delta' = \frac{l'}{2R} \cdot \rho'' = 0°27'02'', \quad C' \approx l' \approx 4.72(\text{m})$$

(4) 偏角法测设单圆曲线数据表见表 9-3。

表 9-3　偏角法测设圆曲线

点 号	桩 号	偏 角	曲线说明	备 注
ZY	K3+456.92	0°00'00"	JD: K3+509.82	
1	K3+466.92	0°57'18"	α: 右 20°00'	
2	K3+476.92	1°54'36"	R=300m	
3	K3+486.92	2°51'54"	T=52.90m	
4	K3+496.92	3°49'12"	L=104.72m	
5	K3+506.92	4°46'30"	E=4.63m	
QZ	K3+509.28	5°00'00"	D=1.08m	
6	K3+516.92	5°43'48"	l=9.00m	单位弧长
7	K3+526.92	6°41'06"	C=9.00m	
8	K3+536.92	7°38'24"	Δ=0°57'18"	
QZ	K3+546.92	8°35'42"	l'=4.72m	分弧长
10	K3+556.92	9°33'00"	C'=4.72m	
YZ	K3+561.64	10°00'00"	Δ'=0°27'02"	

注：表中箭头方向表示放样时的方向和顺序。

(5) 切线支距法测设数据计算如下。

计算曲线上各副点的直角坐标 (x, y)，其计算公式为

$$x_i = R \cdot \sin\phi_i$$

$$y_i = R(1 - \cos\phi_i)$$

式中 $\phi_i = \frac{l_i}{R} \cdot \frac{180°}{\pi}$ $(i=1, 2, 3, \cdots)$。

对 l_1=10m，则由公式可计算得 x_1=9.00m，y_1=0.17m；对 l_2=20m，则有 x_2=19.99m，y_2=0.67m；⋯；又 l_5=50m，则有 x_5=49.77m，y_5=4.16m。

(6) 切线支距法（直角坐标法）测设单圆曲线数据表见表 9-4。

表9-4 直角坐标法测设圆曲线

点 号	桩 号	x/m	y/m	曲线说明	备 注
ZY	K3+456.92	0.00	0.00	JD：K3+509.82	
1	K3+466.92	9.00	0.17	α：右 20°00′	
2	K3+476.92	19.99	0.67	R=300m	
3	K3+486.92	29.95	1.50	T=52.90m	
4	K3+496.92	39.88	2.66	L=104.72m	
5	K3+506.92	49.77	4.16	E=4.63m	
QZ	K3+509.28	52.10	4.56	D=1.08m	
5′	K3+511.64	49.77	4.16	l=9.00m	单位弧长
4′	K3+52l.64	39.88	2.66	l′=2.36m	分弧长
3′	K3+531.64	29.95	1.50		
2′	K3+541.64	19.99	0.67		
1′	K3+551.64	9.00	0.17		
YZ	K3+561.64	0.00	0.00		

4）极坐标法测设单圆曲线

如果知道了圆曲线上点的坐标，而测量控制点的坐标是已知的，则可按极坐标法来放样圆曲线上的细部点。目前，由于全站仪的普及，测设圆曲线和缓和曲线已普遍采用极坐标法。

【提示】技能训练19——圆曲线测设。

9.5.2 缓和曲线的测设方法

1. 缓和曲线主点的测设方法

（1）传统方法：在交点上安置经纬仪，瞄准前后两直线上的转点或交点。在切线方向分别量出切线长 T，准确钉出 ZH 和 HZ 的位置。

与此同时，可由 JD 在切线方向分别做出切线长 $(T-x_0)$，得到点 HY 和 YH 点的垂足，然后在垂足点安置仪器，沿切线的垂直方向测设距离 y_0，就得到 HY 和 YH 点。

把视线转到分角线方向上，即沿交点至圆曲线的圆心方向（称为分角线方向）量出外矢距 E，钉出 QZ 点。

（2）一次放样法：在初测导线点上用极坐标法（全站仪）直接测设曲线主点和曲线的细部点。

2. 缓和曲线细部点的测设方法

1）偏角法

（1）缓和曲线上偏角的特性。如图 9.27 所示，点 P 为缓和曲线上一点，根据缓和曲线方程，可求得其坐标 (x_P, y_P)，则 P 点的偏角为

$$\delta \approx \sin\delta \approx \frac{y}{l} \approx \frac{l^2}{6C} = \frac{l^2}{6Rl_0}$$

这是在缓和曲线起点测设缓和曲线上任意点偏角的基本公式，称为正偏角。反之，在缓和曲线上的 P 点测设缓和曲线起点的偏角为 b，称为反偏角。其与 β、δ 的关系为

$$\delta : b : \beta = 1 : 2 : 3$$

这一关系只有包括缓和曲线起点在内才正确，即 δ 必须是起点的偏角。

经验提示

与曲线不同，缓和曲线上同一弧段的正偏角和反偏角不相同；等长的弧段偏角的增量也不等，如在起点的偏角是按弧长的平方增加的。

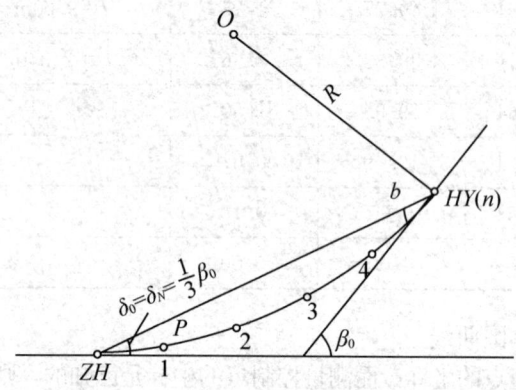

图 9.27　缓和曲线偏角的计算

（2）缓和曲线上的偏角计算和测设。在实际应用中，缓和曲线全长一般都选用 10m 的倍数。为了计算和编制表格方便起见，缓和曲线上测设的点都是间隔 10m 的等分点，即整桩距法。当缓和曲线分为 N 段时，各等分点的偏角可用下述方法计算。

设 δ_1 为缓和曲线上第 1 个等分点的偏角；δ_i 为第 i 个等分点的偏角，可得

$$\delta_i : \delta_1 = l_i^2 : l_1^2$$

$$\delta_i = \left(\frac{l_i}{l_1}\right)^2 \cdot \delta_1 = i^2 \cdot \delta_1$$

故第 2 点的偏角：$\delta_2 = 2^2 \cdot \delta_1$

第 3 点的偏角：$\delta_3 = 3^2 \cdot \delta_1$

……

第 N 点即终点的偏角：$\delta_N = N^2 \cdot \delta_1 = \delta_0$

故

$$\delta_1 = \frac{1}{N^2} \cdot \delta_0$$

而

$$\delta_0 = \frac{l_0^2}{6Rl_0} = \frac{l_0}{6R} = \frac{1}{3}\beta_0$$

因此,由 $\beta_0 \rightarrow \delta_0 \rightarrow \delta_1$ 这样的顺序计算出 δ_1,然后按 2^2、3^2、…、N^2 的倍数乘以 δ_1 求出各点的偏角。这比直接用公式计算要方便。也可以根据缓和曲线长编制成偏角表,在实际作用中可查表测设。

如果测设的点不是缓和曲线的等分点,而是桩号为曲线点间距的整倍数时,这就是整桩号法,这时曲线的偏角要严格按公式进行计算。

偏角法测设时的弦长,严密的计算法用相邻两点的坐标反算而得,但较为复杂。由于缓和曲线和圆曲线半径都较大,因此常以弧长来代替弦长进行测设。缓和曲线弦长的计算式为

$$C_0 = x_0 \cdot \sec\delta_0$$

2) 切线支距法测设缓和曲线连同圆曲线

与切线支距法测设圆曲线相同,以过 ZH 或 HZ 的切线为 x 轴,过 ZH 或 HZ 点作切线的垂线为 y 轴,如图 9.28 所示。无论是缓和曲线还是圆曲线上的点,均用同一坐标系的 x 和 y 来测设。

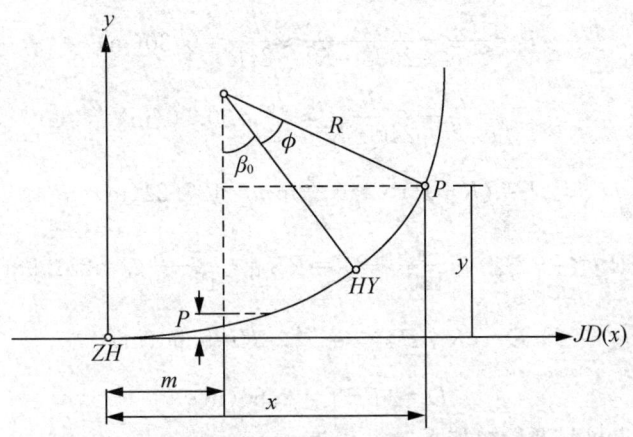

图 9.28 切线支距法测设缓和曲线

图 9.28 中缓和曲线部分各点坐标的计算公式为

$$x = l - \frac{l^5}{40C^2}$$

$$y = \frac{l^3}{6C}$$

式中 l——曲线点里程减去 ZH 点里程(或 HZ 里程减去曲线点里程)。

由图 9.28 可得出,圆曲线上各点的坐标为

$$x = m + R \cdot \sin(\beta_0 + \phi)$$
$$y = P + R \cdot [1 - \cos(\beta_0 + \phi)]$$
$$\phi = \frac{l}{R} \cdot \frac{180°}{\pi}$$

式中 l——曲线点里程减去 HY 点里程(或 YH 点里程减去曲线点里程)。

3) 实例

如图 9.29 所示,已知 JD:K5+324.00,$\alpha_右 = 22°00'$,$R = 500$m,缓和曲线长 $l_0 = 60$m,求算缓和曲线诸元素、曲线主点里程桩桩号、偏角法测设数据、切线支距法测设数据。

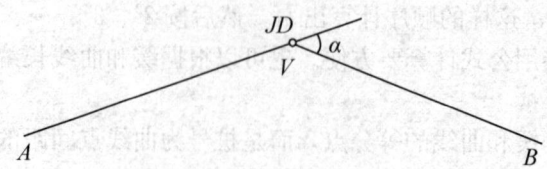

图 9.29 切线支距法测设

(1) 计算缓和曲线元素如下。

$$\beta_0 = \frac{l_0}{2R} \cdot \frac{180°}{\pi} = 3°26'18''$$

$$x_0 = l - \frac{l_0^3}{40 \cdot R^2} = 59.98(\text{m})$$

$$y_0 = \frac{l_0^2}{6R} = 1.20(\text{m})$$

$$P = \frac{l_0^2}{24R} - \frac{l_0^4}{2688 \cdot R^3} \approx \frac{l_0^2}{24R} = 0.30(\text{m})$$

$$m = \frac{l_0}{2} - \frac{l_0^3}{240 \cdot R^2} \approx \frac{l_0}{2} = 30.00(\text{m})$$

$$T = (R+P) \cdot \tan\frac{\alpha}{2} + m = 127.24(\text{m})$$

$$L = R \cdot (\alpha - 2\beta_0) \cdot \frac{\pi}{180°} + 2l_0 = R \cdot \alpha \cdot \frac{\pi}{180°} + l_0 = 251.98(\text{m})$$

$$E = (R+P) \times \sec\frac{\alpha}{2} - R = 9.66(\text{m})$$

$$D = 2T - L = 2.50(\text{m})$$

(2) 计算各主点桩号及检核如下。

```
    计算                            检核
    JD    K5+324.00               JD    K5+324.00
    -T       127.24               +T       127.24
    ─────────────                 ─────────────
    ZH    K5+196.76               -D         2.50
    +l₀       60.00               ─────────────
    ─────────────                 HZ    K5+448.74
    HY    K5+256.76
    +(L-2l₀)/2  65.99
    ─────────────
    QZ    K5+322.75
    +(L-2l₀)/2  65.99
    ─────────────
    YH    K5+388.74
    +l₀       60.00
    ─────────────
    HZ    K5+448.74
```

(3) 计算曲线副点之偏角与缓和曲线上各副点之偏角如下。

$$l_0 = 60m, \quad \Delta_H = \delta_0 = \beta_0/3 = 1°08/8$$

$$l_1=20m,\ \delta_1=\Delta_H/9=0°7'36''$$
$$l_2=40m,\ \delta_2=4\Delta_H/9=0°30'36''$$

圆曲线上各副点之偏角 $\Delta(C=20\text{m})$ 为
$$\Delta=1°08'45''=1°08'48''$$

(4) 偏角法测设缓和曲线数据见表 9-5。

表 9-5 偏角法测设缓和曲线

点 号	桩 号	总偏角	曲线说明	备 注
ZH	K5+196.76	0°00′00″	JD：K5+324.00	C=20m
1	K5+216.76	0°07′36″	α：右 22°00′	
2	K5+236.76	0°30′36″	R=500m	
HY	K5+256.76	1°08′48″ (0°00′0″)	$l_0=60\text{m}$	
3	K5+276.76	1°08′48″	$\beta_0=3°2618$	
4	K5+296.76	2°17′36″	$x_0=59.98\text{m}$	
5	K5+316.76	3°26′18″	$y_0=1.20\text{m}$	
QZ	K5+322.74	3°46′54″	P=0.30m	
6	K5+336.76	4°35′00″	m=30.00m	
7	K5+356.76	5°43′48″	T=127.24m	
8	K5+376.76	6°52′30″	A=251.98m	
YH	K5+388.73	7°33′42″ (358°51′12″)	L=9.66m	
2′	K5+408.73	359°29′24″	D=2.50m	
1′	K5+428.73	359°52′24″		
HZ	K5+448.73	0°00′00″		

(5) 直角坐标法测设缓和曲线数据表见表 9-6。

表 9-6 直角坐标法测设缓和曲线

点 号	桩 号	x/m	y/m	曲线说明	备 注
ZH	K5+196.76	0.00	0.00	JD：K5+324.00	l=10m
1	K5+206.76	9.00	0.01	α：右 22°00′	
2	K5+216.76	20.00	0.04	R=500m	
3	K5+226.76	30.00	0.15	$l_0=60\text{m}$	
4	K5+236.76	40.00	0.36	$\beta_0=3°26'18''$	
5	K5+246.76	49.99	0.69	$x_0=59.98\text{m}$	

续表

点 号	桩 号	x/m	y/m	曲线说明	备 注
HY	K5+256.76	59.98	1.20	$y_0=1.20$m	
6	K5+276.76	79.91	2.80	$P=0.30$m	
7	K5+296.76	99.77	5.19	$m=30.00$m	
8	K5+316.76	119.51	8.38	$T=127.24$m	
QZ	K5+322.75	125.40	9.48	$A=251.98$m	
8′	K5+328.73	119.51	8.38	$L=9.66$m	
7′	K5+348.73	99.77	5.19	$D=2.50$m	
6′	K5+368.73	79.91	2.80		
YH	K5+388.73	59.98	1.20		
5′	K5+398.73	49.99	0.69	$\phi=2°17′30″$	
4′	K5+408.73	40.00	0.36		
3′	K5+418.73	30.00	0.15		
2′	K5+428.73	20.00	0.04		
1′	K5+438.73	9.00	0.01		
HZ	K5+448.73	0.00	0.00		

缓和曲线上各副点的坐标计算公式为

$$x=l-\frac{l^5}{40R^2l_0^2}, \quad y=l-\frac{l^3}{6Rl_0}$$

在缓和曲线后圆曲线上任意点坐标计算公式为

$$x_i=m+R\sin(\beta_0+\phi_i), \quad y_i=P+R[l-\cos(\beta_0+\phi)]$$

式中 l——圆曲线点至 HY 点(或 YH 点)的曲线长。

曲线中点坐标 x_{QZ}、y_{QZ} 为

$$x_{QZ}=m+R\sin\frac{\alpha}{2}, \quad y_{QZ}=P+R(1-\cos\frac{\alpha}{2})$$

3. 极坐标法测设缓和曲线连同圆曲线

与极坐标法测设单圆曲线一样,利用全站仪采用极坐标法来测设缓和曲线已在实际工程中得到广泛应用。

【提示】 技能训练20——缓和曲线测设。

技能训练21——全站仪三维坐标测量及点位放样测量。

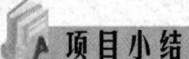

测设已知距离、角度、高程是测设的3项基本工作。测设平面点位的方法有直角坐标法、极坐标法、方向交会法、距离交会法等。

道路中线测量 项目9

已知坡度直线测设是指根据附近水准点的高程、设计坡度，将坡度线上各点的设计高程标定在地面上。

道路中线测量是通过直线和曲线的测设，将道路中线的平面位置具体地敷设到地面上去，并标定出其里程，供设计和施工之用，道路中线测量也叫中桩放样。

中线测量的主要内容包括测设交点与转点、测定路线转角、设置中线里程桩。

使用全站仪进行曲线测设时，需要计算桩点的坐标。

知识点考查

1. 测设的基本工作有哪几项？测设与测量有何不同？

2. 欲在地面上测设一个直角 $\angle AOB$，先用一般方法测设出该直角，再用多个测回测得其平均角值为 $90°00'54''$，又知 OB 的长度为 $150.000m$，问在垂直于 OB 的方向上，B 点应该向何方向移动多少距离才能得到 $90°$ 的角？

3. 建筑场地上水准点 A 的高程为 $138.416m$，欲在待建房屋近旁的电杆上测设出 ± 0 的标高，± 0 的设计高程为 $139.000m$。设水准仪在水准点 A 所立水准尺上的读数为 $1.034m$，试说明测设的方法。

4. 测设点的平面位置有哪些方法？各适用于什么场合？各需要哪些测设数据？

5. A、B 为建筑场地已有的控制点，已知 $\alpha_{AB}=300°04'$，A 点的坐标为 $x_A=14.22m$，$y_A=86.71m$；P 为待测设点，其设计坐标为 $x_P=42.34m$，$y_P=85.00m$，试计算用极坐标法从 A 点测设 P 点所需的数据。

6. 道路中线测量的内容是什么？

7. 什么是路线的转角？如何确定转角是左转角还是右转角？

8. 已知路线导线的右角 β：①$\beta=210°42'$；②$\beta=162°06'$。试计算路线转角值，并说明是左转角还是右转角。

9. 在路线右角测定之后，保持原度盘位置，如果后视方向的读数为 $32°40'00''$，前视方向的读数为 $172°18'12''$，试求出分角线方向的度盘读数。

10. 什么是整桩号法设桩？什么是整桩距法设桩？两者各有什么特点？

11. 已知交点的里程桩号为 K4+300.18，测得转角左 $\alpha=17°30'$，圆曲线半径 $R=500m$，若采用切线支距法并按整桩号法设桩，试计算各桩坐标，并说明测设步骤。

12. 已知交点的里程桩号为 K10+110.88，测得转角左 $\alpha=24°18'$，圆曲线半径 $R=400m$，若采用偏角法按整桩号设桩，试计算各桩的偏角及弦长，并说明测设步骤。

13. 什么是正拨？什么是反拨？如果某桩点的偏角值为 $3°18'24''$，在反拨的情况下，要使该桩点方向的水平度盘读数为 $3°18'24''$，在瞄准切线方向时，度盘读数应配置在多少？

14. 什么是缓和曲线？缓和曲线长度如何确定？

15. 已知交点的里程桩号为 K21+476.21，转角右 $\alpha=37°16'$，圆曲线半径 $R=300$，

缓和曲线长 l_s 采用 60m，试计算该曲线的测设元素、主点里程以及缓和曲线终点的坐标，并说明主点的测设方法。

16. 第 15 题在钉出主点后，若采用切线支距法按整桩号详细测设，试计算各桩坐标。

17. 第 15 题在钉出主点后，若采用偏角法按整桩号详细测设，试计算测设所需要的数据。

项目 10

道路纵横断面测量

知识目标

知识要点	知识目标
基平测量	水准点的布设、基平测量的观测方法、技术要求等
中平测量	中平测量的外业和内业计算
纵断面图的绘制	根据中桩高程绘制纵断面图
横断面方向的确定	直线段上、圆曲线段上、缓和曲线段上横断面方向的确定
横断面测量的方法	标杆皮尺法、水准仪法、经纬仪法、全站仪法进行横断面测量
横断面图的绘制	根据观测成果绘制横断面图

实训目标

实训项目	实训目标
两水准点间的中平测量	掌握中平测量的外业方法、成果检核、中桩高程计算、利用观测成果绘制纵断面图
横断面方向的确定	掌握使用经纬仪进行横断面方向的确定
横断面的测量方法	掌握使用各种测量仪器进行横断面测量的方法

▶▶**项目导读**

在公路工程的勘测设计阶段，需要进行线路的纵坡设计，而纵坡设计的依据就是线路中线方向的纵断面图。通过纵断面测量绘制纵断面图，就可以根据地形条件和行车要求确定线路的坡度、路基的标高和填挖高度以及沿线桥梁、涵洞、隧道等位置。在公路工程的施工建设阶段，需要进行大量路基的填土和路堑的开挖工作才能获得设计的路面，填土厚度和挖土深度的确定及土方量的计算就是依靠施工断面上的横断面图，道路横断面测量是一项必不可少的工作，通过横断面测量来绘制横断面图为工程建设服务。

10.1 道路纵断面测量

通过中线测量，直线和曲线上的所有线路控制桩、中线桩和加桩都已经测设定位，就可以进行纵断面测量。纵断面测量就是沿着地面上已经定出的线路，测出所有中线桩处的实际地面高程，并根据测得的高程和各桩的里程，绘制线路的纵断面图，供设计单位使用。线路的纵断面设计是公路设计中最重要的组成部分之一，主要根据地形条件和行车要求确定线路的坡度、路基的标高和填挖高度以及沿线桥梁、涵洞、隧道等位置。虽然根据地形图也可获得线路的纵断面图，但不能满足设计要求，还需根据地面上已经测设的中线，准确地测出中线上地面起伏情况。

路线纵断面测量一般分为两步进行，首先沿路线方向设置水准点，建立路线的高程控制，称为基平测量。然后根据基平测量建立的水准点的高程，分段进行水准测量，测定各中桩处的地面高程，称为中平测量。

10.1.1 道路基平测量

1. 路线水准点的设置

水准点是路线高程测量的控制点，在勘测和施工阶段都很重要，因此，根据用途和需要可设置永久性水准点和临时水准点。在路线的起点、终点、大桥两岸、隧道两端以及一些需要长期观测高程的重点工程附近均应设置永久性水准点，在一般地区也应每隔5km设置一个。永久性水准点要设标石，也可设置在永久性建筑物上或用金属标志嵌在基岩上。为便于引测还需要沿线布设一定数量临时水准点。临时水准点可埋设大木桩，顶面顶入大铁钉作为标志，也可利用一些坚实稳固的地物。

对于在线路初测中已布设了水准点并进行了水准测量的线路，施工阶段的基平测量就是对道路初测中的高程控制测量的检核。由于道路初测阶段的水准点的间距较大，不能满足施工的需要，基平测量的另一个任务就是施工沿线水准点的加密。水准点的密度，应根据地形和工程需要而定。一般在山岭重丘区每隔0.5~1km设置一个；平原微丘区每隔1~2km设置一个。大桥、隧道口、垭及其他大型构造物附近，还应增设水准点。水准点位置应选在稳固、醒目、易于引测以及施工时不易遭受破坏的地方。

> **经验提示**
>
> 基平测量的精度要求比中平高,一般按四等水准测量的精度;中平测量只作单程观测,按普通水准测量精度。横断面测量是测定各中心桩两侧垂直于线路中线的地面高程,可供路基设计、计算土石方量及施工放边桩之用。
>
> 当线路跨越河流时,还需测出河床断面、洪水位高程和正常水位高程,并注明时间,以便为桥梁设计提供资料。

2. 技术要求

各级道路及构造物的水准测量等级,应按表 10-1 选定。

表 10-1 道路及构造物水准测量等级

项目测量	等级	水准路线最大长度/km
2000m 以上特大桥、4000m 以上特长隧道	三等	50
高速公路、一级公路、1000～2000m 特大桥、2000～4000m 长隧道	四等	16
二级及二级以下公路、1000m 以下桥梁、2000m 以下隧道	五等	10

水准测量的精度应符合表 10-2 的规定。

表 10-2 水准测量的精度

等级	每公里高差中数中误差/mm		往返较差、附合或环线闭合差/mm		检测已测测段高差之差/mm
	偶然中误差	全中误差 W_u	平坦微丘区	山岭重丘区	
三等	±3	±6	±12$\sqrt{L}$	±3.5$\sqrt{n}$ 或 ±15$\sqrt{L}$	±20$\sqrt{L_i}$
四等	±5	±10	±20$\sqrt{L}$	±6.0$\sqrt{n}$ 或 ±25$\sqrt{L}$	±30$\sqrt{L_i}$
五等	±8	±16	±30$\sqrt{L}$	±45$\sqrt{L}$	±40$\sqrt{L_i}$

注:计算往返较差时,A 为水准点间的路线长度(km);计算附合或环线闭合差时,L 为附合或环线的路线长度(km);n 为测站数;L_i 为检测测段长度(km)。

3. 施测方法

基平测量时,首先应将起始水准点与附近国家水准点进行联测,以获取绝对高程。如有可能,应构成附合水准路线。当路线附近没有国家水准点或引测困难时,则可以根据地形图或气压计读数接近于实地的位置的绝对高程作为起始水准点的假定高程。同一条公路应采用同一个高程系统。

施测时,在相邻两水准点间作往、返观测,亦可用两台仪器作单程观测,详见表 10-3 的规定。所测高差不符值不得大于规范规定的容许值,当在规定的限差之内时,取其平均值作为两水准点之间的高差。

表 10-3　水准测量的观测方法

等　级	仪器类型	水准尺类型	观测方法	观测顺序
三等	DS_1	因瓦	光学观测法	往	后—前—前—后
	DS_3	双面	中丝读数法	往返	后—前—前—后
四等	DS_3	双面	中丝读数法	往返、往	后—后—前—前
五等	DS_3	单面	中丝读数法	往返、往	后—前

10.1.2　道路中平测量

中平测量就是根据基平测量设置的水准点，测量所有控制桩和中线桩的高程。中桩高程测量的精度要求见表 10-4。

表 10-4　中桩高程测量的精度要求

路　线	闭合差/mm	检测限差/cm
高速公路、一级公路	$\pm 30\sqrt{L}$	± 5
二级及二级以下公路	$\pm 50\sqrt{L}$	± 10

1. 水准测量法

中平测量一般是以两相邻水准点为一测段，从一个水准点开始，逐个测定中桩的地面高程，直至闭合于下一个水准点上。在每一个测站上，应尽量多地观测中桩，还需在一定距离内设置转点。相邻两转点间所观测的中桩，称为中间点。由于转点起着传递高程的作用，在测站上应先观测转点，后观测中间点。转点读数至 mm，视线长不应大于 150m，水准尺应立于尺垫、稳固的桩顶或坚石上。中间点读数可至 cm，视线也可适当放长，立尺应紧靠桩边的地面上。

如图 10.1 所示，水准点置于测站 1，后视水准点 BM_1，读取后视读数，前视转点 TP_1，读取前视读数。然后观测 BM_1 与 TP_1 间的中间点 K0+000、K0+020、K0+040、K0+060、K0+080，读取其中视读数。再将仪器搬至测站 2，后视转点 TP_1，前视转点 TP_2，然后观测中间点 K0+100、K0+120、K0+140、K0+160、K0+180、K0+200，分别读取读数。按上述方法继续观测，直到闭合于水准点 BM_2。

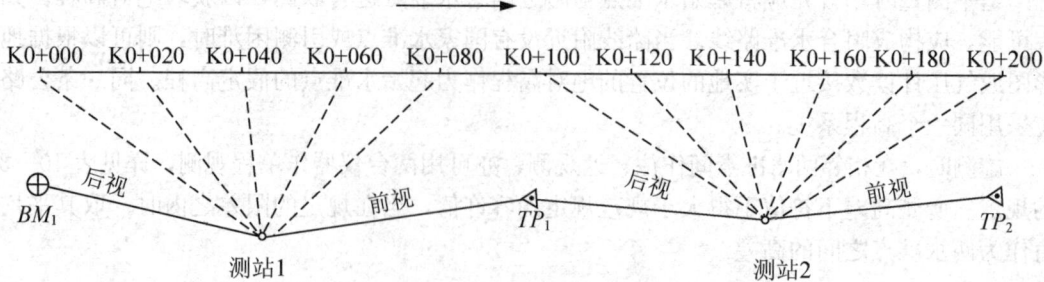

图 10.1　中平测量

中平测量只作单程观测。在两个水准点之间的中平测量完成后，就进行内业计算。

首先计算水准路线的闭合差。由于中线桩的中视读数不影响到路线的闭合差，因此只要计算后视点的后视读数 a 和前视点的前视读数 b，中平测量的观测高差为 $h_{中}=\sum h=\sum a-\sum b$，基平测量测得两水准点 BM_1 和水准点 BM_2 间的理论高差为 $h_{基}=H_{终}-H_{始}$，则 $f_h=h_{中}-h_{基}$（或 $f_h=H_{终测}-H_{始}$）。

在闭合差满足条件的情况下，不必进行闭合差调整，可直接进行中线桩高程的计算，中桩的地面高程以及前视点高程应按所属测站的视线高程进行计算。每一测站点计算按下列公式进行。

$$\text{视线高程}=\text{后视点高程}+\text{后视读数} \qquad (10-1)$$
$$\text{中桩(中间点)高程}=\text{视线高程}-\text{中视读数} \qquad (10-2)$$
$$\text{转点(前视点)高程}=\text{视线高程}-\text{前视读数} \qquad (10-3)$$

若超过限差要求，应返工重测。进行中桩高程测量时，测量控制桩应在桩顶立尺。为了防止因地面粗糙不平或因上坡陡峭而引起中桩四周高差不一，一般规定立尺应紧靠木桩不写字的一侧。

【例 10-1】如图 10.1 所示，以 BM_1 至 BM_2 为一测段进行中平测量（图中只给出 BM_1 至 TP_2 的施测情况）。将观测的读数分别计入表 10-5 中后视、前视及中视栏，并完成中平测量的计算。

表 10-5 中平测量记录

测点	水准尺读数/m			视线高程/m	高程/m	备注
	后视	中视	前视			
BM_1	2.191			514.502	512.311	
K0+000		2.32			512.18	
+020		1.90			512.60	
+040		1.62			512.88	BM_1 的高程为基平测量所测，高程为 512.311m
+060		1.03			513.47	
+080		0.91			513.59	
TP_1	2.462		1.006	515.958	513.496	
+100		2.10			513.86	
+120		1.82			514.14	
+140		1.56			514.40	
+160		1.95			514.01	
+180		0.83			515.13	
TP_2	2.673		0.621	518.010	515.337	
+200		1.58			516.43	

续表

测点	水准尺读数/m			视线高程 /m	高程 /m	备 注
	后视	中视	前视			
+240		1.90			516.11	
+260		2.33			515.68	
+280		0.76			517.25	
+295		1.52			516.49	
+300		2.67			515.34	
TP_3	1.654		1.286	518.378	516.724	
+320		1.66			516.72	
+340		2.68			515.70	
+360		1.86			516.52	
+380		2.21			516.17	
+400		0.96			517.42	
+420		1.42			516.96	基平测量所测 BM_2 的高程为 516.632m
+440		1.68			516.70	
+460		2.74			515.64	
TP_4	1.864		2.069	518.173	516.309	
+480		1.52			516.65	
+500		1.87			516.30	
+520		0.98			517.19	
+540		1.56			516.61	
+560		1.92			516.25	
+580		2.45			515.72	
+600		1.69			516.48	
+612		2.43			515.74	
+620		1.32			516.85	
BM_2			1.509		516.664	

辅助计算：$h_{中} = \sum a - \sum b = 10.844 - 6.491 = 4.353(m)$

$h_{基} = H_{BM2} - H_{BM1} = 516.632 - 512.311 = 4.321(m)$

$f_h = h_{中} - h_{基} = 4.353 - 4.321 = 0.032(m)$

$f_{h容} = \pm 50\sqrt{L} = \pm 50\sqrt{0.62} = \pm 39(mm)$

解：计算在表 10-5 中完成。其步骤如下。

1) 计算测段的高差闭合差

通过各测站观测的后视、前视读数，依次算出各转点的高程，最后得到 BM2 的观测高程为

$$H_{BM2} = 516.664$$

进行计算检核，则 $h_{中} = 516.664 - 512.311 = 4.353(\text{m})$

$$\sum a - \sum b = 10.844 - 6.491 = 4.353(\text{m})$$

说明计算无误。测段高差闭合差为

$$f_h = 516.664 - 516.632 = 0.032(\text{m})$$

$$f_{h容} = \pm 50\sqrt{L} = \pm 50\sqrt{0.62} = \pm 39(\text{mm})$$

观测精度符合要求。

2) 计算各中桩地面高程

各中桩地面高程通过中视读数和其所属测站的视线高程计算，详见表 10-5。

2. 跨沟谷测量

当线路经过沟谷时，一般可采用沟内、沟外分开的方法进行测量。如图 10.2 所示，当测至沟谷边缘时，仪器置于测站 I，同时设置两个转点 ZD_{16} 和 ZD_A，后视 ZD_{15}，前视 ZD_{16} 和 ZD_A。此后沟内、沟外即分开施测。观测沟内中桩时，仪器下沟置于测站 II，后视 ZD_A，观测沟谷内两侧的中桩并设置转点 ZD_B。再将仪器搬至测站 III，后视 ZD_B 观测沟底各中桩。至此沟内观测结束。然后仪器置于测站 IV 后视 ZD_{16}，继续前测。

这种方法使沟内、沟外高程传递各自独立，互不影响。沟内的测量不会影响到整个测段的闭合，造成不必要的返工。但由于沟内的测量为支水准路线，缺少检核条件，故施测时应倍加注意，记录时也应分开单独记录。此外，为了减少 I 站前、后视距不等所引起的误差，仪器置于 IV 站时，尽可能使 $l_3 = l_2$；$l_4 = l_1$，或者 $(l_1 - l_2) + (l_3 - l_4) = 0$。

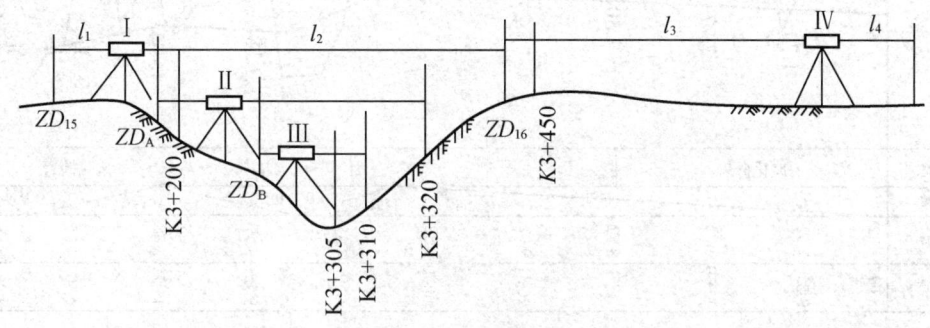

图 10.2 跨沟谷测量

10.1.3 道路纵断面图测绘

纵断面图是沿中线方向绘制的反映地面起伏和纵坡设计的线状图，它表示出各路段纵坡的大小和中线位置的填挖尺寸，是公路设计和施工中的重要文件资料。

如图10.3所示,在图的上半部,从左至右有两条贯穿全图的线。一条是细的折线,表示中线方向的实际地面线,是以里程为横坐标,高程为纵坐标,根据中平测量的中桩地面高程绘制的。为了明显反应地面的起伏变化,一般里程比例尺1:5000、1:2000或1:1000,而高程比例尺则比里程比例尺大10倍,取1:500、1:200或1:100。图中另一条是粗线,是包含竖曲线在内的纵坡设计线,是在设计时绘制的。此外,图上还注有水准点的位置和高程、桥涵的类型、孔径、跨数、长度、里程桩号和设计水位、竖曲线示意图及其曲线元素、同公路、铁路交叉点的位置、里程及有关说明等。

1. 纵断面图下部的资料

纵断面图的下部注有有关测量及纵坡设计的资料,主要包括以下内容。

(1) 直线与曲线:按里程表明路线的直线和曲线部分。曲线部分用折线表示,上凸表示路线右转,下凸表示路线左转,并注明交点编号和圆曲线半径,带有缓和曲线的应注明其长度。在不设曲线的交点位置,用锐角折线表示。

(2) 里程:按里程比例尺标注百米桩和公里桩。

(3) 地面高程:按中平测量成果填写相应里程桩的地面高程。

(4) 设计高程:根据设计纵坡和相应的平距推算出的里程桩号设计高程。

(5) 坡度:从左至右向上斜的直线表示上坡(正坡),下斜的表示下坡(负坡),水平的表示平坡。斜线或水平线上面的数字表示坡度的百分数,下面的数字表示坡长。

(6) 土壤地质说明:表明路段的土壤地质情况。

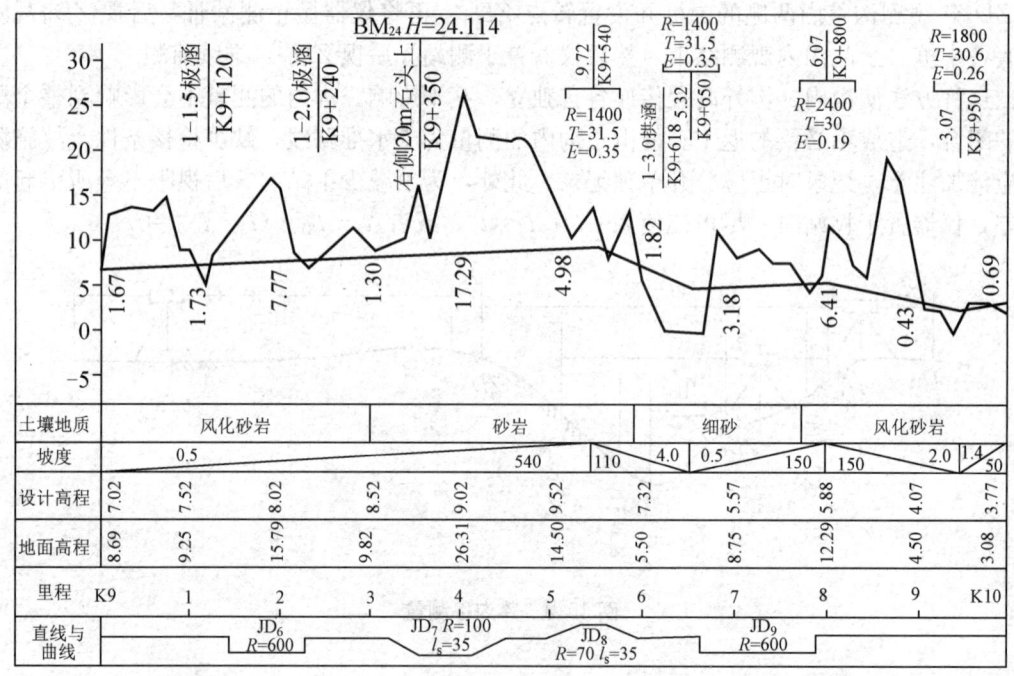

图 10.3 纵断面图

2. 纵断面图的绘制步骤

纵断面图的绘制一般可按下列步骤进行。

(1) 按照选定的里程比例尺和高程比例尺打格制表，填写里程、地面高程、直线与曲线、土壤地质说明等资料。

(2) 绘出地面线。首先制订纵坐标的起始高程，使绘出的地面线位于图上的适当位置。一般以 10m 整倍数的高程定在 5cm 方格的粗线上，便于绘图和阅图。然后根据中桩的里程和高程，在图上按纵、横比例尺依次定出各中桩的地面位置，再用直线将相邻点一个个连接起来，就得到地面线。在高差变化较大的地区，如果纵向受到图幅限制时，可在适当的地段变更图上高程起算位置，此时地面线将构成台阶形式。

(3) 根据纵坡设计计算设计高程。当路线的纵坡确定后，即可根据设计纵坡和两点之间的水平距离，由一点的高程计算另一点的设计高程。

设设计坡度为 i，起算点的高程为 H_0，推算点的高程为 H_P，推算点至起算点的水平距离为 D，则

$$H_P = H_0 + i \cdot D \tag{10-4}$$

其中，上坡时 i 为正；下坡时 i 为负。

(4) 计算各桩的填挖尺寸。同一桩号的设计高程与地面高程之差，即为改装好的填土高度（正号）或挖土深度（负号）。在图上填土高度应画在相应点纵坡设计线之上，挖土深度则相反。也有在图上专列一栏注明填挖尺寸的。

(5) 在图上注记有关资料，如水准点、桥涵、竖曲线等。

10.2 道路横断面测量

横断面测量是测定中线各里程桩两侧垂直于中线的地面高程，绘制各桩的横断面图。横断面图反映垂直于线路中线方向上的地面起伏情况，它是进行路基、边坡、特殊构造物设计、土石方计算及施工中确定路基填挖边界的依据。

横断面测量应逐桩施测，先需测定横断面的方向，然后在此方向上测定地面坡度变化点的距离和高差，绘制横断面图。

10.2.1 道路横断面方向确定

1. 直线段横断面方向的测定

直线段上任意中桩处的横断面方向与路线中线垂直，一般采用方向架测定。如图 10.4 所示，方向架置于桩点上，方向架上有两个相互垂直的固定片，用其中一个瞄准该直线任一中桩，另一个所指示的方向即为该桩点的横断面方向。也可用经纬仪测定横断面方向。在测点上安置经纬仪，以线路前方或后方一中桩为零方向拨角 90°即可。

2. 圆曲线横断面方向的测定

圆曲线上一点的横断面方向即是该点的半径方向。测定时一般采用求心方向架，即在方向架上安装一个可以转动的活动片，并有一固定螺旋可将其固定。具体测定方法有以下两种。

(1) 如图 10.5 所示，欲测圆曲线上桩点的横断面方向，将求心方向架置于 ZY 或（YZ）点上，用固定片 ab 瞄准切线方向（如交点），则另一端固定片 cd 所指方向架即为 ZY

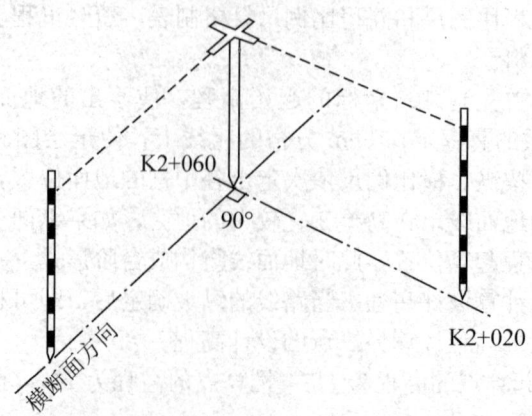

图 10.4　直线段横断面方向测定方法

或(YZ)点的横断面方向。保持方向架不动,转动活动片 ef 瞄准 1 点并将其固定。然后将方向架搬至 1 点,用固定 cd 瞄准 ZY 或(YZ)点,则活动片 ef 所指方向即为 1 点的横断面方向。在测定 2 点的横断面方向时,可以在 1 点的横断面方向上插一标杆,以固定片 cd 瞄准它,ab 片的方向即为切线方向。此后的操作与测定 1 点横断面方向时完全相同,保持方向架不动,用活动片 ef 瞄准 2 点并固定。将方向架搬至 2 点,用固定片 cd 瞄准 1 点,活动片 ef 的方向即为 2 点的横断面方向。如果圆曲线上桩距相同,在定出 1 点横断面方向后,保持活动片 ef 原来位置,将其搬至 2 点上,用固定 cd 瞄准 1 点,活动片 ef 即为 2 点的横断面方向。圆曲线上其他各点也可按照上述方法进行。

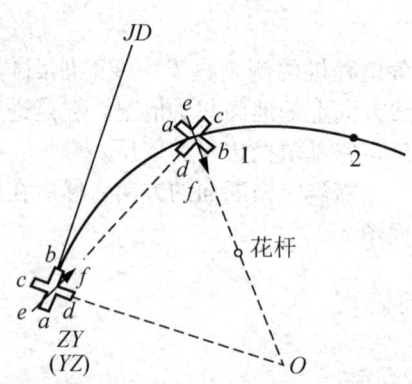

图 10.5　圆曲线横断面方向测定方法一

(2) 如图 10.6 所示,欲测圆曲线上 1 点的横断面方向,将求心方向架置于 ZY 或(YZ)点上,用固定片 ab 瞄准 1 点,保持方向架不动,转动活动片 ef 瞄准交点并将其固定。然后将方向架搬至 1 点,用活动片 ef 瞄准 ZY 或(YZ)点,则固定片 cd 所指方向即为 1 点的横断面方向。在测定 2 点的横断面方向时,可在 1 点切线方向(固定片 ab 的方向)上插一标杆。以固定片 ab 瞄准 2 点,保持方向架不动,转动活动片 ef 瞄准标杆并固定。然后将方向架搬至 2 点,用活动片 ef 瞄准 1 点,固定片 cd 的方向即为 2 点的横断面方向。如果圆曲线上桩距相同,在定出 1 点横断面方向后,保持活动片 ef 原位置,将其搬至 2 点上,用活动片 ef 瞄准 1 点,固定片 cd 方向即为 2 点的横断面方向。圆曲线上其他各点也可按照上述方法进行。

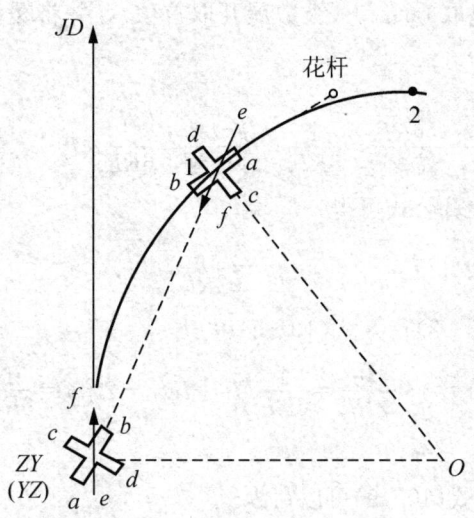

图 10.6　圆曲线横断面方向测定方法之二

3. 缓和曲线横断面方向的测定

缓和曲线上任一点的横断面方向，就是该点得法线方向，或者说是该点切线的垂线方向。因此，只要求出该点至前视点或后视点的偏角值，即可定出该点的法线方向。

如图 10.7 所示，欲测定缓和曲线上 D 点的横断面方向，B 为 D 点的后视点，E 为前视点，l_B、l_D、l_E 分别为 B、D、E 至缓和曲线起点 ZH（或 HZ）的曲线长，l_h 为后视点 B 至 D 点的曲线长，l_q 为前视点 E 至 D 点的曲线长，β_D 为 D 点的切线角。由图可知，D 点至前视点的偏角为

$$\delta_q = \alpha - \beta_D \tag{10-5}$$

又

$$\tan\alpha = \frac{y_E - y_D}{x_E - x_D} \tag{10-6}$$

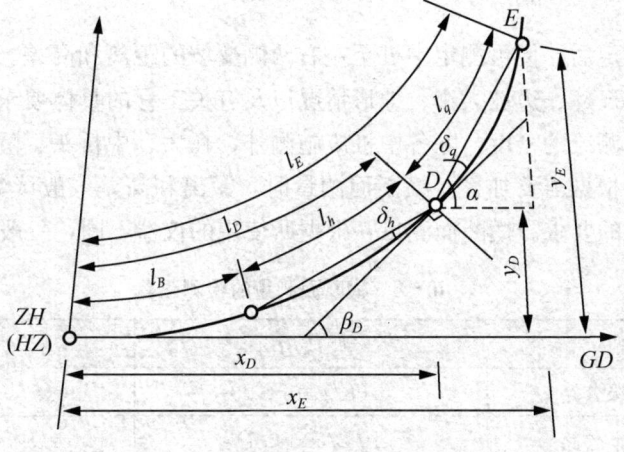

图 10.7　缓和曲线横断面方向的测定

实际上 α 很小，这里取 $\tan\alpha=\alpha$（级数展开取首项），并将缓和曲线的参数方程公式首项代入式(10-6)得

$$\alpha=\frac{\frac{l_E^3}{6Rl_s}-\frac{l_D^3}{6Rl_s}}{l_E-l_D}=\frac{1}{6Rl_s}\cdot\frac{l_E^3-l_D^3}{l_E-l_D}=\frac{1}{6Rl_s}(l_E^2+l_El_D+l_D^2) \quad (10-7)$$

按缓和曲线切线角计算公式可得

$$\beta_D=\frac{l_D^2}{2Rl_s} \quad (10-8)$$

将式(10-7)和式(10-8)代入式(10-5)得

$$\delta_q=\frac{1}{6Rl_s}(l_E^2+l_El_D+l_D^2)-\frac{l_D^2}{2Rl_s}=\frac{1}{6Rl_s}(l_E^2+l_El_D-2l_D^2)=\frac{1}{6Rl_s}(l_E-l_D)(l_E+2l_D) \quad (10-9)$$

考虑到 $l_E=l_D-l_q$，式(10-9)可以写为

$$\delta_q=\frac{l_q}{6Rl_s}(3l_D+l_q) \quad (10-10)$$

同样可以导出 D 点至后视点的偏角为

$$\delta_h=\frac{l_h}{6Rl_s}(3l_D-l_h) \quad (10-11)$$

以角度表示则为

$$\delta_q=\frac{l_q}{6Rl_s}\cdot\frac{180°}{\pi}(3l_D+l_q) \quad (10-12)$$

$$\delta_h=\frac{l_h}{6Rl_s}\cdot\frac{180°}{\pi}(3l_D-l_h) \quad (10-13)$$

施测时，将经纬仪置于 D 点，以 $0°00'00''$ 照准前视点 E（或后视点 B），再转动照准部使水平度数为 $90°+\delta_q$（或 $90°-\delta_h$），此时仪器的视线方向即 D 点的横断面方向。

10.2.2 道路横断面测量

横断面方向确定后，便可测定中桩至左右两侧变坡的距离和高差。施测的宽度，应根据路基宽度、填挖尺寸、边坡大小、地形情况以及有关工程的具体要求而定，应满足横断面设计要求。横断测绘的密度，除各中桩应施测外，在大、中桥头、隧道洞口、挡土墙等重要工程地段，可根据需要加密。横断面测量时，距离和高差一般读数至 0.1m，检测限差应符合表 10-6 的要求。横断面测量，根据所使用的仪器不同，一般采用以下方法。

表 10-6 横断面测量的检测限差

路　　线	距离/m	高程/m
高速公路、一级公路	$\pm(L/100+0.1)$	$\pm(h/100+L/200+0.1)$
二级及二级以下公路	$\pm(L/50+0.1)$	$\pm(h/50+L/100+0.1)$

注：h 为是检查点至线路中桩的高差(m)；L 为是检查点至路线中桩的水平距离(m)。

1. 标杆皮尺法

如图 10.8 所示，a、b、$c\cdots$为横断面方向上所选定的变坡点，将标杆立于 a 点，从中桩处地面将皮尺拉平量出至 a 点的距离，并测出皮尺截于标杆位置的高度，即 a 相对于中桩处地面的高差。同法可测的 a 至 b、b 至 $c\cdots$的高差，直至所需的宽度为止。中桩一侧测定后再测另一侧。

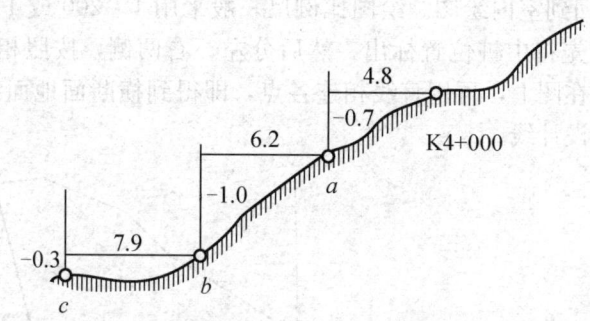

图 10.8　标杆皮尺法测量横断面

记录表格见表 10-7，表中按路线前进方向分左侧、右侧。分数的分子表示侧段两端的高差，分母表示其水平距离。高差为正表示上坡，为负表示下坡。

表 10-7　横断面测量记录表

左　　侧			桩　号	右　　侧			
…	…	…	…	…	…	…	
$\dfrac{-0.6}{11.0}$	$\dfrac{-1.8}{8.5}$	$\dfrac{-1.6}{6.0}$	K4+000	$\dfrac{+1.5}{4.6}$	$\dfrac{+0.9}{4.4}$	$\dfrac{+1.6}{7.0}$	$\dfrac{+0.5}{10.0}$
…	…	…	K4+020	…	…	…	

2. 水准仪法

在平坦地区可使用水准仪测量横断面。施测时选一适当位置安置水准仪，后视中桩水准尺读取后视读数。求的视线高程后，由前视横断面方向上各变坡点上水准尺得到各前视读数，视线高程分别减去各前视读数既得到各变坡点高程。用钢尺或皮尺分别量取各变坡点至中桩的水平距离。根据变坡点的高程和至中桩的距离，即可测回横断面图。

3. 经纬仪法

在地形起伏较大区域，一般可采用经纬仪法。安置经纬仪位于中桩点，确定横断面方向；然后用经纬仪测横断面方向上各个变坡点的视距、中丝读数和竖直角。最后计算出变坡点至中桩点的水平距离和高差，边测量边计算，将计算的结果记录于表 10-7 的分母和分子中，同时在现场绘制横断面草图。

4. 全站仪法

全站仪法则更方便。安置全站仪于任意一点上（一般安置在测量控制点上），先观测中桩点,再观测横断面方向上各个变坡点,观测数据包括水平角、竖直角、斜距、棱镜高、仪器高等。其测量结果可根据自编软件来计算。

10.2.3 道路横断图测绘

横断面图一般采用现场边测边绘的方法,以便于及时对横断面进行核对。但也可以现场记录(表 10-7),回到室内绘图。绘图比例尺一般采用 1∶200 或 1∶100。图绘在毫米方格纸上,绘图时,先将中桩位置标出,然后分左、右两侧,按照相应的水平距离和高差,逐一将变坡点绘在图上,再用直线相连各点,即得到横断面地面线。图 10.9 为横断面图,绘有路基断面设计线。

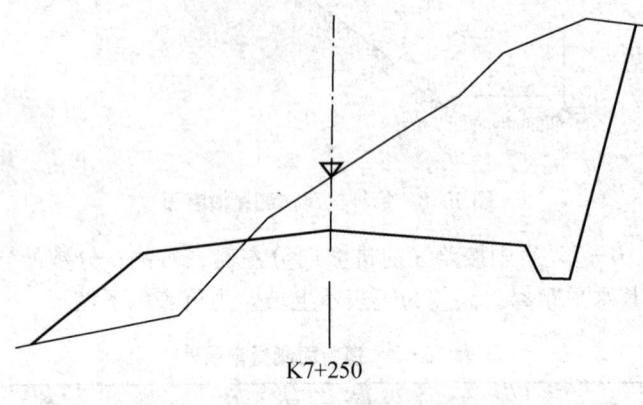

图 10.9 横断面图

【提示】技能训练 22——路线纵、横断面测量。

项目小结

本项目着重介绍纵横断面测量的技术要求和施测方法以及纵横断面图的绘制方法。要求学生掌握纵横断测量的方法并能在实践中加以应用。学习本项目,主要掌握以下知识点:基平测量的技术要求、施测方法、中平测量的外业方法、成果检核及成果计算、纵断图的绘制、横断面方向的确定、横断测量的施测方法、横断图的绘制等。

知识点考查

1. 纵断面测量的目的是什么?施测步骤有哪些?
2. 如何根据纵断测量成果绘制纵断图?
3. 中平测量时,各测点上的读数取位有何不同?
4. 横断面测量的目的是什么?道路中线上各中桩处的横断方向分别指什么方向?各中桩处的横断方向如何确定?
5. 横断测量有哪些观测方法?

6. 试完成表 10-8 的中桩高程计算。

表 10-8 中平测量记录

测点	水准尺读数/m			视线高程/m	高程/m	备注
	后视	中视	前视			
BM_1	1.236				1500.311	
K0+000		1.89				
+050		1.90				
+100		2.21				
+150		2.48				
TP_1	1.462		1.456			
+200		1.10				
+250		1.47				
+280		1.92				
+300		0.58				
+320		0.83				
TP_2	2.673		1.621			
+350		2.58				
+400		1.91				
+440		1.36				

项目 11

其他工程中的施工测量

知识目标

知识要点	知识目标
施工平面控制网的布设	掌握施工平面控制网布设的主要形式和要求
建筑物的定位和放线	掌握建筑物定位和放线的一般方法
桥梁施工测量	掌握桥梁工程施工中测设的相关工作
隧道工程施工测量	掌握隧道工程施工中测设的相关工作
水利工程施工测量	掌握一般水利工程施工中测设的相关工作

其他工程中的施工测量　项目11

▶▶项目导读

工程进入施工阶段之后，不同于之前设计阶段的测图，这一阶段测量的主要任务是测设，可以说测设工作是所有工程施工的先导，测设的精度是决定工程质量的重要因素。同时施工阶段的这部分内容主要包括建筑工程、道路、桥梁、隧道、水利等工程和未来就业之后工作是息息相关的，因此要特别注意。

11.1 建筑工程施工测量

11.1.1 建筑工程施工测量概述

建筑工程测量包括建筑工程在设计阶段、施工阶段和竣工使用期间的测量工作，涉及的测量方法有控制测量、水准测量、变形测量等。

1. 目的

施工阶段的主要工作是测设，也就是放样。因此建筑工程测量的目的是将图纸上设计好的各类的建筑物或构筑物的平面位置和高程，按设计要求以一定的精度放样在地面上，并设置一定标志，以此来作为施工的依据。并在施工过程中进行一系列的测量工作，以衔接和指导各工序间的施工，保证建筑工程符合设计要求。

2. 任务和内容

建筑工程测量贯穿于整个施工过程中。总结一下，主要包括以下5个方面。

（1）场地平整。

（2）建立施工控制网。

（3）按照施工控制网进行建筑物的定位和放线。这个阶段内容比较多，包括基础施工、建筑物构件的安装等，都需要进行测量，才能使建（构）筑物各部分的尺寸、位置符合设计要求。

（4）竣工测量：工程竣工后，施工单位还应会同建设单位、监理单位组织竣工测量，竣工测量验收合格，建筑工程才可以交付使用。

（5）变形测量：大型或特殊的建（构）筑物建成后，还要定期进行变形观测，以便积累资料，掌握变形的规律，为今后建（构）筑物的设计、维护和使用提供资料。

3. 原则

建筑工程测量和测绘地形图一样，也要遵循"从整体到局部，先控制后放样，步步检核"的原则。这是因为施工现场上各种建筑物数量多又杂乱，开建时间也不相同，为了保证各个建（构）筑物在平面和高程位置都符合设计要求，互相连成统一的整体，即先作控制测量，在施工现场建立统一的平面控制网和高程控制网，再根据控制网放样出各个建筑物的位置，每一步测量工作没有检核不能进行下一步工作。

4. 特点(与测图相比)

1) 性质不同

测定即测绘,是将地面上的地物、地貌测绘在图纸上;而测设则和它相反,是将设计图纸上的建(构)筑物按其设计位置测设到相应的地面上。

2) 精度要求不同

测设精度的要求取决于建(构)筑物的大小、材料、用途和施工方法等因素。一般来说,高于测图的精度,因为这一阶段点位的放样会直接影响工程质量。

3) 与施工密切相关

建筑工程测量工作与工程质量及施工进度有着密切的联系。点位放样速度慢,或者精度低直接会影响到工程的施工进度或质量。上一步点位放样没有放样出来,下一步施工就没有办法展开。

4) 受施工干扰大

施工现场工种多,交叉作业频繁,并有大量土、石方填挖,地面变动很大,又有动力机械的震动,因此各种测量标志必须埋设稳固且在不易破坏的位置,还应做到妥善保护,如有破坏应及时恢复。

11.1.2 施工场地内的施工控制测量

在勘测阶段所建立的控制网,主要是为了满足测图的需要,未考虑建筑物的分布和测设的要求。另外,在场地平整时大多控制点会遭受破坏,即使被保留下来,也往往不能通视,无法满足施工测量的要求。为了便于建筑物施工测设以及进行竣工测量,必须在施工之前建立专门的施工控制网。施工控制网包括平面控制网和高程控制网。

1. 平面控制网

平面控制网的布设形式主要有建筑基线、建筑方格网、导线控制网、三角网等形式。它们适用条件是不同的,建筑基线一般在在面积不大、比较简单的建筑场地上,建筑方格网适用于地势平坦且分布规则的大中型建筑场地,导线网一般分布在建筑物不规则的场地。三角网主要用在地势起伏较大、通视不好的的地区。下面分别介绍这两种形式。

施工控制网多由正方形格网或矩形格网组成,称为建筑方格网。

1) 建筑基线

建筑基线就是施工场地内的控制线。

(1) 布设形式:建筑基线的布置是根据建筑设计总平面图上建筑物的分布,现场的地形条件和原有控制点的状况而选定的。建筑基线应靠近主要建筑物,并与其轴线平行,以便采用直角坐标法进行测设。通常可布置成如图11.1所示的几种形式。

(2) 要求:为了便于检查建筑基线点有无变动,基线点数不应少于3个。

(3) 与建筑红线的区别:建筑红线指的是建筑场地内的开挖边界线,而基线是场地内施工控制基准线。

(4) 建筑基线的测设:主要根据已有的控制点或者建筑红线测设。

① 根据场地内已有的控制点也就是极坐标法测设。

根据建筑物的设计坐标和附近已有的测量控制点,在图上选定建筑基线的位置,求算测设数据,并在地面上测设出来。

其他工程中的施工测量 项目11

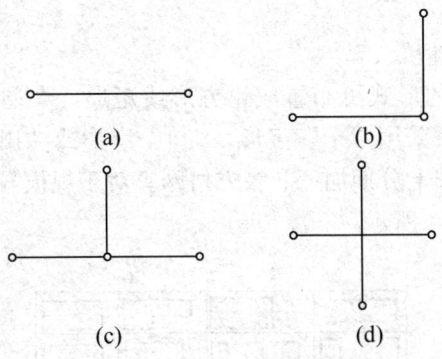

图 11.1 建筑基线的布线形式

如图 11.2 所示，根据测量控制点 1、2，用极坐标法或角度交会法分别测设出 A、O、B 三个建筑基线点。然后把经纬仪安置在 O 点，观测 $\angle AOB$ 是否等于 $90°$，其限差一般为 $\pm 24''$。丈量 OA、OB 两段距离，分别与设计距离相比较，其相对误差一般不超过为 $1/10000$。

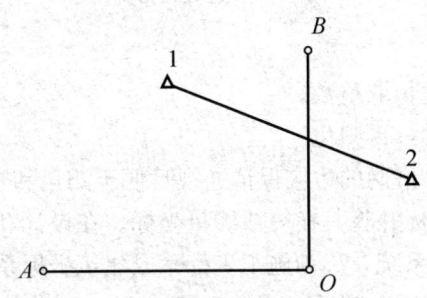

图 11.2 极坐标法测设建筑基线

② 根据建筑红线测设建筑基线也就是直角坐标法，或称为平行推移法。

如图 11.3 所示，根据 1、2、3 点平行推移得 A、B、C，调整 A、B、C 使 A 为直角。AB、BC 一般精度要求为

$$\angle BAC = 90° \pm 10''$$

AB、BC 相对误差 $\leqslant 1/10000$。

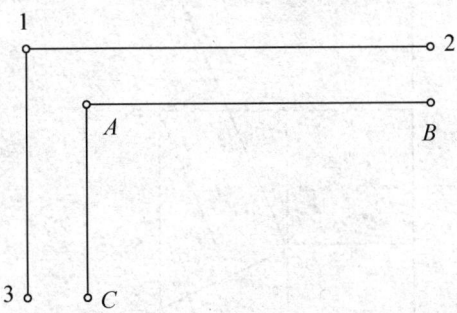

图 11.3 平行线推移法测设建筑基线

2) 建筑方格网

(1) 建筑方格网特点如下。

① 分级布置。方格网的形式可布置成正方形或矩形，大型建筑场地的建筑方格网可分Ⅰ、Ⅱ两级布设。Ⅰ级可采用"十"字形、"口"字形或"田"字形，然后根据施工的需要，在Ⅰ级方格网的基础上分期加密Ⅱ级方格网。对于规模较小的建筑场地，则尽量布置成全面方格网，如图11.4所示。

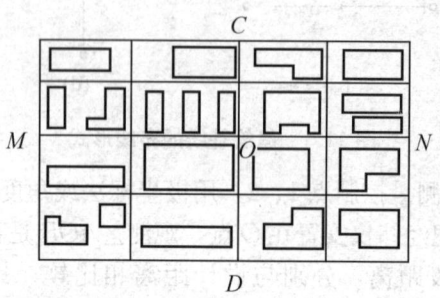

图 11.4　建筑方格网

② 采用建筑坐标系。

③ 考虑建筑群布局，边长取整数。

④ 测设精度高，先测设，再归化。

⑤ 点位须长期保存。方格网的边应保证通视且便于测角和量距，点位应能长期保存。

(2) 确定主点的施工坐标并将其换算成测量坐标。在设计和施工部门，为了工作上的方便，常采用一种独立坐标系统，称为施工坐标系或建筑坐标系。

施工坐标系的纵轴通常用 A 表示，横轴用 B 表示，因此施工坐标系也称 A、B 坐标系。主点的施工坐标一般由设计单位给出，也可在总平面图上用图解法求得一点的施工坐标后，再按主轴线的长度推算其他主点的施工坐标。当施工坐标系与测量坐标系不一致时，还应进行坐标换算，将主点的施工坐标换算为测量坐标，以便求算测设数据。

如图11.5所示，设已知 P 点的施工坐标为 $(A_P、B_P)$，换算为测量坐标 $(x_P、y_P)$ 时，可按式 (11 - 1) 计算。

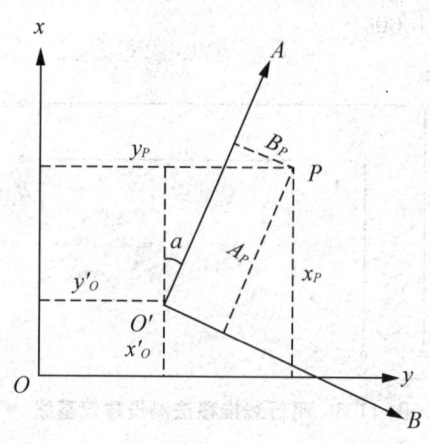

图 11.5　坐标转换

$$\begin{cases} x_P = x'_0 + A_P\cos\alpha - B_P\sin\alpha \\ y_P = y'_0 + A_P\sin\alpha + B_P\cos\alpha \end{cases} \quad (11-1)$$

式中 $x'O'y'$——建筑坐标系；

xOy——测量坐标系；

$x_0 y_0$——建筑坐标系原点的测量坐标；

α——X'轴在测量坐标系中的坐标方位角。

(3) 建筑方格网的测设。

建筑方格网应先布设主轴线，再布设其余方格网点。

① 主轴线的测设。

图 11.6 中的 1、2、3 点是测量控制点，A、O、B 为主轴线的主点。首先将 A、O、B 三点的施工坐标换算成测量坐标，再根据它们的坐标反算出测设数据 D_1、D_2、D_3 和 β_1、β_2、β_3，然后按极坐标法分别测设出 A、O、B 三个主点的概略位置，如图 11.7 所示，以 A'、O'、B' 表示，并用混凝土桩把主点固定下来。混凝土桩顶部常设置一块 10cm×10cm 的铁板，供调整点位使用。由于主点测设误差的影响，致使 3 个主点一般不在一条直线上，因此需在 O' 点上安置经纬仪，精确测量 $\angle A'O'B'$ 的角值 β，β 与 180°之差超过限差时应进行调整。调整时，各主点应沿 AOB 的垂线方向移动同一改正值 δ，使 3 个主点成一直线。δ 值可按式(11-3)计算。图 11.7 中，u 和 r 角均很小，故

$$\begin{cases} u = \dfrac{2\delta}{a}\rho \\ r = \dfrac{2\delta}{b}\rho \end{cases} \quad (11-2)$$

$$180° - \beta = u + r = \left(\dfrac{2\delta}{a} + \dfrac{2\delta}{b}\right)\rho = 2\delta\left(\dfrac{a+b}{ab}\right)\rho$$

$$\delta = \dfrac{ab}{2(a+b)}\dfrac{1}{\rho}(180° - \beta) \quad (11-3)$$

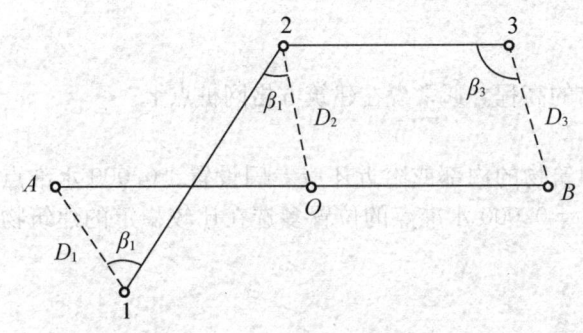

图 11.6 主轴线的测设 1

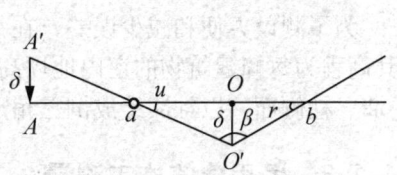

图 11.7 主轴线的测设 2

移动 A'、O'、B' 三个主点之后再测量 $\angle AOB$，如果测得的结果与 180°之差仍超限，应再进行调整，直到误差在允许范围之内为止。

A、O、B 三个主点测设好后，如图 11.8 所示，将经纬仪安置在 O 点，瞄准 A 点，分别向左、向右转 90°，测设出另一主轴线 COD，同样用混凝土桩在地上定出其概略位置 C' 和 D'，再精确测量出 $\angle AOC'$ 和 $\angle AOD'$，并按垂线改正法进行改正。

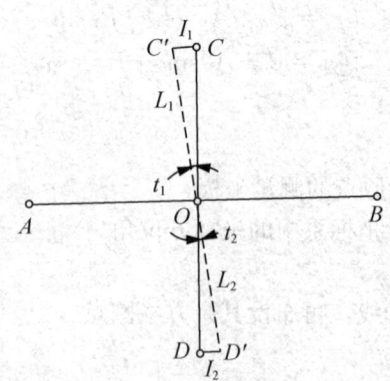

图 11.8　主轴线的测设 3

② 方格网点的测设。主轴线测好后,分别在主轴线端点上安置经纬仪,均以 O 点为起始方向,分别向左、向右测设出 90°角,这样就交会出"田"字形方格网点。为了进行校核,还要安置经纬仪于方格网点上,测量其角值是否为 90°角,并测量各相邻点间的距离,看它是否与设计边长相等,误差均应在允许范围之内。此后再以"田"字形方格网点为基础,加密方格网中其余各点。

2. 高程控制网

高程控制网布设时可分为首级网和加密网。主要是因为在建筑场地上,水准点的密度应尽可能满足安置一次仪器即可测设出所需的高程点。而测绘地形图时敷设的水准点往往是不够的,因此,还需增设一些水准点。前者叫做基本水准点属于首级网,后者叫做施工水准点属于加密网。在一般情况下,建筑方格网点也可兼作高程控制,相应水准点分别称为基本水准点和施工水准点。

1) 基本水准点

一般建筑场地埋设 3 个,按三、四等水准测量要求,将其布设成闭合水准路线,布设需要在施工场地不受影响的地方。

2) 施工水准点

靠近建筑物,可用来直接测设建筑物的高程。通常设在建筑方格网桩点上。

3) ±0.000 水准点

为了测设方便和减少误差,在每幢建筑物的内部或附近还应专门设置±0.000 水准点(其高程为每幢建筑物的室内地坪高程)。±0.000 水准点的位置多选在比较稳定的建筑物的墙、柱侧面,以红漆绘成倒三角形。

11.1.3　民用建筑施工测量

民用建筑施工测量主要包括定位、放样、基础施工测量、墙体工程施工测量以及使用基础皮数杆和墙体轴线测设等。

1. 准备工作

民用建筑一般是指住宅、办公楼、食堂、俱乐部、医院和学校等建筑物。施工测量的任务是按照设计的要求,把建筑物的位置测设到地面上,并配合施工进度以保证工程质量。

测设前的准备工作如下。

1）熟悉图纸

设计图纸是施工测量的依据，在测设前，应熟悉建筑物的设计图纸，了解施工的建筑物与相邻地物的相互关系，以及建筑物的尺寸和施工的要求等。测设时必须具备下列图纸资料。

（1）总平面图（图11.9）是施工测设的总体依据，建筑物就是根据总平面图上所给的尺寸关系进行定位的。

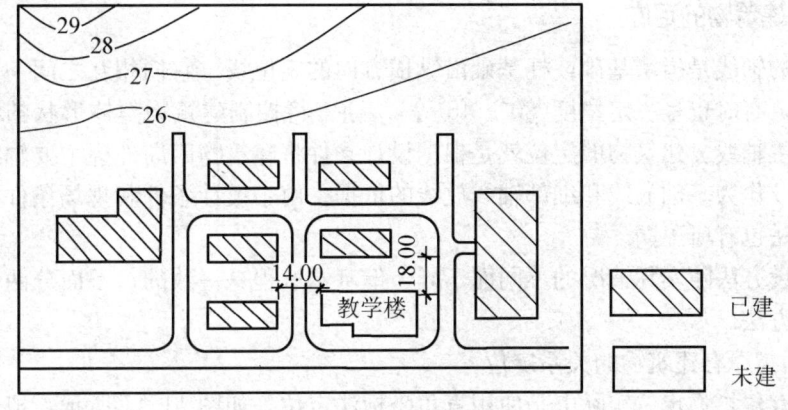

图11.9 总平面图

（2）建筑平面图（图11.10）给出建筑物各定位轴线间的尺寸关系及室内地坪标高等，它是放样的基础资料。

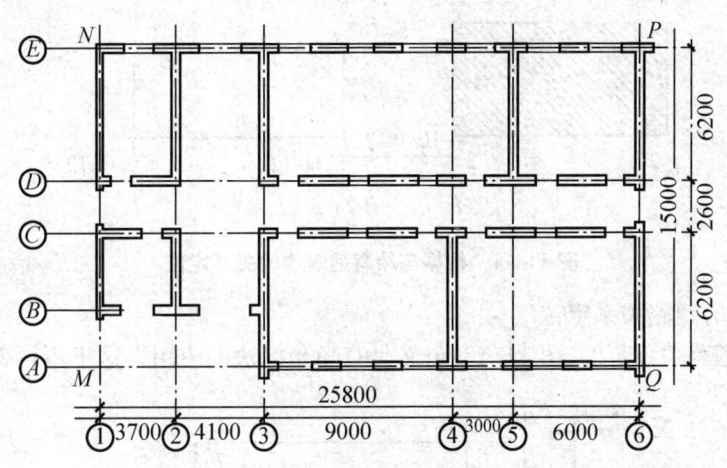

图11.10 建筑平面图

（3）基础平面图给出基础轴线间的尺寸关系和编号，是基础轴线测设的主要依据。

（4）基础详图（即基础大样图）给出基础设计宽度、形式及基础边线与轴线的尺寸关系。

立面图和剖面图给出基础、地坪、门窗、楼板、屋架和屋面等设计高程，是高程测设的主要依据。

2) 现场踏勘

目的是了解现场的地物、地貌和原有测量控制点的分布情况,并调查与施工测量有关的问题。

3) 平整和清理施工现场

目的是为进行测设工作做好准备。

4) 拟定测设计划和绘制测设草图

对各设计图纸的有关尺寸及测设数据应仔细核对,以免出现差错。

2. 民用建筑物的定位

建筑物的轴线是指墙基础或柱基础沿纵横方向的定位线。它们相互之间一般是相互平行或垂直的,有时也呈一定角度(30°、45°等)。通常将控制建筑物整体形状的纵横轴线称为建筑物的主轴线。建筑物的定位就是根据设计条件将建筑物四周外廓主要轴线的交点测设到地面上,作为基础放线和细部轴线放线的依据。由于设计条件和现场条件不同,建筑物的定位方法也有所不同。

具体测设方法随实际情况的不同而不同,但基本过程是一致的,下面分两种情况说明具体测设的方法。

1) 根据与原有建筑物的关系定位

根据原有建筑物定位实际上是使用直角坐标法定位。如图 11.11 所示,拟建建筑物的外墙边线与原有建筑物的外墙边线在同一条直线上,两栋建筑物的间距为 10m,拟建建筑物四周长轴为 40m,短轴为 18m,轴线与外墙边线间距为 0.12m,是使用直角坐标法定位的直接应用。

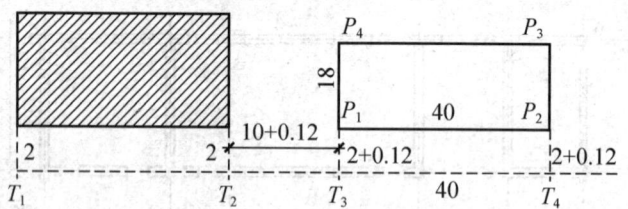

图 11.11 根据与原有建筑物的关系定位

2) 根据原有道路关系定位

根据原有道路关系定位(图 11.12)仍然是直角坐标法的应用,这里不再赘述。

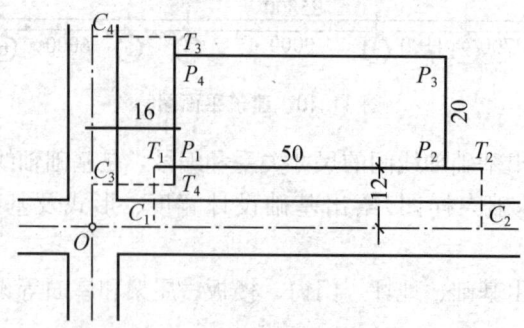

图 11.12 根据与原有道路的关系定位

【例 11-1】 如图 11.13 所示，首先用钢尺沿着宿舍楼的东、西墙，延长出一小段距离 l（通常为 1~2m）得 a、b 两点，用小木桩标定之。将经纬仪安置在 a 点上，瞄准 b 点，并从 b 点沿 ab 方向量出 19.120m 得 c 点（因教学楼的外墙厚 24m，轴线居中，离外墙皮 12m），再继续沿 ab 方向从 c 点起量 25.800m 得 d 点。然后将经纬仪分别安置在 c、d 两点上，后视 a 点并转 90°沿视线方向量出距离 l+0.120m，得 M、Q 两点，再继续量出 15.000m 得 N、P 两点。M、N、P、Q 四点即为教学楼主轴线的交点。最后，检查 NP 的距离是否等于 25.800m，∠N 和∠P 是否等于 90°。误差在 1/5000 和 ±1′ 之内即可。

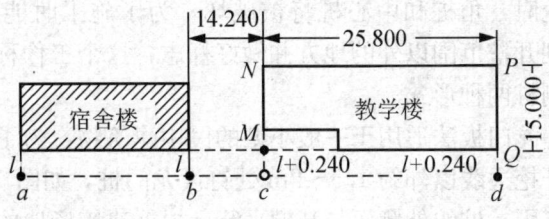

图 11.13　例 11-1 图

3. 民用建筑物的放线

建筑物的放线是指根据现场已定位出的建筑物主轴线（即角桩），详细测设其他各轴线交点的位置，用白灰撒出基槽边界线。放样方法如下。

1）测设细部轴线交点

如图 11.14 所示，A 轴、E 轴、①轴和⑦轴是 4 条建筑物的外墙主轴线，其轴线交点 $A1$、$A7$、$E1$ 和 $E7$ 是建筑物的定位点，这些定位点已在地面上测设完毕，现欲测设次要轴线与主轴线的交点。

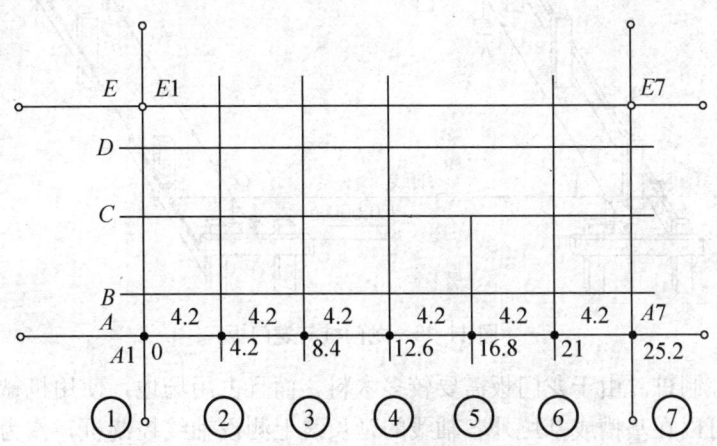

图 11.14　测设细部轴线交点

在 $A1$ 点安置经纬仪，照准 $A7$ 点，把钢尺的零端对准 $A1$ 点，沿视线方向拉钢尺，在钢尺上读数等于①轴和②轴间距（4.2m）的地方打下木桩，打的过程中要经常用仪器检查桩顶是否偏离视线方向，钢尺读数是否还在桩顶上，如有偏移要及时调整。打好桩后，用经纬仪视线指挥在桩顶上画一条纵线，再拉好钢尺，在读数等于轴间距处画一条横线，两线交点即 A 轴与②轴的交点 $A2$。

在测设 A 轴与③轴的交点 A3 时，方法同上，注意仍然要将钢尺的零端对准 A1 点，并沿视线方向拉钢尺，而钢尺读数应为①轴和③轴间距(8.4m)，这种做法可以减小钢尺对点误差，避免轴线总长度增长或减短。如此依次测设 A 轴与其他有关轴线的交点。测设完最后一个交点后，用钢尺检查各相邻轴线桩的间距是否等于设计值，误差应小于 1/3000。

测设完 A 轴上的轴线点后，用同样的方法测设 E 轴、1 轴和 7 轴上的轴线点。

2) 引测轴线

在基槽或基坑开挖时，角桩和中心桩将被破坏，为了施工时能准确地恢复各轴线位置，应把各轴线延长到开挖范围以外的地方并做好标志，这个工作称为引测轴线。具体有设置龙门板和轴线控制桩两种形式。

(1) 设置龙门板。龙门板法适用于一般小型的民用建筑物，为了方便施工，在建筑物四角与隔墙两端基槽开挖边线以外约 1.5~2m 处钉设龙门桩，如图 11.15 所示。

桩要钉得竖直、牢固，桩的外侧面与基槽平行。根据建筑场地的水准点，用水准仪在龙门桩上测设建筑物±0.000 标高线。根据±0.000 标高线把龙门板钉在龙门桩上，使龙门板的顶面在一个水平面上，且与±0.000 标高线一致。安置仪器于各角桩、中心桩上，将各轴线引测到龙门板顶面上，并以小钉表示，称为轴线钉。恢复轴线时，将经纬仪安置在一个轴线钉上方，照准相应的另一个轴线钉，其视线即为轴线方向，往下转动望远镜，便可将轴线投测到基槽或基坑内。

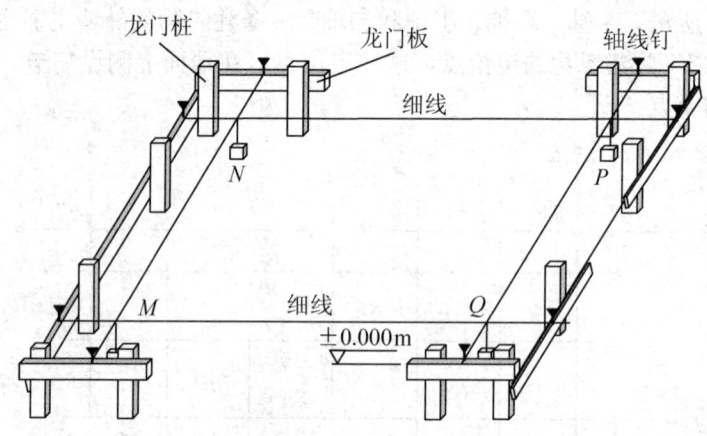

图 11.15　龙门桩与龙门板

(2) 轴线控制桩。由于龙门板需要较多木料，而且占用场地，使用机械开挖时容易被破坏，因此也可以在基槽或基坑外各轴线的延长线上测设轴线控制桩，作为以后恢复轴线的依据。即使采用了龙门板，为了防止被碰动，对主要轴线也应测设轴线控制桩。

轴线控制桩一般设在开挖边线 4m 以外的地方，并用水泥砂浆加固。最好是附近有固定建筑物和构筑物，这时应将轴线投测在这些物体上，使轴线更容易得到保护，以便今后能安置经纬仪来恢复轴线，如图 11.16 所示。

轴线控制桩的引测主要采用经纬仪法，当引测到较远的地方时，要注意采用盘左和盘右两次投测取中数法来引测，以减少引测误差和避免错误的出现。

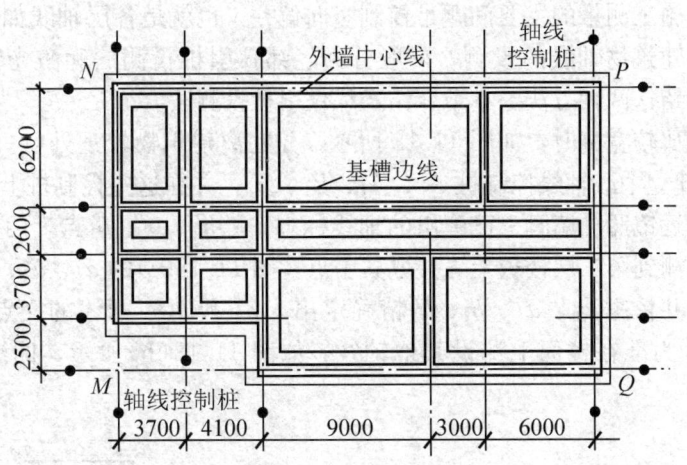

图 11.16 轴线控制桩

开挖边线标定之后，就可进行基槽开挖。在开挖过程中，不得超挖基底，要随时注意挖土的深度，当基槽挖到离槽底 0.300～0.500m（图 11.17 的 0.500m）时，用水准仪在槽壁上每隔 2～3m 和拐角处钉一个水平桩，如图 11.17 所示，用以控制挖槽深度及作为清理槽底和铺设垫层的依据。

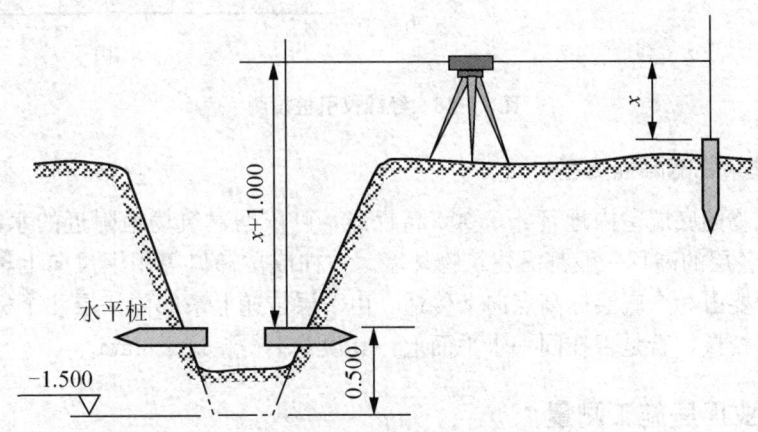

图 11.17 基槽深度施工

垫层打好后，利用控制桩或龙门板上的轴线钉，在垫层上放出墙和基础边线，并进行严格校核。然后立好基础皮数杆，即可开始砌筑基础。当墙身砌筑到±0.000 高程的下一层砖时，可做防潮层并立皮数杆，再向上砌筑。

11.1.4 高层建筑物的轴线投测及高程传递

1. 轴线投测

高层建筑物的特点是建筑物层数多、高度大、建筑结构复杂、设备和装修标准较高。因此，在施工过程中对建筑物各部位的水平位置、垂直度及轴线尺寸、标高等的精度要求都十分严格。

高层建筑物施工测量的主要问题是控制竖向偏差,也就是各层轴线如何精确地向上引测的问题。高层建筑物轴线的投测,一般分为经纬仪引桩投测法和激光铅垂仪投测法两种,下面分别介绍这两种方法。本节介绍经纬仪引桩投测法。

当施工场地比较宽阔时,如图 11.18 所示,先在离建筑物较远处(一般为建筑物高度的 1.5 倍以上)建立中心轴线控制桩 A_1、A_1'、B_1、B_1',并在这些控制桩上安置经纬仪,严格整平仪器,望远镜照准墙脚上已弹出的轴线标志 a_1、a_1'、b_1、b_1' 点,用盘左和盘右两个竖盘位置向上投测到第二层楼板上,并取其中点,图 11.18(a) 的 a_2、a_2'、b_2、b_2' 作为该层中心的投影点,并依据 a_2、a_2'、b_2、b_2' 精确定出 a_2a_2' 和 b_2b_2' 两线的交点 O_2,然后再以 $a_2O_2a_2'$ 和 $b_2O_2b_2'$ 为准在楼面上测设其他轴线。如图 11.18(b) 所示,同法依次逐层向上投测。

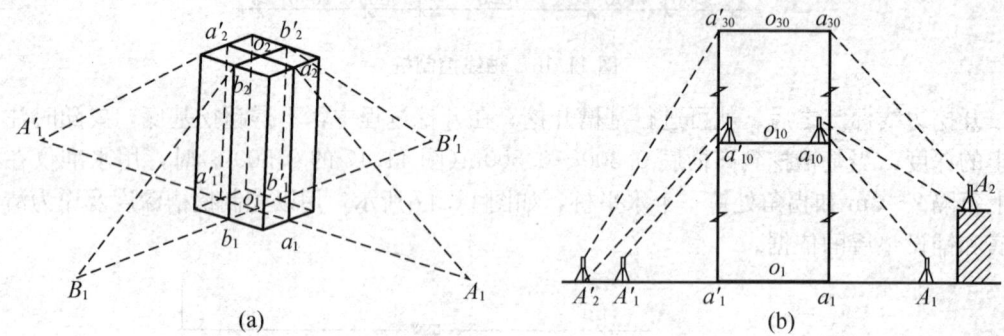

图 11.18 经纬仪引桩投测

2. 高层建筑物的高程传递

高层建筑物的底层室内地坪 ± 0.000 高程点,可依据建筑场地附近的水准点来测设。± 0.000 以上各层的高程一般都沿建筑物外墙、边柱或楼梯口等用钢尺向上量取。一幢高层建筑物至少要由 3 个底层标高点向上传递。由下层传递上来的同一层几个标高点,必须用水准仪进行校核,看是否在同一水平面上,其误差不得超过 $\pm 3mm$。

11.1.5 工业厂房施工测量

工业厂房一般采用预制构件在现场装配的方法施工。厂房的预制构件主要有柱子(有时也现场浇铸)、吊车梁、吊车车轨和屋架等。因此,工业厂房施工测量的主要工作是保证这些预制构件安装到位。其主要工作包括厂房控制网测设、厂房柱列轴线测设、柱基测设、厂房预制构件安装测量等。

1. 厂房控制网的测设

厂房与一般民用建筑相比,它的柱子多、轴线多,且施工精度要求高,因而对于每幢厂房还应在建筑方格网的基础上,再建立满足厂房特殊精度要求的厂房矩形控制网,作为厂房施工的基本控制。

图 11.19 中,M、N、P、Q 为厂房最外边的 4 条轴线的交点,其设计坐标已知。T、U、R、S 为布置在基坑开挖范围以外的厂房矩形控制网的 4 个角点,称为厂房控制桩。

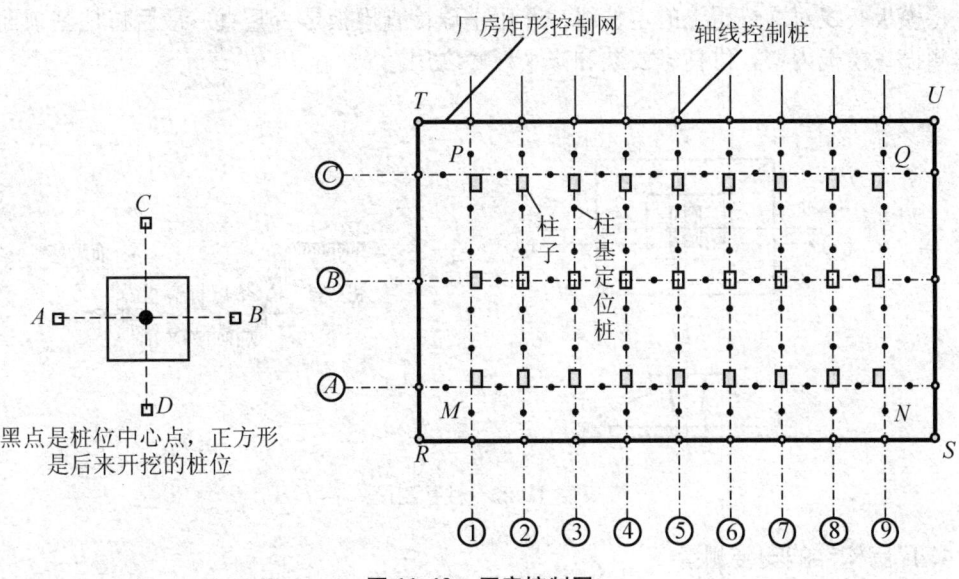

图 11.19　厂房控制网

2. 柱列轴线的测设

A、B、C 和①、②、③……等轴线均为柱列轴线。检查厂房矩形控制网的精度符合要求后，即可根据厂房跨间距和柱间距用钢尺沿矩形网各边定出各轴线控制桩的位置，并打入大木桩，钉上小钉，作为测设基坑和施工安装的依据。

对于小型厂房，也可以采用民用建筑的测设方法，即直接测设厂房 4 个角点，然后将轴线投射至轴线控制桩或龙门板上。

对于大型或设备基础复杂的长房，应先测设厂房控制网的主轴线，再根据主轴线测设厂房矩形控制网。如图 11.19 所示，以定位轴线⑧轴和⑤轴为主轴线，T、U、R、S 是厂房矩形控制网的四个主点。

3. 柱基的测设

1) 柱基测设

在柱基坑开挖范围以外测设每个柱子的 4 个柱基定位桩，如图 11.20 所示，作为放样柱基坑开挖边线、修坑和立模板的依据。测设时，用两架经纬仪分别安置在两条互相垂直的柱列轴线控制桩上，沿轴线方向交会出柱基定位点（定位轴线交点），再根据定位点和定位轴确定位置。

2) 基坑的高程测设

当基坑挖到一定深度时，应在坑壁四周离坑底设计高程 0.300~0.500m 处设置几个水平桩，如图 11.20 所示，作为基坑修坡和清底的高程依据。此外还应在基坑内测设出垫层的高程，即在坑底设置小木桩，使桩顶面恰好等于垫层的设计高程。

3) 基础模板的定位

打好垫层之后，根据坑边定位小木桩，用拉线的方法，吊垂球把柱基定位线投到垫层上，用墨斗弹出墨线，用红漆画出标记，作为柱基立模板和布置基础钢筋网的依据。立模时，将模板底线对准垫层上的定位线，并用垂球检查模板是否竖直。最后将柱基顶面设计高程测设在模板内壁，供柱子安装和修平杯底之用。

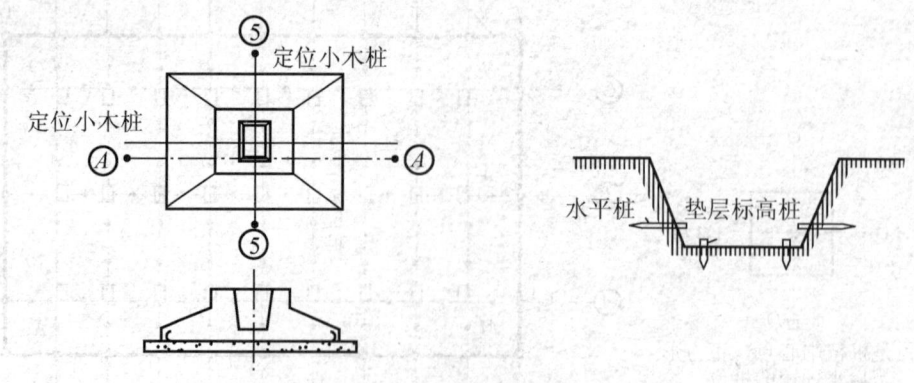

图 11.20　柱基测设

4. 厂房构件的安装测量

装配式单层工业厂房主要由柱、吊车梁、屋架、天窗架和屋面板等主要构件组成。一般工业厂房都采用预制构件在现场安装的办法施工。在吊装每个构件时，有绑扎、起吊、就位、临时固定、校正和最后固定等几道操作工序。

1) 柱子安装测量

柱子吊装前，应根据轴线控制桩，把定位轴线投测到杯形基础的顶面上，并用红油漆画上"▼"标明，如图 11.21(a)所示，同时还要在杯口内壁，测出一条高程线，从高程线起向下量取一整分米数即到杯底的设计高程，作为杯底找平的依据。

然后，在柱子的 3 个侧面弹出柱中心线，每一面又需分为上、中、下 3 点，并画小三角形"▼"标志，以便安装校正。

最后还应进行柱长检查与杯底找平。通常，柱底到牛腿面的设计长度加上杯底高程应等于牛腿面的高程，如图 11.21(b)所示。但柱子在预制时，由于模板制作和模板变形等原因，不可能使柱子的实际尺寸与设计尺寸一样，为了解决这个问题，往往在浇注基础时把杯形基础底面高程降低 2～5cm，然后用钢尺从牛腿顶面沿柱边量到柱底，根据这根柱子的实际长度，用 1∶2 水泥砂浆在杯底进行找平，使牛腿面符合设计高程。

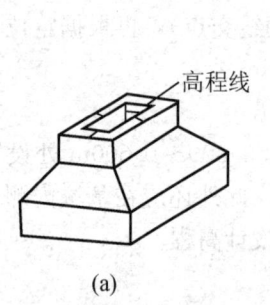
(a)

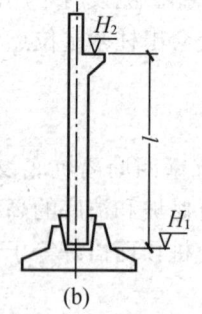
(b)

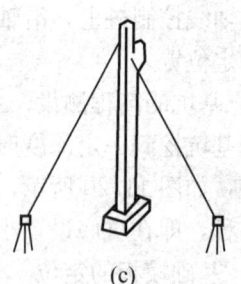
(c)

图 11.21　柱子安装测量

2) 安装柱子垂直校正

柱子插入杯口后,首先应使柱身基本竖直,再使其侧面所弹的中心线与基础轴线重合,用木楔或钢楔初步固定,即可进行竖直校正。

校正时将两架经纬仪分别安置在柱基纵、横轴线附近,如图11.21(c)所示,离柱子的距离约为柱高的1.5倍,先瞄准柱中线底部,固定照准部,仰视镜中线顶部,如重合,则柱子在此方向是竖直的;如不重合,应进行调整,直到柱子两侧面的中心线都竖直为止。

11.2 桥梁工程施工测量

随着交通运输业的发展,为了确保车辆、船舶、行人的通行安全,高等级交通线路建设日新月异,跨越河流、山谷的桥梁,以及陆地上的立交桥和高架桥建得越来越多、越高、跨径越大,新桥型的不断涌现使得桥梁施工技术含量增加,所以桥梁建设在投资比重、工期、技术要求等方面都居十分重要的位置。

为了保证桥梁施工质量达到设计要求,必须采用正确的测量方法和适宜的精度控制各分项工程的平面位置、高程和几何尺寸。因而桥梁施工测量的意义显而易见。其施工测量的方法和精度取决于桥梁轴线长度、桥梁结构和地形状况。

桥梁施工测量的主要内容包括建立桥梁控制网、桥轴线测定、墩台中心定位、各轴线控制桩设置、墩台基础及细部施工放样等。桥梁施工测量的基本任务是根据设计文件,按照规定的精度,将图纸上设计的桥梁标定于地面,据此指导施工,确保建成的桥梁在平面位置、高程位置和外形尺寸等方面均符合设计要求。

11.2.1 概述

1. 桥梁的构成

桥梁主要由桥跨结构、支座、桥墩、桥台和基础等组成。

2. 分类

1) 按轴线长度(m)划分

包括特大型(>500m)、大型(100~500m)、中型(30~100m)、小型(<30m)4类。

2) 按结构形划分

包括简支梁桥、连续梁桥、刚构桥、斜拉桥、悬索桥5类。

3) 按设计和施工的复杂性划分

包括一般和复杂两类。

3. 桥梁工程测量的主要内容及任务

对于可利用线路中线点直接测设的一般特大桥、大桥及中小桥,施工前应对桥址中线进行复测,之后对桥址中线点进行调整,据此进行墩台中心定位。对于水中不能直接测设的桥梁或水面较宽且有高墩、大跨、深水基础或基础施工难度较大，梁部结构类型复杂的特大桥和大桥，需要建立施工平面控制网，据此精确确定桥轴线长度、进行墩台中心定位。桥梁施工阶段，为高程放样，还要建立高程控制。此外，墩台纵横轴线的测设、墩台细部放样等也是桥梁施工测量的重要工作。桥梁工程测量主要包括3个部分。

(1) 中线复测。

(2) 桥位控制测量：为选择桥址和进行设计提供地形和水文资料。

(3) 施工测量：根据设计文件，按照规定的精度，将图纸上设计的桥梁墩台位置标定于地面，据此指导施工，确保建成的桥梁在平面位置、高程位置和外形尺寸等方面均符合设计要求。

11.2.2 中线复测

定测或线路复测的精度较低，一般不能满足桥梁施工测量的精度要求。因此桥梁施工前，需对桥址线路中线以较高的精度进行复测。复测的主要方法是导线法。

1. 直线桥的中线复测

如图11.22所示，ZD7-3、ZD7-4、…、ZD7-8为定测直线转点，复测时将其视为导线点。导线的转角采用方向观测法，测回数及限差要求见表11-1。

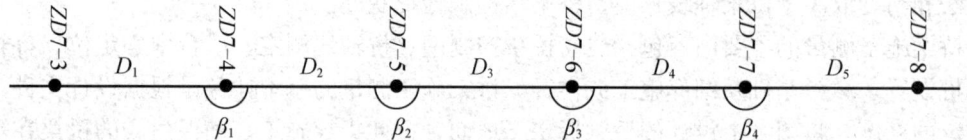

图11.22　直线桥线路中线复测示意图

数据处理时，先以$ZD7-3$为原点，$ZD7-3$和$ZD7-4$连线为x轴正向，进行坐标初算。根据初算坐标和桥梁的里程范围，选定适当的两有转点作为桥轴线控制点，并以此两点连线为x轴建立施工坐标系，然后根据坐标系的旋转、平移公式将初算坐标转换到施工坐标系下，则各点的坐标值即表示其偏离桥轴线的横向改正值，据此将各点改正至桥轴线上。

表11-1　水平角观测的限差及测回数

仪器型号	两半测回间较差(″)	各测回间互差(″)	测回数
DJ2	15	10	2
DJ6	30	20	4

2. 曲线桥的中线复测

当桥梁位于曲线上时，应对整个曲线进行复测。对线路控制桩进行复测时，首先应检查切线方向控制桩是否在同一条直线上。如果不在同一条直线上，则应根据实测数据计算偏离直线的距离并给予改正，使之位于同一条直线上；然后重新精确测定线路的转向角α，

并根据 α 值和设计选配的圆曲线半径 R、缓和曲线长 l_0 重新计算曲线综合要素，重新标定曲线的起点和终点。这些资料和桩点是测设桥轴线控制桩和墩台中心的依据。

3. 切线控制桩的复测

检查切线上的控制桩是否在同一条直线上可采用导线测量，测算各控制桩的坐标。导线的转角采用方向观测法，测回数及限差要求见表 11-1。如图 11.23 所示，要检查 ZD6-4 是否在 ZD6-3 至 JD7 的直线上，可根据 ZD6-3 至 ZD6-4 的坐标方位角及 ZD6-3 至 JD7 的坐标方位角判断。如果两个坐标方位角一致，说明这 3 点在同一条直线方向上；否则，应根据两方位角的差值及 ZD6-3 至 ZD6-4 的距离计算出其偏离直线的距离，并根据这一距离将 ZD6-4 点位改正到直线方向上。

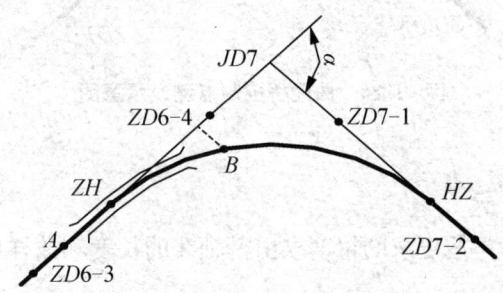

图 11.23　曲线桥复测示意图

4. 转向角复测

转向角复测的依据是已确认的切线控制桩，其复测的方法有直接测量法和间接测量法。如果已确认的切线控制桩中含有交点桩，则采用直接测量法，即交点置镜直接测量转向角；否则，采用间接测量法，即导线测量法或副交点法。

当复测转向角与定测转向角不符时，按复测转向角重新计算的曲线综合要素与原设计采用的曲线综合要素也不同，其结果是改变了曲线主点里程，引起桥梁与线路相对位置的改变，进而导致桥梁偏角与原设计值不符。桥梁施工中应尽量不改变原设计，对前述问题可根据实际情况按如下两种方法处理。

（1）如果整个桥梁布设在直线—始端缓和曲线—圆曲线区间内，则曲线的 ZH 里程保持与原设计里程不变；如果整个桥梁布设在圆曲线—末端缓和曲线—直线区间内，则曲线的 HZ 里程保持与原设计里程不变；同时保持各墩台中心设计里程不变。这样即可保证桥梁的原设计不变。要使 ZH 或 HZ 里程不变，可设断链桩或将距离误差调整在直线段。断链桩一般设置在直线上无重大建筑物处或曲线始终点处，但不能在曲线上或桥梁范围内设置断链桩。

（2）如果整个桥梁布设在始端缓和曲线—圆曲线—末端缓和曲线区间内，或回头曲线转向角 180°左右，如果条件许可，即桥梁前后相邻曲线没有施工或无重大建筑物，可以调整切线方向，使转向角恢复到原设计值，以保证桥梁原设计不变。

5. 桥轴线控制桩的测设

桥轴线控制桩的测设，依其在线路上的位置不同可分别采用直接测设法或切线支距法。当控制桩位于直线上时，如图11.23中的A点，可在切线方向上直接测设；当控制桩位于曲线上时，如图11.23中的B点，图11.24中的A、B两点，则根据切线方向，采用切线支距法放样控制桩。两控制桩的测设精度要满足桥轴线长度测定的精度要求，故切线长的测设精度要高于桥轴线的精度。否则，应变更设计。

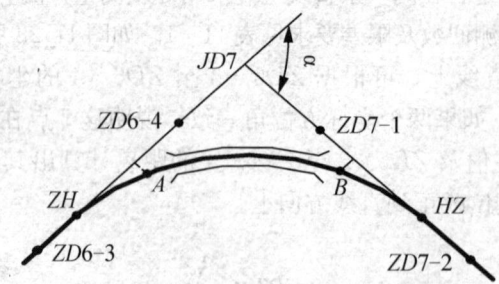

图11.24 曲线桥控制点测设示意图

11.2.3 桥位控制测量

平面控制测量的任务是按要求的精度求出桥轴线的长度和放样墩台的位置，主要内容是控制网的布置施测方法。

1. 桥轴线的长度的确定

1) 桥轴线

桥梁中线称为桥轴线，一般在桥轴线上埋设控制桩，称为桥轴线控制桩。其作用是保证墩台间的相对位置正确，并使之与相邻线路在平面位置上正确衔接桥轴线两岸的控制桩A、B间的水平距离称为桥轴线长度。如图11.25中的A和B两点即为某直线桥的桥头中线控制点。

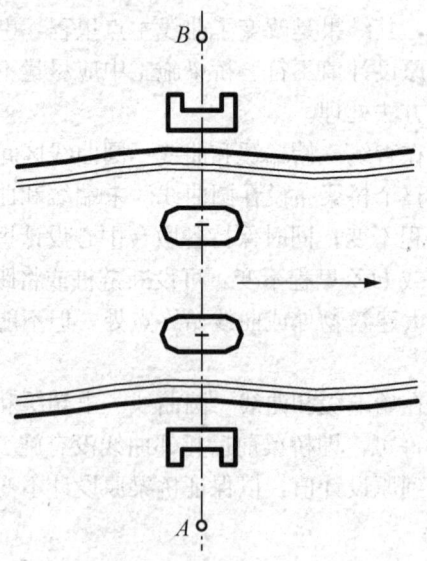

图11.25 直线桥桥轴线

2) 桥轴线长度的测量方法

桥轴线长度的测量方法有直接测定法和间接测定法。

(1) 直接测定法：直接测定法就是使用距离测量工具直接测定桥轴线长度。有两种方法，一种是钢尺量距，另一种是光电测距。

① 钢尺量距：当 A、B 位于干涸、浅水或水面较窄的河道的桥渡，且沿桥轴线方向地势比较平坦时可以直接使用鉴定过的钢尺按精密量距的方法直接丈量桥轴线的长度。这种方法设备简单，精度直观可靠，是没有测距仪或全站仪时常用的方法。

② 光电测距：利用光电测距仪或全站仪直接测定桥轴线的长度。这种方法具有作业精度高、速度快、操作简便优点而且不受地形条件限制，只要置镜点和目标点通视，在有效的测程范围以内便可施测，是测定桥轴线比较好的一种方法。

(2) 间接测定法：桥轴线控制桩纳入施工平面控制网，通过平面控制测量间接获得桥轴线长度。关于间接测定法将在桥梁施工平面控制测量中介绍。

2. 桥梁施工平面控制测量

1) 桥梁施工平面控制网网形布设

建立桥梁施工平面控制网的方法较多，根据桥梁的大小、精度要求和地形条件，桥梁施工平面控制网的网形布设有以下几种形式。

桥渡两岸，当一岸较为平坦，另一岸较为陡峻时，可布设为双三角形，如图 11.26(a) 所示；当两岸均比较平坦时，可布设为大地四边形，如图 11.26(b) 所示。这两种网形适用于桥长较短且需要交会的水中墩台数量不多的情况。

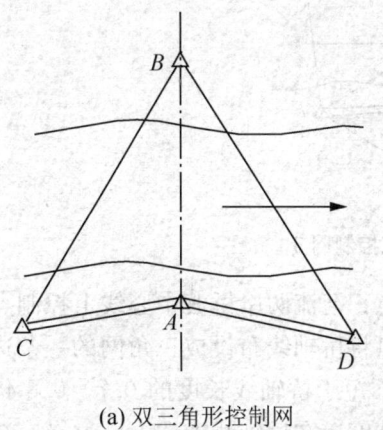

(a) 双三角形控制网　　　　　　(b) 大地四边形控制网

图 11.26　桥梁施工控制网 1

对于特大桥可采用如图 11.27(a) 所示的双大地四边形。这种网形图形强度高，控制点数量多，不但有利于提高精度，而且便于墩台中心测设。我国在长江上修建的几座大桥，大多采用这种网形。对于这种网形，还可以通过对两条对角线进行观测的办法来增加多余观测，以提高精度，如图 11.27(b) 所示。

当两岸地势平坦且比较开阔时，桥梁施工平面控制网也可布设成如图 11.28 所示的由单三角形和大地四边形组成的网形。这种网形与双大地四边形比较，其控制点离桥轴线较近,能够充分发挥其作用;缺点是多余观测条件少,且桥轴线不是控制网的一条边。

桥梁施工平面控制网的布设应在满足桥轴线长度测定和墩台中心定位精度的前提下,力求图形简单并具有足够的强度,以减少外业观测工作和内业计算工作。

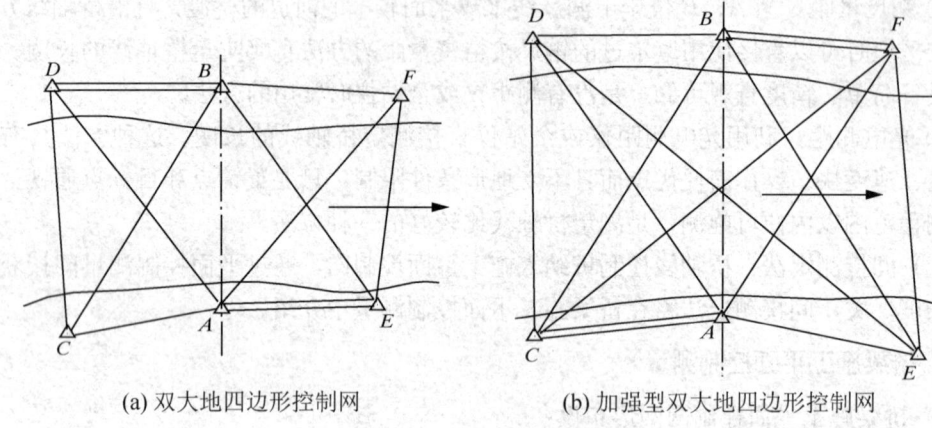

(a) 双大地四边形控制网　　　　(b) 加强型双大地四边形控制网

图 11.27　桥梁施工控制网 2

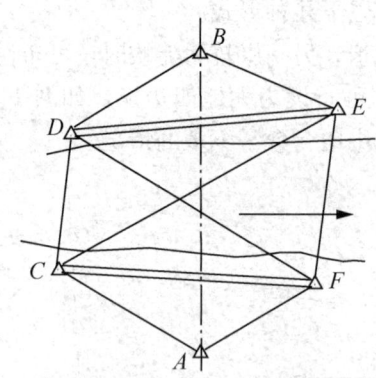

图 11.28　桥梁施工控制网 3

控制点除应满足一般的选点原则外,还应注意:河流两岸桥渡中心线上控制点或曲线桥的切线控制点必须纳入三角网作为三角点,尽量将桥轴线布设成三角网的一条边;基线一端与桥轴线连接并尽量与桥轴线垂直,其长度不短于桥轴线长度的 0.7~0.8 倍,困难地区亦不短于 0.5 倍,以提高桥轴线长度的测定精度;在桥轴线方向上,每岸应至少设立 1~2 个方向控制点。

桥梁施工平面控制网可布设成测角网、测边网。由于观测元素不同,对点位误差的影响也不一样。测角网有利于控制方向或角度误差,即横向误差;而测边网有利于控制长度误差,即纵向误差。为了充分发挥两者的优点,桥梁施工平面控制网还可布设既测角又测边的控制网,即边角网。

2) 桥梁施工平面控制测量外业作业要求

桥梁施工平面控制测量外业观测,应根据平面控制网的等级按照一定的作业方法进行。三角网的等级和精度要求见表11-2。

表11-2 三角网的等级和精度

等 级	测角中误差(″)	桥轴线相对中误差	最弱边相对中误差	基线相对中误差
一	±0.7	1/175000	1/150000	1/400000
二	±1.0	1/125000	1/100000	1/300000
三	±1.8	1/75000	1/60000	1/200000
四	±2.5	1/50000	1/40000	1/100000
五	±4.0	1/30000	1/25000	1/75000

水平角观测要求：每期作业开测前，如果没有近期资料，应对所使用的测角仪器进行检验和校正。具体检验项目根据三角网的等级择项选择。作业过程中，仪器2C绝对值：DJ1型仪器不得超过20″；DJ2型仪器不得超过30″。另外必须对光学对中器、简易三脚架的圆水准器等精密对点设备经常进行检查和校正，在观测中应采取措施尽量减小对点误差对观测结果的影响。

水平角观测测回数应符合表11-3的规定，各测回的零方向读数应均匀分布在度盘和测微器的不同位置上。每测回间零方向应安置的度盘读数，按相应的公式计算。

表11-3 水平角观测的测回数

仪器型号 \ 三角网等级	一	二	三	四	五
DJ_1	15	9	6	4	2
DJ_2		12	9	6	4

用光电测距仪或全站仪测量平面控制网边长时，外界环境条件应符合下列要求：为减弱大气折光和旁折光的影响，测线应离开纵向和旁向障碍物一定距离，如测线高出地面或障碍物1.3m以上，跨越江、河、湖、泊时，测线应高出水面2m以上；测线及两端的延线上，除反射棱镜外不得有任何其他发光物体或反光的物体，以免引起反射信号混乱；测站应设在电磁场影响的范围以外，若测线与高压输电线平行时，它们之间的距离应大于2m。

光电测距边的测回数及往返测次数，应符合表11-4的规定。

表11-4 光电测距边的测回数及往返测次数

测距类别	测距仪等级	测回数		往返次数	注
		往	返		
主网中的测距边	Ⅰ、Ⅱ	2	2	2	2次往返分在不同时段
次网中的测距边或精密导线边	Ⅰ、Ⅱ	2	2	1	

光电测距中的测距限差，应符合表 11-5 的规定。

表 11-5 光电测距限差

仪器精度等级	测距中误差	同一测回各次读数互差	测回间读数较差	往返测平距较差
Ⅰ	<5	5	7	$2\sqrt{2}\dfrac{m_D}{\sqrt{N}}$
Ⅱ	5~10	10	15	
Ⅲ	11~20	20	30	

3. 桥梁施工高程控制测量

桥梁施工高程控制网中的各水准点，应沿桥轴线两侧以 400m 左右的间距均匀布设，并构成连续水准环。水准点应与相邻的线路水准点联测，以保证桥梁与相邻线路在高程位置上的正确衔接。水准点应根据地形条件、地质情况、使用期限和精度要求分别埋设混凝土标石、钢管标石、岩石标石、管桩标石、钻孔桩标石或基岩标石。无论采用什么样的标石，均应嵌以凸出的铜质或不锈钢的标心。

水准测量的等级、精度、限差应符合表 11-6 的规定。表中 R 为测段长度，L 为附合路线长度，F 为环线长度，均以千米计。

表 11-6 水准测量的等级和测量精度(单位：mm)

水准测量等级	每千米水准测量的偶然中误差 M_Δ	限差				
		检测已测段高差之差	往返测不符值	附合路线闭合差	环闭合差	左右路线高差不符值
二	≤±1.0	±6√R	±4√R	±4√L	±4√F	—
三	≤±3.0	±20√R	±12√R	±12√L	±12√F	±8√R
四	≤±5.0	±30√R	±20√R	±20√L	±20√F	±14√R
五	≤±7.5	±30√R	±30√R	±30√L	±30√F	±20√R

在山区和丘陵地区，当平均每千米单程测站数多于 16 站时，应符合表 11-7 的规定。表中 n 为两水准点间单程测站数。

表 11-7 山区和丘陵地区水准测量限差(单位：mm)

水准测量等级	限差	
	检测已测测段高差之差	往返较差、附合或环闭合差
二	±1.2√n	±0.8√n
三	±4.0√n	±2.4√n
四	±6.0√n	±4.0√n

每公里水准测量高差中数的偶然中误差按式(11-4)计算。

$$M_\Delta = \sqrt{\frac{1}{4n}\left[\frac{\Delta\Delta}{R}\right]} \qquad (11-4)$$

式中　Δ——测段往返测高差的不符值,以 mm 计;

　　　n——测段数。

各等水准测量的适用范围见表 11-8。

表 11-8　水准测量等级适用范围

项目 \ 跨河距离 S/m	800≤S≤2000	S<800
跨河水准测量	二等	三等
网中水准点间联测	三等	
网的起算高程	三等	

为了便于施工放样,可根据实际需要在施工地点附近设立若干个施工水准点。当桥墩较高、两岸地貌陡峭时,可在陡坡上一定的高差范围内设立施工水准点,以便于放样桥墩的高程。施工水准点的高程必须定期检测。

水准测量作业开始前,必须对水准仪和水准尺按相关的项目要求进行检验。如有近期资料,可只检验圆水准器正确性和 i 角误差。二等水准测量的 i 角误差限差为 $\pm 15''$,三、四等水准测量的 i 角误差限差为 $\pm 20''$。在作业过程中,应保证圆水准器的水准轴和仪器竖轴关系正确。作业开始后的第一周内每天应检校 i 角一次,当 i 角较为稳定时,可适当延长检校时间。

当水准路线跨越较宽的河流或深谷时,其宽度往往超过了规定的视线长度,这就使得前、后视线不能相等,实测高差中包含有较大的 i 角误差影响。由于视线增长,大气垂直折光影响必然增大;加之水准标尺上的分划线,在望远镜中的成像就显得非常细小,甚至无法读数。这时可采用跨河水准测量方法。

11.2.4　桥梁墩台中心测设

1. 直线丈量法

根据桥轴线控制桩及其与墩台之间的设计长度,用测距仪或经检定过的钢尺精密测设出各墩台的中心位置并桩钉一小钉精确标志起点位。然后在墩台的中心位置上安置经纬仪,以桥梁主轴线为基准放出墩台的纵、横轴线。并测设出桥台和桥墩控制桩位,每侧要有两个控制桩,以便在桥梁施工中恢复起墩台中心位置,如图 11.29 所示。

2. 方向交会法

对于大中型桥的水中桥墩及其基础的中心位置测设,采用方向交汇法。这是由于水中桥墩基础一般采用浮运法施工,目标处于浮动中的不稳定状态,在其上无法使测量仪器稳定。可根据已建立的桥梁三角网,在 3 个三角点上(其中一个为桥轴线控制点)安置经纬仪,以 3 个方向交会定出,如图 11.30 所示。

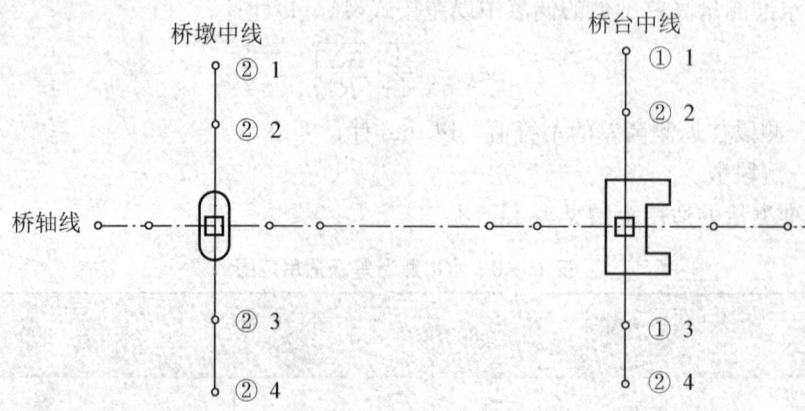

图 11.29 直接丈量法

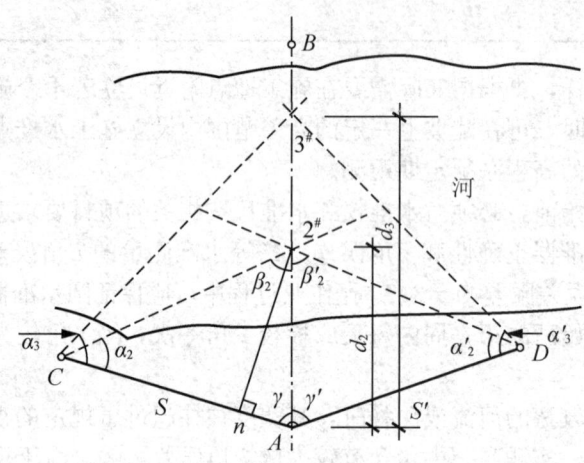

图 11.30 方向交会法

11.3 隧道工程施工测量

随着现代化建设的发展，我国地下隧道工程日益增加，如公路、铁路、水利运输、地铁等隧道和矿山巷道等。按所在平面线形及长度，隧道可分为特长隧道、长隧道和短隧道。如直线形隧道，长度在3000m以上的为特长隧道；长度在1000~3000m的属长隧道；长度在500~1000m的为中隧道；长度在500m以下的为短隧道。同等级的曲线形隧道，其长度界限为直线形隧道的一半。

由于工程性质和地质条件的不同，地下工程的施工方法也不相同。施工方法不同，对测量的要求也有所不同。隧道施工测量的主要工作包括在地面上建立平面和高程控制网的地面控制测量、建立地面地下统一坐标系统的联系测量、地下控制测量、隧道施工测量。

隧道测量工作的作用是：在地下标定出地下工程建筑物的设计中心线和高程，为开挖、衬砌和施工指定方向和位置，保证各开挖面的掘进中，施工中线在平面和高程上按设计的要求正确贯通，开挖不超过规定的界线。同时保证所有建筑物在贯通前能正确地修建、设备的正确安装，为设计和管理部门提供竣工测量资料等。

隧道测量的主要任务：在勘测设计阶段是提供选址地形图和地质填图所需的测绘资料，以及定测时将隧道线路测设在地面上，即在洞门前后标定线路中线控制桩及洞身顶部地面上的中线桩；在施工阶段是保证隧道相向开挖时，能按规定的精度正确贯通，并使建筑物的位置符合规定，不侵入建筑限界，以确保运营安全。

勘测设计阶段的测量工作比较简单，前面已作过介绍，本节主要介绍隧道施工测量。

11.3.1 洞内中线测量

隧道洞内施工，是以中线为依据来进行的。当洞内敷设导线之后，导线点不一定恰好在线路中线上，更不可能恰好在隧道的结构中线上(即隧道轴线上)。而隧道衬砌后两个边墙间隔的中心即为隧道中心，在直线部分则与线路中线重合；曲线部分由于隧道衬砌断面的内外侧加宽不同，所以线路中心线就不是隧道中心线。隧道中线的测设方法有下列3种。

1. 导线测设中线

用精密导线进行洞内隧道控制测量时，为便于施工，应根据导线点位的实际坐标和中线点的理论坐标，反算出距离和角度，利用极坐标法，根据导线点测设出中线点。一般直线地段150～200m，曲线地段60～100m，应测设一个永久的中线点。

由导线建立新的中线点之后，还应将经纬仪安置在已测设的中线点上，测出中线点之间的夹角，将实测的检查角与理论值相比较；另外实量4～5点的距离，亦可与理论值比较，作为另一种检核，确认无误即可挖坑埋入带金属标志的混凝土桩。

2. 独立的中线法

若用独立的中线法测设，在直线上应采用正倒镜分中法延伸直线；在曲线上一般采用弦线偏角法。测规要求采用独立中线法时，永久中线点间距离为：直线上不小于100m，曲线上不小于50m。

3. 洞内临时中线的测设

为了知道隧道洞内开挖方向，随着向前掘进的深入，平面测量的控制工作和中线工作也需紧随其后。当掘进的延伸长度不足一个永久中线点的间距时，应先测设临时中线点。点间距离，一般直线上不大于30m，曲线上不大于20m，临时中线点应该用仪器测设。当延伸长度大于永久中线点的间距时，就可以建立一个新的永久中线点。永久中线点应根据导线或用独立中线法测设，然后根据新设的永久中线点继续向前测设临时中线点。当掘进长度距最新的导线点 B 大于一个导线的设计边长时，就可以建立一个新的导线点 C，然后根据 C 点继续向前测设中线点。当采用全断面法开挖时，导线点和永久中线点都应紧跟临时中线点。这时临时中线点要求的精度也较高。

11.3.2 隧道洞外控制测量

隧道的设计位置，一般在定测时已初步标定在地表面上。在施工之前先进行复测，检查并确认各洞口的中线控制桩，当隧道位于直线上时，两端洞口应各确定一个中线控制桩，以两桩连线作为隧道洞内的中线；当隧道位于曲线上时，应在两端洞口的切线上各确认两个控制桩，两桩间距应大于200m。以控制桩所形成的两条切线的交角和曲线要素为准，来测定洞内中线的位置。由于定测时测定的转向角、曲线要素的精度及直线控制桩方向的精度较低，满足不了隧道贯通精度的要求，所以施工之前要进行洞外控制测量。洞外控制测量的作用，是在隧道各开挖口之间建立一精密的控制网，以便根据它进行隧道的洞内控制测量或中线测量，保证隧道的准确贯通。

洞外控制测量包括平面控制测量和高程控制测量。

洞外平面控制测量常用的方法有：中线法、精密导线法、三角测量、三边测量、边角测量或综合使用，此外还可以采用GPS测量。

1. 平面控制测量

1) 中线法

所谓中线法，就是将隧道线路中线的平面位置，按定测的方法先测设在地表上，经反复核对无误后，才能把地表控制点确定下来，施工时就以这些控制点为准，将中线引入洞内。

一般在直线隧道短于1000m、曲线隧道短于500m时，可以采用中线作为控制。中线法简单、直观，但其精度不太高。

2) 精密导线法

导线法比较灵活、方便，对地形的适应性比较大。目前在光电测距仪已经普及和其精度不断提高的情况下，有条件的单位，导线法应当是隧道洞外控制形式的首选方案。

精密导线应组成多边形闭合环。它可以是独立闭合导线，也可以与国家三角点相连。导线水平角的观测，应以总测回数的奇数测回和偶数测回，分别观测导线前进方向的左角和右角，以检查测角错误；将它们换算为左角或右角后再取平均值，可以提高测角精度。为了增加检核条件和提高测角精度评定的可行性，导线环的个数不宜太少，最少不应少于4个；每个环的边数不宜太多，一般以4~6条边为宜。

在进行导线边长丈量时，应尽量接近于测距仪的最佳测程，且边长不应短于300m；导线尽量以直伸形式布设，减少转折角的个数，以减弱边长误差和测角误差对隧道横向贯通误差的影响。我国大瑶山隧道长14.3km，洞外控制采用导线网，取得了很好的效果。

3) 三角测量

三角测量的方向控制较中线法、导线法都高，如果仅从横向贯通精度的观点考虑，则它是最理想的隧道平面控制方法。

三角测量除采用测角三角锁外，还可采用变角网和三边网。但从精度、工作量、经济方面综合考虑，以测角三角锁为好。

三角锁一般布置一条高精度的基线作为起始边，并在三角锁另一端增设一条基线，以资检核；其余仅只有测角工作，按正弦定理推算边长，经过平差计算可求得三角点和隧道轴线上控制点的坐标，然后以控制点为依据，确定进洞方向。

4) 三角锁和导线联合控制

这种方法只有在受到特殊地形条件限制时才考虑，一般不宜采用。如隧道在城市附近，三角锁的中部遇到较密集的建筑群，这时使用导线穿过建筑群与两端的三角锁相联结。

用于隧道施工控制测量的三角锁或导线环，在布设中除了前面所述要求之外，还应注意以下几点。

（1）使三角锁或导线环的方向，尽量垂直于贯通面，以减弱边长误差对横向贯通精度的影响。

（2）尽量选择长边，减少三角形个数或导线边个数，以减弱测角误差对横向贯通精度的影响。

（3）每一洞口附近测设不少于3个平面控制点（包括洞口投点及其相联系的三角点或导线点），作为引线入洞的依据，并尽量将其纳入主网中，以加强点位稳定性和入洞方向的校核。

（4）三角锁的起始边如果只有一条，则应尽量布设于三角锁中部；如果有两条，则应使其位于三角锁两端，这样不仅利于洞口插网，而且可以减弱三角网测量误差对横向贯通精度的影响。

5）GPS测量

GPS是全球定位系统的简称，它的原理和使用，可参看项目7 GPS测量。

隧道施工控制网可利用GPS相对定位技术，采用静态或快速静态测量方式进行测量。由于定位时仅需要在开挖洞口附近测定几个控制点，工作量少，而且可以全天候观测，目前已得到应用。

隧道GPS定位网的布网设计，应满足下列要求。

（1）定位网由隧道各开挖口的控制点点群组成，每个开挖口至少应布测4个控制点。整个控制网应由一个或若干个独立观测环组成，每个独立观测环的边数最多不超过12个，应尽可能减少。

（2）网的边长最长不宜超过30km，最短不宜短于300m。

（3）每个控制点应有3个或3个以上的边与其连接，极个别的点才允许由两个边连接。

（4）GPS定位点之间一般不要求同视，但布设洞口控制点时，考虑到用常规测量方法检测、加密或恢复的需要，应当同视。

（5）点位空中视野开阔，保证至少能接收到4颗卫星信号。测站附近不应有对电磁波有强烈吸收和反射影响的金属和其他物体。

2. 高程控制测量

洞外高程控制测量的任务，是按照设计精度施测两相向开挖洞口附近水准点之间的高差，以便将整个隧道的统一高程系统引入洞内，保证按规定精度在高程方面正确贯通，并使隧道工程在高程方面按要求的精度正确修建。

高程控制的二、三等采用水准测量。四、五等可采用水准测量，当山势陡峻采用水准测量困难时，亦可采用光电测距仪三角高程的方法测定各洞口高程。每一个洞口应埋设不少于两个水准点，两水准点之间的高差，以安置一次水准仪即可测出为宜。

水准测量的精度，一般参照表11-9即可。

表 11-9 等级水准测量的路线长度和仪器精度

测量部位	测量等级	每公里高差中数的偶然中误差/mm	两开挖洞口间的水准路线长度/km	水准仪等级	水准尺类型
洞外	二	≤1.0	>36	$S_{0.5}$、S_1	线条式因瓦水准尺
	三	≤3.0	13~36	S_1	线条式因瓦水准尺
				S_3	区格式水准尺
	四	≤5.0	5~13	S_3	区格式水准尺
洞内	二	≤1.0	>32	S_1	线条式因瓦水准尺
	三	≤3.0	11~32	S_3	区格式水准尺
	四	≤5.0	5~11	S_3	区格式水准尺

由上述各种方法比较看出,中线法控制形式最简单,但由于方向控制较差,故只能用于较短的隧道;三角测量方法其方向控制精度最高,故在光电测距仪未广泛使用之前,是隧道控制最主要的形式,但其三角点的布设要受到地形、地物条件的限制,而且基线边要求精度高,使丈量工作复杂,平差计算工作量大;精密导线法,在光电测距仪的测程和精度不断提高的今天,由于布设简单、灵活、地形适应性强、外业工作量少,因而逐渐成为隧道控制的主要形式,只要在水平角测量时适当增加测回数,就可弥补其方向控制不如三角测量之不足。而且光电测距导线和光电测距三角高程可以同时进行,大大减少了野外工作量,是今后隧道控制中应首选的方案;GPS 测量是目前正处于试验阶段的一种全新控制形式,随着其价格的降低、精度的提高、理论的完善,势必成为将来最有前途的控制形式。

11.3.3 隧道结构物的施工放样

1. 隧道开挖断面测量

在隧道施工中,为使开挖断面能较好地符合设计断面,在每次掘进前,应在开挖断面上,根据中线和轨顶高程,标出设计断面尺寸线。

分部开挖的隧道在拱部和马口开挖后,全断面开挖的隧道在开挖成形后,应采用断面自动测绘仪或断面支距法测绘断面,检查断面是否符合要求,并用来确定超挖和欠挖工程数量。测量时按中线和外拱顶高程,从上至下每 0.5m(拱部和曲墙)和 1.0m(直墙)向左右量测支距。量支距时,应考虑到曲线隧道中心与线路中心的偏移值和施工预留宽度。

仰拱断面测量,应由设计轨顶高程线每隔 0.5m(自中线向左右)向下量出开挖深度。

2. 结构物的施工放样

在施工放样之前,应对洞内的中线点和高程点加密。中线点加密的间隔视施工需要而定,一般为 5~10m 一点,加密中线点可以铁路定测的精度测定。加密中线点的高程,均以五等水准精度测定。

在衬砌之前，还应进行衬砌放样，包括立拱架测量、边墙及避车洞和仰拱的衬砌放样，洞门砌筑施工放样等一系列的测量工作。

11.3.4 竣工测量

隧道竣工以后，应在直线地段每50m，曲线地段每20m，或者需要加测断面处，以中线桩为准，测绘隧道的实际净空。测绘内容包括：拱顶高程、起拱线宽度、轨顶水平宽度、铺底或仰拱高程，如图11.31所示。

当隧道中线统一检测闭合后，在直线上每200～500m，曲线上的主点均应埋设永久中线桩；洞内每1km应埋设一个水准点。无论中线点或水准点，均应在隧道边墙上画出标志，以便以后养护维修时使用。

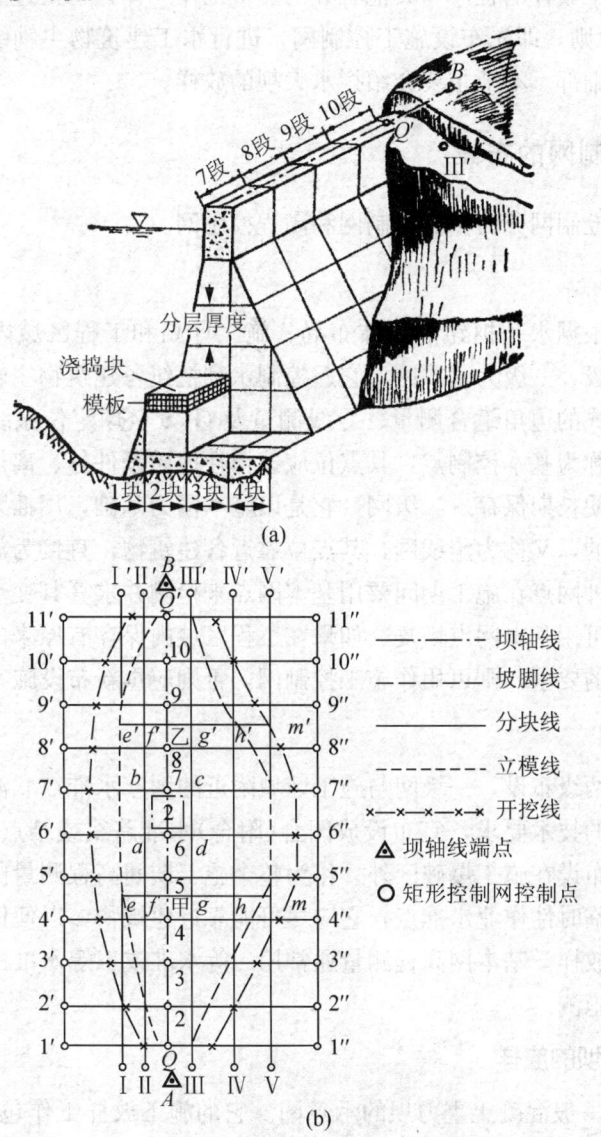

图 11.31 混凝土重力坝的坝体控制

11.4 水利工程施工测量

11.4.1 概述

水利工程一般由拦河大坝、水闸、水电站厂房、船闸、输水建筑物和泄水建筑物等组成。这些不同类型建筑物的作用是控制和支配水流,统称为水工建筑物。由不同类型的水工建筑物组成的综合体称为水利枢纽。

水工建筑物施工放样的程序与其他工程的测量工作一样,也是遵守"由整体到局部"、"先控制后碎部"原则,即先布设施工控制网,进行水工建筑物主轴线放样,然后放样辅助轴线及建筑物的细部。本节主要介绍拦水大坝的放样。

11.4.2 施工控制网的布设

水利工程施工控制网分为平面控制网和高程控制网。

1. 平面控制网

平面控制网应根据水利枢纽的总体布局、施工计划和工程区域内的地形条件进行布设,一般布设成两级,一级为基本网,它起控制水利枢纽各建筑物主轴线的作用。可采用三角测量、各种形式的边角组合测量、导线测量及 GPS 全球定位系统等测量方法。组成基本网的控制点,称为基本控制点,其点位应选择在地质条件好、离爆破震动远、不受施工干扰的地方,以便长期保存。二级网,它是以基本网为基础,用插入点、插入网和交会点的方法加密而成的,又称为定线网,其点位靠近各建筑物,直接为放样建筑物的辅助轴线和细部服务。这种网点在施工期间要用基本网点来检测并求算其变动后的坐标,当其点位遭到破坏时,也可用基本网点恢复。如果在工程区域内保存有原来的测图控制网,且能满足施工放样精度的要求,则可用作施工控制网,否则应重新布设施工控制网。

2. 高程控制网

高程网一般分两级布设,一级网与施工区域附近的国家水准点联测,其联测精度不宜低于四等水准测量的技术要求,宜布设成闭合(附合)水准路线或结点网,又称为基本网。基本网的水准点应布设在施工爆破区外,作为整个施工期间高程测量的依据。次级网是由基本水准点引测的临时性作业水准点,它应尽可能靠近建筑物,以便做到安置一次和两次仪器就能进行高程放样。基本网高程测量通常用二等水准或三等水准测量完成,加密高程网按四等水准测量施测。

3. 混凝土重力坝的放样

图 11.31(a)是一般混凝土重力坝的示意图。它的施工放样工作包括:坝轴线的测设、坝体控制测量,清基开挖线的放样和坝体立模放样等。

1) 坝轴线测设

混凝土重力坝的轴线是坝体与其他附属建筑物放样的依据,它的位置正确与否,直接影响建筑物各部分的位置。一般先在图纸上设计坝轴线的位置,然后根据图纸上量出的数据,计算出两端点的坐标以及和附近施工控制网中三角点之间的关系,在现场用交会法或极坐标法,测设坝轴线两端点,如图11.31(b)中的 A 和 B。为了防止施工时受到破坏,需将坝轴线两端点延长到两岸的山坡上,各定1~2点,分别埋桩,用以检查端点的位置。

2) 坝体控制测量

混凝土坝的施工采取分层分块浇筑的方法,每浇一层一块就需要放样一次,因此,要建立坝体施工控制网,作为坝体放样的定线网。一般常用施工坐标系进行放样比较方便,坝体施工控制网可布设成矩形网。

如图11.31(b)所示,是以坝轴线 AB 为基准布设的矩形网,它由若干条平行和垂直坝轴线的控制线所组成,格网的尺寸按施工分块的大小而定。测设时,将经纬仪安置在 A 点,照准 B 点,在坝轴线上选甲、乙两点,通过这两点测设与坝轴线相垂直的方向线,由甲、乙两点开始,分别沿垂线方向按分块的宽度钉出 e、f 和 g、h、m 以及 e'、f' 和 g'、h'、m' 等点。最后将 ee'、ff'、gg'、hh' 及 mm' 等连线延伸到开挖区外,在两侧山坡上设置 Ⅰ、Ⅱ、…、Ⅴ和Ⅰ′、Ⅱ′、…、Ⅴ′等放样控制点。然后在坝轴线方向上,按坝顶的高程,找出坝顶与地面相交的两点 Q 与 Q′,再沿坝轴线按分块的长度钉出坝基点 2、3、4、…、10,通过这些点各测设与坝轴线相垂直的方向线,并将方向线延长到上、下游围堰上或两侧山坡上,设置 1′、2′、3′…、11′和 1″、2″、3″…、11″等放样控制点。

在测设矩形网的过程中,测设直角时须用盘左、盘右取平均值,丈量距离应细心校核,以免发生错误。

3) 清基中的放样工作

在清基工作之前,要修筑围堰工程,将围堰以内的水排尽,就可以开始清基开挖线的放样,如图11.32(b)所示,可在坝体控制点 1′、2′…点上安置经纬仪,瞄准对应的控制点 1″、2″…,在这些方向线上定出该断面基坑开挖点,如图11.31(b)中有"×"记号的点,将这些点连接起来就是基坑开挖线。

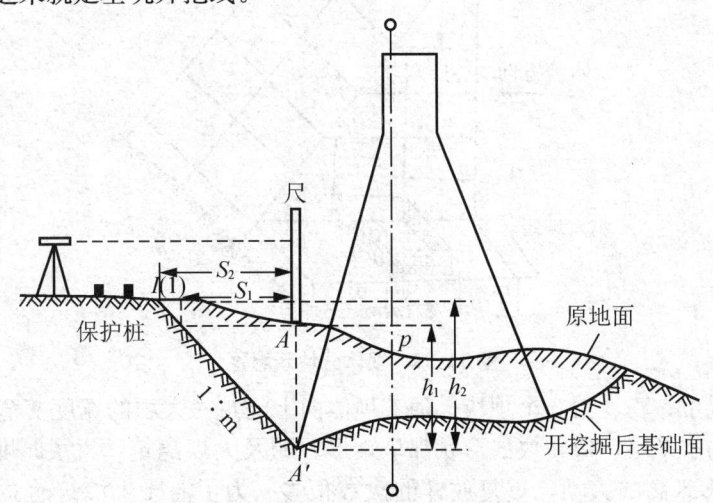

图 11.32 清基放样示意图

开挖点的位置是先在图上求得，然后在实地用逐步接近法测定的。如图 11.32 所示，是通过某一坝基点设计断面图，从图上可以查得由坝轴线到坝上游坡脚点 A' 的距离，在地面上由坝基点 p 沿断面方向量此距离，得 A 点。用水准仪测得 A 点的高程后，就可以求得它与 A' 点的设计高程之差 h_1，当设计基坑开挖坡度为 $1:m$ 时，则距离 $S_1=mh_1$。从 A 点开始沿横断面方向量出 S_1，得（Ⅰ）点，然后再实测（Ⅰ）与 A' 的高差 h_2，又可计算出 $S_2=mh_2$，同样由 A 点量出 S_2 得Ⅰ点，如果量得的距离与算得的 S_2 接近相等，则该点即为基坑开挖点。否则，应按上法继续进行，到量出的距离与计算的距离相等为止。开挖点定出后，在开挖范围外的该断面方向上，设立两个以上的保护桩，量得保护桩到Ⅰ点的距离，绘出草图，以备查核。用同样方法可定出各个断面上的开挖点，将这些点连接起来即为清基时的开挖边线。

4）坝体立模中的放样工作

(1) 坝坡面的立模放样。坝体立模是从基础开始的，因此立模时首先要找出上、下游坝坡面与岩基的接触点。图 11.34 是一个坝段的横断面图，假定要浇筑混凝土块 $A'B'E'F'$，首先需要放样出坡脚点 A' 的位置：可先从设计图上查得块顶 B' 的高程 HB' 及距坝轴线的距离 a 以及上游设计坡度 $1:m$。而后取坡面上某一点 C'，设其高程为 HC'，则 $S_1=a+(HB'-HC')m$，由坝轴线起沿断面量出 S_1 得 C 点，并用水准仪实测 C 点的高程 HC，如果它与 A' 点的设计高程 HA' 值相等，C 点即为坡脚点。否则，应根据实测的 C 点高程，再计算 $S_2=a+(HB'-HC')m$，从坝轴线量出 S_2 得 A' 点，采用逐步接近法最后就能得到坡脚点的位置。连接各相邻坡脚点，即为浇筑块上游坡脚线，沿此线就可按 $1:m$ 坡度架立坡面板。

(2) 坝体分块的立模放样。在坝体中间部分的分块立模时，可将分块线投影到基础面或已浇好的坝块面上。图 11.33 是坝体分块示意图。

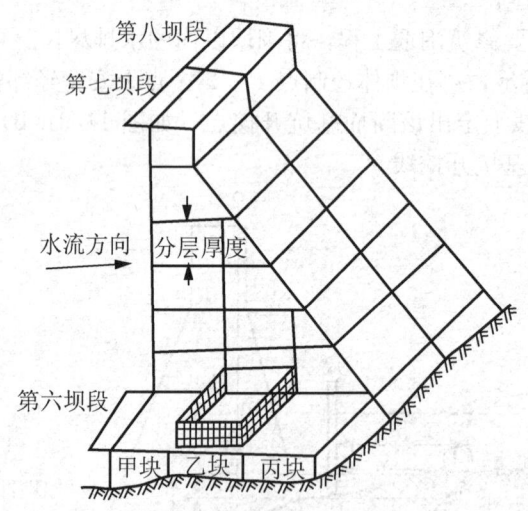

图 11.33 坝体分块示意图

最底层分成甲、乙、丙 3 个坝块。随着坝体向上浇筑，大坝的宽度变窄，坝块可能减少，但对不同的水平层，每一块的形状都呈矩形。顾及大坝浇筑，每层厚度一般为 1.5~3m，对于 100 多米高的大坝，重复放样的次数很多。为了混凝土浇筑的立模放样，通常在两岸建立标志，形成平行坝轴的方向线，在上、下游围墙上建立垂直坝轴线的方向线，然后用方向线法放样立模控制线。根据所建立的方向线放样立模点的顺序是：在一条方向线的一个端点(图 11.34 中 A 点)安置全站仪。照准该方向线的另一端点(B 点)上的标志，在 P 点附近根据全站仪标出这一条方向线 ab；在另一条方向线的一端点(C 点)安置全站仪，照准 D 点上的标志，在 P 点附近再标出一方向线 cd。两条方向线的交点即为欲放样的立模点 P，如图 11.34 所示。对于放样的 P 点也可以首先计算其在施工控制网中的坐标，然后用全站仪根据其坐标值用极坐标法或直角坐标法直接放样。由于全站仪具有便于操作、计算简单、精度高、速度快等优点，而且不受地形限制，只要两点能够通视，在全站仪的测程范围之内，即可获得满意结果。这样不仅提高了放样的速度，还节省了大量的人力和物力。可以充分发挥全站仪的智能化功能，在放样的同时，还能及时检测放样的准确性。因此，在目前全站仪使用比较普遍的情况下，极坐标放样法或直角坐标放样法是目前常用的施工放样方法。

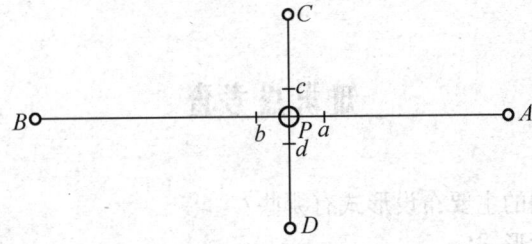

图 11.34 坝体分块立模放样示意图

在重力坝的立模放样中，实际作业时，一般每坝块(图 11.35)放样时，用方向法放出 1～2 个点，如图 11.35 中的 O 点，再由它们用直角坐标法或极坐标法放样出坝块的细部。当然也可以用全站仪在控制点上直接放样出每坝块的各个角点，再通过丈量各边的长度来检核，以确定放样的精度。

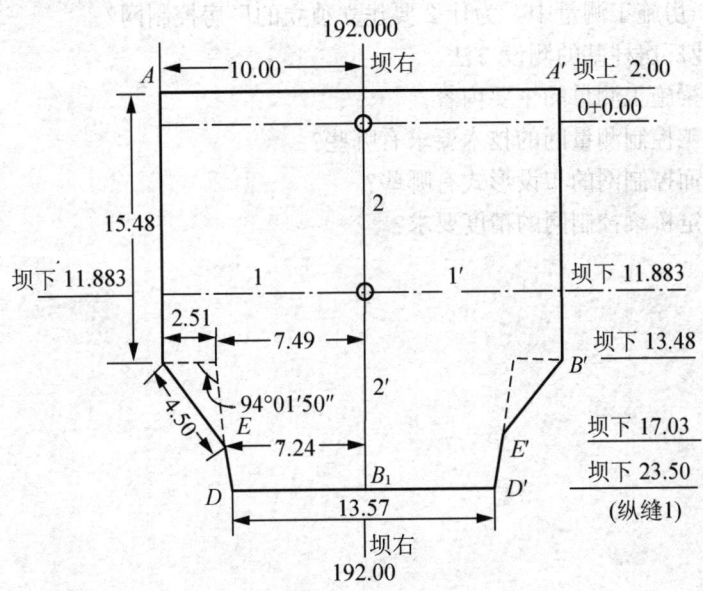

图 11.35 重力坝的立模放样

在用全站仪放样每一块坝体的立模点 P 时，只要计算出 P 点在其施工控制网中的坐标，将全站仪安置在任一控制点上（只要能够通视即可），就可用极坐标法或直角坐标法放样出 P 点。因此，放样的关键是 P 点的坐标计算，而坐标的计算是根据 P 点与坝体及控制点之间的几何关系来求得的。

项目小结

本项目内容重点介绍测量知识在其他施工领域中的应用，包括建筑工程施工、桥梁工程施工、隧道工程施工和水利工程施工。

重点掌握建筑工程施工中的控制测量和建筑物的定位和放线、平面控制网的主要形式有建筑基线、建筑方格网、导线网、三角网，建筑基线及建筑方格网等，以及桥梁的复测、桥梁平面控制网等。

知识点考查

1. 建筑平面控制网的主要布设形式有哪些？
2. 建筑基线的布设形式？
3. 建筑基线与建筑方格网的区别？
4. 建筑方格网如何布置？主轴线应如何选定？
5. 建筑方格网的主轴线确定之后，方格网点该如何测设？
6. 施工高程控制网如何测设？布设时应满足什么要求？
7. 恢复轴线的方法有哪些？
8. 在工业厂房施工测量中，为什么要建立独立的厂房控制网？
9. 简述工业厂房柱基的测设方法。
10. 简述桥梁施工测量的主要内容。
11. 桥梁施工控制测量网的技术要求有哪些？
12. 桥梁平面控制网的布设形式有哪些？
13. 如何确定桥梁控制网的精度要求？

参考文献

[1] 许娅娅,雒应. 测量学[M]. 北京:人民交通出版社,2009.
[2] 王金玲. 测量学基础[M]. 北京:中国电力出版社,2007.
[3] 赵树青,甄红锋. 道路工程测量[M]. 郑州:黄河水利出版社,2008.
[4] 周健郑. 工程测量(测绘类)[M]. 郑州:黄河水利出版社,2010.
[5] 李生平. 建筑工程测量[M]. 武汉:武汉理工大学出版社,2008.
[6] 覃辉,伍鑫. 土木工程测量[M]. 上海:同济大学出版社,2008.
[7] 张正禄. 工程测量学[M]. 武汉:武汉大学出版社,2005.

北京大学出版社高职高专土建系列规划教材

序号	书名	书号	编著者	定价	出版时间	印次	配套情况	
		基础课程						
1	工程建设法律与制度	978-7-301-14158-8	唐茂华	26.00	2012.7	6	ppt/pdf	
2	建设工程法规	978-7-301-16731-1	高玉兰	30.00	2013.1	11	ppt/pdf/答案/素材	★
3	建筑工程法规实务	978-7-301-19321-1	杨陈慧等	43.00	2012.1	3	ppt/pdf	★
4	建筑法规	978-7-301-19371-6	董伟等	39.00	2013.1	4	ppt/pdf	★
5	建设工程法规	978-7-301-20912-7	王先恕	32.00	2012.7	1	ppt/ pdf	
6	AutoCAD 建筑制图教程	978-7-301-14468-8	郭 慧	32.00	2012.4	12	ppt/pdf/素材	★
7	AutoCAD 建筑绘图教程(2010版)	978-7-301-19234-4	唐英敏等	41.00	2011.7	2	ppt/pdf	★
8	建筑CAD项目教程(2010版)	978-7-301-20979-0	郭 慧	38.00	2012.9	1	pdf/素材	
9	建筑工程专业英语	978-7-301-15376-5	吴承霞	20.00	2012.11	7	ppt/pdf	
10	建筑工程专业英语	978-7-301-20003-2	韩薇等	24.00	2012.1	1	ppt/ pdf	
11	建筑工程应用文写作	978-7-301-18962-7	赵立等	40.00	2012.6	2	ppt/pdf	★
12	建筑构造与识图	978-7-301-14465-7	郑贵超等	45.00	2013.2	12	ppt/pdf/答案	
13	建筑构造(新规范)	978-7-301-21267-7	肖 芳	34.00	2012.9	1	ppt/ pdf	
14	房屋建筑构造	978-7-301-19883-4	李少红	26.00	2012.1	2	ppt/pdf	★
15	建筑工程制图与识图	978-7-301-15443-4	白丽红	25.00	2012.8	8	ppt/pdf/答案	
16	建筑制图习题集	978-7-301-15404-5	白丽红	25.00	2013.1	7	pdf	
17	建筑制图	978-7-301-15405-2	高丽荣	21.00	2012.4	6	ppt/pdf	★
18	建筑制图习题集	978-7-301-15586-8	高丽荣	21.00	2012.4	5	pdf	
19	建筑工程制图(第2版)(附习题册)(新规范)	978-7-301-21120-5	肖明和	48.00	2012.8	5	ppt/pdf	
20	建筑制图与识图	978-7-301-18806-4	曹雪梅等	24.00	2012.2	4	ppt/pdf	★
21	建筑制图与识图习题册	978-7-301-18652-7	曹雪梅等	30.00	2012.4	3	pdf	★
22	建筑制图与识图(新规范)	978-7-301-20070-4	李元玲	28.00	2012.8	2	ppt/pdf	★
23	建筑制图与识图习题集(新规范)	978-7-301-20425-2	李元玲	24.00	2012.3	2	ppt/pdf	★
24	新编建筑工程制图(新规范)	978-7-301-21140-3	方筱松	30.00	2012.8	1	ppt/pdf	
25	新编建筑工程制图习题集(新规范)	978-7-301-16834-9	方筱松	22.00	2012.9	1	pdf	
26	建筑识图(新规范)	978-7-301-21893-8	邓志勇等	35.00	2013.1	1	ppt/ pdf	★
		建筑施工类						
1	建筑工程测量	978-7-301-16727-4	赵景利	30.00	2013.1	8	ppt/pdf/答案	★
2	建筑工程测量(第2版)	978-7-301-22002-3	张敬伟	37.00	2013.1	1	ppt/pdf/答案	★
3	建筑工程测量	978-7-301-19992-3	潘益民	38.00	2012.2	1	ppt/ pdf	★
4	建筑工程测量实验与实习指导	978-7-301-15548-6	张敬伟	20.00	2012.4	7	pdf/答案	
5	建筑工程测量	978-7-301-13578-5	王金玲等	26.00	2011.8	3	pdf	
6	建筑工程测量实训	978-7-301-19329-7	杨凤华	27.00	2013.1	3	pdf	★
7	建筑工程测量(含实验指导手册)	978-7-301-19364-8	石 东等	43.00	2012.6	2	ppt/pdf/答案	★
8	建筑施工技术(新规范)	978-7-301-21209-7	陈雄辉	39.00	2013.2	2	ppt/pdf	
9	建筑施工技术	978-7-301-12336-2	朱永祥等	38.00	2012.4	7	ppt/pdf	
10	建筑施工技术	978-7-301-16726-7	叶 雯等	44.00	2012.7	4	ppt/pdf/素材	
11	建筑施工技术	978-7-301-19499-7	董伟等	42.00	2011.9	2	ppt/pdf	
12	建筑施工技术	978-7-301-19997-8	苏小梅	38.00	2012.1	1	ppt/pdf	
13	建筑工程施工技术(第2版)(新规范)	978-7-301-21093-2	钟汉华等	48.00	2013.1	8	ppt/pdf	★
14	基础施工技术(新规范)	978-7-301-20917-2	董伟等	35.00	2012.7	1	ppt/pdf	★
15	建筑施工技术实训	978-7-301-14477-0	周晓龙	21.00	2013.1	6	pdf	
16	建筑力学(第2版)(新规范)	978-7-301-21965-8	石立安	46.00	2013.1	7	ppt/pdf	
17	土木工程实用力学	978-7-301-15598-1	马景善	30.00	2013.1	4	pdf/ppt	★
18	土木工程力学	978-7-301-16864-6	吴明军	38.00	2011.11	2	ppt/pdf	
19	PKPM 软件的应用	978-7-301-15215-7	王 娜	27.00	2012.4	4	pdf	
20	建筑结构	978-7-301-17086-1	徐锡权	62.00	2011.8	2	ppt/pdf/答案	★
21	建筑结构	978-7-301-19171-2	唐春平等	41.00	2012.6	3	ppt/pdf	
22	建筑结构基础(新规范)	978-7-301-21125-0	王中发	36.00	2012.8	1	ppt/pdf	
23	建筑结构原理及应用	978-7-301-18732-6	史美东	45.00	2012.8	1	ppt/pdf	
24	建筑力学与结构	978-7-301-15658-2	吴承霞	40.00	2013.1	10	ppt/pdf/答案	★
25	建筑力学与结构(少学时版)	978-7-301-21730-6	吴承霞	34.00	2013.2	1	ppt/pdf/答案	★
26	建筑力学与结构	978-7-301-20988-2	陈水广	32.00	2012.8	1	pdf/ppt	
27	生态建筑材料	978-7-301-19588-2	陈剑峰等	38.00	2011.10	1	ppt/pdf	
28	建筑材料	978-7-301-13576-1	林祖宏	35.00	2012.6	4	ppt/pdf	★
29	建筑材料与检测	978-7-301-16728-1	梅 杨等	26.00	2012.11	8	ppt/pdf/答案	★
30	建筑材料检测试验指导	978-7-301-16729-8	王美芬等	18.00	2012.4	4	pdf	
31	建筑材料与检测	978-7-301-19261-0	王 辉	35.00	2012.6	3	ppt/pdf	
32	建筑材料与检测试验指导	978-7-301-20045-2	王 辉	20.00	2013.1	2	ppt/pdf	★
33	建设工程监理概论(第2版)(新规范)	978-7-301-20854-0	徐锡权等	43.00	2013.1	2	ppt/pdf/答案	
34	建设工程监理	978-7-301-15017-7	斯 庆	26.00	2013.1	6	ppt/pdf/答案	★

序号	书名	书号	编著者	定价	出版时间	印次	配套情况	
35	建设工程监理概论	978-7-301-15518-9	曾庆军等	24.00	2012.12	5	ppt/pdf	
36	工程建设监理案例分析教程	978-7-301-18984-9	刘志麟等	38.00	2013.2	2	ppt/pdf	★
37	地基与基础	978-7-301-14471-8	肖明和	39.00	2012.4	7	ppt/pdf/答案	★
38	地基与基础	978-7-301-16130-2	孙平平等	26.00	2013.2	3	ppt/pdf	
39	建筑工程质量事故分析	978-7-301-16905-6	郑文新	25.00	2012.10	4	ppt/pdf	★
40	建筑工程施工组织设计	978-7-301-18512-4	李源清	26.00	2012.9	4	ppt/pdf	★
41	建筑工程施工组织实训	978-7-301-18961-0	李源清	40.00	2012.11	3	ppt/pdf	★
42	建筑施工组织与管理	978-7-301-15359-8	翟丽旻等	32.00	2013.2	10	ppt/pdf/答案	★
43	建筑施工组织与进度控制(新规范)	978-7-301-21223-3	张廷瑞	36.00	2012.9	1	ppt/pdf	★
44	建筑施工组织项目式教程	978-7-301-19901-5	杨红玉	44.00	2012.1	1	ppt/pdf/答案	
45	钢筋混凝土工程施工与组织	978-7-301-19587-1	高 雁	32.00	2012.5	1		
46	钢筋混凝土工程施工与组织实训指导(学生工作页)	978-7-301-21208-0	高 雁	20.00	2012.9	1	ppt	
	工程管理类							
1	建筑工程经济	978-7-301-15449-6	杨庆丰等	24.00	2013.1	11	ppt/pdf/答案	★
2	建筑工程经济	978-7-301-20855-7	赵小娥等	32.00	2012.8	1	ppt/pdf	
3	施工企业会计	978-7-301-15614-8	辛艳红等	26.00	2013.1	5	ppt/pdf/答案	★
4	建筑工程项目管理	978-7-301-12335-5	范红岩等	30.00	2012.4	9	ppt/pdf	
5	建筑工程项目管理	978-7-301-16730-4	王 辉	32.00	2013.1	4	ppt/pdf/答案	
6	建筑工程项目管理	978-7-301-19335-8	冯松山等	38.00	2012.8	2	pdf/ppt	
7	建筑工程招投标与合同管理(第2版)(新规范)	978-7-301-21002-4	宋春岩	38.00	2013.1	2	ppt/pdf/答案/试题/教案	★
8	建筑工程招投标与合同管理(新规范)	978-7-301-16802-8	程超胜	30.00	2012.9	1	pdf/ppt	
9	建筑工程商务标编制实训	978-7-301-20804-5	钟振宇	35.00	2012.7	1	ppt	
10	工程招投标与合同管理实务	978-7-301-19035-7	杨甲奇等	48.00	2011.8	1	pdf	
11	工程招投标与合同管理实务	978-7-301-19290-0	郑文新等	43.00	2012.4	2	ppt/pdf	★
12	建设工程招投标与合同管理实务	978-7-301-20404-7	杨云会等	42.00	2012.4	1	ppt/pdf/答案/习题库	
13	工程招投标与合同管理(新规范)	978-7-301-17455-5	文新平	37.00	2012.9	1	ppt/pdf	★
14	工程项目招投标与合同管理	978-7-301-15549-3	李洪军等	30.00	2012.11	6	ppt	★
15	工程项目招投标与合同管理	978-7-301-16732-8	杨庆丰	28.00	2013.1	6	ppt	★
16	建筑工程安全管理	978-7-301-19455-3	宋 健等	36.00	2013.1	2	ppt/pdf	
17	建筑工程质量与安全管理	978-7-301-16070-1	周连起	35.00	2013.2	5	ppt/pdf/答案	
18	施工项目质量与安全管理	978-7-301-21275-2	钟汉华	45.00	2012.10	1	ppt/pdf	
19	工程造价控制	978-7-301-14466-4	斯 庆	26.00	2012.11	8	ppt/pdf	★
20	工程造价管理	978-7-301-20655-3	徐锡权等	33.00	2012.7	1	ppt/pdf	
21	工程造价控制与管理	978-7-301-19366-2	胡新萍等	30.00	2013.1	2	ppt/pdf	★
22	建筑工程造价管理	978-7-301-20360-6	柴 琦等	27.00	2013.1	2	ppt/pdf	
23	建筑工程造价管理	978-7-301-15517-2	李茂英等	24.00	2012.1	4	pdf	
24	建筑工程计量与计价	978-7-301-15406-9	肖明和等	39.00	2012.8	10	ppt/pdf/答案/教案	★
25	建筑工程计量与计价实训	978-7-301-15516-5	肖明和等	20.00	2012.11	6	pdf	
26	建筑工程计量与计价——透过案例学造价	978-7-301-16071-8	张 强	50.00	2013.1	5	ppt/pdf	★
27	安装工程计量与计价	978-7-301-15652-0	冯 钢等	38.00	2013.2	10	ppt/pdf/答案	★
28	安装工程计量与计价实训	978-7-301-19336-5	景巧玲等	36.00	2012.7	2	pdf/素材	★
29	建筑水电安装工程计量与计价(新规范)	978-7-301-21198-4	陈连姝	36.00	2012.9	1	ppt/pdf	★
30	建筑与装饰装修工程工程量清单	978-7-301-17331-2	翟丽旻等	25.00	2012.8	3	pdf/ppt/答案	
31	建筑工程清单编制	978-7-301-19387-7	叶晓容	24.00	2011.8	1	ppt/pdf	
32	建设项目评估	978-7-301-20068-1	高志云等	32.00	2012.1	1	ppt/pdf	★
33	钢筋工程清单编制	978-7-301-20114-5	贾莲英	36.00	2012.2	1	ppt / pdf	
34	混凝土工程清单编制	978-7-301-20384-2	顾 娟	28.00	2012.5	1	ppt / pdf	
35	建筑装饰工程预算	978-7-301-20567-9	范菊雨	38.00	2012.5	1	pdf/ppt	★
36	建设工程安全监理(新规范)	978-7-301-20802-1	沈万岳	28.00	2012.7	1	pdf/ppt	★
37	建筑工程安全技术与管理实务(新规范)	978-7-301-21187-8	沈万岳	48.00	2012.9	1	pdf/ppt	★
38	建筑工程资料管理	978-7-301-17456-2	孙 刚等	36.00	2013.1	2	pdf/ppt	

序号	书名	书号	编著者	定价	出版时间	印次	配套情况	
	建筑设计类							
1	中外建筑史	978-7-301-15606-3	袁新华	30.00	2012.11	7	ppt/pdf	★
2	建筑室内空间历程	978-7-301-19338-9	张伟孝	53.00	2011.8	1	pdf	★
3	建筑装饰CAD项目教程(新规范)	978-7-301-20950-9	郭 慧	35.00	2013.1	1	ppt/素材	
4	室内设计基础	978-7-301-15431-1	李书青	32.00	2011.1	2	ppt/pdf	
5	建筑装饰构造	978-7-301-15687-2	赵志文等	27.00	2012.11	5	ppt/pdf/答案	★
6	建筑装饰材料	978-7-301-15136-5	高军林	25.00	2012.4	3	ppt/pdf/答案	
7	建筑装饰施工技术	978-7-301-15439-7	王 军等	30.00	2012.11	5	ppt/pdf	
8	装饰材料与施工	978-7-301-15677-3	宋志春等	30.00	2010.8	2	ppt/pdf/答案	★
9	设计构成	978-7-301-15504-2	戴碧锋	30.00	2012.10	2	ppt/pdf	
10	基础色彩	978-7-301-16072-5	张 军	42.00	2011.9	2	pdf	★
11	设计色彩	978-7-301-21211-0	龙黎黎	46.00	2012.9	1	ppt	★
12	建筑素描表现与创意	978-7-301-15541-7	于修国	25.00	2012.11	3	pdf	★
13	3ds Max室内设计表现方法	978-7-301-17762-4	徐海军	32.00	2010.9	1	pdf	
14	3ds Max2011室内设计案例教程(第2版)	978-7-301-15693-3	伍福军等	39.00	2011.9	1	ppt/pdf	
15	Photoshop效果图后期制作	978-7-301-16073-2	脱忠伟等	52.00	2011.1	1	素材/pdf	★
16	建筑表现技法	978-7-301-19216-0	张 峰	32.00	2013.1	2	ppt/pdf	
17	建筑速写	978-7-301-20441-2	张 峰	30.00	2012.4	1	pdf	★
18	建筑装饰设计	978-7-301-20022-3	杨丽君	36.00	2012.2	1	ppt/素材	
19	装饰施工读图与识图	978-7-301-19991-6	杨丽君	33.00	2012.5	1	ppt	
	规划园林类							
1	居住区景观设计	978-7-301-20587-7	张群成	47.00	2012.5	1	ppt	★
2	居住区规划设计	978-7-301-21013-4	张 燕	48.00	2012.8	1	ppt	★
3	园林植物识别与应用(新规范)	978-7-301-17485-2	潘利等	34.00	2012.9	1	ppt	
4	城市规划原理与设计	978-7-301-21505-Q	谭婧婧等	35.00	2013.1	1	ppt/pdf	★
	房地产类							
1	房地产开发与经营	978-7-301-14467-1	张建中等	30.00	2013.2	6	ppt/pdf/答案	★
2	房地产估价	978-7-301-15817-3	黄 晔等	30.00	2011.8	3	ppt/pdf	★
3	房地产估价理论与实务	978-7-301-19327-3	褚菁晶	35.00	2011.8	1	ppt/pdf/答案	★
4	物业管理理论与实务	978-7-301-19354-9	裴艳慧	52.00	2011.9	1	ppt/pdf	★
5	房地产营销与策划(新规范)	978-7-301-18731-9	应佐萍	42.00	2012.8	1	ppt/pdf	★
	市政路桥类							
1	市政工程计量与计价(第2版)	978-7-301-20564-8	郭良娟等	42.00	2013.1	2	pdf/ppt	
2	市政工程计价	978-7-301-22117-4	彭以舟等	39.00	2013.2	1	ppt/pdf	★
3	市政桥梁工程	978-7-301-16688-8	刘 江等	42.00	2012.10	2	ppt/pdf/素材	
4	路基路面工程	978-7-301-19299-3	偶昌宝等	34.00	2011.8	1	ppt/pdf/素材	
5	道路工程技术	978-7-301-19363-1	刘 雨等	33.00	2011.12	1	ppt/pdf	
6	城市道路设计与施工(新规范)	978-7-301-21947-8	吴颖峰	39.00	2013.1	1	ppt/pdf	★
7	建筑给水排水工程	978-7-301-20047-6	叶巧云	38.00	2012.2	1	ppt/pdf	
8	市政工程测量(含技能训练手册)	978-7-301-20474-0	刘宗波等	41.00	2012.5	1	ppt/pdf	
9	公路工程任务承揽与合同管理	978-7-301-21133-5	邱 兰等	30.00	2012.9	1	ppt/pdf/答案	
10	道桥工程材料	978-7-301-21170-0	刘水林等	43.00	2012.9	1	ppt/pdf	
11	工程地质与土力学(新规范)	978-7-301-20723-9	杨仲元	40.00	2012.6	1	ppt/pdf	★
12	数字测图技术应用教程	978-7-301-20334-7	刘宗波	36.00	2012.8	1	ppt	
13	道路工程测量(含技能训练手册)	978-7-301-21967-6	田树涛等	45.00	2013.2	1	ppt/pdf	
	建筑设备类							
1	建筑设备基础知识与识图	978-7-301-16716-8	靳慧征	34.00	2012.11	8	ppt/pdf	★
2	建筑设备识图与施工工艺	978-7-301-19377-8	周业梅	38.00	2011.9	2	ppt/pdf	★
3	建筑施工机械	978-7-301-19365-5	吴志强	30.00	2013.1	2	pdf/ppt	★
4	智能建筑环境设备自动化(新规范)	978-7-301-21090-1	余志强	40.00	2012.8	1	pdf/ppt	★

相关教学资源如电子课件、电子教材、习题答案等可以登录 www.pup6.com 下载或在线阅读。

扑六知识网(www.pup6.com)有海量的相关教学资源和电子教材供阅读及下载(包括北京大学出版社第六事业部的相关资源),同时欢迎您将教学课件、视频、教案、素材、习题、试卷、辅导材料、课改成果、设计作品、论文等教学资源上传到 pup6.com,与全国高校师生分享您的教学成就与经验,并可自由设定价格,知识也能创造财富。具体情况请登录网站查询。

如您需要免费纸质样书用于教学,欢迎登陆第六事业部门户网(www.pup6.cn)填表申请,并欢迎在线登记选题以到北京大学出版社来出版您的大作,也可下载相关表格填写后发到我们的邮箱,我们将及时与您取得联系并做好全方位的服务。

扑六知识网将打造成全国最大的教育资源共享平台,欢迎您的加入——让知识有价值,让教学无界限,让学习更轻松。

联系方式:010-62750667,yangxinglu@126.com,linzhangbo@126.com,欢迎来电来信咨询。

技能训练手册

专业：_____

班级：_____

组别：_____

组员：_____

学号：_____

_____年_____月_____日

目 录

技能训练 1	水准仪的认识与使用 ……	1
	实训报告 1 ……………………	3
技能训练 2	普通水准测量 …………………	5
	实训报告 2 ……………………	7
技能训练 3	微倾式水准仪的检校 ……	9
	实训报告 3 ……………………	11
技能训练 4	经纬仪的认识与使用 ……	13
	实训报告 4 ……………………	15
技能训练 5	经纬仪水平角、竖直角观测 ……………………	17
	实训报告 5 ……………………	19
技能训练 6	经纬仪的检校 ………………	21
	实训报告 6 ……………………	25
技能训练 7	钢尺量距及视距测量 ……	27
	实训报告 7 ……………………	29
技能训练 8	全站仪的认识与使用 ……	31
	实训报告 8 ……………………	33
技能训练 9	图根导线测量 ………………	35
	实训报告 9 ……………………	37
技能训练 10	四等水准测量 ………………	39
	实训报告 10 …………………	41
技能训练 11	GPS 的认识及使用 ………	43
	实训报告 11 …………………	45
技能训练 12	地形图识图 …………………	47
	实训报告 12 …………………	49
技能训练 13	经纬仪视距法测图 ………	51
	实训报告 13 …………………	53
技能训练 14	全站仪数字测图 ……………	55
	实训报告 14 …………………	57
技能训练 15	已知水平距离的测设 ……	59
	实训报告 15 …………………	61
技能训练 16	已知水平角度的测设 ……	63
	实训报告 16 …………………	65
技能训练 17	点的平面位置放样 ………	67
	实训报告 17 …………………	69
技能训练 18	高程测设 ……………………	71
	实训报告 18 …………………	73
技能训练 19	圆曲线测设 …………………	75
	实训报告 19 …………………	77
技能训练 20	缓和曲线测设 ………………	79
	实训报告 20 …………………	81
技能训练 21	全站仪三维坐标测量及点位放样测量 ………………	83
	实训报告 21 …………………	85
技能训练 22	路线纵、横断面测量 …	87
	实训报告 22 …………………	89

技能训练1　水准仪的认识与使用

一、实训目的
熟悉和学会使用 DS_3 型水准仪。

二、实训内容
(1) 了解 DS_3 水准仪的基本构造,认清其主要部件的名称及作用。
(2) 掌握水准仪的安置和使用方法。
(3) 练习用水准仪测定地面两点间高差的方法。

三、实训安排
(1) 时数:课内2学时;每小组2~4人。
(2) 仪器:DS_3 水准仪、水准尺、记录本、测伞。
(3) 场地:在一个较平整场地不同高度的2~4个地面点上分别树立水准尺,仪器至水准尺的距离不宜超过50m。

四、实训方法与步骤

1. 安置仪器
将脚架张开,使其高度适中,架头大致水平,并将脚尖踩入土中。开箱取仪器,用中心连接螺旋将其固定连接到三脚架上。

2. 认识水准仪
了解仪器各部件及有关螺旋的名称、作用和使用方法;熟悉水准尺的刻画和注记。

3. 粗略整平
先用双手同时向内(或向外)转动一对脚螺旋,使其圆水准器气泡移动到中间,再转动另一只脚螺旋使圆水准器气泡居中,通常需反复进行。注意气泡移动的方向与左手大拇指或右手食指运动方向一致。

4. 瞄准水准尺
先用目镜调焦,以天空或粉墙为背景,转动目镜对光螺旋,使十字丝清晰;然后照准目标,转动望远镜,通过其上的准星与缺口照准标尺,固定水平制动螺旋,旋转微动螺旋,使标尺成像在望远镜的视场中央,十字纵丝靠近水准尺一侧;再用物镜调焦,旋转物镜对光螺旋,使标尺的影像清晰,同时检查是否存在视差现象,如果存在,则反复调焦,加以消除。

5. 精平
旋转微倾螺旋,使水准管气泡符合,即使符合水准器气泡两端的影像吻合(成一弧状),微倾螺旋的旋转方向应与符合气泡的左侧影像移动方向一致。

6. 读数
读取十字丝中丝在水准尺所指处应有的读数,计4位,即以m为单位,估读至mm位。读数时应先估出mm位,一次读出4位数。

7. 测定高差

先按上述步骤照准 A 点标尺，精平后读数，记为后视读数 a；再照准 B 点标尺，精平后读数，记为前视读数 b，由此计算 A 点至 B 点的高差。

$$h_{AB}=a-b$$

变动仪器高后重复上述步骤，再次计算得 A 点至 B 点的高差，并将有关读数和算得的高差计入表 S1-1，最后通过较差 Δh 检查练习的效果。

五、注意事项

(1) 标尺读数前都应检查是否存在视差，如有视差一定要反复通过物镜(与目镜)调焦，使之消除。

(2) 标尺中丝读数前都应旋转微倾螺旋使符合气泡符合，不符合不能读数。

实训报告 1

实训名称：DS₃水准仪的认识与使用

实训日期：_____ 专业：_____ 班级：_____ 姓名：_____

一、实训记录

表 S1-1　水准仪测定高差练习

____年____月____日　天气____　观测____　记录____　检查____

测站	点号		后视读数/m	前视读数/m	高差 h/m	Δh/mm	说明
第1次	后						
	前						
第2次	后						
	前						
第1次	后						
	前						
第2次	后						
	前						

二、实训成果

（1）二次观测高差较差的容许值为_____mm，此次试验较差为_____mm，说明实验成果_____要求。

（2）二次观测 A 点至 B 点的高差的平均值为_____m，说明 B 点比 A 点_____。如果假设 A 点的高程 $H_A=10.000$m，则仪器的视线高程 $H_i=$_____m；B 点的高程 $H_B=$_____m。

三、实训答题

（1）粗平仪器，使圆水准器气泡居中，应旋转_____；转动望远镜，照准目标，使标尺影像位于望远镜视场中央，应旋转_____和_____；使十字丝清晰，应旋转_____，使标尺影像清晰，应旋转_____；精平仪器，使符合气泡居中，应旋转_____。

（2）照准目标时，应通过反复_____，消除_____；中丝读数前，一定要使符合气泡左右两半的影像_____，其目的是_____。

（3）在测定两点间的高差时，当望远镜由后视转向前视时，如发现圆水准器气泡偏离中心，不能再_____，这是因为_____；但如果发现符合水准气泡偏离中心时，则一定要_____，这是因为_____。

四、存在问题
_____
_____
_____
_____
_____

技能训练2 普通水准测量

一、实训目的
掌握普通水准测量外业观测和内业计算的方法。

二、实训内容
每小组完成一条闭合水准路线测量的外业观测工作,每人独立完成其内业计算。

三、实训安排
(1) 时数:课内2学时(外业观测),课外1学时(内业计算);每小组4~5人。
(2) 仪器:DS_3水准仪、水准尺、记录本、尺垫、测伞。
(3) 场地:在一较平整场地设置一条闭合水准路线,起始设置一已知A点,中间设三个待定点B、C、D,(A、B、C、D均应有地面标志),闭合路线全场约300m。

四、实训方法与步骤

1. 外业观测
从已知A点出发,以普通水准测量经B、C、D点,再测回A点。全线分为4个测段,每测段含1~2个测站。每测站均用变动仪器高法测定两次高差进行检核,将有关读数和算得的高差计入表S2-1。

2. 内业计算
整条路线观测完毕后计算高差闭合差,其容许值为$f_{h容}=\pm\sqrt{12n}$ mm(n为测站数)。

若高差闭合差符合要求,将每测段内的测站数及由各测站高差取和得到的测段高差观测值,填入表S2-2,进行高差闭合差的调整和计算待定点B、C、D的高程。其计算步骤如下。

(1) 高差闭合差的计算与检核。
(2) 高差闭合差的调整,即将闭合差反号,按与各测段所含测站数成正比的原则进行分配,得到各测段的高差改正数。
(3) 假设已知点高程H_A为某一个整米数,计算待定点的高程。

五、注意事项
(1) 除已知点A和待定点B、C、D外,现场临时设置的立尺点称为转点(用TP_i表示),作传递高程用。A、B、C、D点上立尺不用尺垫,转点上立尺需用尺垫。
(2) 应尽量靠路边设置转点和安置测站。测站安置仪器时,不需和前、后视点成三点一线,但应使前、后视距离大致相等。
(3) 测站变动仪器高前、后所得的两次高差的较差应不超过±6mm。记录员应当场计算高差及其较差,符合要求方能迁站。

(4) 迁站时，前视尺（连同尺垫）不动，即变为下一测站的后视尺，而将本站的后视尺调为下一站的前视尺。

(5) 观测完毕后，应对整个记录进行计算检核，即所有测站两次观测的后视读数之和 $\sum a$ 减去前视读数之和 $\sum b$ 应等于所有测站高差平均值之和的 2 倍。

(6) 照准标尺读数前务必注意消除视差和使符合气泡符合。

(7) 如果由于凑整误差，使高差改正数与高差闭合差的绝对值不完全相符，可将其差值凑到距离长（或测站数多）的测段高差改正数中。

(8) 高程计算栏最后一行起始点高程的计算值应和其已知值完全吻合，否则应检查计算是否有误。

实训报告 2

实训名称：普通水准测量
实训日期：_____ 专业：_____ 班级：_____ 姓名：_____

一、实训记录

表 S2-1　水准测量记录

_____年_____月_____日　天气_____　观测_____　记录_____　检查_____

测站	点号		后视读数/m	前视读数/m	高差 h/m	平均高差 $h_{均}$/m	说明
	仪高1	后					
		前					
	仪高2	后					
		前					
	仪高1	后					
		前					
	仪高2	后					
		前					
	仪高1	后					
		前					
	仪高2	后					
		前					
	仪高1	后					
		前					
	仪高2	后					
		前					
	仪高1	后					
		前					
	仪高2	后					
		前					
检核			$\sum a - \sum b =$			$2\sum h_{均} =$	

二、内业计算

表 S2-2　高差闭合差调整及待定点高程计算

计算_____ 检查_____

点名	测站数	观测高差/m	改正数/mm	改正后高差/m	高程/m
∑					
辅助计算	$f_h(mm)=$ $f_{h限}(mm)=$				

三、实训成果

(1) 测站两次观测高差较差的容许值为_____mm，此次实训最大测站较差为_____mm，路线高差闭合差容许值为_____mm，此次实训路线高差闭合差为_____mm，说明实训成果_____要求。

(2) A 点的假定高程为 $H_A=$_____m，经高差闭合差调整，算得 B 点的高程 $H_B=$_____m、C 点的高程 $H_C=$_____m、D 点的高程 $H_D=$_____m。

四、实训答题

(1) 水准测量观测时应将仪器脚架和转点上的尺垫踩实，以防止仪器或尺垫下沉，其目的是_____；迁站时，前视尺（连同尺垫）不动，而将本站的后视尺调为下一站的前视尺，其目的是_____。

(2) 测站安置仪器时，应使前、后视距大致相等，其目的是_____。

(3) 观测中如果标尺偏斜，必然使读数变_____，从而给测站高差带来影响，因此立尺一定要竖直。

(4) 本次实训中，因路线及各测段距离均较短，所以高差闭合差按照与测段所含测站数成正比例进行调整，而在实际的水准测量中，其高差闭合差的调整原则为，在平坦地区是_____，只有在丘陵山区才是_____。

五、存在问题

_____
_____
_____
_____

技能训练3 微倾式水准仪的检校

一、实训目的
(1) 了解微倾式水准仪的主要轴线,及其应满足的几何关系。
(2) 掌握微倾式水准仪的检验和校正方法。

二、实训内容
(1) 了解微倾式水准仪主要轴线的名称和所在的位置。
(2) 对仪器的各组成部分和相关螺旋的有效性进行一般检查。
(3) 进行水准仪的三项检验校正。

三、实训安排
(1) 时数:课内2学时;每小组4~5人。
(2) 仪器:DS_3水准仪、水准尺、校正针、记录本、尺垫、测伞。
(3) 场地:选择一较平整场地,距离约80m。

四、实训方法与步骤

1. 圆水准轴平行于仪器竖轴的检验与校正

(1) 检验:安置仪器后,转动3个脚螺旋,使圆水准气泡严格居中,此为第一位置。松开制动螺旋,平转180°后为第二位置。若圆水准气泡仍居中,表明圆水准轴平行于仪器竖轴;否则,表明两者不平行,应予校正。

(2) 校正:仪器处于第二位置不动,用校正针拨动圆水准器的校正螺丝,使气泡移回偏离量之半,则两者平行。

2. 十字丝横丝垂直于仪器竖轴的检验与校正

(1) 检验:仪器安置并整平后,以十字丝横丝的一端照准约20m处一固定目标点。转动微动螺旋,使该目标点的影像移至十字丝横丝的另一端。若目标点影像仍在横丝上,表明十字丝横丝垂直于仪器竖轴;否则,表明两者不垂直,应予校正。

(2) 校正:旋下十字丝分划板护罩,用小螺丝刀松开十字丝分划板的固定螺丝,轻转十字丝分划板,移回偏离量之半,则两者垂直。

3. 管水准轴平行于视准轴的检验与校正

(1) 检验:在平坦地面上选定相距60~80m的A、B两点,分别用尺垫固定。在距A、B等距离处安置仪器,在符合水准管气泡严格居中的情况下,分别读取A、B两点的尺读数a和b,则A、B两点间的正确高差为$h=a-b$,再转站至近B处(距B点3m左右),在符合水准气泡严格居中的情况下,分别读取A、B两点的尺读数a_1和b_1,则高差为$h_1=a_1-b_1$。若$h=h_1$,表明管水准轴平行于视难轴;否则,表明二者不平行,应予校正。

(2) 校正：计算 A 尺应有读数的 $a'=h+b_1$。仪器在近 B 处不动，转动微倾螺旋，使 A 点尺读数由 a 变为 a'，则管水准气泡必不居中。用校正针拨动管水准上、下校正螺丝，使管水准气泡重新居中。

五、注意事项

(1) 仪器如需校正，应在老师指导下进行。
(2) 三项检校依上述顺序进行，不能颠倒。
(3) 用校正针拨动校正螺丝时，应遵循"先松后紧"的原则，以免损坏校正螺丝。

实训报告 3

实训名称：微倾式水准仪的检验和校正
实训日期：_____ 专业：_____ 班级：_____ 姓名：_____

一、实训记录

1. 圆水准轴平行于仪器竖轴的检验与校正

表 S3-1 圆水准轴检验和校正记录

____年____月____日 天气____ 观测____ 记录____ 检查____

转 180°检查的次数	气泡偏差数/mm

2. 十字丝横丝垂直于仪器竖轴的检验与校正

表 S3-2 十字丝横丝检验和校正记录

____年____月____日 天气____ 观测____ 记录____ 检查____

检查的次数	误差是否显著

3. 管水准轴平行于视准轴的检验与校正

表 S3-3 水准仪 i 角误差检验记录

____年____月____日 天气____ 观测____ 记录____ 检查____

仪器在中点求正确高差			仪器在近尺端 A 点检验校正		
第一次	A 点尺上读数 a_1		第一次	A 点尺上读数 a	
	B 点尺上读数 b_1			B 点尺上应读数 $b(=a-h)$	
	$h_1=a_1-b_1$			B 点尺上实读数 b'	
第二次	A 点尺上读数 a_2			偏差值 $\Delta b=b-b'$	
	B 点尺上读数 b_2		第二次	A 点尺上读数 a	
	$h_2=a_2-b_2$			B 点尺上应读数 $b(=a-h)$	
				B 点尺上实读数 b'	
				偏差值 $\Delta b=b-b'$	
平均高差	平均高差 $h=1/2(h_1+h_2)$		第三次	A 点尺上读数 a	
				B 点尺上应读数 $b(=a-h)$	
				B 点尺上实读数 b'	
				偏差值 $\Delta b=b-b'$	

二、实训成果

（1）圆水准器轴的检校，检验时望远镜转180°，气泡_____，说明_____；校正后望远镜转180°，气泡_____，说明_____。

（2）十字丝横丝的检校，检验时点状标志偏离中横丝_____，说明_____；校正后点状标志偏离中横丝_____，说明_____。

（3）水准管轴的检校，检验得 $i=$ _____，说明_____；校正后 $i=$ _____，说明_____。

三、实训答题

（1）圆水准器轴的检校，目的是使_____，如果该条件不满足，其原因是由于_____。

（2）十字丝横丝的检校，目的是使_____，如果该条件不满足，其原因是由于_____。

（3）水准管轴的检校，目的是使_____，如果该条件不满足，其原因是由于_____。

（4）如果校正后仍有剩余的 i 角误差，可通过_____来消除它对测站高差的影响。

四、存在问题

_____
_____
_____
_____
_____

技能训练 4　经纬仪的认识与使用

一、实训目的
熟悉和学会使用 DJ_6 型光学经纬仪。

二、实训内容
(1) 了解 DJ_6 型光学经纬仪各部件及有关螺旋的名称和作用。
(2) 掌握经纬仪的对中、整平、瞄准和读数方法。
(3) 练习用经纬仪盘左位置测量两个方向之间的水平角。

三、实训安排
(1) 时数：课内 2 学时；每小组 2~4 人。
(2) 仪器：DJ_6 光学经纬仪、小铁钉、记录本、测伞。
(3) 场地：平地安置仪器，远处选择两个背景清晰的直立目标。

四、实训方法与步骤

1. 认识经纬仪
(1) 安置。松开架腿，调节其长度后拧紧架腿螺旋；将三脚架张开，使其高度约与胸口平，移动三脚架，使其中心大致对准地面站点标志，架头基本水平，然后将架腿的尖端踩入土中(或插在坚硬路面的凹陷处)；从仪器箱中取出经纬仪，用中心连接螺旋将其固连到脚架上。

(2) 认识。了解仪器各部件及有关螺旋的名称、作用和使用方法；熟悉读数窗内度盘和分微尺影像刻画和注记。

2. 使用经纬仪
(1) 对中。安置经纬仪时挪动架腿，使架腿头表面大致水平，并使其中心大致对准地面测站点。

(2) 整平。练习使用光学对中器同时进行仪器的对中和整平。要求：对中误差即气泡偏离中心不超过 1 格。

(3) 照准。先松开照准部和望远镜的制动螺旋，将望远镜指向明亮的背景或天空，旋转目镜调焦螺旋，使十字丝清晰，然后转动照准部，用望远镜上的瞄准器对准目标，再通过望远镜瞄准，使目标影像位于十字丝附近，旋转对光螺旋，进行物镜调焦，使目标影像清晰，消除视差，最后旋转水平和望远镜微动螺旋，使十字丝竖丝单丝与较细的目标影像重合，或双丝将较粗的目标夹在中央。

(4) 读数。打开反光镜，调节反光镜的角度，使读数窗明亮，旋转读数显微镜的目镜，使读数窗内影像清晰。上方注有"H"的小窗为水平度盘影像；下方注有"V"的小窗为竖直度盘影像。采用分微尺读书法，首先读取分微尺所夹的度盘分画线在分微尺上所指的小于 1° 的分数(估读至 0.1′)，二者相加，即得到完成的读数。

五、注意事项

(1) 用光学对中器同时进行仪器的对中和整平，末了松开中心连接螺旋使仪器在脚架上面作少量平移，精确对中，其后一定要拧紧连接螺旋，以防仪器脱落。

(2) 照准目标时，应尽量照准目标底部。

实训报告 4

实训名称：DJ$_6$型光学经纬仪的认识和使用

实训日期：_____ 专业：_____ 班级：_____ 姓名：_____

一、实训记录

S4-1 水平读盘读数观测报告

___年___月___日 天气___ 观测___ 记录___ 检查___

测　站	盘　位	目　标	水平读盘读数/(°′″)	备　注
O		A		
		B		
		C		
		D		

二、实训成果

此次实验，仪器对中相对地面标志点偏离_____mm，整平后照准部水准管气泡偏离_____格。共观测_____个水平方向读数，读数分别为_____。

三、实训答题

(1) 用光学对中器同时使仪器对中、整平时，将地面点标志调入对中器小圆圈用_____的方法，使水准管气泡居中用_____的方法，其原理是_____。

(2) 控制照准部水平方向转动用_____和_____；控制望远镜竖直方向转动用_____和_____；使十字丝清晰，应转动_____，使目标影像清晰，应旋转_____；配置水平度盘，用_____。

(3) 只要目标是竖直的，即使照准目标不同的高度，其间的水平角值_____变化，这是因为_____，但在实际观测时还是应尽量照准目标的底部，这是因为_____。

四、存在问题

_____
_____
_____
_____

技能训练5　经纬仪水平角、竖直角观测

一、实训目的
(1) 掌握用测回法测量水平角。
(2) 掌握竖直角测量和竖直指标差的测定方法。

二、实训内容
(1) 每小组再次练习经纬仪的安置，然后按测回法测量一个水平角，两测回。
(2) 每小组在指定测站测量两个以上目标点的竖直角，各1个测回。同时计算不同目标点观测的竖盘指标差。

三、实训安排
(1) 时数：课内2学时；每小组2～4人。
(2) 仪器：DJ_6光学经纬仪、小铁钉、记录本、测伞。
(3) 场地：平地安置仪器，选择远处两个背景清晰的直立目标测定水平角；选择远处2个背景清晰，分别高于和低于测站高度的直立目标测定竖直角。

四、实训方法与步骤
1. 安置经纬仪
在指定测站上安置经纬仪，对中、整平、方法同本章技能训练5。

2. 测回法测量水平角——两个测回
1) 第1测回

(1) 盘左，瞄准左目标A，将水平度盘配置在$0°00'$附近(可稍大若干秒)，读取水平度盘读数为a_1，顺时针转动照准部，瞄准右目标B，读取水平度盘读数为b_1，计算上半侧回角值$\beta_{左1}=b_1-a_1$。

(2) 盘右，瞄准右目标B，读取水平度盘读数为b_2，逆时针转动照准部。瞄准左目标A，读取水平度盘读数为a_2，计算下半测回角值$\beta_{右1}=b_2-a_2$。

(3) 计算第1测回角度平均值$\beta_1=\dfrac{\beta_{左1}+\beta_{右1}}{2}$。

2) 第2测回

(1) 仍以盘左开始，瞄准左目标A，将水平度盘读数配置在$90°00'$附近(可稍大若干秒)，然后以与第1测回相同的步骤，测定$\beta_{左2}$、$\beta_{右2}$，并计算第2测回角度平均值$\beta_2=\dfrac{\beta_{左2}+\beta_{右2}}{2}$。

(2) 计算两个测回角度的平均值$\beta_{均}=\dfrac{\beta_1+\beta_2}{2}$。

在上述观测的同时，将读数和计算值记入表S5-1相应的栏目中。

3. 竖直度盘的认识
了解竖盘特点和竖盘指标水准管及其微动螺旋等的作用和使用方法。

(1) 照准。松开照准部和望远镜制动螺旋,通过望远镜瞄准目标,旋转水平和望远镜微动螺旋,使十字丝中横丝与目标顶端(或需测量竖直角的部位)精确相切。

(2) (1)读数。旋转竖盘指标水准管微动螺旋,使指标水准管气泡居中,仍采用分微尺读数的方法,读取读数窗下方注有"V"的竖直度盘读数(估读至$0.1'$)。

4. 竖直角测量

(1) 盘左,瞄准目标 A,以中横丝与目标顶端相切,使指标水准管气泡居中,读取竖盘读数为 L,计算盘左竖直角 $\alpha_L = 90° - L$。

(2) 倒转望远镜成盘右,仍以中横丝与目标 A 顶端相切,使指标水准管气泡居中,读取竖盘读数为 R,计算盘左竖直角 $\alpha_R = R - 270°$。

(3) 计算一测回角度平均值。

$$\alpha = \frac{\alpha_L + \alpha_R}{2} \tag{1}$$

在上述观测的同时,将读数和计算值记入表 S5-2 相应的栏目中。

(4) 按相同步骤测定目标 B 的竖直角。

5. 竖直盘指标差测定

根据观测所得同一目标盘左、盘右竖直角,或盘左、盘右的竖直角读数,代入式(2)或式(3)计算竖盘指标差

$$x = \frac{\alpha_R - \alpha_L}{2} \tag{2}$$

或

$$x = \frac{(L+R) - 360}{2} \tag{3}$$

将计算结果代入表 S5-2 即为竖盘指标差的测定值。

五、注意事项

(1) 水平角观测中,如果观测 n 个测回,在每个测回开始即盘左的起始方向,应旋转度盘变换手轮配置水平度盘读数,使其递增 $\frac{180}{n}$。配置完毕,应将度盘变换手轮的盖罩关上,以免碰动度盘。同测回内由盘左变为盘右时,不得重新配置水平度盘读数。

(2) 水平角观测中,同测回内两个半测回角值较差应不超 $\pm 40''$;各测回之间角值较差应不超 $\pm 24''$。

(3) 垂直角观测时,照准目标时,盘左、盘右必须均照准目标的顶端或同一部位。

(4) 垂直角观测时,凡装有竖盘指标水准管的经纬仪,必须旋转指标水准管微动螺旋使气泡居中,方能进行竖盘读数。

(5) 垂直角观测时,算得竖直角和指标差应带有符号,尤其是负值"-"号不能省略。

(6) 垂直角观测时,如测量两个以上目标(或同一目标多个测回)的竖直角,可以根据各自算得竖盘指标差之间的较差,检查观测成果的质量。DJ_6 型光学经纬仪竖盘指标差之间的较差应不超过 $\pm 30''$。

实训报告5

实训名称：经纬仪水平角、竖直角观测
实训日期：_____ 专业：_____ 班级：_____ 姓名：_____

一、实训记录

1. 测回法观测水平角

绘制示意图：

表 S5-1 测回法观测手簿

_____年_____月_____日 天气_____ 观测_____ 记录_____ 检查_____

测站	目标	竖盘位置	水平度盘读数/(° ′ ″)	半测回角值/(° ′ ″)	一测回角值/(° ′ ″)	说明
		左				
		右				
		左				
		右				

2. 竖直角观测

绘制示意图：

表 S5-2 竖直角观测手簿

_____年_____月_____日 天气_____ 观测_____ 记录_____ 检查_____

测站	目标	竖盘位置	竖盘度盘读数/(° ′ ″)	半测回角值/(° ′ ″)	一测回角值/(° ′ ″)	竖盘指标差/″	备注
		左					
		右					
		左					
		右					

二、实训成果

（1）此次实验共观测_____个水平角，每个单角观测_____个测回。

半测回角值较差容许值为_____，测回间角值较差容许值为_____。此次实验半测回角值最大较差容许值为_____，测回间最大容许值为_____，说明实验成果_____要求。

(2) 此次实验共观测_____个目标的竖角，每个竖角观测_____个测回，测得的竖直角分别为_____和_____。

(3) 竖盘指标差 x 的较差容许值为_____，此次实验竖盘指标差 x 的最大较差为_____，说明实验成果_____要求。

三、实训答题

(1) 同一方向盘左、盘右水平读数的大数相应差_____，否则说明_____。

(2) 配置水平度盘读数的目的是为了_____，它只能在_____时进行，测回内由盘左变为盘右，不得重新配置水平度盘读数，这是因为_____。

(3) 竖直角观测时，应先用_____和_____控制照准部和望远镜的转动，以便用_____与目标相切；然后用_____使竖盘指标水准管气泡居中，才能进行竖盘读数。

(4) 竖直角观测时，只需对目标进行照准和读数，而水平方向是不需要读数的，这是因为_____。

(5) 同一目标竖盘的盘左、盘右读数之和理论上应等于_____，如果不等于该值，原因可能有两点，一是_____，二是_____。

(6) 若测得的竖直角为正值，说明该角为_____；为负值，说明该角为_____。若算得的竖盘指标差为正值，说明竖盘指标线偏于_____；为负值，说明竖盘指标线偏于_____。

(7) 若测量两个以上目标(或同一目标多个测回)的竖直角，可算的多个竖盘指标差。如指标差之间的较差较小，说明_____，如指标差之间的较差偏大，说明_____，这是因为_____。

四、存在问题

_____
_____
_____
_____

技能训练 6　经纬仪的检校

一、实训目的
(1) 了解光学经纬仪的主要轴线，及其应满足的几何关系。
(2) 掌握光学经纬仪的检验和校正方法。

二、实训内容
(1) 了解 DJ_6 型光学经纬仪主要轴线名称和所在的位置。
(2) 每小组对仪器各组成部分和相关螺旋的有效性进行一般检查。
(3) 每小组进行经纬仪的 6 项检验校正。

三、实训安排
(1) 时数：课内 2 学时；每小组 2~4 人。
(2) 仪器：DJ_6 光学经纬仪、校正针、小铁钉、记录本、测伞。
(3) 场地：一较平整场地，可观测到远处不同高度的直立目标。

四、实训方法与步骤
实训流程：照准部水准管轴—十字丝竖丝—视准轴—横轴—光学对中器—竖盘指标差。

1. 照准部水平管轴检验和校正

(1) 检验：安置仪器并粗平后，转动照准部使其水准管与任意一对脚螺旋的连线方向平行，转动该对脚螺旋使管水准气泡严格居中，此为第一位置。松开照准部制动螺旋，照准部平转 180°后为第二位置。若照准部管水准气泡仍居中，表明照准部管水准轴垂直于仪器竖轴；否则表明二者不垂直，应予校正。

(2) 校正：仪器处于第二位置不动，用校正针拨动照准部管水准器的校正螺丝，使气泡移回偏离量之半，则二者垂直。

2. 十字丝竖丝垂直于横轴的检验与校正

(1) 检验：安置仪器并整平后，以十字丝竖丝的一端照准约 20m 处一个固定目标点。转动望远镜微动螺旋，使该目标点的影像移至十字丝竖丝的另一端。若目标点影像仍在竖丝上，表明十字丝竖丝垂直于仪器横轴；否则表明二者不垂直，应予校正。

(2) 校正：旋下十字丝分划板护罩，用小螺丝刀松开十字丝分划板的固定螺丝，轻转十字丝分划板，使目标点影像移回偏移量之半，则二者垂直。

3. 望远镜视准轴垂直于横轴的检验与校正

(1) 检验：在平坦地面上安置仪器并整平，在距仪器 50m 左右处插测针标定一点 A。盘左照准 A 点后，纵转望远镜，于视线方向上约 50m 处用测针标定一点 B_1。平转照准部，盘右照准 A 点后，纵转望远镜，于视线方向上与 B_1 等距何处用测针标定另一点 B_2。若 B_1、B_2 两点重合，表明望远镜视准轴垂直于横轴；否则，表明二者不垂直，应予校正。

(2) 校正：连接 B_1、B_2 两点，于其连线上用测针标定 B 点，使 $B_2B=B_2B_1/4$，拔掉 B_1、B_2 两点上的测钎。保持仪器位置不动，旋下十字丝分划板护罩，用校正针拨动十字丝分划板左、右两校正螺丝，使望远镜视准轴照准 B 点，则二者垂直。

4. 横轴垂直于仪器竖轴的检验与校正

(1) 检验：在距建筑物约 15m 处安置仪器并整平。盘左照准墙上高处固定点 P（应使高度角尽可能大一些），转动望远镜，使视准轴大致水平（可用竖盘读数约为 90°控制），沿视线方向在墙上标定一点 A。变为盘右，依同法在与 A 同高处标定另一点 B。若 A、B 两点重合，表明横轴垂直于仪器竖轴；否则表明二者不垂直，应预校正。

(2) 校正：为保证光学经纬仪的密封性，该项校正由专业维修人员在室内进行。

5. 光学对中器的检验与校正

(1) 检验：安置仪器于地面标定点上，严格对中和整平，此为第一位置。照准部平转 180°后为第二位置。若仍对中，表明光学对中器视准轴与仪器竖轴共线；否则，二者不共线，应予校正。

(2) 校正：仪器处于第二位置不动，用校正针拨动光学对中器十字丝分划板的校正螺丝，使地面标定点影像移回偏离值之半即可。

光学对中器安装于照准部上的称为可动式，光学对中器安装于基座上的称为固定式。上述检验与校正的方法仅适用于可动式。至于固定式，则要在专用设备上将仪器横置后进行检验与校正。

6. 竖盘指标差的检验与校正

(1) 检验：选定远近适中、轮廓分明、影像清晰、成像稳定的固定目标。盘左、盘右分别照准该目标，在竖盘读数指标管水准气泡严格居中（或自动归零补偿器处于工作状态）的情况下，分别读取盘左竖盘读数 L 和盘右竖盘读数 R，计算竖盘水平始读数 $MO=\frac{1}{2}(L-R-180°)$ 和竖盘指标差 $x=MO-90°$。若 $MO=90°$（亦即 $x=0$），则竖盘读数指标位置正确；否则，竖盘读数指标位置不正确，应予校正。

(2) 校正：竖盘读数指标管水准气泡严格居中（或自动归零补偿器处于工作状态），转动望远镜，使盘左的竖盘读数为 MO，或使盘右的竖盘读数为 $MO+180°$，则望远镜视准轴必处于水平位置。转动竖盘读数指标水准管微动螺旋，使盘左竖盘读数由 MO 变为 90°，或使盘右竖盘读数由 $MO+180°$ 变为 270°，则竖盘读数指标管水准气泡必不居中。打开竖盘读数指标水准管护盖，用校正针拨动水准管上、下两校正螺丝，使管水准气泡重新居中即可。若为自动归零补偿器式，则用校正针拨动自动归零补偿器校正螺旋使其为理论读数。

五、注意事项

(1) 轴线几何关系不满足的误差一般较小，故应仔细检验，以免过大的检验误差掩盖轴线几何关系误差，导致错误的检验结果。

（2）后一项检验结果是以前一项几何关系得以满足为前提条件的，故规定的检验校正顺序不得颠倒。

（3）各项检验校正均应反复进行，直至满足几何关系。对于第三项检校，当第 n 次检验结果 $h_n-h=(a_n-b_n)-(a-b)\leqslant\pm3mm$ 时，即认为符合要求，不必再进行校正。

（4）拨动各校正螺丝须使用专用工具，且遵循"先松后紧"的原则，以免损坏校正螺丝。

（5）拨动各校正螺丝时，应轻轻转动且用力均匀，不得用力过猛或强行拨动。

（6）最后一次检校完成后，校正螺丝应处于稍紧的状态，以免在使用或运输过程中轴线几何关系变化。

（7）照准部水准管的检校，应使照准部在任何位置时管水准气泡的偏离量均不超过一格。

实训报告 6

实训名称：经纬仪检校
实训日期：_____ 专业：_____ 班级：_____ 姓名：_____

一、实训记录

表 S6－1 测回法观测手簿

_____年_____月_____日 天气_____ 观测_____ 记录_____ 检查_____

一般检查	三脚架是否牢稳		螺旋洞等处是否清洁				
	水平轴及竖轴是否灵活		望远镜成像是否清晰				
	制动及微动螺旋是否有效		其他				
水准管轴垂直于竖轴	检验（即照准部转180°）的次数		1	2	3	4	5
	气泡偏差之格数						

十字丝竖丝垂直于水平轴	检验的次数	误差是否显著
	1	
	2	

视准轴垂直于水平轴(1)	第一次检验	水平度盘读数		第二次检验	水平度盘读数	
		(盘左)a_1			(盘左)a_1	
		(盘右)a_2			(盘右)a_2	
		$a_2' = [(a_1 \pm 180°) + a_2]$			a_2'	
		$2C = [a_1 - (a_2 \pm 180°)]$			$2C$	

视准轴垂直于水平轴(2)	第一次检验	目标	横尺读数	第二次检验	目标	横尺读数
		(盘左)b_1			(盘左)b_1	
		(盘右)b_2			(盘右)b_2	
		$1/4(b_2-b_1)$			$1/4(b_2-b_1)$	
		$b_2-1/4(b_2-b_1)$			$b_2-1/4(b_2-b_1)$	

水平轴垂直于竖轴（仪器距目标约10米）	检验次数	a、b两点之间的距离
	1	
	2	

竖盘指标差

		第1次（校正前）					第2次（校正后）		
测站	目标	盘位	竖度盘读数 /(° ′ ″)	竖角 α /(° ′ ″)	指标差 x''	测站	目标	盘位	竖度盘读数 /(° ′ ″)	竖角 α /(° ′ ″)	指标差 x''

光学对中器	检验的次数	误差是否显著
	1	
	2	

二、实训成果

(1) 照准部水平管轴校正,检验时照准部,转180°,气泡_____,说明_____;校正后照准部转180°,气泡_____,说明_____。

(2) 视准轴校正,照准平点得 $c=$_____,说明_____;校正后 $c=$_____,说明_____。

(3) 横轴检校,照准高点得 $c=$_____,说明_____。

(4) 十字丝竖丝检校,检验时点状标志偏离竖丝_____,说明_____;校正后点状标志偏离竖丝_____,说明_____。

(5) 竖盘指标水平管轴检校,检验得竖盘指标差 $x=$_____,说明_____;校正后 $x=$_____,说明_____。

三、实训答题

(1) 照准部水平管轴检校,目的是使_____,如果该条件不满足,其原因是由于_____。

(2) 视准轴检校,目的是使_____,如果该条件不满足,其原因是由于_____。

(3) 横轴检校,目的是使_____,如果该条件不满足,其原因是由于_____。

(4) 十字丝竖丝检校,目的是使_____,如果该条件不满足,其原因是由于_____。

(5) 竖盘指标水平管轴检校,目的是使_____,如果该条件不满足,其原因是由于_____。

(6) 在照准部水平管轴检校中,只要用校正针拨动照准部水平管轴校正螺丝,令气泡返回偏离量的一半,就可使条件满足,其理由是_____;如果校正后仍有剩余误差,可通过_____来整平仪器。

(7) 在视准轴检校中,应选择_____作为找准目标,是因为_____,而在横轴检校时,应选择_____作为找准目标,是因为_____。

(8) 仪器检验校正后,仍存在剩余的视准轴误差和横轴误差,可通过_____来消除它们对水平角观测的影响。

(9) 在竖盘指标水平管轴检校中,由检校得竖盘指标差是"+",说明_____;如是"-",说明_____;如果校正后仍有剩余的指标差,可通过_____来消除它对竖角观测的影响。

四、存在问题

_____
_____
_____

技能训练7 钢尺量距及视距测量

一、实训目的
1. 了解丈量工具的构造和使用方法。
2. 掌握经纬仪定线的方法。
3. 掌握用钢尺量距的一般方法。
4. 掌握视距测量的观测和计算方法。

二、实训内容
1. 每小组采用目估法进行定线并往、返丈量长于70m的A、B两点间的距离。
2. 每小组利用视距测量测定A、B两点间的距离。

三、实训安排
1. 时数：课内2学时；每小组2～4人。
2. 仪器：DJ_6光学经纬仪、钢尺、测钎、花杆、水准尺、记录本、测伞。
3. 场地：距离长于70m平整场地。

四、实训方法与步骤

1. 目估定线
(1) 在地面上选定长于70米的直线在A、B两点用测杆架各竖立一测杆，并使其竖直。

(2) 测量员甲站在A点测杆的外侧约1～2米外，面向A、B杆准备指挥。

(3) 测量员乙带两根测杆，由A向B方向前进，至适当距离处C，站在测线的外侧立杆。

(4) 测量员甲通过A、B杆的同一侧边缘，查C杆是否在视线上，如不在，则以手势左或右（切记不可来回摆动）指挥其移动，待甲看到乙杆已移至视线上时，将手向下一挥，这时乙便将测杆竖直立在地面上。

(5) 测量员甲再检查C杆的位置，如离开测线，再重新指挥，乙则按甲的指挥，将杆做少量的移动，直至准确处于直线上时，乙即将杆垂直插在地上便完成了该点的定线工作。

(6) 乙继续前进，同法定其他各点。

2. 钢尺一般方法量距
长距离丈量时是在前述定线的基础上进行的。但本实习长度不大，可在两端点间边定线边丈量，即将前述A、B杆保留，定线时所插的测杆拔下来，然后按下述步骤进行丈量。

(1) 后尺手持一测钎和尺的零端立于A点，前尺手持尺的末端和一根标杆，并携带5支测钎B方向前进，到达一整尺时止步。

(2) 用三点定一条直线的方法，乙根据甲的指挥用标杆标定中间点1的点位后，两人同时下蹲，并用适当均匀的拉力把尺拉紧、拉平和拉稳。此时甲应将尺的零点刻画

正确对准 A 点地面标志，乙则拔去标杆使尺通过标杆脚孔的中心，待甲发出丈量信号"好"时，乙即紧贴尺的末端刻画在地面上竖直地插下第一根测钎，这样就量完了第一个尺段。

（3）两个同时携尺前进，当甲到达第一根测钎处时喊"停"。同法丈量第二尺段。自此以后，甲应在每量完一尺段的距离时，即收取乙所插在地面上的测钎，以做计数之用。如果积满5根或10根，应作记录，并将测钎交还给乙，以便再用。

（4）丈量至 B 点时，最后一段距离一般不足一整尺，可在尺上准确读取尾数 q，尾数应需要读至 cm 或 mm。

（5）A、B 两点之间的水平距离按 $D=nl+q$ 公式计算，式中，l 为整尺长度；n 为测钎数，即所量整尺的尺段数；q 为不足整尺的零段长。

以往返两次丈量结果的差数的绝对值 D 与往返丈量结果的平均值 $\bar{D}$ 之比，化为1的形式，即作为衡量丈量结果的精度，称为相对误差。K 值越大，精度越高，反之，精度越低。

3. 视距测量

（1）沿用钢尺量距中选择的两个点 A、B。

（2）仪器安平在 A 点，量仪器高，在 B 点立水准尺。

（3）瞄准水准尺，使中丝对准仪器高，固定度盘及望远镜，读上、下丝读数使竖盘水准器气泡居中，读竖盘读数记入记录。

（4）取另一竖盘位置，以同样方法再测一次，取平均值作为往测最后结果。

（5）将仪器移至 B 点，A 点立水准尺，重复(3)，(4)的操作，进行 AB 线的返测。

（6）计算方法。

① 由竖盘读数计算竖角及指标差。

② 由上、下丝读数计算视距间隔。

③ 计算视距、高差。

五、注意事项

（1）注意钢尺零刻线及终端刻线的位置，以及米、分米的注记特点以防读错。

（2）钢尺质脆易断，不要脚踏，车压；轻拉轻卷。

（3）在丈量中避免打环，出现环套时，需解开后再拉，以防折断，在前进中钢尺不得在地上拖拉，以防磨损。

（4）在拉钢尺时，抻到终端刻线外约10cm，须用摇把卡在尺的拉手上，以避免钢尺根部连接处拉断。

（5）丈量结束后，如钢尺被水浸湿必须用干布或纸擦拭，干后再卷入盒内，以防生锈。

（6）钢尺应抬平，拉力应力求均匀。在斜坡或坑洼不平地带，则利用测杆或垂球将尺的端点投在地面上以直接丈量水平距离。

（7）每一尺段端点的定线要准确，使钢尺在直线内丈量。

（8）测钎要插直，测钎数不要记错（不足整尺的最后不计算在内）。

（9）视距测量中水准尺必须立直。

实训报告 7

实训名称：钢尺量距及视距测量
实训日期：_____ 专业：_____ 班级：_____ 姓名：_____

一、实训记录

1. 钢尺量距

表 S7-1 钢尺量距记录手簿

_____年_____月_____日 天气_____ 观测_____ 记录_____ 检查_____
钢尺长 $l=$ _____ m

线段名称	观测次数	整尺段数 n	余尺段 q/m	距离($D=n \cdot l + q$)/m	平均距离/m	相对精度
	往					
	返					
	往					
	返					

表 S7-2 视距测量记录手簿

_____年_____月_____日 天气_____ 观测_____ 记录_____ 检查_____
测站：_____ 仪器高 i：_____ 测站高程：_____

测点	视距间隔/m	中丝读数/m	竖盘度数/(° ′ ″)	竖直角/(° ′ ″)	高差/m	平距/m	高程/m

二、存在问题

_____
_____
_____
_____

技能训练 8 全站仪的认识与使用

一、实训目的
熟悉和学会使用全站仪进行常规测量。

二、实训内容
(1) 了解各部件及键盘按键的名称和作用。
(2) 掌握全站仪安置和使用方法。
(3) 练习用全站仪进行角度测量、距离测量、高程测量和坐标测量的方法。

三、实训安排
(1) 时数：课内 2 学时；每小组 2~4 人。
(2) 仪器：全站仪、反射棱镜、记录本、测伞。
(3) 场地：稍有起伏，选择两个高、低不同的目标点供观测。

四、实训方法与步骤
1. 安置全站仪及棱镜架(或棱镜杆)
在测站上安置全站仪，其方法与安置经纬仪相同；在目标点上安置棱镜架。
2. 认识全站仪
了解仪器各部件(包括反射棱镜)及键盘按键的名称、作用和使用方法。
3. 对中和整平
对中、整平和普通经纬仪相同。
4. 仪器操作
1) 开机自检
打开电源，进入仪器自检，纵转望远镜和转动各部件 360°，进行竖直度盘和水平度盘初始化，即使竖直度盘和水平度盘的读数显示出来。
2) 输入参数
输入参数包括棱镜常数、气象参数(温度、气压、湿度)等，试验中此项可免。
3) 选定模式
选定模式包括角度测量模式、距离测量模式，程序模式(即菜单模式)实验中暂不练习。
4) 角度测量
进入角度测量模式。
(1) 照准起始目标，其方向值的配置有以下 3 种：①直接置零，在测角模式下按"置零"键，使水平度盘设置为 0°00′00″；②锁定配置，转动照准部，再通过旋转水平微动螺旋使水平度盘读数等于所需要的方向值，然后按"锁定"键，再起始方向按回车键确认；③键盘输入，照准起始方向后按"置盘"键，以显示屏提示，通过键盘输入所需的方向值。

(2) 转动照准部照准第二目标，第二目标为反射棱镜的觇牌中心或标杆顶端，显示该目标的水平方向值及其竖直角(或天顶距)。

5) 距离测量

进入距离测量模式(其测距方式分为单次测量、连续测量或跟踪测量，一般设置为单次测量)。

(1) 照准目标，需照准其棱镜中心。

(2) 按测距键，再选择显示模式：(HR，HD，VD)模式，显示水平方向、水平距离、仪器中心至目标棱镜中心高差；(V，HR，SD)模式，显示竖盘读数、水平方向、倾斜距离。

以上内容可先以盘左位置练习，再以盘右位置进行练习，但坐标测量时，盘右仍需先照准后视点，将其水平度盘的方向值设置为起始方位角 α_{AM}，否则该方向值将自行设置为±180°，从而导致结果出错。测量数据记录在表 S8-1。

6. 测量完毕关机

五、注意事项

参见所使用全站仪的说明书。

实训报告 8

实训名称：全站仪的认识及使用

实训日期：_____ 专业：_____ 班级：_____ 姓名：_____

一、实训记录

表 S8-1 全站仪测量记录

_____年_____月_____日 天气_____ 观测_____ 记录_____ 检查_____

仪器高 $i=$ _____ 仪器型号 _____

测站	目标	盘位	角度/(° ′ ″)		距离/高差/m	
	镜高 $L=$	左	水平角		平距	
			竖直角		斜距	
			天顶距		高差	
		右	水平角		平距	
			竖直角		斜距	
			天顶距		高差	
	镜高 $L=$	左	水平角		平距	
			竖直角		斜距	
			天顶距		高差	
		右	水平角		平距	
			竖直角		斜距	
			天顶距		高差	

注：竖直角和天顶距根据选择的竖角测量模式填写其中一项；仪器屏幕上显示的符号"V"一般表示竖盘的读数，可根据盘左或盘右的竖角计算公式将其换算为目标的竖直角。

二、实训成果

（1）目标_____盘左、盘右观测结果。

水平角较差_____；平均值为_____；高差较差_____；平均值为_____；

竖直角较差_____；平均值为_____；平距较差_____；平均值为_____；

斜距较差_____；平均值为_____；

（2）目标_____盘左、盘右观测结果。

水平角较差_____；平均值为_____；高差较差_____；平均值为_____；

竖直角较差_____；平均值为_____；平距较差_____；平均值为_____；

斜距较差_____；平均值为_____。

三、实训答题

（1）全站仪主要由_____、_____、_____等部分组成，不仅能全部完成测站上所有的_____和_____测量以及_____测量，还能进行_____和_____等工作。

（2）本次试验使用的全站仪型号是_____，其测角精度为_____；测距精度为_____，表示测距时固定的误差为_____，比例误差为_____。

（3）该型号全站仪开机后应进行水平度盘初始化，就是将照准部（横向）和望远镜（纵向）各_____，以便使_____和_____自动归零。

（4）该型号全站仪进行角度测量时，进入_____模式，这时照准零方向，按_____键"置零"，然后照准目标点，即可显示_____和目标点的_____；如需配置零方向的方向值，则应在照准零方向后，按_____键，输入需配置的方向值，再按_____键即可，但此后照准目标显示的是_____水平角则为_____，同时还可显示_____。

（5）该型号的全站仪进行距离测量时，进入_____模式，照准目标点的棱镜中心，按_____键，同时显示_____、_____和_____；按_____键，可使距离的显示在_____、_____和_____之间转换；显示的高差是指_____。

四、存在问题

_____
_____
_____
_____

技能训练 9 图根导线测量

一、实训目的
(1) 掌握图根导线外业测量的内容和方法，进一步提高测角和量距的技术水平。
(2) 掌握图根导线计算的内容和方法。

二、实训内容
(1) 在测区内选定 4 点，组合闭合多边形，进行闭合导线外业观测。
(2) 利用本组在外业工作中所得数据，独立计算图根导线中各点的坐标。

三、实训安排
(1) 时数：课内 2 学时（外业观测），课外 2 学时（内业计算）；每小组 2~4 人。
(2) 仪器：DJ_6 经纬仪、钢尺、测钎、计算器、记录本、测伞。
(3) 场地：稍有起伏，相邻导线点间应互相通视，50m×60m 区域。

四、实训方法与步骤
1. 选点
(1) 在测区内选定 4 点，组合闭合多边形，并以大钉标志，反时针方向编号。
(2) 导线点应选在地势较高，视野开阔便于施测碎部的地方。
(3) 相邻导线点间应互相通视，并便于丈量距离。
(4) 导线边长，为实习方便，以 50~60m 为宜。

2. 测角
(1) 在导线起点安置罗盘仪，测出起始边的磁方位角，用以确定测区的方位。
(2) 将经纬仪安置在导线点 2 上（另一台则安置在 4 点上），对中误差不大于 3mm，在 1、3 点上用测杆架立测杆。
(3) 按反时针方向用测回法测出各内角（先后视左目标，再前视右目标），两半测回之差不大于 40″。
(4) 导线内角测完后，需检查内角闭合差，不得大于 $f_{β容} = ±40″\sqrt{n}$；式中，n 为导线角数。

3. 量距
用钢尺直接丈量往返各边的边长，精度要求 1/2000。

4. 计算准备
(1) 检查并复核记录：检查边长和水平角的观测数据是否齐全，精度是否符合要求，起始边磁方位角的有无等。
(2) 绘制导线略图：经任意小比例尺，按平均边长和平均水平角，用分度器和比例尺绘制导线略图作为计算的参考。
(3) 填写导线计算表：参照略图，按原始记录，将平均边长（精确至厘米）和平均水平角及起始边的坐标方位角填入相应栏内。

5. 闭合导线计算

（1）角度闭合差的计算和调整。

（2）坐标方位角的推算。

（3）坐标增量的计算。

（4）坐标增量闭合差的计算和调整。

（5）坐标计算。

五、注意事项

（1）由于边长较短，测角时，应注意尽可能减小照准目标和对中误差。

（2）量距时，钢尺要抬平，拉力要均匀。

（3）记录要按格式认真填写，一定要写明测站和点号，切不可随意乱记。

（4）计算过程共有 6 个校核，即每计算一步都要经过校核，无误后方可进行下一步计算，以免大量返工。

实训报告 9

实训名称：图根导线测量
实训日期：_____ 专业：_____ 班级：_____ 姓名：_____

一、实训记录

1. 外业记录

表 S9-1　图根导线测量外业观测记录表

____年____月____日　天气____　观测____　记录____　检查____

测点	盘位	目标	水平度盘读数/(° ′ ″)	水平角		距　离
				半测回值/(° ′ ″)	一测回值/(° ′ ″)	
A	左					$D_{AD}=$
						$D_{AB}=$
	右					
B	左					$D_{BA}=$
						$D_{BC}=$
	右					
C	左					$D_{CB}=$
						$D_{CD}=$
	右					
D	左					$D_{DC}=$
						$D_{DA}=$
	右					

角度闭合差计算：$f_\beta=$

	AB	BC	CD	DA
各边平均值				
各边相对误差				

2. 内业计算

表 S9-2　图根导线测量内业坐标表

____年____月____日　天气____　观测____　记录____　检查____

点号	角度观测值 /(° ′ ″)	改正数 /″	改正后角度 /(° ′ ″)	方位角 /(° ′ ″)	水平距离 /m	坐标增量		改正后坐标增量		坐标		点号
						ΔX/m	ΔY/m	ΔX/m	ΔY/m	X/m	Y/m	
∑												
辅助计算										导线略图：		

二、实训成果

半测回角值较差的容许值为_____mm，此次试验较差为_____mm，说明实验成果_____要求。

三、实训答题

粗平仪器，使圆水准器气泡居中，应伸缩_____；使十字丝清晰，应旋转_____，使目标影像清晰，应旋转_____；精平仪器，使管水准气泡居中，应旋转_____。

四、存在问题

技能训练 10 四等水准测量

一、实训目的
(1) 掌握四等水准测量的施测、记录与计算。
(2) 按四等水准测量的限差观测,根据规范要求保证闭合环的各项精度指标。

二、实训内容
(1) 在测区内选定 4 点,组合一个闭合环,进行四等水准外业观测。
(2) 利用本组在外业工作中所得数据,独立计算水准路线中各点的高程。

三、实训安排
(1) 时数:课内 2 学时(外业观测),课外 2 学时(内业计算);每小组 2~4 人。
(2) 仪器:DS_3 水准仪、水准尺、尺垫、计算器、记录本、测伞。
(3) 场地:稍有起伏,长度 500~600m。

四、实训方法与步骤

1. 基本要求
(1) 选择一条可设四测段的水准路线。
(2) 选一个突出地面的固定点作为水准点。
(3) 按四等水准测量的限差观测。

2. 双面尺法观测步骤
(1) 观测黑面:利用十字丝的上、下、中丝获得后视尺黑面刻划数字上$_黑$、下$_黑$和 $a_黑$;利用十字丝的上、下、中丝获得前视尺黑面刻划数字上$_黑$、下$_黑$和 $b_黑$;
(2) 观测红面:利用十字丝的中丝获得后视尺、前视尺的红面刻划数字 $a_红$ 和 $b_红$。
观测程序:"$a_黑—b_黑—b_红—a_红$",即 "a 尺黑面—b 尺黑面—b 尺红面—a 尺红面"。
3) 记录、计算与检核:按观测程序,表头说明观测、记录的内容。

五、注意事项
(1) 仪器安放到三脚架头上,最后必须旋紧连接螺旋,使其连接牢固。
(2) 水准仪在读数前,必须使长水准管气泡严格居中(自动安平水准仪例外)。
(3) 瞄准目标必须消除视差,根据规范要求保证闭合环的各项精度指标。

实训报告 10

实训名称：四等水准测量
实训日期：_____ 专业：_____ 班级：_____ 姓名：_____

一、实训记录

1. 外业记录计算

表 S10-1 四等水准测量外业观测记录计算表

____年____月____日 天气____ 观测____ 记录____ 检查____

测站编号	点号	后尺 上丝	后尺 下丝	前尺 上丝	前尺 下丝	方向及尺号	标尺读数/m 黑面	标尺读数/m 红面	黑+K-红/mm	高差中数/m	备注
		后视距/m		前视距/m							
		视距差 d/m		累积差 ∑d/m							
						后					
						前					
						后—前					
						后					
						前					
						后—前					
						后					K 为水准尺常数
						前					
						后—前					
						后					
						前					
						后—前					
						后					
						前					
						后—前					

41

2. 内业计算

表 S10-2　四等水准测量内业坐标表

_____年_____月_____日　天气_____观测_____记录_____检查_____

点号	距离/km	实测高差 h /m	改正数 v /mm	改正后高差 h' /m	高程 H /m
BM_A					
1					
2					
3					
BM_A					
总和					
辅助计算					

二、实训成果

四等水准测量的高差闭合差容许值为_____mm，此次试验较差为_____mm，说明实验成果_____要求。

三、实训答题

利用 DS_3 级水准仪进行四等水准测量，视线长度应小于_____m；前后视距差应小于_____m，前后视距累积差应小于_____m，视线离地面最低高度为_____m；基本分划和辅助分划读数差应小于_____mm，基本分划和辅助分划高差之差应小于_____mm。

四、存在问题

_____
_____
_____
_____
_____

技能训练 11　GPS 的认识及使用

一、实训目的
(1) 认识 GPS，能够对仪器进行工作模式设置。
(2) 能够进行 GPS 静态外业数据采集和内业数据处理。
(3) 能够建立 GPS 基准站和流动站。

二、实训内容
(1) 对仪器进行工作模式设置。
(2) GPS 静态外业数据采集和内业数据处理。
(3) 建立 GPS 基准站和流动站，进行 GPS 碎部测量。

三、实训安排
(1) 时数：课内 2 学时；每小组 2～4 人。
(2) 仪器：基准站包括 GPS 接收机、GPS 天线、数据发送电台、天线、电源、脚架；流动站包括 GPS 接收机、GPS 天线、数据接收电台、天线、电源、背包、手持控制器、对中杆。
(3) 场地：50m×50m 较平整场地。

四、实训方法与步骤

1. 工作模式设置
了解 GPS 界面并能够对仪器进行工作模式设置。

2. 静态数据采集
(1) GPS 静态外业数据采集：外业观测计划设计（编制 GPS 卫星可见性预报图、编制作业调度表）、观测作业（安置仪器、量取仪器高度、开机、记录仪器号、测站点号、开机时间、关机时间）、观测数据下载（U 盘式下载）及数据预处理。
(2) GPS 静态内业数据处理：基线解算、观测成果检验、GPS 网平差、技术总结和上交资料。

3. 建立 GPS 基准站和流动站
(1) 基准站的选定：在已有控制点中，选择地势高、交通方便、天空较开阔、周围无高度角大于 10°的障碍物，有利于卫星信号的接收和数据链发射、土质坚实、不易破坏的点作为参考站。
(2) 外业步骤：在基准站上安置 GPS 接收机，打开接收机，输入参考站的精确地方坐标和天线高，基准站 GPS 接收机连续接受所有可视 GPS 卫星信号，同时通过数据发射电台将其测站坐标、观测值、卫星跟踪状态及接收机工作状态发送出去。流动站接收机在跟踪 GPS 卫星信号的同时，接收来自基准站的数据，进行处理后获得流动站的三维 WGS84 坐标，在通过与基准站相同的坐标转换参数将 WGS84 转换为地方坐标，并在流动站的手持控制器上实时显示。

五、注意事项

（1）为防止数据链丢失以及多路径效应的影响，参考站周围应无 GPS 信号反射物（大面积水域、大型建筑物等），无高压线、电视台、无线电发射站、微波站等干扰源。

（2）操作者的身体各部位不得接触脚架。

（3）静态观测的最短观测时间：最短的观测时间与天空的卫星和基线的长度有关，基线长度越长，观测时间越长；卫星颗数越少，观测时间越长，反之观测的时间越短。

实训报告 11

实训名称：GPS 的认识及使用
实训日期：_____ 专业：_____ 班级：_____ 姓名：_____

一、实训记录

表 S11-1　GPS 静态数据采集观测记录表

____年____月____日　天气____　观测____　记录____　检查____

仪器号	测站号	开机时间	关机时间	仪器高/cm

二、实训答题

（1）全球定位系统是由空间部分、地面监控部分和_____部分组成的。其中地面监控部分是由_____、_____、_____、和_____组成的。

（2）GPS 卫星信号是由_____、_____、和_____三部分组成的。

（3）在 GPS 单点定位中，至少需要同时观测_____颗卫星。

（4）静态相对定位采用的定位方法是_____。

（5）单点定位就是独立确定待定点在坐标系统中的绝对位置，其定位结果属于_____坐标系统。

（6）分析研究和作业实践表明，一个 GPS 网应联测_____个精度较高、分布合理的地面点作为 GPS 网的一部分。当测区较大时，还应适当增加联测点。

（7）卫星高度角愈小，对流层影响愈显著，测量误差随之增大。在精密定位测量时，卫星高度截止角宜选定在_____左右。

（8）GPS 定位数据处理的目的就是将空间原始采集的数据，以最佳的方法进行平差，归化到_____面上并投影到所采用的平面上，得到点的准确位置。

（9）在实施 RTK 作业时，大于 25W 的数据链电台发射天线距离 GPS 接收天线至少_____米，最好在 6 米以上，以免形成干扰。

三、存在问题

_____
_____
_____
_____

技能训练 12　地形图识图

一、实训目的

熟悉地形图的知识为工程勘测、设计施工和管理服务。

二、实训内容

判断和识别地形图上所有画线、符号和注记的含义。

三、实训安排

时数：课外 2 学时。

四、实训方法与步骤

(1) 识读地形图的图外注记。

(2) 地物识读。

(3) 地貌识读。

五、注意事项

(1) 地形图表现的是测绘时的现状，使用时务必了解其测绘时间，为使用面及时反映地面的新变化，应根据需要组织力量进行修测与补测。应能正确区分纸的精度类别，即详测图、简测图和草图，根据实际需要，选用相应精度的地形图。

(2) 各种比例尺的地形图，所提供的信息详尽程度是不同的，要根据不同的目的来选择。对于总体规划，局(场)址选择区域布置、方案比较，一般都采用 1∶10000 或 1∶5000 等比例尺地形图。详细规划和工程的初步设计，可用 1∶2000 地形图。对于森工企业的详细规划用图，工程技术和施工设计图、工程竣工图、扩建和管理服务的地形图等，一般常用 1∶1000 或 1∶500 地形图。

(3) 用图前应对图的精度加以评定。一方面可以了解所用地形图的精度情况，心中有数；另一方面可对测量或检查者的结论作一次核对，使所用的图更为可靠。评定时，可根据测量技术总结，成果表和地形图进行审查。对所采用的规范，操作方法，地形图的精度，地形地物的繁简进行分析评价，核对各项成果是否达到测量委托书的要求，只有在各方面精度满足要求时，方可使用地形图。

(4) 在使用地形图时，必须根据专业的要求，来决定用图比例尺；同时还要考虑该种比例尺地形图能否满足设计负荷量，以确保图面的清晰。对于复制图，还要考虑图纸复制产生的变形。

实训报告 12

实训名称：地形图识图
实训日期：_____专业：_____班级：_____姓名：_____

一、实训记录

(1) 地形图的图外注记。
① 图号、图名和接图表。
图号：_____。
图名：_____。
接图表：_____。（四至关系）
② 比例尺。
图上有_____比例尺。比例尺为_____。
③ 图廓、分度带和坐标格网。
图廓有_____图廓和_____图廓之分。西南角坐标为_____。
④ 测图时间、测图方法、坐标系统、高程系统和图式版本。
测图时间：_____。
测图方法：_____。
坐标系统：_____。
高程系统：_____。
图式版本：_____。
⑤ 测绘单位、测量员、绘图员、检查(校核)员
_____。

(2) 熟悉常用的地物符号及其表示方法，区分比例符号、半比例符号和非比例符号的不同，以及这些地物符号和地物注记的含义。地物的核心是居民地，从了解居民点入手，再了解与其相关的道路、河流、电力线、农田等。

写出你能辨别的地物符号种类：_____。

(3) 掌握等高线的特性和种类，熟悉典型地貌符号，达到看懂整个地区地貌的目的，例如，山头、洼地、山脊、山谷、鞍部、峭壁等，以便能看懂整个地区地貌的大致形态。从主要山头、山梁入手，依据等高线识读地势高低起伏的状况，各种地貌的分布。

写出你能辨别的地貌符号种类：_____。

二、存在问题

_____
_____
_____
_____
_____

技能训练 13　经纬仪视距法测图

一、实训目的
掌握地形图的经纬仪视距实测方法。

二、实训内容
每组应完成图上 20cm×30cm 面积的地形图。

三、实训安排
(1) 时数：课内 2 学时；每小组 4～5 人。
(2) 仪器：经纬仪、水准尺、量角器、绘图板、测杆、比例尺、测伞。
(3) 场地：长约 30m，宽约 20m，内有部分地物且地形有起伏。

四、实训方法与步骤
(1) 用视距测绘法测绘地形图。
(2) 有关规定。
① 测图比例尺 1∶1000。
② 等高线间隔为 1m，每隔四根加粗一根作为计曲线。
③ 地形点密度在图上不大于 2～3cm。
④ 将控制点展绘到图板上。
⑤ 仪器安平在选好的测站上，度盘对零瞄准另一控制点作为起始方向，依次瞄准地形物点，记录实测数据，计算距离及高程并依此将各地形地物点绘在图板上，并在地形点旁注记高程，绘制碎部点时不要从测站引出很长一条方向线，只在碎部点点位所在处绘一短方向线即可。
⑥ 在测站上根据实际情况拟定好跑点立尺路线，依次跑尺。
⑦ 绘出一些地形点后，要立即参照实际地形描绘等高线通过点并勾结等高线，最好是随测随绘。
⑧ 当一个测站上需测的地形点相当多时，要在中间或最后，再观测一次起始方向，检查度盘是否有变动。
⑨ 按规定符号和注记方法整饰地形图。

五、注意事项
(1) 观测仪器、立尺、绘图要密切配合、协同并进。
(2) 记录要记清记准，并对特殊碎部点在备注栏加以说明，如房角、圆形花坛中心、山顶、河边桥头等。
(3) 如有可能尽量利用视线水平观测碎部点，否则要尽可能使中丝读数都对准仪器高。

实训报告 13

实训名称：经纬仪视距法测图
实训日期：_____ 专业：_____ 班级：_____ 姓名：_____

一、实训记录

表 S13-1 经纬仪视距法测图记录表

____年____月____日 天气____ 观测____ 记录____ 检查____
测站点_____ $N_O=$_____、$E_O=$_____、$Z_O=$_____ 仪器高 $i=$_____
仪器型号_____ 后视点_____ 后视方位角 α_{OM}_____ 仪器型号_____

观测点	视距间隔/m	中丝读数/m	竖盘度数/(°′″)	竖直角/(°′″)	高差/m	水平角/(°′″)	平距/m	高程/m	备注

二、存在问题

_____
_____
_____
_____
_____

技能训练 14　全站仪数字测图

一、实训目的
(1) 熟练用全站仪测记法进行三维坐标测量。
(2) 掌握数据传输的方法。
(3) 掌握南方 CASS 软件绘图的基本方法。

二、实训内容
(1) 利用全站仪测记法测量一区域地形图。
(2) 内业进行数据传输。
(3) 利用南方 CASS 软件进行地形图的绘制。

三、实训安排
(1) 时数：课内外业 2 学时，上机操作 2 学时；每小组 4~5 人。
(2) 仪器：全站仪、棱镜、记录本、测伞、传输线、计算机、相关软件。
(3) 场地：长、宽分别约 50~100m 地物、地貌丰富的场地。

四、实训方法与步骤

1. 作业流程
外业使用全站仪测量碎部点三维坐标的同时，绘图员绘制碎部点构成的地物形状和类型并记录下碎部点点号(必须与全站仪自动记录的点号一致)。

内业将全站仪或电子手簿记录的碎部点三维坐标，通过 CASS 传输到计算机、转换成 CASS 坐标格式文件并展点，根据野外绘制的草图在 CASS 中绘制地物。

2. 全站仪野外数据采集步骤
(1) 安置仪器：在控制点上安置全站仪，检查中心连接螺旋是否旋紧，对中、整平、量取仪器高、开机。

(2) 创建文件：在全站仪菜单中，选择"数据采集"进入"选择一个文件"，输入一个文件名后确定，即完成文件创建工作，此时仪器将自动生成两个同名文件，一个用来保存采集到的测量数据，一个用来保存采集到的坐标数据。

(3) 输入测站点：输入一个文件名，按回车键后即进入数据采集之输入数据窗口，按提示输入测站点点号及标识符、坐标、仪高，后视点点号及标识符、坐标、镜高，仪器瞄准后视点，进行定向。

(4) 测量碎部点坐标：仪器定向后，即可进入"测量"状态，输入所测碎部点点号、编码、镜高后，精确瞄准竖立在碎部点上的反光镜，按"坐标"键，仪器即测量出棱镜点的坐标，并将测量结果保存到前面输入的坐标文件中，同时将碎部点点号自动加 1 返回测量状态。再输入编码、镜高，瞄准第 2 个碎部点上的反光镜，按"坐标"键，仪器又测量出第 2 个棱镜点的坐标，并将测量结果保存到前面的坐标文件中。按此方法，可以测量并保存其后所测碎部点的三维坐标。

3. 数据传输

完成外业数据采集后，使用通讯电缆将全站仪与计算机的 COM 口连接好，启动通信软件，设置好与全站仪一致的通讯参数后，执行下拉菜单"通信/下传数据"命令；在全站仪上的内存管理菜单中，选择"数据传输"选项，并根据提示顺序选择"发送数据"、"坐标数据"和"选择文件"，然后在全站仪上选择确认发送，再在通信软件上的提示对话框上单击"确定"，即可将采集到的碎部点坐标数据发送到通信软件的文本区。

4. 绘图

执行下拉菜单"绘图处理/定显示区"确定绘图区域；执行下拉菜单"绘图处理/展野外测点点位"，即在绘图区得到展绘好的碎部点点位，结合野外绘制的草图绘制地物；再执行下拉菜单"绘图处理/展高程点"。经过对所测地形图进行屏幕显示，在人机交互方式下进行绘图处理、图形编辑、修改、整饰，最后形成数字地图的图形文件，通过自动绘图仪绘制地形图。

五、注意事项

参见所使用全站仪的说明书。

实训报告 14

实训名称：全站仪数字测图
实训日期：_____ 专业：_____ 班级：_____ 姓名：_____

存在问题

_____
_____
_____
_____
_____

技能训练 15 已知水平距离的测设

一、实训目的
(1) 练习水平距离测设方法。
(2) 掌握钢尺在测设工作中的操作步骤。

二、实训内容
每小组测设一段距离。距离测设的相对误差不大于 1/5000。

三、实训安排
(1) 时数：课内 1 学时；每小组 2~4 人。
(2) 仪器：钢尺、木桩、小钉、花杆、记录本、测伞。
(3) 场地：平整场地。

四、实训方法与步骤
(1) 设在地上测设一段水平距离 AB，使其等于设计长度 D，从 A 点起沿地面指定方向 AB，量一段距离等于 D，打下 10mm×10mm 木桩，桩上钉一小钉以标志 B' 点。

(2) 用钢尺精密测定 AB' 的距离，加尺长温度及高差改正后，得 AB' 的水平距离为 D'，根据设计长度 D 求得 B' 点的改正数 ΔD 为 $\Delta D = D' - D$。

(3) 根据 ΔD 为正号或负号，而将 B' 点在 AB 方向内或向外改动 ΔD，定出 B 点，则 AB 为所设的水平距离。

(4) 再检测 AB 的距离，其与设计值的相对误差不大于 1/5000。

五、注意事项
按精度要求衡量观测标准。

实训报告 15

实训名称：已知水平距离的测设
实训日期：_____ 专业：_____ 班级：_____ 姓名：_____

一、实训记录

表 S15-1　水平距离测设检查记录手簿

_____年_____月_____日　天气_____　观测_____　记录_____　检查_____

设计距离=_____ m　钢尺长 l =_____ m

线段名称	观测次数	整尺段数 n	余尺段 q/m	距离($D=n·l+q$)/m	平均距离/m	相对精度
	往					
	返					
	往					
	返					
	往					
	返					

改正数 ΔD =_____ m

二、存在问题

_____
_____
_____
_____

技能训练 16　已知水平角度的测设

一、实训目的
(1) 练习水平角度测设方法。
(2) 掌握经纬仪在测设工作中的操作步骤。

二、实训内容
每小组测设一个角度。角度测设的限差(DJ_6)不大于±40″。

三、实训安排
(1) 时数：课内 1 学时；每小组 2~4 人。
(2) 仪器：经纬仪、木桩、小钉、花杆、记录本、测伞。
(3) 场地：平整场地。

四、实训方法与步骤
(1) 设地上有 O、A 两点，拟测设 $\angle AOB=\beta$，安置经纬仪于 O 点，在盘左置水平度盘读 $0°00'00''$，照准 A 点。

(2) 置测微尺读 β 的分秒数，转动照准部，使度盘准确读 β 值，在视线方向定出 B' 点。

(3) 用测回法检测 $\angle AOB'$，测两个测回，设得平均角值为 β，比设计角值小 $\Delta\beta''$，超过了容许误差。

(4) 将 $\Delta\beta''$ 代入公式 $\delta = OB \dfrac{\Delta\beta'}{\rho}$ 计算支距改正数 δ。

(5) 从 B' 起，在 OB' 的垂直方向上根据改正数 δ 为正号或负号向外（或内）量取 δ mm，定出 B 点，则 $\angle AOB$ 即为所设的水平角 β。

(6) 再检测 $\angle AOB$，其值与设计值之差不应超过容许误差。

五、注意事项
按精度要求衡量观测标准。

实训报告 16

实训名称：已知水平角度的测设
实训日期：_____ 专业：_____ 班级：_____ 姓名：_____

一、实训记录

表 S16-1　水平角度测设检查记录手簿

_____年_____月_____日　天气_____　观测_____　记录_____　检查_____

设计角值=_____

测站	目标	竖盘位置	水平度盘读数/(°′″)	半测回角值/(°′″)	一测回角值/(°′″)	说明
		左				
		右				
		左				
		右				

改正数 δ=_____

二、存在问题

_____
_____
_____
_____

技能训练 17　点的平面位置放样

一、实训目的
熟悉建筑场地点位测设的多种方法。

二、实训内容
已知控制点坐标 $A(1000,500)$、$B(1000,530)$；已知方位角 $\alpha_{AB}=90°00'00''$；已知两个待设点设计坐标 $p_1(1010,510)$、$p_2(1010,520)$，分别按直角坐标法、极坐标法和角度交会法进行 p_1、p_2 两个待测点的点位测设。

三、实训安排
(1) 时数：课外 2 学时(测设数据计算)，课内 2 学时(现场测设)；每小组 4～5 人。
(2) 仪器：DJ_6 型光学经纬仪、钢尺、测钎、木桩、铁钉、锤子、记录本、测伞。
(3) 场地：长约 40m，宽约 30m。

四、实训方法与步骤

1. 内业计算

1) 直角坐标法测设数据

分别计算由测站 A 和测站 B(均以 AB 为 Y 轴)按直角坐标法测设 p_1、p_2 点的坐标增量 Δx_{ij}、Δy_{ij}，并列于表 S17-1。

2) 极坐标法测设数据

分别计算由测站 A(以 AB 为零方向)和测站(以 BA 为零方向)按极坐标法测设 p_1、p_2 点的水平角 β_{ij} 和水平距离 D_{ij}，列于表 S17-2。

3) 角度交会法测设数据(自表 S17-2 抄录)

分别计算由测站 A(以 AB 为零方向)和测站(以 BA 为零方向)按角度交会法测设 p_1、p_2 点的水平角 β_{ij} 和 β_{ij}(可由上述计算结果抄录)，列于表 S17-3。

2. 现场测设

首先设置控制点，沿场地一侧，间距为 30m，打两木桩，桩上钉小钉，为 A、B 两控制点；在 A 点附近再设一木桩为水准点 BM_0，然后进行测设。

1) 直角坐标法测设

(1) 在 A 点安置经纬仪，照准 B 点，自 A 点始沿视线方向用钢尺丈量 $\triangle y_{Ap1}$ 定 $1'$ 点；至 $1'$ 点安置经纬仪，照准 A 点，配置水平度盘为 $0°00'00''$，转动照准部使水平度盘读数为 $90°00'00''$，自 $1'$ 点始沿视线方向用钢尺丈量 Δx_{Ap1} 定 p_1 点。

(2) 在 B 点安置经纬仪，照准 A 点，自 B 点始沿视线方向用钢尺丈量 $\triangle y_{Bp2}$ 定 $2'$ 点；至 $2'$ 点安置经纬仪，照准 B 点，配置水平度盘读数为 $0°00'00''$，转动照准部使水平度盘读数为 $270°00'00''$，自 $2'$ 点始沿视线方向用钢尺丈量 Δx_{Bp2} 定 p_2 点。

2)极坐标法测设

(1)在 A 点安置经纬仪,照准 B 点,配置水平度盘读数为 $0°00'00''$,转动照准部使水平度盘读数为 β_{Ap1},自 A 点始沿视线方向用钢尺丈量 D_{Ap1} 定 p_1。

(2)在 B 点安置经纬仪,照准 A 点,配置水平度盘读数为 $0°00'00''$,转动照准部使水平度盘读数为 β_{Bp2},自 B 点始沿视线方向用钢尺丈量 D_{Bp2} 定 p_2。

3)角度交会法测设

(1)在 A 点安置经纬仪,照准 B 点,配置水平度盘读数为 $0°00'00''$,转动照准部使水平度盘读数为 β_{Ap1},得方向线 Ap_1;转动照准部使水平度盘读数为 β_{Ap2},得方向线 Ap_2。

(2)在 B 点安置经纬仪,照准 A 点,配置水平度盘读数为 $0°00'00''$,转动照准部使水平度盘读数为 β_{Bp1},得方向线 Bp_1;转动照准部使水平度盘读数为 β_{Bp2},得方向线 Bp_2。

(3)根据方向线 Ap_1 和 Bp_1 交会得 p_1 点;根据方向线 Ap_2 和方向线 Bp_2 交会得 p_2 点。

(4)对用 3 种方法分别测设 p_1、p_2 点的不同位置进行比较,相互检核。

五、注意事项

(1)运用极坐标法和角度交会法测设点的平面位置时,测设的水平角均为左角。

(2)在运用坐标反算公式计算两点之间的方位角时,应注意根据分子 Δy 和分母 Δx 的符号,判别待定方向所在象限,从而由象限角正确地换算出方位角。

(3)测设数据计算的正确性对点位的测设至关重要,应反复计算检核,方能用于现场测设。

实训报告 17

实训名称：点的平面位置放样
实训日期：_____ 专业：_____ 班级：_____ 姓名：_____

一、实训记录

1. 点位测设数据计算

1) 直角坐标法测设数据

表 S17-1　直角坐标法点位测设数据计算

测站(i)	目标(j)	零方向(k)	纵坐标增量/m　$\Delta x_{ij}=x_j-x_i$	横坐标增量/m　$\Delta y_{ij}=y_j-y_i$
A	p_1	B		
A	p_2	B		
B	p_1	A		
B	p_2	A		

2) 极坐标法测设数据

表 S17-2　极坐标法点位测设数据计算表

测站(i)	目标(j)	零方向(k)	方位角 $\alpha_{ij}=\arctan\dfrac{y_j-y_i}{x_j-x_i}$	水平角 $\beta_{ij}=\alpha_{ij}-\alpha_{ik}$	水平距离/m $D_{ij}=\sqrt{(x_j-x_i)^2+(y_j-y_i)^2}$
A	p_1	B			
A	p_2	B			
B	p_1	A			
B	p_2	A			

3) 角度交会法测设数据（自表 S17-2 抄录）

表 S17-3　角度交会法点位测设数据计算表

测站(i)	目标(j)	零方向(k)	水平角 $\beta_{ij}=\alpha_{ij}-\alpha_{ik}$	测站(i)	目标(j)	零方向(k)	水平角 $\beta_{ij}=\alpha_{ij}-\alpha_{ik}$
A	p_1	B		B	p_1	A	
A	p_2	B		B	p_2	A	

2. 点位和高程测设的检测

表 S17-4　点位和高程测设的检测记录表

____年____月____日　天气____　观测____　记录____　检查____

点号	3 种方法所得点位最大较差/mm		$p_1 - p_2$ 之间距/m		
	X 方向	Y 方向	已知	实测	较差
p_1					
p_2					

二、实训答题

（1）测设点的平面位置和高程都必须遵循抄录工作_____的基本原则。

（2）点位测设的直角交会法一般用于_____，角度交会法一般用于_____，极坐标法一般适用于_____。

（3）测设点位时要求测站至后视控制点的距离尽量长，其目的是为了_____。

三、存在问题

技能训练 18　高程测设

一、实训目的
掌握高程测设的基本方法。

二、实训内容
根据给定的水准点 BM_0 的高程 H_0 及两个待测设点 1、2 的高程，进行 1、2 两个点的高程测设。

三、实训安排
(1) 时数：课内 2 学时；每小组 4～5 人。
(2) 仪器：DS_3 水准仪、水准尺、木桩、小铁钉、记录本、测伞。
(3) 场地：长约 80m。

四、实训方法与步骤
(1) 在 BM_0 点上立尺，读取后视读数 a，根据 BM_0 点的已知高程 H_0，计算视线高程 H_1、H_2。
(2) 根据 1、2 点的设计高程 H_i，计算 1、2 点上的标尺应有的读数 b_i，计算数据填入实训报告 18 表 S18-1。
(3) 依次在 1、2 点处立尺，使尺上的读数等于 b_i，然后将尺的底边位置用红漆线沿尺底在木桩上标注画线，即为该两点的设计高程。

五、注意事项
测设数据计算的正确性对高程的测设至关重要，应反复计算检核，方能用于现场测设。

实训报告 18

实训名称：高程测设、坡度测设
实训日期：_____ 专业：_____ 班级：_____ 姓名：_____

一、实训记录

1. 高程测设

表 S18－1　高程测设记录

_____年_____月_____日　天气_____　观测_____　记录_____　检查_____
水准点_____　水准点高程_____

点号	后视读数/m	视线高程/m	设计高程/m	前视应有读数/m
1				
2				
3				
4				

2. 高程测设的检测

表 S18－2　高程测设检测记录

_____年_____月_____日　天气_____　观测_____　记录_____　检查_____
测站_____　后视_____　水准点_____　水准点高程_____

| 点号 | H/m | | |
	设计	实测	较差
1			
2			

二、实训答题

（1）测设点的高程，如果视线至桩顶的高度与前视应有读数较差较大时应_____。
（2）安置一次水准仪，同时测设多个点的高程，不同点的前视距离和后视距离难免相差较大，应在测设前仔细进行_____。

三、存在问题

_____
_____
_____
_____

技能训练 19　圆曲线测设

一、实训目的
（1）掌握道路曲线主要点测设的步骤和方法。
（2）掌握偏角法详细测设曲线的原理、方法和步骤。

二、实训内容
（1）完成一条曲线的转向角测量工作及主点测设工作。
（2）置镜 HY 点测设 HY→ZH 段和 HY→QZ 段各曲线点。
（3）置镜 YH 点测设 YH→QZ 和 YH→HZ 段各曲线点。

三、实训安排
（1）时数：课内 2 学时；课外 2 学时；每小组 4～5 人。
（2）仪器：DJ_6 级光学经纬仪、钢尺、测钎、方桩、记录本、测伞、铁钉若干。
（3）场地：较平整场地。

四、实训方法与步骤
（1）在教师指导下现场选定 JD 和始、末切线上 ZD 的位置。将仪器安置在 JD 上，采用测回法观测转向角 $α_Z$ 或 $α_Y$ 一测回。

（2）按教师给定的圆曲线半径 R、缓和曲线长 l_0 和实测转向角计算曲线综合要素，并按 JD 点里程 DK12+234.67 推算曲线各主要点的里程。了解仪器各部件及有关螺旋的名称、作用和使用方法；熟悉水准尺的刻画和注记。

（3）后视始端切线方向上的相邻交点或转点，自 JD 于视线方向上测设$(T-x_0)$，可钉设出 HY 在始切线上的垂足 YC；据此继续向里程减少方向测设 x_0，则可钉设出 ZH。

（4）后视末端切线方向上的相邻交点或转点，自 JD 于视线方向上测设$(T-x_0)$，可钉设出 YH 在始切线上的垂足 YC；据此继续向里程增加方向测设 x_0，则可钉设出 HZ。

（5）测设出内角平分线，自 JD 于内角平分上测设外矢距 E_0，则可钉出 QZ。

（6）在始切线上的垂足 YC 上安置经纬仪，对中、整平。

（7）后视始端切线方向上的相邻交点或转点，向曲线内侧测设切线的垂线方向，自 YC 于该方向测设 y_0，可钉设出 HY。同理可测设出 YH。

（8）推算各测点桩的里程。
（9）计算测设 HY→ZH 段的后视定向读数及曲线上各点的偏角。
（10）计算测设 HY→QZ 段的后视定向读数及曲线上各点的偏角。
（11）计算测设 YH→HZ 段的后视定向读数及曲线上各点的偏角。
（12）计算测设 YH→QZ 段的后视定向读数及曲线上各点的偏角。
（13）根据测设数据，按偏角法原理逐段完成测点的测设。

（14）量测纵横向闭合差，其横向应不大于10cm，纵向应不大于1/2000。

五、注意事项

（1）钢尺量距必须往返进行，相对精度在1/2000之内时取其平均值。
（2）设置方向线（始、末切线及分角线）均应经纬仪正倒镜分中。
（3）曲线主要点应以方桩和小钉标定。
（4）计算定向后视读数时先画出草图，以便认清几何关系，防止计算错误。
（5）注意偏角方向，区分正拨和反拨。
（6）中线桩以板桩标定，上书里程，面向线路起点方向。

实训报告 19

实训名称：圆曲线测设
实训日期：_____ 班级：_____ 班级：_____ 姓名：_____

一、实训记录

表 S19-1　圆曲线主点参数和详细测设参数计算表

_____年_____月_____日　天气_____观测_____记录_____检查_____

已知参数	偏角＝	$JD_{里程}$＝	设计半径 R＝	整桩间距＝
特征参数	切线 T＝	外矢矩 E＝	弧长 L＝	切曲差 D＝
主点里程	$ZY_{里程}$＝	$QZ_{里程}$＝	$YZ_{里程}$＝	$JD_{里程}$＝（检核）

	详细测设参数		切线支距法 原点：ZY x轴：ZY-JD		偏角法 测站：ZY 起始方向：ZY-JD	
点名	桩号里程/(km＋m)	累计弧长/m	x/m	y/m	$\theta/(°\ '\ '')$	d/m

二、存在问题

_____
_____
_____
_____

技能训练 20　缓和曲线测设

一、实训目的
(1) 掌握缓和曲线测设要素的计算。
(2) 掌握缓和曲线主点里程桩号的计算。
(3) 掌握缓和曲线主点的测设方法。
(4) 掌握用切线支距法、偏角法进行带缓和曲线的曲线的详细测设。

二、实训内容
(1) 根据给定的数据计算测设要素和主点里程。
(2) 测设带缓和曲线的曲线主点。
(3) 用切线支距法进行带缓和曲线的曲线详细测设。
(4) 用偏角法进行带缓和曲线的曲线详细测设。

三、实训安排
(1) 时数：课内 4 学时(外业观测)，课外 4 学时(内业计算)；每小组 2~4 人。
(2) 仪器：DJ_6 经纬仪、钢尺、测钎、计算器、记录本、测伞。
(3) 场地：稍有起伏，100×100m 区域。

四、实训方法与步骤

1. 计算
(1) 按给定的设计数据计算测设要素：TH、LH、EH、DH、LY、q、p、Td、β_0、β。
(2) 计算主点 ZH、HY、QZ、YH、HZ 的里程桩号。
(3) 根据切线支距法计算曲线详细测设数据。
(4) 根据偏角法计算曲线详细测设数据。

2. 测设步骤

1) 主点测设

(1) ZH 点的测设。

在 JD_i 上架设仪器完成对中整平，将望远镜瞄准 JD_i-1，制动照准部。拨动水平度盘变换手轮，将水平度盘读数变换为 $0°00'00''$。保持照准部不动，以望远镜定向。从 JD_i 出发在该切线方向上，量取切线长 TH，得到直缓 ZH 点，打桩定点。

(2) HY 点的测设。

保持照准部不动，以望远镜定向。从 ZH 出发在该切线方向上，量取 X_0 得到垂足，在该垂足上用十字架定出垂直于切线方向的垂线，并从垂足沿该垂线方向量取 Y_0 得到 HY 点，打桩定点。

(3) QZ 点测设。

先确定分角线方向。当路线左转时，顺时针转动照准部至水平度盘读数为 $\dfrac{180°-\alpha}{2}$

时，制动照准部，此时望远镜视线方向为分角线方向。当路线右转时，顺时针转动照准部至水平度盘读数为$\frac{180°+\alpha}{2}$时，制动照准部，然后倒转望远镜，此时望远镜视线方向为分角线方向。

在分角线方向上，从JD_i量取外距EH，定出QZ并打桩。

(4) HZ点的测设。

转动照准部，将望远镜瞄准JD_i+1，制动照准部，望远镜定向。从JD_i出发在该切线方向上，量取切线长TH，得到缓直点HZ，打桩定点。

(5) YH点的测设。

保持照准部不动，以望远镜定向。从HZ点出发在该切线方向上，向JD_i量取X_0得到垂足，在该垂足上用十字架定出垂线方向，并从垂足沿该垂线方向量取Y_0得到YH点，打桩定点。

2) 切线支距法进行带缓和曲线的曲线详细测设

(1) 切线支距法先测设缓和曲线上各点，其测设方法与圆曲线切线支距法相同。

(2) 在切线上由ZH始量Td，即可确定HY或YH点的切线。利用该切线，按圆曲线切线支距法测设圆曲线部分。

(3) 曲中点QZ测设后和原主点放样所得QZ位置进行比较，横向误差不大于0.1米，纵向误差不超过$\pm\frac{L}{1000}$（L为曲线长度），则满足精度要求。

3) 偏角法进行带缓和曲线的曲线详细测设

(1) 在ZH或HZ处置仪，完成对中、整平工作。按与偏角法测设圆曲线一样进行缓和曲线部分的测设。比较详测和主点测设所得的HY点，进行精度校核。

(2) 圆曲线部分各点的测设须将仪器迁至HY或YH点上进行。这时需要先定出HY或YH点的切线方向。

(3) 仪器置于HY(或YH)点上，瞄准ZH(或HZ)点，水平度盘配置为b_0(当路线右转时，配置水平度盘读数为$360°-b_0$)，旋转照准部至水平度盘读数为$0°00'00''$并倒镜，此时视线方向即为HY(或YH)点的切线方向。

(4) 根据HY(或YH)点的切线方向，按无缓和曲线的圆曲线一样测设圆曲线部分，直至QZ，若通视条件好，可一直测至YH点。比较详测和主点测设所得的QZ、YH点，进行精度校核。

五、注意事项

(1) 测设时注意校核，保证准确性和精度，尤其是主点位置不能错。

(2) 切线支距法测设曲线时，为了避免支距过长，一般由ZH点或HZ点分别向QZ点施测。

实训报告 20

实训名称：缓和曲线测设
实训日期：_____ 专业：_____ 班级：_____ 姓名：_____

一、实训记录

1. 已知数据

JD 里程＝　　　路线转角 α＝　　　圆曲线半径 R＝　　　缓和曲线长 l_s＝

2. 曲线测设元素及主点里程计算

表 S20-1　曲线测设元素及主点里程计算表

____年____月____日 天气____观测____记录____检查____

β_0＝	δ_0＝	b_0＝	q＝	p＝
	T_H＝	ZH 里程＝JD 里程－T_H＝		
	L_H＝	HY 里程＝ZH 里程＋l_s＝		
	E_H＝	YH 里程＝HY 里程＋L_Y＝		
	D_H＝	HZ 里程＝YH 里程＋l_s＝		
	L_Y＝	QZ 里程＝HZ－$L_H/2$＝		
		JD 里程＝QZ＋$D_H/2$＝　　　（校核）		

3. 切线支距法和偏角法测设缓和曲线数据计算

表 S20-2　切线支距法和偏角法测设缓和曲线数据计算表

____年____月____日 天气____观测____记录____检查____

里程桩号	缓和曲线段上各桩至 ZH 或 HZ 的弧长 l_h(m)	圆曲线段上各桩至 HY 或 YH 的弧长 l(m)	偏角值 δ_i (° ′ ″)	圆心角 φ (° ′ ″)	切线支距坐标	
					X(m)	Y(m)

二、实训答题

1. 作图并说明主点测设方法与步骤

2. 详细阐明切线支距法和偏角法测设带缓和曲线的综合曲线的计算方法及计算公式

三、存在问题

_____
_____
_____
_____

技能训练 21　全站仪三维坐标测量及点位放样测量

一、实训目的
(1) 熟练用全站仪进行三维坐标测量。
(2) 掌握用全站仪测设角度、距离和点位的三维坐标。

二、实训内容
(1) 练习用全站仪进行坐标测量的方法。
(2) 已知控制点坐标 $A(1000,500)$、$B(1000,530)$；已知方位角 $\alpha_{AB}=90°00'00''$；已知两个待设点设计坐标 $p_1(1010,510)$、$p_2(1010,520)$。根据控制点 A、B，用全站仪先按极坐标法测设角度和距离放出 p_1、p_2 两点，再按坐标法直接测设坐标，对所放的点位进行检测。

三、实训安排
(1) 时数：课内 2 学时；每小组 4~5 人。
(2) 仪器：全站仪、棱镜、记录本、测伞。
(3) 场地：长约 40m，宽约 30m。

四、实训方法与步骤
1. 建站
2. 三维坐标测量
瞄准目标点。照准目标点的棱镜中心，按测量键，即可显示目标点的三维坐标 (N_B,E_B,Z_B)。

3. 点位放样测量
1) 测设数据准备
2) 选定模式

采用放样模式，通过键盘输入测站点和待测设点的坐标测设点位。

(1) 进入角度测量模式，照准零方向目标，将水平度盘读数配置为起始方位角。
(2) 进入放样测量模式，输入测站点的坐标 (X_0,Y_0) 及仪器高。
(3) 输入待测设点的三维坐标 (X,Y) 及棱镜高。
(4) 在待测设点大致位置竖立棱镜杆，转动照准部照准棱镜中心，按测量键，根据显示屏显示的角差 $dHR=$ 实测角值 $\beta-$ 所需角值 β，左右移动报告直至显示的 dHR 为 0，即得所测设坐标的方向；根据显示屏显示的距离差 $dHD=$ 实测距离 $-$ 所需距离 D，前后移动棱镜杆直至显示屏显示的距离差为 0，即得所测坐标的距离；根据显示屏显示的高差差 $dZ=$ 实测高差 $-$ 所需高差 h，上下改变棱镜的高度直至显示的 dZ 为 0，即得所测设坐标点的高程。

(5) 重复上述(3)、(4)步骤，逐一测设 p_1、p_2 两点位。

(6) 用坐标测量的方法测定所放样点位的坐标进行检核。

五、注意事项

参见所使用全站仪的说明书。

实训报告 21

实训名称：全站仪三维坐标测量及点位放样测量
实训日期：_____ 专业：_____ 班级：_____ 姓名：_____

一、实训记录

1. 三维坐标测量

表 S21-1　全站仪三维坐标测量记录表

____年____月____日　天气____　观测____　记录____　检查____
测站点_____　$N_A=$_____、$E_A=$_____、$Z_A=$_____　仪器高 $i=$_____
仪器型号_____　后视点_____　后视方位角 α_{AM}_____　仪器型号_____

点号	坐标/m			备注
	N	E	Z	

2. 点位放样测量

表 S21-2　全站仪点位放样记录检测表

____年____月____日　天气____　观测____　记录____　检查____
测站点_____　$N_A=$_____、$E_A=$_____、$Z_A=$_____　仪器高 $i=$_____
仪器型号_____　后视点_____　后视方位角 α_{AM}_____　仪器型号_____

点号	设计坐标			检核坐标			较差		
	X/m	Y/m	H/m	X/m	Y/m	H/m	$\triangle X$/m	$\triangle Y$/m	$\triangle H$/m
p_1									
p_2									
P_3									
P_4									

二、存在问题

_____
_____
_____
_____

技能训练 22　路线纵、横断面测量

一、实训目的
掌握路线、横断面测量方法。

二、实训内容
完成一条路线的纵、横断面测量。

三、实训安排
(1) 时数：课内 2 学时；每小组 4～5 人。
(2) 仪器：DS_3 级水准仪、水准尺、测钎、标杆、记录本、测伞、卷尺。
(3) 场地：有坡度变化的线路。

四、实训方法与步骤

1. 选定线路，量距打桩
(1) 在有坡度变化的地区选定线路位置。
(2) 在选定线路上用标杆定线，用卷尺量距每十米打一桩，按规定的编号方法编号，并在坡度变化处打加桩。

2. 基平测量
(1) 在线路适当位置选定水准点，本实习规定在线路起点和终点附近各选一点。
(2) 用往、返测法，测定两水准点的高差，精度要求为 $\pm 8\sqrt{n}$ mm，（n 为测站数）。
(3) 始点的高程可以假设，要注意防止其他点高程出现负值。

3. 中平测量
(1) 在第一个水准点上立水准尺，并在线路前进方向上的适当位置选择一个转点，在转点位置上放尺垫，在尺垫上立水准点。
(2) 在两水准尺之间，安置水准仪。
(3) 在两水准尺上读数，分别记在后视前视栏内。
(4) 将后尺依次立在 0+000，0+010，……，各桩上，读数记在中间视栏内。
(5) 仪器移至下一站，原前视尺变为后视尺，后视尺变为前视尺，立在下一个适当位置的转点上，按上述继续向前观测，直至闭合到下一水准点上为止。
(6) 当场计算两水准点间的高差，与基平测量结果相比较，其差值不得大于 $\pm 12\sqrt{n}$ mm。

4. 横断面测量
(1) 横断面测量，就是测定中桩两侧正交于中线方向地面变坡点间的距离和高差，并绘成横断面图，供路基、边坡、特殊构造物的设计，土石方计算和施工样之用。
(2) 横断面测量的宽度，应根据中桩填挖高度，边坡大小以及工程的特殊要求而定，一般自中线两侧各测 10～50 米。横断面测绘的密度，除各桩应施测外，在大中桥头、隧道口挡土墙等重点工程地段，可根据需要加密，横断面测量的限差一般为：高差容许误差 $\Delta_h=0.1+h/20(\mathrm{m})$。式中，$h$ 为测点至中桩间的高差；水平距离的相对误差为 1/50。

五、注意事项

无论是基平测量、中平测量和横断面测量按照精度要求衡量，在精度要求之内说明测量精度符合，否则重测一直到达要求为止。

实训报告 22

实训名称：圆曲线测设
实训日期：_____ 专业：_____ 班级：_____ 姓名：_____

一、实训记录

表 S22-1　线路纵断面水准(中平)测量记录

____年____月____日　天气____观测____记录____检查____

测点	点名	水准标尺读数			视线高程(H_1)	高程($H_同$)	备注
		后视 $a_后$	间视 $b_同$	前视 $b_前$			

表 S22-2　横断面测量记录表

____年____月____日　天气____观测____记录____检查____

前视读数(左侧) 水平距离	后视读数桩号	(右侧)前视读数 水平距离

二、存在问题

_____
_____
_____
_____